U0138220

成吉思汗

上 草原称雄

李峰 ——著

中国出版集团　现代出版社

图书在版编目（CIP）数据

天骄成吉思汗：全二册 / 李峰著 . — 北京：现代出版社，2023.1

ISBN 978-7-5143-9993-6

I . ①天… Ⅱ. ①李… Ⅲ. ①成吉思汗（1162-1227）– 传记 Ⅳ . ① K827=47

中国版本图书馆 CIP 数据核字 (2022) 第 203942 号

天骄成吉思汗（全二册）

作　　者：李　峰
责任编辑：张　霆　谢　惠
出版发行：现代出版社
通信地址：北京市安定门外安华里 504 号
邮政编码：100011
电　　话：010-64267325　64245264（传真）
网　　址：www.1980xd.com
印　　刷：三河市宏盛印务有限公司

开　　本：710mm×1000mm　1/16
印　　张：45.5　　　　　　　　字　　数：668 千
版　　次：2023 年 1 月第 1 版　　印　　次：2023 年 1 月第 1 次印刷
书　　号：ISBN 978-7-5143-9993-6
定　　价：118.00 元（全二册）

目 录

序 幕 风起云涌 / 001

蒙古族向来有将伟大的敌人的名字作为自己孩子名字的习俗，于是也速该想起了刚被自己擒住的塔塔儿部勇将铁木真兀格——"铁木真"，意为钢铁。也速该从产婆手上接过小男孩，横托在胸前，说："我的儿子将会如钢之精，如铁之英，长生天会永远庇佑他的苏鲁锭战无不胜。我给他取名铁木真。"就这样，未来的世界征服者——孛儿只斤·铁木真诞生了。

第一章 征战的童年 / 024

这一仗，蒙古部在也速该带领下大获全胜：战略上，从此得到了克烈部这样一个草原老牌霸主的强援；战术上，摧枯拉朽，不但伤亡极少，还抓回了两万名奴隶，部落内部的团结也大大得到巩固和提高。至此，也速该的威信在蒙古内部急剧上升，而乞颜部的人走路时头都抬得高高的。

第二章 霜雪北风寒 / 047

话说自古"人情薄如纸"，没有了父亲也速该的顶天立地、遮风挡雨，铁木真家的天是真的塌了。以前铁木真家里从早到晚门庭若市，现在人一下就少下来了，很快就再也没人来了。就这样，铁木真的家一下就被部落冷落了。渐渐地，有人开始牵走铁木真家的羊，骑走铁木真家的马，拉走铁木真家的牛。到春天的时候，铁木真家以前那望不到边的牲畜就只剩稀拉拉的一点点了。

第三章　偕美结良缘 / 071

在一片静寂中，铁木真起身走向自己的新娘孛儿帖。此时，铁木真头戴一顶宽阔的鹰帽，身穿一件天蓝色的棉布袍，腰间横系一条两掌宽的大红布带，脚踩一双翘头曲尾小牛皮鞋，身材高大魁梧，胸阔肩宽如城墙，脸庞英俊刚毅，一双眼睛火焰灼灼闪动着夺人的光芒，脸颊一片刮成铁青色的胡茬，更增添了男子汉的威猛。

第四章　横祸自天降 / 101

营地里一片狼藉……安放家神的神车，被砸了个稀烂。几间毡房，被刀劈矛刺马踏后成了一片片零碎，而铁木真的新婚毡房更被篾儿乞人一把火烧成焦黑的碎屑。至于那些牛羊，一只也没剩下。小妹铁木仑看到和蔼的豁阿黑臣老人不见了，速赤夫人也不见了，连亲亲的孛儿帖嫂子也看不到了，顿时又嘤嘤地哭了起来。诃额仑夫人和铁木真走进支离破碎的也速该传下来的、铁木真兄妹在里面长大的大帐，他们看到几乎所有的东西都被抢光了，连家里最珍贵的物件——也速该当年纵横草原时举在队伍最前面的苏鲁锭军旗，以及其全身穿着的盔甲和大矛、长刀都被劫走了。

第五章　拥爱刀剑丛 / 134

铁木真策马扑向一群群逃命的篾儿乞百姓，一边在星光下辨认那些模糊的脸庞，一边不断地高喊："孛儿帖！孛儿帖！"喊杀声、马蹄声、哭叫声、河水声间杂在一起，铁木真的声音显得十分微小，而此时他早已满脸泪水，但仍不肯停歇地高喊着……当铁木真奔驰喊叫了大半夜后，天色已经变得微明，他终于绝望地呜咽出声……就在这时，一只纤细的手拉住了铁木真的缰绳，他一低头就看到了孛儿帖同样满是泪水的脸庞！

第六章　丈夫当自强 / 156

诃额仑夫人还在沉吟不语，但孛儿帖却直接说道："谁都知道，马和羊从来不在一起放牧。札木合这个人喜新厌旧，他说这话是厌烦了我们，希望和我们分开。我们再在这里待下去，说不定会有更大的祸事，而札木合可能对我们会有另外的不利企图。男子汉大丈夫，当自立于世，切莫寄人篱下讨口残汤剩水。我看我们不能再与札木合待在一起，不如就此分手，各自清静。今天，我们就不与他们合营，干脆就此离去星夜迁往他处，一直向前赶路连夜不歇。现在，正是月圆时，天色不黑，我们就一直往前走，但札木合自会停下歇息，这样到明天就自然和札木合分开了。"

第七章　大汗临草原 / 173

通天巫阔阔出也像豁儿赤大萨满一样，把他听到的"长生天赐下铁木真做成吉思汗"的"神谕"在各部大大宣传了一番。这下犹如火上浇油，大家都说应该选铁木真做成吉思汗，而贵族们也终于坐不住了。于是，阿勒坛、答里台、忽察儿、撒察别乞和泰出等五大亲王，召集了汪古部等二十一个氏族首领，以及博尔术、者勒蔑等四十一个那可儿，一起来到铁木真住的大帐正式提出要他做蒙古部的大汗。

第八章　大战十三翼 / 189

铁木真静静地看着越冲越近的札达兰部骑兵，然后他举起了右手，顿时一阵急促低沉的战鼓声震撼着答兰版朱思战场，五千名乞颜轻骑兵一起张弓搭箭准备迎战。就在这时，一阵惊天动地的狂喊声从铁木真主阵地的左翼传来，铁木真掉头一看，只见主儿乞部四千骑兵直接违令杀向了札达兰部的冲锋阵营。

第九章　众望皆归心 / 207

铁木真不禁又想起了母亲诃额仑夫人的告诫，那就是他想要兴旺发达首先要懂得收取人心。于是，铁木真让蒙力克安顿好昭烈人，为他们调拨了牛羊和生活用品，将他们归入乞颜部的一支，并传令任何人都不许为难和低看他们。在连死敌泰赤乌部下面的昭烈氏都投奔了铁木真的消息传出后，草原更是震撼了。在这以后，每天都有成群结队的贵族和百姓乃至奴隶投奔铁木真，使得铁木真的力量飞速壮大，已经是"十三翼大战"之前的好几倍了。

第十章　冷酷的复仇 / 222

日当正午，一天最燥热的时候，蒙古军和克烈军用火把点燃一支支火箭上脂油干透的布条，然后对着塔塔儿部据守的虎堡和狼寨直接射过去。霎那间，天空中满是鸦群一般拖着烟迹的火箭，唰唰地落在塔塔儿人据守的虎堡和狼寨中，那些干枯百年的木墙和木屋立刻熊熊燃烧起来。一时之间，虎堡和狼寨上空浓烟滚滚、火光冲天，塔塔儿人的哭叫之声一片又一片……

第十一章　压服主儿乞 / 241

不里孛阔等三大主儿乞亲王都被铁木真用铁血手段除去，剩下的主儿乞部首领和将领都暗自收敛，不敢再放肆。就这样，主儿乞部这个以蛮横勇悍驰名草原的强部对铁木真低下了高傲的头颅，就此彻底融进了铁木真的蒙古部，并成为他最忠勇的力量之一。

第十二章　草原夜惊魂 / 257

博尔术低声道："大汗，王汗已经拔营启程并去向不明，只留下一座空营。我军已成孤军，凶险万分。"铁木真闻讯也大吃一惊，这意味着蒙古军不但孤立无援，还深陷乃蛮部重地，而更关键的是脱里汗已经不可相信。铁木真不知道脱里汗这个盟友到底想干什么，甚至乘虚偷袭自己的大营都不是不可能，所以现在最重要的是要立即赶回大营以确保根本，然后再做他图。

第十三章　风雨阔亦田 / 272

在飘泼大雨中，铁木真的蒙古军和脱里汗的克烈军，与札木合率领的十二部联军展开了一场硬碰硬的血战：到处都是血腥的味道，喷涌的鲜血染红了泥水，而马蹄下的尸体被一遍遍踩来踩去……两军你杀过来、我杀过去，或上千人列队群殴，或数百人打成一团，或三五人拼死肉搏。蒙古军的猛将亲贵们如合撒儿、别勒古台、合赤温、铁木格、孛秃、沉白、按陈、赤老温、博尔术、木华黎、博尔忽、速不台、畏答儿等都身先士卒、奋勇向前，而这些猛将无一不是以一当百。

第十四章　复仇泰赤乌 / 287

正午之时，铁木真列队布阵完毕，便命令生起狼烟。士卒架起三座柴堆点着火并加入狼粪，顿时三道黑粗的狼烟直升。然后，只听见泰赤乌人营地左右两侧瞬间响起惊天动地的喊杀声、马蹄声，铁木真知道是博尔术和木华黎迂回泰赤乌人侧面成功，便发起了攻击。眼见泰赤乌人营地里的旗帜开始混乱，铁木真立刻命令击鼓吹号全线总攻，于是两万蒙古铁骑立刻从正面攻了上去。泰赤乌人再也经受不住铁木真的三面夹击，终于彻底崩溃。

第十五章　覆灭塔塔儿 / 301

蒙古军短而急促的鼓点变得雄浑有力，将士们立刻呐喊冲锋。答里台、阿勒坛、忽察儿三名老将各率三千先锋军冲在最前面，这三支军队久为蒙古军前锋，虽是真能抢，但也是真能打。他们先是用箭追射一片片放倒塔塔儿人，然后冲进塔塔儿人溃退的队列开始用蒙古弯刀劈砍，于是战斗便变成了一场大屠杀，开始有大批失去战斗意志的塔塔儿人扔掉兵器投降。据古罗马人统计，古代冷兵器交战，交战时双方伤亡只有十分之一，十分之九都是在一方溃退后被追杀时发生的。

第十六章　丽姝姐妹花 / 319

当也速干被带到大帐时，众将全都惊呆了，万万没有想到也速干竟比想象的还要美。此时，大帐内的所有人包括铁木真都心中暗叹："这样的美女，不要说一个也客扯连，就算拿一万个塔塔儿贵族的小命换她也值得！"草原女子多半身材健硕、脸圆宽颊，而也速干却纤腰长腿、身材纤长、蛾眉挺鼻、瓜子玉面，一双黑漆的亮眼，姿容秀丽至极，浑身艳光四射，完全不像塔塔儿人，倒像是关内南宋的江南汉家美女。这一年，也速干刚刚十七岁。

第十七章　双雄大决裂 / 328

这次著名的合兰真沙陀之战，是铁木真一生经历的最艰苦的战斗。从此，铁木真和草原上与他争雄的脱里汗、札木合势力进入了战略相持阶段。合兰真沙陀之战在中国战争史上占有重要地位。在合兰真沙陀之战中，脱里汗采用骑兵偷袭鱼鳞阵进攻的战术和铁木真占据有利地形趁敌立足未稳主动进攻的攻势防御战术，在蒙古各部统一战争中都是破例的，对后来蒙古骑兵战术的发展有着深远的影响。

第十八章　绝地大反攻 / 343

者别带着一百名箭筒士神箭手很快就消灭了十来个战圈里的克烈部将士，使得三千多名正在肉搏鏖战的蒙古将士解脱出来，然后开始帮着一个又一个小战圈里的战友解决敌人。面对不断加强的重压，抵抗了三天三夜的克烈部将士终于被压垮了，他们纷纷开始放弃抵抗，并向以前的盟友投降。为此，铁木真将所有的精骑都派上了战场，连鼓手和号手也冲上去了，他身边只剩下唯一一个旗手高举着"九斿白纛"大军旗，而大军旗上铁木真幼年编织的九条白旄正在草原的劲风中高高飘扬。

第十九章　决胜杭爱山 / 369

蒙古军将士在战鼓声和牛角号声中对乃蛮军发起了最后的总攻，个个争先恐后地奋勇冲杀。乃蛮军残部只得纷纷往山上逃去，想冲上山顶绕到山后逃窜，但蒙古军在身后杀声震天地猛追，而且晚上又漆黑看不清，到了白天才发现山顶的后面全部是陡峭的悬崖，因此许多乃蛮军将士走投无路只好纷纷跳下悬崖企图死里逃生，结果十个中就有九个摔死了，即使一些侥幸不死的将士也都断手断脚得惨不忍睹。最后，那些在冲杀中幸免于难的乃蛮军将士终于失去了斗志，全都扔下刀枪跪地乞求投降。

第二十章　长生天 / 404

在北到西伯利亚泰加森林、东到大兴安岭、西到阿尔泰山、南到阴山这几百万平方公里的蒙古帝国地域内，上千个大小部落首领、高级将领和他们的亲人家眷，还有无数的贵宾，甚至包括两位从西藏游历而来的活佛，都聚集在蒙古人的圣地三河源头参加大蒙古国的建国典礼和铁木真的登基仪式。经过三十多年的征战，铁木真终于统一了蒙古草原，蒙古部、克烈部、乃蛮部、塔塔儿部、篾儿乞部这草原五大兀鲁思也终于统一。

序幕　风起云涌

在中国北方辽阔的大草原上，曾经风起云涌、龙虎际会，诞生过许多勤劳勇敢的游牧民族，养育过无数优秀的中华儿女。

仅以两百万人口和十五万铁骑纵横天下，并用蒙古刀劈开欧亚大陆通道的一代天骄成吉思汗，以及勇猛豪爽的蒙古族英雄，就是他们之中的杰出代表：

> 彪悍牧人手中一碗碗香醇的马奶酒，
> 流淌着蒙古族英雄们的浩荡雄魂。
> 古老勒勒车那咯吱作响的大车轮，
> 转动着蒙古族英雄们无尽的传说。
> 苍茫草原上飘荡的马头琴声和低沉长调，
> 传唱着蒙古族英雄们的伟大史诗。
> 中华民族璀璨的历史星空中，
> 永远闪烁着蒙古族英雄儿女的耀眼光芒。
> 啊，蒙古……

北宋时期，汉族的中原正朔北宋王朝、西北党项族建立的西夏王朝和北方契丹族建立的大辽王朝，经过数十年的残酷战争后鼎足而立。这时，生活在辽国后方松花江与黑龙江流域，过着游牧渔猎生活的生女真（指人户不编入辽国户籍的女真人），在一代雄主、部落联盟长兼萨满教大巫师完颜阿骨打的带领下迅速崛起，其联盟迅速扩大到三十个部落、十万户，开始有了原始国家的雏形。

辽国天祚帝即位以后，对生女真各部落的压榨勒索越来越重。生女真生活地区的土产，如人参、貂皮、名马、北珠、俊鹰、蜜蜡、麻布等，除必须定期依照辽国定例进贡之外，在朝廷的纵容下辽国官吏和奸商还经常以极低的价格强买强购，并将之称为"打女真"。这样，辽国就在淳朴憨直的生女真人民心里种下了深仇大恨，一句神秘的预言开始在生女真各部中迅速流传，"女真不满万，满万不可敌"。

由于不堪忍受辽国的残酷压迫，完颜阿骨打率部奋起反击。辽天庆四年（1114）九月，生女真向辽国军事前沿重镇宁江州进攻。生女真各部在涞流水①（今拉林河）会合，共得精兵二千五百骑。完颜阿骨打率领兵士祭告天地，执梃誓师："我们同心尽力，有功者，奴婢可以做平民，平民可以做官。原先有官职的可以按功劳大小晋升。倘若违反誓言，身死梃下，家属也不能赦免。"次日，生女真军到达辽界，与辽军相遇。完颜阿骨打连发数箭，射杀了辽国骁将耶律谢十。顿时，生女真军士气大振，狂呼冲锋，辽兵溃败，死者十之七八。十月，生女真军乘胜攻克宁江州城。完颜阿骨打又派人招降辽国统治下的铁骊部渤海人和辽籍女真人，并俘获大量马匹和财物，胜利回师。攻破宁江州是女真人起兵反辽的第一次重大胜利，各部喜气洋洋，信心大增，军威大盛。

长期过着渔猎游牧生活的女真人战斗力极强，但人口很少，直到阿骨打起兵后打胜了宁江州之役，麾下女真将士才由二千五百人增加到三千七百人。辽天庆四年，辽国在出河店集结十万人准备平叛并消灭女真军，当时两军的比例是27∶1。

在出河店之役前的众将大会上，完颜阿骨打面对强敌丝毫没有退避，而是决定在辽军还没有完成集结之前，出其不意地主动发起进攻，趁夜出发，连续突击。

---

①《金史》作"涞流水"，元代称"刺林河"，明代称"纳怜河"。

当时，正是隆冬季节，天寒地冻。由于女真人文化落后，最信萨满神卜之说，完颜阿骨打戴上铜铃，打起神鼓，在篝火前鼓舞士气。

完颜阿骨打说道："我刚躺下，就有人摇我的头，不让我睡觉，但我站起又没事，如此一连三次。这是神在指引我，祂（用作神明的第三人称代词，同"他"）说我们要连夜出兵，打辽军出其不意，必能大获全胜，否则定有灭顶之灾！"

听了完颜阿骨打的话，女真军士气顿长，立刻上马编队，三千多铁骑乘风踏雪借着夜色直扑出河店。第二天拂晓，女真军赶到出河店近旁的鸭子河北岸，碰上了正在破坏冰面的辽军。

其时，恰逢狂风大作，卷起细碎雪末直刮辽军，挡住了辽军的视线，于是女真军乘势冲锋掩杀。辽军没料到完颜阿骨打率领的女真军来得如此之快，措手不及之下被杀得纷纷溃败。此役三千七百人的女真军大破十万辽军，俘获辽兵和车马、粮草不可胜数。

出河店大捷之后，各路女真军纷纷归于完颜阿骨打麾下，女真军兵力已经超万人。"女真不满万，满万不可敌"的神秘预言应验，从此辽人再也无法挟制女真部落。

完颜阿骨打对辽军连战皆捷，遂于辽天庆五年（1115）称帝。完颜阿骨打对群臣说："辽以镔铁为号，取其坚也。镔铁虽坚，终亦变坏，唯金不变不坏。"

于是，完颜阿骨打以"大金"为国号，望其"永远不坏"，年号"收国"。

完颜阿骨打，史称金太祖。

金太祖完颜阿骨打建国后的第一件大事就是攻击黄龙府。黄龙府是辽国重要的国库所在，也是辽国的经济命脉。后来，南宋名将岳飞曾激励部下"直捣黄龙，与诸君痛饮耳"，其中的"黄龙"也是这个地方，可见此地之要害。

黄龙府有内外两城，多年重兵设防，外城防御设施完善，内城守备坚固急攻难下；若要强攻硬取，一旦辽军增援，就会腹背受敌。完颜阿骨打召集众将商议，金军名将完颜娄室提议围点打援，即金军分兵一部围住黄龙府，主力扫清其外围并歼灭救援辽军，而金军将帅皆以为善。

于是，完颜阿骨打率金军主力扫清了黄龙府外围孤立据点，又将赶来增援的辽军各部一一歼灭，然后率兵直捣黄龙府。这时，黄龙府已被围困数月，守将耶律宁惶惶不可终日，城内辽军已经内无粮草外无援兵，士气完全崩溃。

完颜阿骨打攻城令下，金军推着各类攻城器械如潮水般涌至城下，竖云梯，攀城墙，人人奋勇，个个争先。辽军则兵疲将沮、一触即溃，守将耶律宁见大势已去，遂弃城而逃。

就这样，金军遂得黄龙府。

得知黄龙府失守的消息，辽国举国大惊，君臣失色。黄龙一带本是契丹族的龙兴之地，是辽国的立国根本，而金军攻占此地使得辽国国本有动摇的危险。于是，辽天祚帝几乎举倾国兵力，率领七十万大军直扑金军，企图将金国一举消灭，永绝后患。

当时，完颜阿骨打的金军只有两万人，与辽军的比例是1∶35。面对如此兵力劣势，完颜阿骨打选择的战略竟然是与辽天祚帝的七十万辽军展开战略决战，即对攻。

辽驸马萧特末、林牙萧扎拉率骑兵五万、步兵四十万至斡邻泺（今吉林大安南查干泡），企图两路夹击一举击败金军。在现在看来，完颜阿骨打是人类历史上最具进攻意识的军事统帅之一。战前，完颜阿骨打分析说，虽然辽军兵数十倍于我，又来势汹汹，但是天祚帝从全国各地临时征集的乌合之众"将不知兵，兵无斗志"，庸将怯兵不足为惧，加之行进千里体力耗损，若我军主动出击则成功有望。

完颜阿骨打做完战前动员，亲自率军进攻爻剌与辽军决战。面对辽军列阵后，完颜阿骨打为了鼓舞军心，他骑驰过军前，然后在众将士面前仰天大哭："我领你们起兵，是为了女真人不再受辽人欺压，建立女真人自己的国家。现在，辽人不肯容我，天祚帝亲自来征讨。我们现在只有两条路：一条是你们把我献给天祚帝，杀我一族，投降契丹；另一条是跟辽军拼了，打垮辽军！"

金军将士们听罢无不泣下，都哭着高喊愿与其同生共死，与辽军决一死战。双方交战后，金军将士个个冲锋在前，纷纷杀出了一条条血路。辽军则仗着人多势众，如潮水般一波波向金军扑来。

真是"天亡辽军"！就在两军打得正酣之际，辽军统帅部突然接到"噩耗"，留守后方的重臣耶律章奴发动兵变，欲立燕王耶律淳为帝，京师不保。

辽天祚帝大惊，只得放弃消灭金军的千载良机，不得不从前线西还回军自救。完颜阿骨打发现金军阵势松动，纷纷后撤，立刻抓住战机率军主动追击西还的辽军，并在护步答冈（今黑龙江五常西）追上了辽军主力。此时，金军只有两万人，于是完颜阿骨打决定集中兵力攻击辽主天祚帝所在的中军，并以左右两翼合击。顿时，辽军阵势大乱，几十万人堵成一团，被金军箭射刀劈，穷追猛打。结果，辽军伏尸百里，辽天祚帝大败而逃。

在护步答冈之役中，阿骨打以两万精兵打垮了辽军主力七十万人，创造了世界军事史上以少胜多的奇迹。护步答冈之役后，曾在北中国称雄两百多年的大辽国军威扫地，主力尽失，从此一蹶不振，直至灭亡。

金军连胜辽军的消息传至辽国南面的宋朝，与辽百年世仇的宋朝君臣想乘机灭辽，收回"幽云十六州"（又称"燕云十六州"）。宋徽宗等认为辽有必亡之势，决定联金攻辽，乘机收复燕云（幽州和云州）。于是，宋徽宗数次派使臣泛海出使金国，终于在北宋宣和二年（金天辅四年，1120）与金国缔结盟约，规定："宋金两国地位平等；双方议定夹攻辽朝，辽南京燕京（今北京）由宋军攻取，金军进攻辽中京大定府（今辽宁宁城西）等地；辽亡后，燕云地区归宋朝，宋将原纳给辽朝的岁币转给金朝。"因为宋金双方使节都由海上往返谈判，故称"海上之盟"。

"海上之盟"是宋金联合攻打辽国的盟约。不过，北宋君臣不知金军的厉害和唇亡齿寒的道理，结果户破堂危，直接导致了北宋的灭亡。

与金国缔结盟约之后，宋朝出兵燕云。但是，由于宋军腐败，缺乏战斗力，数十万大军两次攻打辽南京燕京，均被辽守军打败，最后还是由金军将之攻占。北宋只好用老套路贿赂收买，每年加付一百万贯钱为代税钱，随同每年的"岁币"交付金国。

北宋宣和五年（金天辅七年，1123），金国将燕京及所属九州中的西部六州归还宋朝。但是，燕京已被金军抢掠一空，连居民都被金军押往东北做奴隶，以致曾经繁盛无比的燕京"城市丘墟、狐狸穴处"，而宋朝所得的只是残破不堪的一座空城。至于云州（辽西京）地区，金太祖完颜阿骨打也表示一手交钱一手交货，只要宋朝出犒军费就归宋。五月，金国已许诺将朔（今属山西）、武（今山西神池）、蔚（今河北蔚县）三州先归宋，但因六月金太祖完颜阿骨打病死而中止。

金太祖完颜阿骨打去世后，其四弟完颜晟即位，史称金太宗。

金太宗完颜晟即位之初是遵守宋金盟约的，当主将完颜宗翰、完颜宗望反对割山西地与宋时，他甚至还说"是违先帝之命也，其速与之"。但是，金太宗完颜晟即使贵为君主也强不过形势，要知道金国的大臣们连皇帝的屁股都是敢打板子的，因此金太宗也无法改变金军诸将要求灭宋的决心。"海上之盟"后，宋金依约南北夹击攻辽，不想金军在北方势如破竹，而宋军却屡屡败于辽军，这使得金国认清了宋朝的腐败无能和宋军战斗力的虚弱。面对中原农业地区的富庶，宋朝君臣的腐败无能，宋军战力的极度低下，以及一个充满活力的新王朝开疆拓土的不可扼制的野心，外加刚攻灭强辽的金军诸将气吞万里如虎的雄心，种种原因叠加在一起让朝气勃勃、充满野心和自信的金国上层迅速达成了共识，他们决定灭辽之后立即废盟，马上攻宋。

辽保大五年（北宋宣和七年，1125），辽天祚帝耶律延禧兵败，于宋辽边境的应州被俘。最终，辽国被金国所灭。金灭辽当年，金军立即兵分两路直扑宋朝，仿佛踢倒了一面大而无当的朽墙。金天会五年（北宋靖康二年，1127），金军很轻松地就攻下了宋都东京（今开封），掳走徽、钦二帝及宋皇室宗亲贵胄三千余人，押往东北为奴为婢，此即中国历史上著名的"靖康之变"。

自此，北宋灭亡。

宋朝是百年大国，根基深厚，死而不僵。北宋亡了，康王赵构逃到南方另立了朝廷，史称南宋。此时，金军的兵力运用已达极限，其军力共有二十万人左右，而对南宋战场已经投入十五万人以上。面对中原南方的水网稻田地带，水土不服的金军战斗力急剧下降，而同仇敌忾的南宋军队在岳飞、韩世忠等少壮派将领指挥下正快速恢复战斗力，抵抗越来越强。金军不得不将后方兵力抽调一空以增援宋金前线，以致金国背靠蒙古高原的后方极度空虚，这引起了金太宗完颜晟的极度不安（后来金也确实亡于蒙古）。

作为与蒙古高原接壤的女真渔猎民族首领，金太宗完颜晟深知蒙古高原游牧民族战斗力的强悍：那些游牧部落的战士，"生下来就会骑马，拉开弓就能放箭，会跑就佩战刀"，没有一个游牧战士的单兵战斗力会次于"满万不可敌"的女真战士。

更令金太宗完颜晟忧虑的是，为了在严酷的自然环境中生存，在血腥的部落战争中获得胜利，蒙古高原上许多部落已经组成了部落联盟，比如克烈部、乃蛮部、汪古部、塔塔儿部、弘吉剌部等，这样他们的力量就越来越强大了。

最令金太宗完颜晟不安的是，一个名叫蒙古且拥有十多个血亲小氏族的古老善战部落也开始兴起，并完成了氏族的统一。当时，蒙古也出现了一个如金太祖完颜阿骨打一样的英雄人物，统一了蒙古各部，这个人就是合不勒汗。

金国初年，全蒙古各氏族和部落组成大联盟，推举海都长子之孙合不勒为"蒙古诸部落一部之长"，尊称合不勒汗。

自此，蒙古部首领正式使用汗号。[①]

由于金国全力向南方征伐宋朝，军力全部投入了南方前线，无力监控蒙古高原，这样蒙古诸部就获得了大发展的机会。合不勒汗极具领袖才华，他被推举为蒙古大汗后带领民众开疆拓土，鼓励生育人口、繁养牲畜，实力日益壮大。合不勒汗建立了早期的蒙古兀鲁思（蒙古语，意为"人众"，有"人民、国家"之意，即国家的雏形），他将蒙古诸部组成了较大规模的统一体，形成了蒙古氏族部落联盟，史称祖元皇帝。

---

① 当然，这时的汗和后来"成吉思汗"的汗是两回事。合不勒汗只是蒙古一个部落的汗，而蒙古草原上有很多部落；但成吉思汗则是铁木真统一蒙古草原后草原上所有部落的大汗。

这是蒙古历史上的第一个兴盛时期。

后来，金国在致宋高宗的公文中说："北方的蒙古、鞑靼，比之以前保聚尤甚，众至数十万。"

可见，蒙古诸部的势力和地域之广大，以及金人心中的戒惧。

当合不勒汗崛起的消息传来，金国为了笼络拉拢蒙古，便派使者去蒙古邀请合不勒汗入朝。合不勒汗为了一探金国虚实，也欣然率部落勇士数十骑去金国上京（今哈尔滨阿城）皇宫赴约。

金国早期的皇宫是中国历史上最差的皇宫之一。此时，金国开国不久，国风仍旧保持着渔猎时代的简单朴实，连皇帝也没有丝毫例外。

金太祖完颜阿骨打建立金国之初和大臣们定下了一个约定，国库里所有的财宝只有打仗才可以用，平时不管是谁动用了国库里的钱都得杖责二十。这一时期，金国皇帝的宫殿就是普普通通的几间房子，周围用篱笆围起来做围墙，放羊的百姓都能随便赶着羊从皇宫的院子里出来进去。

完颜阿骨打去世以后，金太宗完颜晟继任金国皇帝。金太宗时期，金国皇家财产仍是军事"共产制度"，因此金国皇帝依然很穷，根本没有"私房钱"。有一次，金太宗想喝点酒，但是囊中空空，于是只好偷偷地去国库里抓了一把碎银子换了点酒喝，结果刚好遇上丞相清点国库，立刻发现少了银两，很快查清楚是皇帝拿的，于是大臣们直接将金太宗从龙椅上拉了下来，并摁在地上狠狠地打了二十大板。金太宗气得大骂号叫也无济于事，打完之后大臣们又把他扶上了龙椅，并开始磕头谢罪。不过，此时打都打完了，金太宗也只好忍了。——在中国历史上，金太宗是唯一一个被大臣打板子的皇帝。因此，合不勒汗来到金国后，看到的皇宫是几间篱笆做院、草棚做顶且羊群随意进出的破旧木头房子，心中就有些不以为然，觉得这跟他的大宫帐也差不多。

金太宗觉得蒙古人是北方"野人"，是没见过世面的土包子，只要给合不勒汗赏点儿好东西，再好酒好肉招待，就能把他拉到金国一边，而且可能就是金国忠诚的臣属外藩了。

起先，金太宗对合不勒汗是很好的，天天大宴。他们彼此都是北方游牧民族，也没有什么精致的饮食文化，就是大鱼大肉、美酒肥羊管够。结果，酒宴上，金国的君臣都看傻眼了：膀大腰圆、身形魁梧的合不勒汗，肉是一盘一盘地吃，酒是一坛一坛地喝，怎么吃都吃不饱，怎么喝都喝不醉。这样，金国人就寻思上了：这么能吃，这有多大劲儿啊？蒙古人要都是这样，可真是我大金的心腹之患啊！于是，金国君臣不觉暗暗戒惧。

合不勒汗为啥这么能吃呢？

原因很简单，合不勒汗每次去上厕所时，他就把脑袋浸进路边的河流里，经冷水一激后把吃的酒肉都吐掉了，然后回去再吃喝。这样，当然就能吃会喝了。

合不勒汗为啥这样干呢？估计是不愿意在金国君臣面前露怯吧。要知道，喝酒喝输了，在草原上是蒙古汉子最丢人的事之一。其实，这也是文化差异的问题。另外，合不勒汗可能也是怕金人酒中下毒。

合不勒汗的随从可没有这么多心眼儿，放开肚皮喝酒，可着劲儿吃肉。合不勒汗一看随从吃了没事儿，自己也就放开胆子开始吃喝。这样一来，合不勒汗终于喝高了，醉醺醺地走下了席位，还揪住金太宗的胡子扯了两把。

这下，大家更傻眼了。

游牧民族，男子的胡子代表无上的尊严，摸胡子都是巨大的侮辱，何况被人扯胡子呢！金国平辽灭宋之后，已经开始学习先进的汉制，讲究君臣之间的礼仪，而跟皇上一块儿光着身子下河洗澡，雪地里盖一张熊皮睡觉的时代也一去不复返了。现在，看到北方人竟敢揪金太宗的胡子，金国大臣一个个怒不可遏，有的大臣甚至拔出腰间的佩刀要杀合不勒汗。

金太宗也是一代雄主，极有气度，只是哈哈一笑作罢。其实，金太宗请合不勒汗来的目的，就是想怀柔远人，岂会因此小事坏了大业？

于是，金太宗说："咱们女真人跟蒙古人一样，都是豪饮的民族，哪回酒宴上不喝大几个？这事没什么大不了。"

吓醒了的合不勒汗也赶紧谢恩，于是此事就不了了之了。

合不勒汗深知所处为虎狼之地，他的命不过是金太宗一句话而已，越想越觉得此地不宜久留，于是带着随从直接翻身上马连夜就跑了。这样一来，金国大臣马上去见了金太宗，说"这个人不能留着，必须杀"。同时，金国大臣都说"合不勒汗心怀歹意，心里没鬼干啥连夜出逃，不该轻易将他放走。这是纵虎归山啦！他回草原就是只纵横呼啸的猛虎，困在我们这儿则只是条生杀予夺的小虫，我们哪怕把他关在这儿也好啊"。

金太宗立刻明白过来，马上派人去追赶。但是，合不勒汗拒绝返回，更快马加鞭地日夜狂奔，终于虎口脱险，逃回草原。

没多久，金国又派使臣来了，说"皇上想念可汗"。合不勒汗知道这是"恶狼给小羊念经"——"一再叫我去，肯定是要我命"，干脆一不做二不休——豁出去了，直接把这些金国使臣杀了。

合不勒汗知道金国容不了他，蒙古的位置正在金国后背，直冲金国要命的龙兴之地，对金国威胁太大，而金国也绝对不会容许蒙古坐大，不管自己干什么，金国真正想要的都是他的命。于是，合不勒汗干脆先下手为强，先斩了金国来使立威。

合不勒汗手下的人一听吓得直哆嗦，这使臣一杀可就要跟金国打大仗了：金国可是上邦大国，雄师劲旅，灭辽伐宋，国势正隆，咱可不是人家对手啊！

敢扯金太宗胡子的合不勒汗一听就火了："你们还算蒙古汉子？没种！决策已定，必须给我杀！一个不留！"

这下大家知道大汗发了狠——真豁出去了，只好大喊一声，然后提着刀冲到金国使臣的营帐，把金国使臣全部杀掉了。

金国只知道自己对辽蛮、对宋狠，却万没想到北方的蒙古比自己更蛮更狠：吃了自己的肉，喝了自己的酒，却连自己的使者都要杀。从此，金国与蒙古算是结了仇。金国立刻连续派军征讨蒙古，时间长达十余年，结果均以金国的失败而告终。

金天会十三年（1135）冬，金国以蒙古叛乱罪起重兵第一次征讨蒙古，合不勒汗直接迎战。金军根本没料到蒙古敢迎头硬碰，交锋后才知道蒙古军远战箭法如神、近战肉搏舍命，战斗力极强，而金军完全猝不及防，直接被蒙古军击退。

金天眷二年（1139），金国第二次征讨蒙古，遣女真名将、万户胡沙虎率领几万名骑兵征讨。当时，蒙古部落能不能找出一万名青壮年男子都很难说，所以这次金军信心很足，发誓要血洗草原，灭掉蒙古部落。

但是，胡沙虎一到草原就晕头转向了：蒙古大草原上没有路，地形、地貌又几乎完全一样，都是平平展展的草地和小丘陵，走出去几十里看起来跟没动一样；没有向导带路，天天迷路，根本找不到敌人在哪儿。

这次，合不勒汗不再正面迎战，而是用游击战、麻雀战对付金军。合不勒汗率军避开金兵主力，埋伏山中，坚壁不出，只派遣一些游骑围着金军不停骚扰。蒙古人是天生的骑手和神箭手，三五成群、神出鬼没地在草原上跟金军开展游击战：今天射死你几个哨兵，明天放匹公马勾走一群母马，后天烧几顶帐篷，大后天往金军的奶桶里滋泡尿……金军仿佛牤牛掉进干井里，有力无处使，不但疲惫不堪，而且连粮食也不够吃了。

胡沙虎一看，这仗没法儿打：金军到处扑空，日久粮尽，人困马乏，只好收兵退回。结果，这时到处找不着的蒙古军出现了，养精蓄锐已久的蒙古军全线出击，在海林（海拉尔河）一带追上了人困马乏的金军主力，冲上去很轻松地打败了金军。

合不勒汗取得胜利后继续备战，以防金军更大规模的征讨。金皇统三年（1143），金国第三次对蒙古出击，但彻底失败。紧接着，金国又第四次派重兵征讨蒙古，最后也以失败告终。

这时，金太宗完颜晟已经去世，即位的是金熙宗完颜亶。趁着金国皇位交接的混乱时期，合不勒汗竟主动出击，起兵连寇金国边境，陆续攻取了金国的西平、河北等二十七团寨。

这下，金国真是芒刺在背了，金熙宗也发了大火，只等皇位一坐稳就征讨蒙古。金皇统六年（南宋绍兴十六年，1146）八月，金国调名将完颜宗弼，由南面对宋作战前线回朝，主持对蒙古作战。完颜宗弼是金国皇叔梁王，金国公认的第一名将——他就是在中国民间名声极响、岳飞的死对头金兀术，金国对宋作战的总指挥。

金兀术统率大军出征蒙古。史籍记载，金军光神臂弓手一个兵种就从中原调了八万精兵，可以想象这支大军的人数有多少——这相当于是金国倾全力而来，誓要把蒙古人消灭。结果，金兀术这样的百战名将来到蒙古草原，依然是一筹莫展。金兀术虽然没有像胡沙虎一样被人打得满地找牙，但是跟胡沙虎的遭遇完全一样——还是找不着敌人，而且情况更糟糕：因为胡沙虎只有几万人，不需要太多给养，但金兀术光神臂弓手就带了八万人，可这么多人来参战补给就是大问题了。

金兀术在蒙古草原一待就是两年，转来转去跟合不勒汗大小打了数十仗，但屡战不胜。金兀术不愧是中国战争史上的名将，他审时度势后知道这仗没法打了：蒙古地盘太大，几十万人来蒙古就跟大湖里撒把芝麻一样，而合不勒汗可以一直往西退、往北撤，可以把战争拖个几十年；而金军没法去追，因为这几十万金军一天要吃掉很多粮食，金国的后勤肯定无法长期供应。要知道，打宋朝，连抢带拿，缴获远大于消耗，后勤完全可以就粮于敌；打蒙古，大军用的每一支箭矢、每一粒粮食都得万里迢迢地从大金国库里运到蒙古前线，这仗是没法打了！

于是，金兀术给侄子金熙宗完颜亶上书："我军主力长期被拖在草原，求战不得，后退不能，帅老兵疲，劳而无功，如果宋朝跟蒙古人联合起来，那对咱大金的威胁可就大了。蒙古北方'野人'没见过世面，没多少好东西，咱们每年给他们点儿东西，就能把他们打发了。况且，给蒙古的那点儿东西，比起我们几十万大军每年拖在蒙古大草原上作战的消耗是九牛一毛，这仗咱们别打了。"

于是，金熙宗完颜亶派出使臣去见合不勒汗，说："行了，咱们两家别打仗了！你们不是占了我的一些地盘吗，那些地盘都赏给你们了。我们每年还赏赐给你们一些布匹、米面之类的生活必需品，允许两国通商，你们可以用自己的奶制品、皮毛、马匹等特产跟我们换盐和铁器。"

但是，金国提出了很重要的一点，那就是蒙古人游牧不能越过长城一线。

实际上，金国是怕蒙古人进入长城之后看到中原的繁华，和自己一样眼睛发绿起了觊觎之心。

金国还把西平以北的二十七团寨割与蒙古，并册封合不勒汗为蒙兀国王，才得罢兵修好。

于是，蒙金议和成功。这是金皇统七年（1147）三月的事。

金国实际上是被蒙古打得割地赔款，还同意了蒙古与自己平起平坐。这时候的蒙古只是草原上的一个部落，还不够强大，但部落首领合不勒汗居然干了这么多惊天动地的大事儿——揪了金国皇帝的胡子，杀了金国皇帝的使节，打败了金国皇帝的大军，还跟金国第一名将金兀术杀了个不分上下。合不勒汗就此成名，成为草原上成吉思汗之前名声最响的蒙古大汗。

合不勒汗有七个儿子，但他去世前指定自己的从弟、泰赤乌部的俺巴孩为第二代蒙古大汗，因为他认为俺巴孩比自己的儿子更适合当大汗。俺巴孩称汗初期，蒙古国势如旧。不过，金国为求得后方安全，开始对蒙古采取分化、压榨和屠杀的政策。金世宗完颜雍时，又实行残酷的"减丁"政策，"三年一征，五年一徙"，即每三年派兵向蒙古地区剿杀一次，大军扑向草原时见壮丁就杀，谓之"减丁"，并每五年到草原上抓一次壮丁做奴隶，还迫使蒙古每年进贡大量物品。

在金国元勋宿将的要求之下，金国军队除了定期的屠杀和劫掠之外，还会采取极其恶毒的"蒿指之法"来遏制蒙古各部的生产能力。"蒿指"，就是像割野草一样将蒙古族壮丁的大拇指剁去。剁掉拇指，则不能握刀拉弓，甚至生产劳动都困难，这样壮丁就废了。这"蒿指"之法直接击中要害，所以当时的蒙古人甚至恐惧到传说"没了大拇指，灵魂都不能转世"。

除了血腥的屠杀之外，金国还从蒙古草原大量掠夺人口充作奴隶。直到金国灭亡之时，中原的汉族百姓依旧对当年的情景记忆犹新。据《蒙鞑备录》记载："二十年前，山东、河北，谁家不卖鞑人为小奴婢。皆诸军掠来者。"

金国实行"分化瓦解，以蛮克蛮"政策，不断挑起蒙古与各周边部落、民族之间的矛盾冲突。金国对草原上各部落、各民族使用封赏、打压、挑拨、分化、离间多种不同手段，今天拉这批打那批，明天又换一批做"代理"，致使蒙古草原上的各部落、各民族分崩离析，各自为政，彼此为敌，互相攻杀，以消耗其实力，而这样自然也跟草原各民族特别是蒙古各部落结下了血海深仇。

面对金国的毒辣手段，蒙古的有识之士自然想到团结草原各民族共同抗金，俺巴孩汗就是其中极有战略头脑的一个。

当时，摆在俺巴孩汗面前最大的难题是蒙古人与塔塔儿人之间闹崩了。

塔塔儿人是蒙古草原上一个传统的强大部落，长期在蒙古东部草原游牧，也是草原上的老霸主之一，最盛时拥有七万户，可见其实力之强大。

塔塔儿人与蒙古人关系本来不错，双方结仇是在合不勒汗时期。当时，合不勒汗的小舅子赛因的斤病得很重，于是合不勒汗请来了塔塔儿人的萨满。萨满，就是草原各部的巫师，原始宗教领袖，而草原上看病的都是萨满，医术和巫术通行。这位萨满施行了一次巫术，结果赛因的斤死了。由于这次医疗事故，这位萨满被痛打了一顿后才被放回家。在这之后，赛因的斤的兄弟们竟然找上门去杀了这位塔塔儿萨满。当然，塔塔儿人接受不了如此巨大的侮辱，本来邻家病了自家的萨满是热心帮忙，结果却被杀了，于是塔塔儿人和蒙古人就此成了死敌。

合不勒汗活着时没能解决这个问题，一边是惹祸的小舅子们，一边是怒气冲冲的强邻，他也无可奈何。不久，合不勒汗生病死了，他把汗位传给了从弟俺巴孩。

俺巴孩汗接过汗位后准备解决这个难题，因为这个问题再也拖不下去了。

当时，蒙古的战略态势是东面是仇敌塔塔儿人，塔塔儿背后是强大的金国。狡猾的金国人见缝插针，毫不客气地利用了蒙古人和塔塔儿人的对立，支持塔塔儿人削弱蒙古人。塔塔儿人有了金国提供的大批物资和封赏，再加上萨满之仇，便也乐意给金国当枪使以对付蒙古人。

为了和塔塔儿人重归于好，改变不利的战略局面，俺巴孩汗决定通过和仇敌塔塔儿人结亲的方式化解仇恨。于是，俺巴孩汗做主将自己的女儿嫁给塔塔儿人的首领，并由自己和合不勒汗的长子斡勤巴儿合黑一起护送送亲队伍以示诚意。

但是，俺巴孩汗忽视了一点，各族的萨满巫师是当时草原各部落除了酋长外第二有权势的人，被蒙古人杀掉的塔塔儿萨满在族中有自己强大的势力，而他们铁了心要为冤死的萨满报仇。当俺巴孩汗来到塔塔儿人的部落之后，塔塔儿人一拥而上当场就把俺巴孩汗和斡勤巴儿合黑捆了，然后将他们献给了蒙古人的死敌金国人。

当时，在位的是金熙宗完颜亶。金熙宗完颜亶看着台阶下被死死捆住的蒙古俘虏哈哈大笑，并狠狠地挖苦和嘲笑了俺巴孩汗。俺巴孩汗知道难逃一死，他狠狠地对着金熙宗完颜亶叫道："你有种就放我一个从人回去，通知我们蒙古人抽你们金人的筋，扒你们金人的皮，替我报仇！"

金熙宗完颜亶冷笑一声，摆摆手："带一个'野人'上来！"

当这个名叫巴拉合赤的从人带上来后，俺巴孩汗对他说："长生天①做证，我是万民的大汗，我送我的女儿出嫁，却受到如此侮辱！回去告诉蒙古人，以我为戒，你们即便拉弓将五个指甲磨尽，你们即便放箭坏了十个指头，也要为我报仇！"

金熙宗完颜亶冷冷地听俺巴孩汗说完，摆摆手："给这舌头（使者）一匹马，放他走。对这'野人'用专惩游牧叛人之刑，钉木驴！"

然后，金人将俺巴孩汗光着身子钉在木驴上处死了。

这种死法不但最痛苦，而且是对一位男子汉最大的侮辱。

消息传回草原，蒙古人愤怒至极。

于是，蒙古诸部落联盟在斡难河（今鄂嫩河）的豁纳黑主不儿地方召开大会，推举合不勒汗第四子忽图剌为蒙古国第三代大汗。

据说忽图剌汗天赋异禀，虎背熊腰，身长九尺。其声音洪亮，如雷鸣山中，吼一声便在七山之后仍清晰可闻；其手强如熊爪，拍一拍，能把人像折箭一样轻易地折为两截；其冬夜赤身睡在燃烧的巨木旁，火星炭屑落在身上没有感觉，醒来还以为灼伤是虫蜇。

---

① 长生天，蒙古语为 Mongke Tangri，意为"永恒的青天"，是蒙古族的最高天神。蒙古族以"苍天"为永恒最高神，具有至高无上的权力，故谓"长生天"。

为报仇雪恨，忽图剌汗率部攻打金国，但金军高垒固守。那时，蒙古人还没学会攻城，也毫无攻城的技术手段，屡攻不克，伐金无功。他们转而去攻打塔塔儿部，同塔塔儿部一连十三次交锋，但是胜负难分，没能打败塔塔儿人，也没有给塔塔儿人多大的惩罚。之所以如此，原因之一是塔塔儿部所居地地形复杂，多河流、沼泽和泥潭，不利于骑兵作战；而首要原因则是金国在背后支持塔塔儿部与蒙古部为敌，要钱给钱，要人给人，要物给物，让草原两强互相争斗消耗，以消减草原民族对金国的威胁。

根据蒙古传说记载，金正隆六年（1161），金国与塔塔儿部联军同蒙古军在捕鱼儿海（今贝尔湖）一带打了场大仗，蒙古军大败。

就此，蒙古第一个汗国——蒙兀汗国被灭掉了。忽图剌汗很可能战死于捕鱼儿海一役，此后蒙古历史上不再有他的任何记载。塔塔儿部开始兴盛，但金国人又开始提防塔塔儿人，欲寻找草原新的代理人以对付强大起来的塔塔儿人。

当时，蒙古则陷入了极为混乱的局面，部族战争连年不断，而蒙古高原也重新陷入了分裂状态。

那时候，草原部落还处在奴隶制时期，生产力十分低下，无非放牧打猎，而生产关系上基本就是奴隶和奴隶主，所以每一个部落要想强大起来只有奉行丛林法则——强者为王，千方百计吃掉别的部落；弱者则被淘汰，部落实力不行的就会被别的部落吃掉，做别的部落的奴隶。

为了生存，蒙古各部落都在蒙古大草原恶劣的自然环境里野蛮生长。

在这个野蛮生长的过程当中，草原上的各个部落都在拼命发展和壮大自己，然后去消灭和吞并别人。为了生存，草原上的牧民像斯巴达人一样个个练就了一身刀马骑射功夫，从小就能纵马驰骋，成年后人人能征善战，拿起套马杆是好牧人，跨上战马背上弓是最优秀的战士。

对于当时草原上的混乱局势，蒙古草原上的牧人悲哀地传唱道：

星空旋转着，

众部落都反了，

不得安卧，

你争我夺为财产；

草地都翻转了，

众部落都反了，

不得下榻，

你攻我打尽杀祸。

没有思念的时候，

尽是相互冲撞；

没有躲藏的地方，

尽是相互攻伐；

没有彼此的爱慕，

尽是相互厮杀。

　　蒙古的传说里对这些部落混战没有详细的记述，只是提到了战争中蒙古乞颜部出现了一位新的战争英雄。乞颜部是蒙古最古老的部落，能征善战，而能在乞颜部称雄绝非凡夫可为，他就是忽图剌汗的侄子也速该——有勇有谋，英勇无畏，勇猛过人，战功卓著。也速该本是忽图剌汗麾下第一大将。在忽图剌汗最后一战中，金人和塔塔儿人将忽图剌汗和四万蒙古军诱进捕鱼儿海边的陷阱，层层包围，欲将其全歼，而也速该奉命决死突围，为蒙古保存火种。结果，也速该带一万骑冲开了金军和塔塔儿的联合包围圈，保存了实力，回归蒙古大营。很快，也速该被蒙古部落称为"巴特尔"——蒙古语"勇士"之意。不过，也速该是蒙古乞颜部的首领，而没有成为整个蒙古部落的汗，这可能跟他过于年轻、资历太浅以及在各部中根基不深有关——当时他才二十多岁，连妻子都没娶。

　　对于蒙古人来说，拿起武器是战士，放下刀剑是牧人。但是，战争并不是蒙古人的全部，放牧狩猎才是他们日常的生活。

这一天，大草原上春风习习，几朵白云飘荡在蓝天上。云雀在天空边鸣叫边斜着飞过，野花盛开点缀着如茵的绿草，羊群在欢快地啃吃着牧草，马儿垂着长鬃、摇着尾巴，几匹几匹地聚在一起踱步，这是草原上一年中最平和的季节。草原上，一般是秋天打仗，因为秋天战马膘肥体壮，正是征战的好时节；而春天草原牧民都忙着放牧，给经过一冬消耗的马匹和羊儿补充草料。

也速该一边放牧自己的牛羊，一边纵鹰射猎。

眼前一只肥硕的野兔蹿过，也速该"嗖"地一箭射中。正高兴之时，也速该忽见远处山坡下面过来一队马，骑马的年轻男子护送着一辆饰满鲜花的两轮马车慢慢地走过。也速该知道在车上饰满鲜花是弘吉刺部姑娘出嫁的标志，而这辆饰满鲜花的两轮马车里面肯定坐着一位美丽的弘吉刺姑娘，她是跟着前面骑马的年轻男子去夫家完婚的。

弘吉刺部是草原上一个地位非常独特超然的部族，也是一个古老的强部，生活在塔塔儿部的东面，实力非常强大。不过，弘吉刺部不以武力出名，而以出草原上最美的姑娘名动四方。

弘吉刺部的姑娘美丽动人、忠诚可靠，而且非常善于操持家务，是草原男人最忠诚的妻子、最能干的媳妇和最好的贤内助。因此，外族年年都抢着去弘吉刺部求亲，只有草原上最勇敢、最有出息的小伙子才有资格抱得一个弘吉刺姑娘回家做新娘。弘吉刺部地处草原边缘，远离草原利益争夺中心，自然也远离征战，因而人口繁衍迅速，实力也变得强大起来。另外，各部族都不去招惹弘吉刺部，因为毕竟没有谁愿意去攻打自己的老丈人。于是，草原各部达成默契，让弘吉刺部好好繁衍生息，为草原多养些美丽的女儿，如此弘吉刺部也就成了乱世草原上一方难得的净土。

草原男子都有一双鹰眼，能看得极远极远。也速该立马山坡上瞧着那辆马车，而山下那沉浸在新婚喜悦中的骑马男子根本就没有发现有人在远远地盯着他。

也速该正感叹这青年男子的好运气，只见那两轮马车忽然停了下来，然后车上下来一个极其美丽的女子，乌黑的发辫，红色的头饰，七彩的花裙，乌溜溜的大眼，挺直的鼻梁，高耸的胸部，苗条颀长的身材。顿时，也速该像被雷电击中，口干舌燥，心脏狂跳不已。

只见那姑娘抖开身上的长裙，让长裙像一朵喇叭花一样倒扣在地面上，然后在长裙里蹲了下去。原来，这是草原上女子在方便——草原上没有厕所，女子都是用长裙遮羞就地小解。

那姑娘小解后重新上车，和骑马男子继续前行。等他们走远后，也速该策马飞驰来到了姑娘小解的地方，只见那姑娘的尿液滋开了草原的浮土，露出了牧草的草根。然后，也速该上马狂驰，找到正在附近放牧的大哥捏坤太石和小弟答里台，激动地告诉他们："刚刚有一个比鲜花还美丽的姑娘从这里经过，长生天做证，我要定她了，我要抢她做妻子！那个姑娘身体很好，滋尿有力，一定会给我生下许多好儿子、好女儿！"

也速该的兄长和弟弟一听，连连说："那还等什么？赶快去抢！"

原来，抢婚在当时的草原上是非常流行的风俗，甚至是合情合理的——只有最强壮的草原男子汉才能拥有草原最美丽的女子，而且有利于草原人口的繁衍和人口素质的提高。所以，抢婚在当时的草原上是准许的，并得到了大家的默认。

也速该兄弟三人向着那姑娘所坐马车的方向狂追而去，很快看到了他们的身影——原来那美丽的姑娘是弘吉剌部著名的美女诃额仑，就是后来被称为"蒙古祖母"的诃额仑夫人（又称月伦夫人）；骑马伴行的男子是篾儿乞人赤列都，他和诃额仑自小就有婚约，这次是迎亲回部落完婚的。

也速该强抢诃额仑夫人的事情，是蒙古族老少皆知的著名故事。传说，诃额仑发现三骑快马飞奔而来且凶光满面，便立即知道他们是来抢亲的，而赤列都无论如何都不会是这三个大汉的对手。

诃额仑流着泪对赤列都说："那三人眼露凶光，这是要来害你的性命，为了抢我而来。你赶紧逃命，只要保住了性命，哪个帐篷里都有美丽的姑娘，哪辆车子里都能找到美貌的娇妻。你会找到称心如意的妻子的，如果你真的忘不了我，那你就给新娘起我的名字，像爱我一样爱她。"

然后，诃额仑从身上脱下自己的内衣交给赤列都说："你闻到我的气味，就是我在你的身边。"

赤列都依依不舍，不愿离去。诃额仑狠狠一鞭子抽在赤列都的马匹上，马匹吃痛狂奔起来，这才让赤列都无可奈何地流着眼泪向山间逃去。也速该兄弟三人为了消除夺妻之仇的后患，策马连追了七道山梁。赤列都一阵狂驰远去了，而也速该兄弟三人追不上夺路狂奔的赤列都，只好策马返回。然后，也速该毫不客气地牵着马车缰绳，大哥捏坤太石护在马车侧面，小弟答里台把他们的马群也一起收了，于是兄弟三人欢天喜地带着诃额仑回家了。

在回去的路上，诃额仑放声大哭。据蒙古传说记载，诃额仑边哭边说："我的情郎赤列都，草原上的朔风都从来没拆散过你的发辫，你也从来未曾在荒野中忍受过饥寒，可是你现在怎么样了呢？你在拼命逃跑，两条发辫一条搭在背上，一条垂于胸前，该是一副什么模样啊？"

传说，诃额仑非常悲伤，以致她的哭诉让斡难河水荡起了波涛，让高坡上的森林跟着呜咽。诃额仑哭得如此凄惨，最后连也速该的大哥捏坤太石都劝道："女人住嘴吧，你不要再哭了！你哭的人已经越过了层层山岭，过了重重河流，早就逃得看不见了，即使你哭哑了嗓子他也听不见了，即使你快马追赶也追不上了。我的弟弟也速该是草原著名的勇士、蒙古人的骄傲，是赫赫有名的蒙古第一巴特尔，他抢你是你的福气！他会好好待你，跟你好好过日子的。"

捏坤太石还语重心长地说："我的兄弟还未娶过妻，也从未有过姑娘，你是他爱上的第一个女子！"

最后，捏坤太石重重地强调道："你知足吧！"

少女诃额仑就这样被也速该抢回了自己的帐幕，开始了"长生天赐予她的新的生活"。

起初，诃额仑看见也速该又羞又恼，心里还思念着情郎赤列都。但是，诃额仑很快发现英俊魁梧的也速该是条真正的汉子，是个真正的草原英雄，甚至被英雄辈出的蒙古诸部公认为第一勇士，而且他才二十多岁就已被蒙古最古老的部落乞颜部推选为族中大首领。

也速该最能征服诃额仑内心的，是对她的温柔体贴：晚上，除了要求诃额仑睡在同一个帐幕中同一张皮垫上，并不勉强她陪睡。

慢慢地，诃额仑认为也速该是一个尊重自己，完全可以信托依赖的男人，并情不自禁地爱上了这个彪悍的男人。半年后，诃额仑第一次主动拥抱了也速该。随后，也速该为诃额仑举办了一场盛大的婚礼——

上千辆勒勒车与帐幕一起在大草原上排列成了一个圆形的大古列延①，也速该的帐幕设在大古列延正中心：篝火烧起来了，美酒倒起来了，肥羊在火上冒起了油花……乞颜部和远方前来祝贺的蒙古各部的亲人和兄弟姊妹们端起了酒碗，大家唱着跳着、喝着、闹着，一起举杯祝福也速该和诃额仑的婚姻幸福美满，早日生下一大堆在草原上横着走的小勇士和很多很多小羊羔那样温柔的可爱女儿。

在族人通宵的歌舞中，也速该和诃额仑在大帐幕中享受着彼此的第一次爱恋，给予对方第一次享受到的生命狂欢。在幸福的爱恋里，诃额仑迷迷糊糊地在也速该的耳边呢喃："你是长生天的意志，你是长生天给的命，我接受长生天给的命。"听着诃额仑醉人的呢喃，也速该知道自己真正地得到了诃额仑，不仅得到了她的身体，还得到了她的心。

弘吉剌部的女人就是这样：当她决定爱上你时，她会把自己的一切都给你；当她决定做你的女人时，她会是草原上最好的女人。

当然，作为乞颜部的族长和牧人，也速该不可能有太多的时间待在自己的大帐幕中陪伴诃额仑。诃额仑很快适应了蒙古主妇的角色，并在家中老仆女豁阿黑臣的帮助下接下了家中所有的活计——挤马奶、挤羊奶、制皮革、缝衣服、拆装蒙古包、做饭、制作奶制品、拾柴、洗衣服、编绳、织羊毛等。诃额仑每天忙得不可开交，把自己和也速该的毡房料理得整整齐齐、干干净净。于是，也速该每天回家总是情不自禁地横抱着诃额仑赞叹一句："果

---

① 古列延，一种游牧或军事组织形式，释为"圈子"或"营"，即环形之意，也就是指游牧氏族或部落从此地迁徙到彼地驻营，把居住的蒙古包与幌车安扎成环形，而氏族或部落首令的毡帐坐落在这个圈子的中心，然后从这个中心依次向四方沿着环形一层一层地展开。今汉语译为"库伦"。

然是弘吉剌部的好女人。"

更令也速该开心的是，诃额仑很快就身怀六甲了。

"果然是个会生养的好女人。"也速该想起当年抢婚时查看妻子的尿迹，不禁笑咧了嘴。

这几天诃额仑就要临产了，也速该却没办法待在帐幕中，因为塔塔儿部著名的勇将铁木真兀格率部占领了蒙古部落一块很肥美的草场。

也速该决定率部趁夜偷袭，消灭抢占草场的塔塔儿人。

也速该从乞颜部挑选了一千精骑，检查了弓箭、马刀、长枪、马蹄和干粮，并每人带了两匹马，然后出发了。他们用三天时间往东北方向大迁回了五百里，包抄到了铁木真兀格背后五十里，然后全军休整了四个时辰——喂了马，吃了干粮，睡了小觉，用木枚横住了马嘴以防止马匹嘶鸣，用皮革包住马蹄以尽量减少蹄声。

当月亮升起时，也速该先是率部乘骑袭步小跑了四十里，到最后十里时一千蒙古精骑换了备马，开始猛烈冲锋。

也速该绕到铁木真兀格背后这一招起了决定性的作用。铁木真兀格虽然听到了东边传来的马蹄声，但他以为是东边塔塔儿部的援军，蒙古人应该在他的西边。当铁木真兀格警觉时已经太晚了，也速该已经冲进了他的大古列延开始杀人放火，酣睡中的塔塔儿人被杀了个措手不及，抵抗微弱。

这一仗也速该大获全胜：八百名睡梦中的塔塔儿人像宰羊一样被砍杀，其中七百多人做了俘虏，等待他们的是做蒙古人奴隶的命运；塔塔儿部著名的勇将铁木真兀格也被抓住了，也速该和他单挑时亲手活捉了他。

当太阳出山时，也速该押着俘虏、带着战利品走上了回程。

押着俘虏回到不儿罕山脚下三河源头的乞颜部营地，也速该告诉自己的伴当（旧指随同的仆人，也指同伴）和大将蒙力克，让他代为处理一下军务，而他则匆匆跑向了自己的帐幕。也速该刚踏进蒙古包，就听到里面传来一阵洪亮的婴儿哭声，只听到老仆女豁阿黑臣和族中的产婆一起叫道："生下来了！生下来了！是个小巴特尔！"

也速该大喜过望，只见那产婆手上抱着一个光溜溜、湿漉漉的健壮小男孩，孩子哇啦哇啦哭得很响亮。然后，产婆开始用布巾擦拭这个小男孩，而也速该在一旁抑制不住自己的喜悦，低声道："这是我的儿子啊！"

这时，也速该看到产婆擦到了婴儿的右手，只见孩子的右手握得紧紧的，好像抓着一个什么东西。也速该轻轻将小男孩的右手拉开，只见他的右手掌心握着一块羊拐骨大小的红色凝血。

也速该低声说道："让我看看这是什么。"他从孩子的手心里拿到了这块凝血，只见这个血块上尖下圆，像极了蒙古军旗苏鲁锭的矛头。

产婆倒抽一口冷气，低声说："手握血块而生，他一生将征战四方。"

也速该说："马上骨占。"草原民族的产婆都是医生，也几乎全是萨满神婆，占卜算命也是她们的分内事。

产婆拿了四块羊拐骨往地上一扔，当四块骨头停止滚动的时候却组成了一个菱形的箭头形状。

产婆又倒吸了一口冷气，说："长生天的意旨，这孩子将要纵横四海，征服天下，如利箭之锐不可当！"

也速该听了哈哈大笑。

这时，躺在羊皮垫子上的诃额仑疲惫地说："给孩子起个名字吧。"

蒙古族向来有将伟大的敌人的名字作为自己孩子名字的习俗，于是也速该想起了刚被自己擒住的塔塔儿部勇将铁木真兀格——"铁木真"，意为钢铁。

也速该从产婆手上接过小男孩，横托在胸前，说："我的儿子将会如钢之精，如铁之英，长生天会永远庇佑他的苏鲁锭战无不胜。我给他取名铁木真。"

就这样，未来的世界征服者——孛儿只斤·铁木真诞生了。

这一天是南宋绍兴三十二年（金大定二年、西夏天盛十四年，1162）五月三十一日。

第一章　征战的童年

朝阳照在蒙古高原上，远处的不儿罕山（今肯特山）在地平线上留下一抹黛青色的剪影。大草原上一片葱茏，五颜六色的野花争相开放，白色的百合、金色的铃铛一丛一丛地在风中摇摆，洁白的羊群在草地上慢慢移动，仿佛一颗颗珍珠散落在绿毯之上。铁木真就是在这样的美景中度过了自己幸福的童年。

作为家中的长子，铁木真受到了父亲也速该和母亲诃额仑的万般宠爱。铁木真生来异相，脸放红光，双眼炯炯有神。草原上的人们在繁衍后代、给马牛羊育种的实际经验中都练出了判断生命力的惊人直觉，凡是见过铁木真的牧人都说铁木真眼里冒火、容颜放光，一定会是蓝天上展翅高飞的雄鹰和无敌狼群中的狼王。

在铁木真出生七天的时候，也速该和诃额仑按照蒙古族的传统仪式给他进行了洗礼。

在洗礼之前，也速该脱下帽子绾在左手上，将衣带解下挂在颈上，右手捶胸，然后在大地之上九跪九叩。蒙古族男子脱下帽子，解下衣带，是表示坦诚之意，此俗至今依然如故。

也速该面朝东方，向长生天祈祷：

> 我的长生天啊，
> 无尽的巍峨群山，
> 是你魁梧的身子。

长空中的雷鸣，

是你嘹亮的声音，

关照着下方万民，

是你明察秋毫的眼睛。

长生天啊，

请赐我儿铁木真，

一生如白杨树般正直。

长生天啊，

请赐我儿铁木真，

一生如苍狼般勇敢。

长生天啊，

请赐我儿铁木真，

一生如不儿罕圣山般结实。

我的长生天啊，

请让噩运永远远离我儿铁木真，

好运伴他终生而行，

我的至高无上的长生天啊，

请答应孩子也速该的祈祷。

祈祷完毕，也速该走进帐幕中。诃额仑在帐幕中的大木盆中倒进温水、柏叶、牛奶、肉汤，然后把光溜溜的小铁木真放进汤水里，接着和也速该一起给铁木真洗了人生的第一个澡。

待给铁木真洗完擦干后，也速该搬进一块用勒勒车从不儿罕圣山山脚下拖过来的青石，然后抱着铁木真让他两只小小的光脚丫踩在青石之上，留下两个湿湿的小脚印，这寓意着孩子的身体将如青石般结实，一生都幸福美满。

仪式到此，其实才刚刚开始。当时，也速该已是蒙古乞颜部的大首领，帐下实力已是蒙古诸部之首，虽然离称汗还差一步，但已被称为也速该大王。所以，蒙古各部落的"白骨头"①即贵族都前来贺喜。于是，大家吃喝唱跳，说着吉祥的话语，吟着古老的祝福，庆祝着铁木真小王子的洗礼。

铁木真的童年是快乐的。在铁木真刚满月时，也速该就把他抱在怀里，骑着马在草原上奔驰，欣喜若狂地给乞颜部的叔伯婶娘们看他的儿子。

乞颜部的亲人们都拿出自己最好的珍藏，献给铁木真小王子做满月的礼物。部落里的铁匠札儿赤兀歹，甚至牵出自己才一岁的儿子者勒蔑对也速该说："这是我的儿子者勒蔑，请首领收下他，让他为少主开门、备鞍、冲杀。"

札儿赤兀歹说着又拿出了一件黑貂褟裸，说："这是专门为少主准备的，可为少主遮风、挡雨、御寒。"

也速该深受感动，说道："铁匠叔，您的心意我领了。这件黑貂褟裸我收下，但者勒蔑还太小，这么小就离开父母对孩子不好。等小鹰长出了幼羽，等小狗长利了牙齿，我就来接者勒蔑给铁木真做兄弟，做生死与共的那可儿②。"

原来，当时的蒙古草原还处在奴隶制时期，草原各个部落的首领和贵族决定部落所有人的一切，因此社会底层的牧民、匠人、奴隶都希望自己的孩子也能上升到贵族阶层，而最快的办法就是给贵族做伙伴——蒙古语叫伴当，也叫那可儿。那可儿无战事时护卫首领左右，有战事时率先冲锋陷阵，撤退时临敌断后，是首领同生共死的兄弟。由于草原各部最重军功，赏赐之重也莫过军功，那可儿伴随部落首领左右自然立功机会最多，拔擢机会也最多，一场战争下来就可能从战前的奴隶提升为贵族。

札儿赤兀歹向也速该送上儿子者勒蔑，就是希望给铁木真做那可儿，以

---

①白骨头，这里代指蒙古贵族。蒙古贵族自称为 Chaghan Yasutan，直译为"白色的骨头"。蒙古人以白色为圣洁、吉庆、丰富之象征，故 Chaghan Yasutan 指纯洁而吉庆的氏族。蒙古人视成吉思汗"黄金家族"为高贵，称为"白骨头"。

②那可儿，蒙古语音译，意为门户奴隶，也是蒙古汗国贵族（那颜，蒙古语 noyan 音译，原指千户的首领）的亲兵和伴当，主要用来镇压游牧民，参加贵族夺取牧场、牲畜和奴隶的战争。

博个好前程。后来，者勒蔑果然被铁木真培养成蒙古名将，声名远播，青史留名。

在铁木真三岁生日这一天，也速该和诃额仑为他举办了乌日波仪式。乌日波仪式，是蒙古男人成长过程中的第一个庆典。

这个仪式要剃掉小孩子的胎发，剪出一生的发式。古代蒙古人都留一种叫作呼日勒的发式（汉族文献中叫作"婆焦"），它的样式就像汉族小孩在头顶留的三搭头。

据南宋名将孟琪《蒙鞑备录》等文献所记述，蒙古族男子发式是这样的："上自成吉思汗，下及国人皆剃'婆焦'，如中国小儿留三搭头。在腮门者稍长则剪之，在两旁者总小角垂于肩上。"后来，访问蒙古的西方传教士鲁不鲁乞在行记《东游记》里记载了他所见的蒙古发辫："在头顶上把头剃光一方块，并从这个地方的左右两角继续往下剃，须过头部两侧，直至鬓角，把两鬓角和颈后的头发剃光，把前额直至前额骨顶部的头发剃光，在前额骨那里留一簇头发，下垂直至眉毛，头部两侧和后面留着头发，把这些头发在头的周围编成辫子，下垂至耳。"

诃额仑抱着三岁的铁木真，然后族中的萨满老人将手搭在铁木真的头顶，用古老的曲调吟唱道："长生天啊，祈愿长生天，如你的爱儿一样，永远保佑铁木真。"

唱完之后，萨满拿出一把极锋利的小刀，将铁木真头顶四周一圈头发剃掉，只留额前头发散垂，耳上两边头发结成多辫做两髻，悬垂肩上。草原民族相信头顶囟门是供灵魂出入之门，故剃掉顶发一圈供灵魂出入。这跟古老的萨满习俗有关，也有说这是模仿草原上的猛禽海东青①与老雕的头顶毛发。

诃额仑将铁木真剃下的胎发收起来，放在一个白布袋里包好。根据蒙古族习俗，孩子的胎发是父母要珍藏终生的。

然后，乞颜部落里的老产婆说着吉祥的话语，端一碗牛奶喂给铁木真喝下，祈愿他一生吉祥如意。

---

① 海东青，又名矛隼、鹘鹰、海青，是一种猎鹰。

产婆在草原部落里的地位极高，因为她直接关系到部落里人口的增长和妇女的健康。

这时，也速该牵来一匹小白马，先将马镫调得短短的，又将马缰绳的末端系了一个绳环，然后让铁木真跨坐在马鞍上，将两只小马镫套在铁木真的两只小脚上，并让他用小手抓住马缰绳的绳环。

之后，也速该也跨上自己的白马陪在铁木真的小白马边上，父子俩并肩缓缓骑行。这是铁木真第一次单独骑马，在这之前都是父亲或母亲把他抱着在马上骑行。第一次单独骑乘的铁木真，在父亲也速该的陪伴下绕自家的营帐缓缓骑行了一周，然后对着远处的小丘喝了一声"嘚儿——驾——"催马小跑起来，然后加速奔驰。也速该在一旁笑着陪着铁木真一起驰上小丘，父子俩并马而立。

话说草原上的孩子会走路就会骑马，而草原上有句名言——"马是草原的靴子"。在草原上放牧，随便催催马就是几十上百里地，没有马哪里都去不了。

从这一天开始，铁木真就算有了自己奔驰草原的"靴子"。

在铁木真四岁生日的当晚，也速该牵着铁木真走到帐外的一个小山丘上，只见他脱下帽子绾在手上，解下衣带挂在肩上，对着东面九跪九叩；而铁木真也跟着父亲照做。月光下，铁木真的脸上笼罩着一层淡淡的月华，双眼闪闪发光。然后，也速该低声吟诵道：

> 长生天，
> 永远护佑我蒙古人丁兴旺，
> 男儿英雄，
> 女儿美丽。
> 长生天，
> 永远护佑我蒙古牛羊成群，
> 骏马奔驰。

长生天，

永远护佑这个脸上有光，

眼里有火的孩子。

吟诵完毕，也速该从怀中抽出一把尺许长的短弯刀——这把刀，紫金为鞘，玉石为柄，饰以金银宝石，外表极为华贵。也速该"锵"地抽刀出鞘，只见这把刀的刀身、刀刃在月光映照下泛出一条条流水一样的白色波纹，并闪动变幻着银光。

也速该说："儿子，这把刀是你的远祖第一次统一蒙古各部的海都大汗传下来的，以后又传给合不勒汗、俺巴孩汗、忽图剌汗。我是蒙古人的巴特尔，所以忽图剌汗在最后一次与塔塔儿人交战时将这把刀交给了我。这把刀来自遥远的西方——在我们蒙古部西边，是克烈部；克烈部西边，是乃蛮部；乃蛮部西边，是被金人赶走的辽人建立的西辽，那儿有许多的民族；再往西走，有许多的国家，其中有个波斯国，波斯国过去是报达国①，报达国的都城叫巴格达，是极西的名城；巴格达过去很远，有一个叫大马士革的地方，而这把刀就来自大马士革。据说，只有大马士革的铁匠，才能打得出这种带花纹的钢刀。西边来的商人，当初用这把刀换走了我们一百匹骏马、一百匹骆驼，当时我们是第一次见到这么坚硬又这样华美的钢刀，所以不惜一切代价换下了这把刀，想让我们族中的铁匠学会打出这种带花纹的钢刀，可惜到现在也没人成功。海都大汗说，'谁拿到这把刀，谁就能成为蒙古大汗，这把刀就叫蒙古刀'。"

也速该继续说："我们蒙古有好几十个部落，忽图剌汗最后一次统一了蒙古各部。但是，在第十三次与金人和塔塔儿人联军的大战中，忽图剌汗与大批蒙古各部精锐勇士误进了包围圈，战死沙场。之后，我们蒙古兀鲁思又四分五裂了。我虽然受忽图剌汗遗命，带这把蒙古刀突出重围，以这把刀为信物号令蒙古，但是单靠一把蒙古刀是无法真正号令各部，并重新统一蒙古

---

① 报达国，古国名，在今伊拉克境内。

的。我甚至无法真正统一乞颜三部，泰赤乌部的胖子塔里忽台就极力反对我。我们惨死在金人手里的俺巴孩汗就是泰赤乌人，泰赤乌人和我们孛儿只斤氏共祖，同样血统高贵，所以他们在血缘上是能跟我们孛儿只斤氏争汗位的。由于出过俺巴孩汗的关系，泰赤乌人一直自视为理所当然的汗位继承人，还想再登蒙古大汗之位。但是，我们孛儿只斤氏才是远祖海都汗长子的传人，泰赤乌人是远祖次子的后裔。所以，我们孛儿只斤氏的血，才是蒙古几十个部落中最纯正、最高贵的！"

小小年纪的铁木真怒了，眼里精光闪烁，问父亲也速该道："额赤格[①]，胖子为什么反对你呢？"

当时，蒙古部落里的大人小孩都把肥嘟嘟的泰赤乌部首领塔里忽台称为"胖子"。

也速该简短地说："他想自己称王称汗。"

铁木真又问道："额赤格既然有大汗们传下的蒙古刀，为什么不能自己称汗呢？"

也速该笑笑，说道："儿子，汗是草原各民族对统治者的最高尊称，比王还高，想在一族称汗必须各部都共推公认为汗才行，可不能自己封自己为汗，如果那样不但没有大汗的威严，反而成了大家的笑柄。"

铁木真又问道："那额赤格现在是什么？"

也速该说道："额赤格是蒙古各部最古老、最高贵的乞颜部的大王，孛儿只斤氏的族长。"

也速该边说边摸摸铁木真的小脑袋："儿子，称汗要有战功，要有势力，要有背景，缺一不可。比如说，黑骨头（奴隶）功劳再大也无法称汗；但白骨头（贵族）血统再高贵，没有战功也称不了汗，还要有自己的人马，而没有实力谁也不会在乎你，有了实力还要能服众，要大家都打心眼里尊敬你、佩服你。忽图剌汗最后一战三万蒙古将士战死，只有我带少数人马决死杀出，因此我被公认为蒙古第一巴特尔，但是我在军中的势力几乎丧尽，只能回乞

---

① 额赤格，蒙古语音译，《蒙古秘史》《史集》中蒙古人对父亲的称呼。

颜部休养生息。还有，我太年轻还不到三十岁，又是败军之将，老人不服。这一生，我恐怕是称不了汗了。"

铁木真听到这里，拽住也速该的手仰头看着父亲，坚定地说："额赤格不能称汗，我来替额赤格称汗！"

听到铁木真这句话，也速该大喜过望，说道："儿子，这把刀以后就是你的了，记住你对额赤格的承诺。"

接着，也速该说道："儿子，你有了刀还要会用刀，现在额赤格教你怎么用刀。虽然刀法千变万化，其实基本就是四式：第一，劈砍；第二，刺割；第三，正撩；第四，反撩。"

明亮的月光下，也速该向铁木真演示着刀法。一代代蒙古贵族，他们都是用这样的传承方式一代一代秘密地传授刀法的。

也速该将蒙古刀高举至头顶，向前向下猛劈。然后，也速该对铁木真说道："劈砍，是刀用得最多的招式。劈头、劈肩、劈胸、劈手，都只是角度和力量的不同。劈砍千变万化，但都来源于这一刀正劈，只要这一刀正劈练出来了，其他的劈法就只是这一招正劈角度和力量的变化。"

然后，也速该又将蒙古刀举在胸前向前猛推。收刀后，也速该说道："儿子，这一招叫作刺割。刀刃朝下，往前直冲名为刺；刀刃平放，往前直冲为割。这一式骑兵冲锋用得最多，刀刃平放，利用战马的冲劲，可以轻而易举地割下敌人的脑袋，划开敌人战甲的甲缝，以杀伤对方。"

接着，也速该将蒙古刀的刀刃朝上，从身体右侧直接向上画弧形，说道："儿子，这一刀叫正撩，是在马上杀倒步兵最省力的方法。"

铁木真看得聚精会神，双手不禁跟着父亲也速该比画着刀法。

最后，也速该演示了反撩刀法——将蒙古刀的刀刃朝下，侧身从身体左侧向右前画弧形，说道："儿子，这一招主要用于防守，荡开敌人进攻的兵器。不过，守中也带攻，退步是防，上步是攻，用在马战。需要练到人马一体，才能最大限度地发挥威力。"

看着满脸兴奋的铁木真，也速该问道："儿子，还要额赤格教一遍吗？"

铁木真自信地说："额赤格，不用了。我来做给额赤格看！"

铁木真接过父亲也速该手中的蒙古刀，举刀上步劈砍，再上步刺割，再上步正撩，再上步反撩，而四招刀法四次上步，竟然招招合规，步步进攻。

也速该看完铁木真的演练，大喜过望：这个儿子为长子，生而异相，手握凝血出世，目光如炬，脸放异彩，聪明机敏，小小年纪就刚毅勇武，如何能不喜呢？

也速该蹲下身将铁木真抱在怀里，说道："儿子，你记住，冲锋陷阵靠长矛，短兵相接靠用刀，刀法是越练越熟的。你每天没事的时候就练习蒙古四式刀法、练习射箭，只要坚持下去，你长大后草原上就没人会是你的对手了。这把刀已经是你的了，但你先把它交给额客^①收好，额赤格已经准备好了一把很好的短刀专门给你练刀法用。"

从此，铁木真在玩乐之余便勤练父亲也速该传给他的蒙古四式刀法^②，马下练熟了又在马上练，渐渐地能在飞驰的骏马上劈砍到竖起的草垛假人，还能用弓箭四处射猎，并慢慢地能射中一些近处的鸟雀和土拨鼠之类的动物。

铁木真五岁的时候，蒙古部落里发生了一件大事。当时，铁木真正和弟弟合撒儿、合赤温以及异母兄弟别克帖儿在父亲也速该的大帐里玩耍。

一个在营地数十里外巡逻的游骑飞驰过来，跳下马进帐大叫："报，克烈部脱里汗求见大王！"

正在看着诸子玩耍的也速该一惊："脱里汗要见我？他带了多少人？"

游骑回道："他带了数百骑。现在等在营地外五十里，等待大王回话。"

也速该心知必有大事发生，要知道克烈部可是草原上一等一的强部，脱里汗也是威震一方的草原英雄。

克烈部的起源和其他草原部落一样，都来源于神话传说，与室韦——鞑

---

① 额客，蒙古语音译，《蒙古秘史》中蒙古人对母亲的称呼。

② 蒙古四式刀法，后来在蒙古金帐汗国时期被顿河哥萨克学会。哥萨克用自己独特的恰西克马刀，配合蒙古四式刀法，打出号称"天下第一骑兵"的威名。之后，苏联红军骑兵部队的刀术教程，也以这蒙古四式刀法为基础。在领教了这套蒙古刀法的威力后，苏联红军严禁哥萨克和民间习练蒙古刀法，违者立即处死。

靼人后裔的其他部落如塔塔儿、蒙古等部有着相同的族源。但是，由于长期同突厥语各部的交往和混合，克烈部已深深地突厥化了。据说，见于记载的克烈部人名几乎都是突厥语。因此，确切地说，克烈人是突厥化程度很深的蒙古人。后来，克烈部被蒙古部吞并，被列为蒙古七十二种，视为同一血亲的第一等自家人。

克烈部所在的地理位置很好，一直占据漠北中心地区，西边是乃蛮人，东边是蒙古人和塔塔儿人，北边是篾儿乞人，南边是汪古人。由于这种极有利的地理位置，克烈部很早就有攻占整个蒙古草原的野心，这样不可避免地就要同北方王朝和草原各部起冲突。

脱里汗的祖父马尔忽思汗，就屡次与辽国交战，曾多次大败辽国。但是，在与塔塔儿部的一次冲突中，马尔忽思汗被塔塔儿人包围抓获，塔塔儿人毫不犹豫地将其送给了辽国请功，结果辽国同后来金人处置蒙古俺巴孩汗一样，将他残忍地钉在木驴背上翻搅而死。

这样，克烈部同后来的蒙古人一样，也同塔塔儿人结下了生死血仇。

马尔忽思汗死后，他的妻子依里克赤夫人决心替亡夫报仇。依里克赤夫人为亡夫报仇的故事，堪称蒙古历史上的"木马计"，在草原上广为流传。

据中世纪波斯史学家拉施特主编的《史集》记载，依里克赤夫人是艳名远播的草原第一美人，塔塔儿首领纳兀儿欺负克烈部无汗，扬言要娶依里克赤夫人做妾。依里克赤夫人将计就计，便派人去说道："我想送给塔塔儿君主纳兀儿一百只公绵羊、十匹母马和一百'酝都'①马奶酒。"依里克赤夫人在这些"酝都"中藏了一百名全副武装的勇士，并将袋子置于车上。他们到达后，便将公羊交给厨师，要他们准备起来，并且说道："宴饮时，我们用车把马奶酒运来。"入席以后，他们拉来了载着"酝都"的那一百辆大车，面对他们（举行宴会）的地方停住并卸了下来。然后，勇士们立刻破袋杀出，和依里克赤夫人的其他仆从一起抓住了塔塔儿首领纳兀儿，将他和在场的

---

① 酝都，指用皮子缝成、载于大车上的一种特别庞大的袋子，每袋可装五百"曼"（一种容器）马奶酒。

大部分塔塔儿部"异密"们都杀死了。[1]

在丈夫马尔忽思汗的血仇得报后，依里克赤夫人便将汗位传给了长子忽儿扎忽思。忽儿扎忽思汗与塔塔儿人和北面的篾儿乞人连年混战，一度败到连他十三岁的儿子脱里都被掳去做奴隶放骆驼、舂米的程度。

随后，一无所有的忽儿扎忽思汗只身逃到西边的乃蛮部搬救兵。乃蛮部虽与克烈部也时常交战，但乃蛮部贵族极具战略眼光，认为如果乃蛮部放任克烈部垮台，塔塔儿部和篾儿乞部乃至蒙古部就会占领克烈部空出来的战略空间，乃蛮部便会失去战略屏障，如此一来对乃蛮部的威胁将极大。[2] 于是，不久前还在与克烈部交战的乃蛮部，又帮忽儿扎忽思汗复国，打跑了篾儿乞人和塔塔儿人。与此同时，忽儿扎忽思汗的儿子脱里也在牧羊人的帮助下逃回了克烈部。这一番折腾下来，忽儿扎忽思汗的所有精力基本上都耗尽了，不久就病逝了。然后，脱里接过忽儿扎忽思汗的汗位，当上了克烈部的新汗，称脱里汗。

脱里汗，文武双全，智勇兼备，但是生性多疑，残忍嗜杀。为了免除后患，脱里汗毫不犹豫地杀死了几十个弟弟，只留了一个叫札合敢不的同母弟弟，还有一个弟弟吓得逃到了西边乃蛮部寻求庇护。乃蛮部也不愿克烈部过于强大，不但收留了脱里汗的弟弟，还鼓动脱里汗的叔叔菊儿汗在克烈部造反。脱里汗狠毒杀弟乱了族内人心，于是菊儿汗秘密勾连十分顺利，并断然决定起兵。

由于菊儿汗造反事发突然，兵变当夜突然火光冲天，马嘶人叫。叛军冲到了大古列延的最后一道圈子，脱里汗只来得及带了家人和五百名随身那可儿逃出大营。

当时，侥幸保得一命的脱里汗四顾茫然，西边是死敌乃蛮人，南边是替

---

[1] 这件事之所以有名，是因为马尔忽思汗的妻子依里克赤夫人用这个办法替自己的丈夫报了血仇。异密，蒙古语意为"埃米尔"，大臣、侍从之意。

[2] 后来，铁木真灭了克烈部后，果然迅速西进就势灭了乃蛮部太阳汗。

金人守边的汪古人，东边是天天打仗的塔塔儿人。脱里汗只好向北一路狂奔到了哈剌温山谷，这里是篾儿乞人的地方，而篾儿乞人以狡猾奸诈、报复心重闻名于草原。为了向篾儿乞人借兵，脱里汗把自己的幼女嫁给了篾儿乞人的首领，但仍是一无所得。这时，走投无路的脱里汗终于想起了蒙古第一勇士也速该——也速该不但以勇武驰名草原，他的豪爽仗义也广为人知。于是，脱里汗决定"死马当成活马医"，带上家人和五百名那可儿投奔也速该。

也速该得知脱里汗求见的消息，立即下令吹号聚兵。于是，一骑骑传令兵一边从大帐向四面八方狂驰，一边吹响牛角号让马牛羊吃到足够的牧草。游牧民族不打仗的时候都是分散开来放牧的，他们放下弓是牧民，号角一响挎上刀就是战士，全民皆兵。由于脱里汗是草原英雄，克烈部为草原强部，也速该不知道脱里汗的来意，不敢大意。

两个时辰后，也速该的大古列延里已经聚集了五千名乞颜部将士，旌旗猎猎，军容严整。随后，也速该披甲骑马从队伍前驰过。

铁木真披着一身铠甲，骑着一匹大马伴在父亲也速该右侧。这时，铁木真已能驾驭大马，只是上马还需大人抱上马鞍，或借助马梯子爬上马背。草原儿童多是如此，他们一般要到十来岁的少年时才能自如上马、下马。

平时，也速该领军出行，都把铁木真带在身旁。

也速该左侧，是高举白色苏鲁锭的旗手。苏鲁锭是蒙古军主帅的军旗，形似长矛，矛头下是马尾编成的九尾大旄。苏鲁锭分黑白两种，黑色是战时所用，白色为平时所用，不打仗时就插在主帅大帐门口——蒙古军主帅在哪里，苏鲁锭就在哪里。

检阅完所部，也速该喊声"出发"，军旗手将苏鲁锭高举三次，然后大将蒙力克率一千骑为先锋军立即驰出，兄长捏坤太石领五百骑为左翼护军，小弟答里台领五百骑为右翼护军，忽图剌汗之子亲王阿勒坛领五百骑为压阵殿军，而也速该自领二千五百骑为中军。

蒙力克率先锋军驰到离脱里汗一行五百步远的时候就停下列成横阵，随后所有蒙古军也停下列成方阵。列阵完毕，也速该率铁木真带着掌旗兵和一百名身经百战的那可儿从中军驰到前军阵前，掌旗兵高举苏鲁锭，等待对方的反应。

看到高高飘扬的白色苏鲁锭，脱里汗知道也速该没有敌意，愿意同他会面，于是跳下马走向也速该。

眼尖的小铁木真看到，走过来的脱里汗和站在对面的克烈部骑士，他们每个人的脖子上都戴着一个"十"字形状的东西，后来他才知道他们戴的东西叫十字架。原来，克烈部和南面的汪古部一样，他们全部落都信奉基督教。由此可见，西边遥远地方来的牧师，很早就来到北亚草原上传教了。

脱里汗走到离也速该二十步的地方停了下来，朗声说道："我是克烈部脱里汗，求见也速该大王。"

也速该迅速打量了一下脱里汗，只见脱里汗豹头浓须，身材虽然不高，却敦实有力。然后，也速该跳下马来，也是仪表堂堂、高大威猛。他们互相打量完毕，心里不禁暗赞一句——"好一个英雄"。

见到也速该后，脱里汗再无二话，直接说道："也速该巴特尔，我叔父菊儿汗造反，请帮我夺回我的百姓。"

当知道脱里汗来求援时，也速该立刻意识到这是一个壮大蒙古部极好的机会，因为脱里汗的克烈部是草原上最强大的部落之一，也是草原上的五大兀鲁思之一。兀鲁思是部落联盟之意，初具国家的雏形，而当时蒙古高原上先后有克烈、乃蛮、塔塔儿、篾儿乞、蒙古五大兀鲁思。那时候，草原上大大小小的部落有两千多个，小部落依附大部落，大部落臣服更大的部落，更大的部落投靠金国；而各部落为了生存，今天你攻我，明天我打你，后天又联合起来攻打第三方，输了的部落就给赢家做奴隶，赢了的部落实力壮大后野心膨胀想打更大的部落。因此，为了生存，草原上各部都尽可能联合起来。

也速该敏锐地看到，脱里汗带来了蒙古部联合克烈部并在草原称王的机会，因为这最强的两个部落若是联合将在草原上无人可敌。同时，也速该意识到，这是一个重新统一蒙古的好开端。也速该是蒙古乞颜部的首领，乞颜是蒙古最古老的一个氏族。蒙古族经过几百年不断繁衍分支，号称有七十二姓，就是有名的"蒙古七十二种"，但只有极少数最核心的贵族能列入乞颜部。孛儿只斤、泰赤乌、主儿乞三部，又称"乞颜三部"。当时，也速该是孛儿只斤氏的族长、乞颜部的大王，但是泰赤乌部首领——胖子塔里忽台嫉妒也速该的才干，不愿意将泰赤乌部交给也速该管理。于是，泰赤乌部的塔里忽台联合主儿乞部首领撒察别乞和泰出，明里暗里捣鬼拆也速该的台，阻止也速该统一蒙古诸部，以至于也速该一直无法称汗。撒察别乞和泰出同样系出名门，是合不勒汗长子的后裔，而也速该也轻易动不了他们。如今，只要乞颜部能帮助脱里汗恢复部落，以乞颜部的实力，外得克烈部强援，在蒙古诸部间便无人能敌，就能为将来重新统一蒙古奠定基础。

也速该马上回复脱里汗："既然你看得起，我就带我的勇士们帮你夺回百姓。"

脱里汗顿时大喜过望，伸指赞道："果然是蒙古第一巴特尔！"

于是，也速该、脱里汗二人并骑率队撤回营地，也速该下令宰了羊款待脱里汗的五百名那可儿。

大帐的烛火下，也速该问脱里汗打算怎样夺回营帐、重登汗位。

脱里汗说道："我部地域以哈剌和林（今哈拉和林）为中心，包括了东到土兀剌河（今土拉河）上游一带、西至杭爱山、北抵阿鲁浑河（今鄂尔浑河）下游、南临大漠的广大地区，宽阔如大海。我们只能直捣中心，突袭我叔父菊儿汗的营地。"

也速该点点头，说道："你们的夏营地在哪里？"

脱里汗毫不犹豫地回答道："我部的夏营地在土兀剌河上游，博格多兀拉山脉的南坡，这里是南口。我部的营地长满了茂密的千年苍松劲柏，树林里一片阴暗，看上去墨黑一片，所以叫作黑林。这片营地有一南一北两个出口，北口在土兀剌河边、博格多兀拉山脉北坡山脚，我部每年夏天都在那里避暑、放牧。"

也速该很满意，因为脱里汗说的都是一部的至高绝密。对游牧民族来说，营地就是生命——休养生息，放牧牲畜，繁衍生长，都靠好营地的繁茂水草，如果不知道营地的位置，找人、找部落仿佛大海捞针。

也速该说道："那我们直捣黑林，大队从南口进攻，再遣一员大将带一部人马绕过博格多兀拉山脚封住北口，不使你的百姓逃散。"

也速该问脱里汗道："你一共有多少人马可以征战？"

脱里汗说："最盛之时，我可以调遣四万骑。现在是夏季，我部都在分散游牧，而我叔父造反突然以至不能聚众，能带到黑林营地的都是他的本部人马和被惑乱的百姓，最多一万帐、一万骑，而且都分散在树林里、牧场上。"

也速该说道："我乞颜部正在三河之源的夏营地游牧避暑相对集中，三天之内可以集中一万两千骑；而我蒙古其他几十个部落，只能逐个派人通知，能来多少是多少。如果你来蒙古求助的消息传出，你叔父菊儿汗必定警觉备战，那仗就不好打了。现在，时间仓促，军情紧急，不可能请蒙古各部召开忽里勒台大会①共商此事。我们今天就派出舌头奔赴各部，通告此事。从今夜起等候六天，以待蒙古各部到达，六天之后不管能来多少人马，我们都祭旗出军。"

当晚，数十骑传信使者连夜奔赴正在各地游牧的蒙古各部。不过，也速该不是蒙古的大汗，无权传令各部，只能是讲明情况通知各部，愿意参战的出兵，不愿意来的不用勉强。

第二天，前往最近的泰赤乌部和主儿乞部的两个使者回来了，报告泰赤乌部首领塔里忽台知道情况后说："自己碗里的都吃不下，还想看着锅里。克烈部的事，跟泰赤乌部无关。"

去主儿乞部的使者则说："主儿乞首领撒察别乞说，时值盛夏，天气炎热，战马牛喘，无法出兵。另一个首领泰出则说，克烈部是草原最大的强部之一，我们蒙古人最好不要管他们内部的事。"

也速该闻报微微一笑，他早预料到是这个结果，于是专心等待其他的消息。

第三天，两拨人马从西面赶到，也速该远远看到旗帜顿时大喜。原来，举黑旗的是兀鲁兀惕氏，打花旗的是忙忽惕氏，这两个小部虽人不多，却是

---

① 忽里勒台大会，即蒙古族的议事大会。今蒙古国的议会大呼拉尔，就是忽里勒台大会的谐音。

蒙古各部中公认最英勇、最善战的两部。

这两部的战士，从孩童时开始就和极西边的斯巴达人一样接受残酷的军事训练，直到老年。平时，他们除了放牧之外，打旗列阵、策马冲锋、刀砍矛刺就是日常的生活和游戏。这两部战士，一人可抵十名普通战士，而这次每部各自遣来一千精骑，这足可以抵上两万名普通战士。

兀鲁兀惕氏和忙忽惕氏一向尊崇也速该，因为也速该是公认的蒙古第一勇士——英雄重英雄，这两部很多战士都是当年由也速该带领杀出金人和塔塔儿人的联合包围圈的，而且他们一闻厮杀就热血沸腾。所以，兀鲁兀惕氏和忙忽惕氏一听派去的使者说明情况，马上就各自集结了一千人马前来赴约。

第三天，札达兰部首领合剌合答安带五千骑赶到，他还带来了儿子——札达兰部小王子札木合。

札木合家族是札达兰部的世袭统治者。札达兰部在辽末时就已相当强大，在克烈部马尔忽思汗起兵反辽国的叛乱中就有该部参加，而辽廷也曾多次派兵征讨该部。辽末一代英雄耶律大石西征创立西辽帝国时，曾会集漠北十八部王众抵抗金人，其中也有札达兰部。札达兰部是蒙古诸部中一个古老强大的分支，而出身于这样一个部落统治家庭中的札木合无疑有着高贵的血统和显赫的地位，自然也就成了札达兰部的小王子。

据《蒙古秘史》记载，札达兰部的祖先是铁木真十世祖孛端察儿，所掠得的兀良合氏孕妇生下札只剌歹，由于这个札只剌歹是"札惕"（外人）的遗腹子，故其后代被称为札达兰。铁木真的先祖是孛端察儿长子嫡传，虽然铁木真和札木合是共祖兄弟，但铁木真的血统比札木合更高贵。后来，铁木真和札木合兄弟双雄争霸，这是札木合最吃亏的地方。

这次，铁木真和札木合两个蒙古王子见面就非常投缘，而且两人出生在同一年，铁木真大札木合一个月。于是，两个孩子一见如故，形影不离，玩得非常开心。

到第六天的时候，已经有三十个蒙古部落会聚到乞颜部，总兵力达二万二千骑。这是忽图剌汗战死后，蒙古军聚得最齐的一次，多年休养生息后蒙古年青一代战士又成长起来了。

于是，蒙古军杀牛宰羊，祭过长生天和军旗，然后兵分两路：一路由大将蒙力克率五千骑，由一百骑脱里汗那可儿引路，绕到博格多兀拉山北麓，封住黑林北口；另一路主力一万七千骑，由也速该和脱里汗、合剌合答安带领直扑黑林南口，而且铁木真、札木合都随中军在父亲身边跟着大队前进，甚至铁木真还专门佩上了父亲送给自己的蒙古刀。

时值盛夏，为防闲杂牧人发现，蒙古军昼伏夜出，每人备马三匹——一匹骑乘，一匹换乘，一匹驮行李辎重，而三匹马中两匹是骟马，一匹是母马，以供蒙古军吸取马奶解渴。一匹母马的马奶，即可供十人饮用。蒙古族有谚云，"儿马（公马）跑不动，母马无长力"，即儿马、母马上不得战场。所以，军马和骑乘马多用骟马，少量公马用作配种，而母马用作繁殖和取奶，再辅以携带肉干、乳酪，蒙古军毫无军粮匮乏之虞，根本不需要庞大的后勤保障部队。——这就是世界军事史上著名的成吉思汗式后勤。

每日，蒙古军在月亮升空之时即浩荡出发，黎明太阳露头时即歇马休息，每夜行军一百余里。黑林与三河之源的蒙古大营之间距离千里有余，蒙古军主力在行军五天后离黑林就只有五百余里了。

从第六夜开始，蒙古军每夜换骑狂驰，一夜可行两百余里。到第八天半夜，蒙古军主力已经来到了克烈部夏营地黑林南口，但麻痹大意的菊儿汗所部毫无察觉。

也速该一声令下，四百名脱里汗的那可儿立刻打着火把，引着一队队蒙古军直扑菊儿汗大帐。同时，脱里汗的那可儿带着蒙古军边冲锋边高喊："脱里汗回来了！降者免死！"

此时，菊儿汗的人马早已分散游牧避暑，又是半夜惊魂，根本组织不起有效抵抗，被蒙古军冲得七零八散。当听到四处高喊"脱里汗回来了"时，菊儿汗知道大势已去，便钻进黑林逃命去了。至于一部分逃往北口的散兵游勇，他们被已经等候在此的蒙古大将蒙力克带人马截住直接就擒。

到了天明，战斗已经基本结束。也速该和脱里汗巡视战场后来到菊儿汗的大帐，只见菊儿汗的一堆姬妾都躲在帐角瑟瑟发抖。脱里汗怒起心头，拔刀将一个姬妾斩作两段，欲再杀时被也速该上前拦住。但是，脱里汗说道："我要杀光菊儿汗的部众！"

也速该于心不忍，说道："你若真要杀光他们，不如把他们送给我们做黑骨头。至于牛、马、羊，你就自己留下，一场大乱后也需要这些东西安定民心。"

脱里汗听后大喜，说道："也速该巴特尔，我正愁拿什么感谢你呢。你肯要黑骨头，那真是太好了！"

原来，脱里汗现在实力微弱，蒙古军走后菊儿汗旧部就是他的大忌，而也速该要走这批让他头痛的人马做奴隶，那真是又帮了他大忙；同时也速该不要马牛羊，对他更是一片诚意，因为只要草原上有马牛羊就能聚百姓、养生机。

脱里汗知道也速该处处为自己着想却绝不说破，时时照顾自己的尊严，内心感动至极，而且一路又眼见也速该豪爽仗义、重诺守信，行军布阵、冲锋厮杀无懈可击，堪称天才统帅，真是令人佩服之至。于是，脱里汗抓住也速该的手说道："也速该巴特尔，我想与你结安答！"

"安答"就是兄弟，"结安答"就是结成异姓兄弟。结了安答，互相之间就要生死与共——"有福同享，有难同当"，比亲兄弟还要亲。

也速该知道脱里汗也是一代英雄，肯定还会重新崛起，能得此强援亦是蒙古之幸，更是乞颜部之幸，而脱里汗虽然杀性太重，但为人却也诚实守信，能征善战。于是，也速该略弯熊腰，说道："愿与大哥结成安答。"原来，脱里汗年长也速该五岁，自然是义兄。

也速该朝脱里汗拱手深深一拜，说道："长生天做证，我也速该愿与大哥脱里汗结为安答，生死与共，永不背弃。"然后，也速该解下自己的腰刀送给脱里汗。

脱里汗朝也速该深深一躬，说道："上帝保佑我与也速该兄弟结为安答，生死与共，永不背弃。阿门！"说完，脱里汗也解下腰刀送给也速该。

接着，脱里汗走到站在父亲身边的铁木真面前，摘下自己脖子里的黄金十字架放在他手上，说道："孩子，上帝保佑你！从今天起，你就是我的义子，我就是你的义父。我将待你如亲生之子，保护你一生平安，快乐无忧。阿门！"

也速该看着铁木真，点了点头。于是，铁木真问道："义父，上帝是谁？"

脱里汗想了想，答道："上帝是我们部落的长生天。"

铁木真又指着手上的黄金十字架，问道："这是什么人？"

脱里汗答道："这是我们的神祇。中间钉着的这个人叫耶稣，是我们最大的萨满。他爱我们大家，为我们牺牲。"

铁木真对脱里汗的回答很满意。然后，铁木真又问父亲也速该："额赤格，我和札木合弟弟能结成安答吗？"

也速该笑了，要知道乞颜部和札达兰部都是蒙古强部，如果两个强部的王子能结成兄弟，那对蒙古草原、对两个部落、对两个孩子都是大好事、大喜事啊。

也速该便对铁木真说："当然能，但是你们如果要结成安答，你们这一辈子都要是安答。"

于是，铁木真和札木合两个小孩子也欢天喜地地发誓结为安答："愿得长生天佑护，同生共死，永不相负。"然后，两人互换了礼物。

铁木真送给札木合一个灌铜獐髀石，而札木合送给铁木真的是一个公狍骨头髀石。这在当时都是很珍贵的礼物。

髀石是草原小孩子最喜爱的玩具之一。铁木真和札木合二人送给对方的都是各自的珍藏，他们的友谊是无比纯真的总角之交。

平定了菊儿汗之乱后，也速该将蒙古军分成数十队，由脱里汗的那可儿分头带领奔赴克烈部各地，帮助脱里汗重聚百姓。忙了三个月，也速该终于帮脱里汗聚拢了百姓，重建了汗庭和军队。

于是，脱里汗与也速该两兄弟开怀痛饮，洒泪告别。

也速该带着菊儿汗手下的六千帐近两万奴隶的战利品，浩浩荡荡地胜利班师回到了不儿罕山下的三河源乞颜部大本营。参战的所有蒙古部落，按比例均分了近两万奴隶，狂欢了十天，马奶酒、手把肉管够，同时各部的首领和将领还分到了不少女人。

十天快活后，蒙古各部人马都带着各自分得的一份战利品依依不舍地回家了。

铁木真送别札木合送得极远极远，连天边高高的不儿罕山都看不清了，小兄弟俩抱着哭了一场后才依依惜别。

这一仗，蒙古部在也速该带领下大获全胜：战略上，从此得到了克烈部这样一个草原老牌霸主的强援；战术上，摧枯拉朽，不但伤亡极少，还抓回了两万名奴隶，部落内部的团结也大大得到巩固和提高。至此，也速该的威信在蒙古内部急剧上升，而乞颜部的人走路时头都抬得高高的。

当然，乞颜部也速该很开心，泰赤乌部的胖子塔里忽台和主儿乞部的撒察别乞、泰出自然就沮丧和愤怒，因为蒙古大汗的位子一直就在这三家转。也速该现在威望极高，实力骤增，势力大张，若争汗位，他肯定最有希望。

这倒也罢了，最糟糕的地方是泰赤乌部和主儿乞部许多人马都投奔了也速该，想去博个好前程。泰赤乌部和主儿乞部没有参加平定菊儿汗之战，什么战功也没有，什么战利品也没分到，还得了懦弱怕死的坏名声，毫无前途可言。

所谓"良禽择木而栖，良臣择主而事"，草原百姓的流动性也是很大的。百姓与奴隶不一样，他们是自由民，只要走了，原来的主人强要而新主人不给，那是要不回来的，这是草原自古的规矩。眼见自己的百姓一天比一天少，塔里忽台、撒察别乞、泰出三人只好厚着脸皮去找也速该，说些言不由衷的恭维话后央求也速该不要再收容他们的百姓。

也速该看在自己与塔里忽台、撒察别乞、泰出三人都是共祖兄弟的分上，也希望这两部终能恢复与乞颜部的团结，于是就答应不再收留他们的百姓。当然，对于已经来了的百姓，就不好送回去了。

这以后，泰赤乌部和主儿乞部也收敛了许多，与乞颜部相安无事。

转眼四年过去，铁木真九岁了，长得虎头虎脑，两眼炯炯有神，面容神采焕发。从早到晚，铁木真身上都有使不完的劲儿，而且个子比一般孩子要高出一头，能骑最快的烈马，能舞两尺的利刀，能开一般的长弓，能耍一头蛮牛长的锐矛。当然，至于父亲也速该的三尺长刀、射雕强弓、三牛长的猛矛，铁木真暂时还玩不动这些。

这时，铁木真家里已经是个大家庭了，母亲诃额仑不停地生孩子，现在他已经有了三个亲弟弟——二弟合撒儿、三弟合赤温、四弟铁木格，还有一个正在襁褓里吃奶的小妹妹铁木仑。

除此之外，铁木真还有两个同父异母的兄弟——别克帖儿和别勒古台，他们是也速该的别妻速赤所生。速赤原是在一次部落混战中被也速该抓来服侍诃额仑的奴隶，后来诃额仑看其美丽大方、忠厚老实、勤劳肯干，而她自己又总是在孕期，于是心疼丈夫之余逼迫也速该收下了这个别妻服侍他。

也速该一生只有诃额仑和速赤一正一别两个妻子，他是草原各部首领中妻子最少的。

看着最疼爱的长子铁木真一天天长大，也速该心花怒放，他决定尽快给铁木真定一门亲事，好早早地娶一房媳妇。当时，草原贵族定娃娃亲是例成习俗，可以借结姻亲互相扩张势力。

也速该靠着惊人的远见为铁木真打下了事业的人脉基础，其义父是草原五大兀鲁思之一克烈部的脱里汗，安答是蒙古强部札达兰部的王子札木合，如果再加上一门好姻亲就全了。

去哪里定这门亲事呢？也速该早已胸有成竹，就去妻子诃额仑的娘家弘吉剌部找儿媳妇人选，天下哪里还有比弘吉剌部的女子更好更贤惠的女人呢？弘吉剌部也是草原强部，双方联姻正是"两好合一好"的天作之合。

于是，铁木真九岁时，也速该就带他前往母舅亲人住地说亲。也速该、铁木真父子俩各带两匹备马，挎弓佩刀，而且铁木真还提上了他的短矛，疾驰着向东穿越塔塔儿部的牧场往弘吉剌部而去。

草原地广人稀，几十上百里才有一户牧民。也速该、铁木真父子俩尽量避开人烟地奔驰了二十多天后，草原上弯弯曲曲的河流也渐渐多起来，开始有一些杂树点缀，远处还有青山连绵——那是大兴安岭，而且牧民的住处渐渐由蒙古包变成了土坯房，常能看到牧民在房屋边的田间种黍。

也速该知道已经到了弘吉剌部地界。弘吉剌部地处大兴安岭西麓草原，远离草原争斗中心——女婿们都不愿攻打老丈人，生活平静安稳，加之黑土肥沃、平整，种什么长什么，已经过上了半游牧半农耕的定居生活。

当走到扯克彻儿山、赤忽儿古山间时，也速该、铁木真父子俩遇见了弘吉剌贵族德薛禅[①]。

看到也速该、铁木真父子俩气宇轩昂、神定气足，德薛禅的智慧之眼看出他们绝非凡夫俗子，问道："请问亲家何名？"

也速该在马上点点头："我叫也速该，这是我儿铁木真。"

德薛禅大惊："可是蒙古英雄也速该？"

也速该拱拱手："是我。"

这时，也速该早已是草原驰名的英雄了。

德薛禅问道："也速该亲家要到哪里去？"

也速该说："到孩子娘舅斡勒忽讷惕百姓处，去给儿子说亲！"

德薛禅顿时大喜："你这儿子可是个目中有火、面上有光的孩子啊！也速该亲家呀，昨夜我做了个梦，梦见一只白海青抓着日月落在我的手上。日月乃是用眼观望之物，可那白海青则抓着它落到了我的手上。我曾对人讲过，不知此梦是什么吉兆。如今，你领着儿子来到了这里，我的梦便有了答案啊！原来是长生天神灵来预告我的哟。"

德薛禅接着说："我们弘吉剌部自古出美女，所以我们一直以外甥之貌、女儿之色生活，而男人生来守营地，女儿则要出嫁到他乡。也速该亲家，我有一小女，请到家里看看吧！"

也速该盛情难却，便跟着德薛禅朝家里走去。

一行人走到门口，出来一个小姑娘迎接他们。

也速该见到这个小姑娘大吃一惊，只见她神态如仙鹤一般高贵娴静，容貌似牡丹那样富贵美丽，一双秀目更亮得如黑漆点睛。也速该心里想道，她

---

① 薛禅，蒙古语的一种称谓，意为智慧。德薛禅，意思是名字叫德的智者。

跟铁木真一样，也是眼里有火、脸上有光啊。

也速该不禁问道："小姑娘，你叫什么啊？"

小姑娘大大方方，朗声答道："我叫孛儿帖。"

也速该赞道："好名字。"

孛儿帖说道："我额赤格和额客说，我出生时有道天青色的蓝光闪过，所以取了这名字。"①

于是，孛儿帖请客人进门，母亲搠坛也出来迎接。也速该问起孛儿帖年龄，才知道孛儿帖大铁木真一岁，是年正好十岁。

也速该看着孛儿帖左右合意，第二天便向德薛禅提起了亲事。

德薛禅实在是个很开明的父亲，他听罢也速该求亲后说："虽然多次求亲才答应则显尊贵，刚一求亲便答应而予之则轻贱，但女儿之命必在他家，就将我女儿许配给你的儿子吧。但是，我实在喜欢你这个儿子，按草原上的老规矩，请把你儿子留在我家做三年女婿便是了。"

铁木真一听要一个人留下，他顿时吓得趴在父亲也速该身上哭起来。

也速该说道："儿子，给丈人做三年小女婿，这是草原的老规矩。亲家，我把儿子留下。我儿子自幼怕狗，不要让狗惊吓到我儿子。"

说罢，也速该便把牵来的四匹马当作聘礼送给德薛禅，于是德薛禅家少不了杀牛宰羊庆贺一番。

宴席后，也速该便留下儿子铁木真准备回乞颜部去了，而铁木真在马下牵着父亲的衣角边哭边跑，送了好远。也速该只好跳下马紧紧地抱住铁木真道："儿子，男子汉要学会一个人走路。到时候，额赤格来接你。"然后头也不回地上马扬鞭而去。

谁知道，也速该、铁木真父子这一别却成了永诀。

---

① 孛儿帖，蒙古语意为苍色、天青色。

第二章　霜雪北风寒

站在那里直到再也看不到父亲也速该的影子，铁木真这才怏怏不乐地往回走。

回到丈人德薛禅家后，长这么大还是第一次离开父母的铁木真触景生情，又忍不住嘤嘤地哭泣起来。德薛禅和妻子搠坛看这个小女婿就像看亲生儿子一样，他们看铁木真越哭得厉害越觉得这小男孩天真可爱，两人哄了一气，但铁木真只是哭。德薛禅对搠坛使了个眼色，搠坛点点头走到了房里，把满脸羞红的孛儿帖牵了出来，说道："孛儿帖，你带铁木真出去玩一下。"

孛儿帖红着脸牵着铁木真的手向门口走去，铁木真这才不哭了，毕竟一个男子汉在女孩子面前哭太出丑。

孛儿帖、铁木真二人刚走到门口，一只肥硕的梅花鹿突然从门外的远处跑过。铁木真二话不说，瞬间摘下身上的弓，从箭筒里抽出一支利箭，对着梅花鹿弯弓拉弦，飞快就是一箭。孛儿帖惊呆了，惊叫一声"不要"。

在孛儿帖的尖叫声中，那只梅花鹿停下来跪在了地上，原来铁木真这一箭正中梅花鹿的左后腿。

孛儿帖抚摸着梅花鹿的中箭处，对铁木真说："这是我们家自己养的家鹿，不是野鹿。"这时，德薛禅带着药膏和一块布走过来，对孛儿帖说："铁木真是弯弓射鹿的人，你是穿针引线的人。星星离不开月亮，羊儿离不开草原，你们要永远好好地在一起。"

德薛禅拔出梅花鹿腿上的利箭，只见箭头深入肉中两寸有余，难怪一箭就射倒了这么大一头梅花鹿，不禁暗暗点头——"这小女婿虽然好哭，倒真是好箭法"。

看着父亲德薛禅包扎好梅花鹿后，孛儿帖便拉上铁木真去小河边玩耍，一点儿也没怪罪铁木真射鹿的意思。——在他们的一生中，彼此从来没有红过脸，因为在孛儿帖心中丈夫铁木真也是个小弟弟，而在铁木真心中妻子孛儿帖也是个大姐姐。

等孛儿帖、铁木真从河边玩耍回来，他们的两只手仍然牵得紧紧地，这就叫两小无猜吧。每天，他们两人同进同出，孛儿帖弹琴给铁木真听，铁木真舞刀给孛儿帖看，一下就过了一个多月。

这天，铁木真正弯弓搭箭射给孛儿帖看，忽见远方出现一骑带着几匹马狂驰过来。仔细一看，铁木真大吃一惊，来人是父亲也速该手下第一大将蒙力克。

见到铁木真，蒙力克抓住他的手道："你额赤格和额客叫你马上回去！"

铁木真看着孛儿帖说道："那要和我德薛禅额赤格和搠坛额客说一下啊。"

蒙力克说："不用了，来不及了。就让这个小姑娘帮你带话回去吧，说铁木真的额客想儿子想病了，现在我带他赶紧回去，以后铁木真一定会回来的。"

铁木真依依不舍地看着孛儿帖，突然挣开蒙力克的手跑过去抱着孛儿帖在她脸上亲了一下，说道："等着我，我一定会回来。"然后爬到马背上，跟蒙力克一起打马飞奔离去。

这时，蒙古一代英雄也速该已经去世十多天了。

也速该，是被塔塔儿部的人害死的。

原来，那天也速该离开铁木真后又开始穿越塔塔儿部的牧场。奔驰了很多天之后，也速该看到前方草原煞是热闹：很多塔塔儿牧人围成一个大圈，喝酒吃肉，唱歌跳舞。

也速该知道，这肯定是草原聚会。按照草原的习俗，见到聚会的人都可以去参加，免费吃喝，来的都是客人；如果你参加，大家欢迎，如果不参加直接离开的话，聚会者会认为你是贼，将引来不必要的麻烦。所以，也速该很坦诚地按草原习俗系住马缰，参加到了聚会中。

然而，大错就此铸成。

当也速该一下马，好几个上过战场的塔塔儿人就认出了他。要知道，也速该杀了多少塔塔儿人，而认出他的一个塔塔儿人也与也速该有着血海深仇——这个人叫札邻不合。札邻不合是当年被也速该擒杀的塔塔儿著名猛将铁木真兀格的儿子，而也速该就是用铁木真兀格的名字给儿子取了名，以纪念这次战功。

于是，在草原聚会的一片欢歌笑语声中，大家互相敬酒劝酒。札邻不合微笑着给也速该双手端上了一碗马奶酒——这酒已被与会的塔塔儿产婆下了剧毒，也速该不知底细，接过酒一饮而尽。

札邻不合回过身咧着嘴离去，微笑已变成了冷笑。

曲终人散，宴会结束了。也速该打马前行，不一会儿肚内便一阵绞痛，接着喉咙一甜喷出一口血来，然后他伸手抹了一下嘴边的血水，一看喷出来的血是黑色的。

这时候，也速该已经知道中了塔塔儿黑手下的剧毒，于是挣扎着打马急行了三天三夜，终于在断气前赶回了大营。

当来到自家营帐前，也速该一头栽下马来，吓呆了的诃额仑抱住了他的头。此时，也速该全身乌黑发亮，人已奄奄一息。

也速该挣扎着断断续续地说："赶紧派人去叫蒙力克，让他到弘吉剌部把我儿铁木真带回来。"接着，他又对妻子诃额仑说："自从把你抢回来，你不但温柔善良，还为我生儿育女、勤劳持家。我本想与你共度此生，没想到塔塔儿人竟然卑鄙无耻地下毒害人，只能与你分别了。你要带好孩子，让铁木真长大后杀尽高过车轴的塔塔儿人替我报仇。"

当也速该最忠诚的那可儿——第一大将蒙力克赶到时，也速该只剩下最后一口气了。

看到蒙力克到来，也速该说道："好兄弟，快去带回我儿铁木真，让他替我报仇！"

然后，也速该喷出一大口黑血，一代草原英雄就此离世。

也速该系中毒而死，尸身无法久存。在也速该去世后第二天，族人用白布包裹遗体全身，牵了一头小骆驼将也速该的遗体放置其上，让骆驼无目的地漫游，然后遗体掉下的地方则视为吉祥的墓穴之地。

其后，族人剖开一段不儿罕山伐下的千年柏木，挖空其心，将也速该的遗体竖放其内，然后再将两半柏木合拢，并用三道宽厚的纯金金箍紧固后安葬在墓穴内。之后，用土填墓穴，覆青草于其上，再当着母骆驼在墓穴前杀掉小骆驼祭祀——这样以后再欲寻墓，只能牵来母骆驼，而母骆驼悲泣的地方即是也速该的墓地；母骆驼终老之后，就再也无人能寻到也速该的墓地。

一代蒙古英雄入土安眠，魂归长生天。

当铁木真回到乞颜部时，也速该已经下葬一个多月了。

铁木真看着空空荡荡的大帐，想着从此再也见不到父亲也速该慈爱的身影了，不禁号啕大哭起来。

等铁木真哭了小半个时辰后，母亲诃额仑夫人铁青着脸对他说："好了，别哭了！你额赤格最后一句话是要你为他报仇，杀尽所有高过车轴的塔塔儿人。记住，你额赤格是为你娶亲死的，现在你就是家里最大的男子汉，以后我们家要重新站起来全都要靠你了。"

悲鸣的母骆驼将铁木真带到父亲也速该的墓地，由于不起坟头，举目所见皆是青草。铁木真在母骆驼徘徊的地方跪了下去，双手深深地插进草地，一阵阵誓要复仇的狂怒之火在燃烧，使得这个九岁的孩子浑身战栗……他的眼里燃烧着深深的仇恨之火，却竭力控制着自己的身体，而当他再也控制不住自己的情绪时，这个九岁的孩子像狼一样仰天嗥叫："额赤格，我要杀尽塔塔儿人为你报仇！"

此时，也速该的大哥捏坤太石已死，而小弟答里台和亲王阿勒坛又惧怕胖子塔里忽台，便丢下铁木真孤儿寡母各奔东西了。蒙力克虽然拥有晃豁坛氏，但势力根本不足以制衡泰赤乌部首领胖子塔里忽台以及主儿乞部首领撒察别乞和泰出。

就这样，铁木真无忧无虑的童年随着父亲也速该的死而瞬间结束了，他们一家的地位也从天上掉到了地下，自此苦难的生活开始了。

当铁木真和母亲诃额仑夫人从也速该的墓地回到大帐的时候，他们看到泰赤乌部首领塔里忽台以及主儿乞部首领撒察别乞和泰出都在大帐里等着他们，塔里忽台还坐在也速该平时坐的大椅子上。

见到诃额仑夫人和铁木真后，塔里忽台直接说道："也速该兄弟走了，乞颜部遮风挡雨的天塌了。乞颜三部本来就是一家，为防乞颜部出事，我们泰赤乌部和主儿乞部马上移营过来，与乞颜部百姓联合放牧。"

然后，塔里忽台、撒察别乞和泰出三人根本不等气得发抖的诃额仑夫人说话，便直接扬长而去。铁木真气得两眼喷火，咬牙切齿地看着三人的背影"呸"了一声。

原来，这是泰赤乌部贵族——被金人钉死在木驴上的俺巴孩汗的两个妃子斡儿伯和莎合台的主意，这两个女人才是泰赤乌部真正的主心骨和幕后军师。由于俺巴孩汗是泰赤乌人的原因，这两个女人极度仇视别的部落的英雄称汗，只同意将汗位留在泰赤乌部，因此威望极高的也速该在生前便遭到百般阻挠而始终无法称汗。当也速该去世的消息传到泰赤乌部，这两个女人顿时哈哈大笑起来。于是，塔里忽台便问这两个女人为何发笑。

斡儿伯说："柱子倒了，蒙古包会怎么样？"

莎合台说："看羊狗死了，羊群会怎么样？"

胖子塔里忽台听后，愣在了那里。

斡儿伯骂道："你这个笨蛋！柱子倒了，蒙古包会塌。"

莎合台说："看羊狗死了，羊群会散。"

塔里忽台问道："那我该怎么做？"

斡儿伯说："把天狗[①]混进羊群，先咬散羊群，再把羊群赶进我们的羊圈。"

于是，塔里忽台联络了主儿乞部把他们的百姓驱赶到乞颜部的牧场，与

---

① 天狗，蒙古族对狼的称呼，忌讳直接称狼。

也速该的百姓混居放牧。然后，他们还编造也速该和诃额仑夫人各种各样的谣言惑乱乞颜部的人心，还用小恩小惠收买乞颜部百姓，一时间草原上人心惶惶。

话说自古"人情薄如纸"，没有了父亲也速该的顶天立地、遮风挡雨，铁木真家的天是真的塌了。

以前铁木真家里从早到晚门庭若市，现在人一下就少下来了，很快就再也没人来了。就这样，铁木真的家一下就被部落冷落了。

渐渐地，有人开始牵走铁木真家的羊，骑走铁木真家的马，拉走铁木真家的牛。

到春天的时候，铁木真家以前那望不到边的牲畜就只剩稀拉拉的一点点了。

这时，幕后黑手斡儿伯和莎合台觉得时机成熟了，决定撕破脸和诃额仑夫人摊牌。

在春季祭祖仪式上，斡儿伯和莎合台不但不通知诃额仑夫人，而且根本不分给诃额仑夫人应得的那份祭肉。

诃额仑夫人闻讯赶到祭祖现场，争辩道："也速该死了，他还有儿子，为什么不分给我们祭肉？"

斡儿伯和莎合台蛮横地说："也速该死了，就没有你们那一份了。"

在草原部落里，不让祭祖，不分祭肉，就相当于被驱逐出了部落。

刚强的诃额仑夫人不再多说，只留下一句"也速该的儿子会长大的"，然后掉头就走了。

看着诃额仑夫人的背影，斡儿伯冷笑着对塔里忽台说道："把也速该的羊群赶到我们羊圈的时候到了。"

当天晚上，斡儿伯、莎合台、塔里忽台、撒察别乞和泰出五人商议妥当，他们决定第二天一早泰赤乌部、主儿乞部就裹挟乞颜部百姓移营远走，谁也不许通知诃额仑夫人母子，把铁木真一家扔在草原上让他们自生自灭。

撒察别乞说："要不干脆把他们统统杀掉？"

斡儿伯说："不用，如果现在就杀，也速该养的那些羊心中不服。"

塔里忽台说："用不了多久，他们就会饿死的。"

于是，斡儿伯、莎合台、塔里忽台、撒察别乞和泰出五人一起大笑起来。

第二天一大早，泰赤乌部、主儿乞部的百姓便裹挟着乞颜部的百姓移营。

蒙力克的父亲察剌合老人闻讯匆匆赶到，他拦住塔里忽台的马头哀求道："也速该是我们蒙古的英雄，是给我们蒙古人添光加彩的人，如今他尸骨未寒，我们不能这样对待他的家人。"

塔里忽台一鞭子抽过去："也速该死了，深渊已干，坚石已碎，说什么都没用了。滚开，你这个老不死的！"

话音未落，塔里忽台的一个那可儿脱朵一枪刺在察剌合老人的背上，老人重伤倒在了地上。

铁木真赶到时，察剌合老人已经只剩最后一口气了。察剌合老人握着铁木真的手，强撑着说了一句："小王子，他们竟然把我刺成了这样。"然后闭目长逝了。

史载，铁木真在察剌合老人身边恸哭良久，方才离去。

察剌合老人的死，也是塔里忽台发给乞颜部的一个强烈信号。察剌合老人是蒙力克的父亲，而蒙力克是乞颜部的第一大将、晃豁坛氏的族长，这说明也速该死后乞颜部最顶尖的贵族甚至已经完全无力保护自己的家人。于是，乞颜部百姓本来就惶恐不安的人心彻底散了，连也速该兄长捏坤太石的儿子忽察儿和忽图剌汗的儿子阿勒坛这些乞颜部的贵族也跟着泰赤乌人走了。

诃额仑夫人闻讯急忙带上也速该留下的军旗苏鲁锭和徽旗"九斿白纛"，单骑追上乞颜部移营百姓试图劝说百姓们回去，但他们只是默默低头绕过诃额仑和也速该的军旗向西而去。

当诃额仑夫人失魂落魄地带着也速该的军旗苏鲁锭和徽旗"九斿白纛"回到自家营帐时，也速该的弟弟——小叔子答里台对她说了一句"嫂子，我也走了"，然后策马离去。

诃额仑夫人呆呆地从马上下来，将也速该的军旗苏鲁锭插在帐前旗架上。忽然，一阵风吹来，旗架连着军旗一起倒地。看着眼前的这一幕，诃额仑抱住帐前的儿子铁木真，说道："孩子，你额赤格的苏鲁锭倒了，扶不起来了，以后只能靠你竖起自己的苏鲁锭了。"

最后，留下来陪伴照顾铁木真一家的，只有也速该最后托孤的第一大将蒙力克。当时，铁木真甚至称蒙力克为"额赤格"，而"额赤格"意为"父亲"。

不过，蒙力克也没能撑多久。蒙力克是晃豁坛氏的族长，必须为一族负责，但晃豁坛氏的百姓都要求迁走，不愿意跟"被长生天抛弃的那倒霉的一家在一起"，而这是因为泰赤乌部萨满散布了大量不利于铁木真一家的谣言。

无奈之下，蒙力克流着眼泪告诉诃额仑夫人，他们一家也不得不走了，不然晃豁坛氏的百姓就散掉了。

当然，由于泰赤乌部杀了蒙力克的父亲察剌合老人，蒙力克肯定不能去投奔泰赤乌部，他只好带着晃豁坛氏投奔了铁木真的安答札木合所在的札达兰部。

现在，曾经由几千辆勒勒车、几千个蒙古包围成的乞颜部大营盘里，只剩下铁木真孤零零的一家和两个营帐，一个营帐里住着诃额仑夫人、老仆妇豁阿黑臣和铁木真兄妹五人，另一个稍小的营帐里住着也速该的别妻速赤夫人和别克帖儿、别勒古台兄弟两人。

三个女人带着七个孩子，生存立刻成了问题：家里的牲畜只剩了九匹马和二十只羊，但马是绝对不能动的，草原上没马就没了生命，羊也是绝对不能动的，将来就靠这点羊繁育种群。于是，诃额仑夫人带着速赤夫人和老仆妇豁阿黑臣四处寻找野果、挖掘野菜给孩子们充饥，而七个孩子也懂事地尽量帮助母亲。

《蒙古秘史》记载了当时的情景：

> 泰亦赤兀惕氏的兄弟们，把寡妇诃额仑夫人、幼子等母子们，抛弃

在营盘里，迁走了。

妇人诃额仑夫人生来能干，

她抚育幼小的儿子们，

紧系其姑姑冠[①]，

以腰带紧束其衣，

沿着斡难河上下奔走，

采集杜梨、野果，

日夜辛劳，以糊口。

母亲夫人生来有胆识，

抚育她的有福分的儿子们，

手拿着桧木橛子，

掘取地榆根、狗舌草，供养儿子们，

母亲夫人用山韭、野韭养育的儿子们，

将成为大汗。

母亲夫人用山丹根养育的儿子们，

将成为有法度的贤明者。

美丽的夫人，

用山韭、野韭养育的挨饿的儿子们，

将成为卓越的豪杰。

将成为杰出的男子汉，

斗志昂扬地与人相斗。

他们互相说道："咱们要奉养母亲！"

（他们坐在蒙古人的母亲河斡难河的岸上，整治钓钩，钓取杂鱼。他们把针弯曲成钩子，钓取细鳞白鱼和鲹条鱼。他们结成拦河渔网，去捞取小鱼、大鱼。他们就这样奉养自己的母亲。）

---

① 姑姑冠，蒙古妇女戴的帽子。

在斡难河边的苦难岁月里，铁木真一家主要的食物就是三样：野菜、野果和斡难河的鱼。当铁木真射到土拨鼠时，全家人比过年还高兴，因为一只土拨鼠可重到六七斤，这样全家人一天的肉食就有了。可惜，土拨鼠这东西性喜钻洞，大半时间都窝在土里不出来，能射到土拨鼠的机会并不多。当时，铁木真九岁，弟弟合撒儿、别克帖儿七岁，他们不但打不了大的野物，自己能从野物口里逃掉就不错了。

在草原上，夏天和秋天还好一点，总还能找到一些吃的，但冬天大地白茫茫一片，那就难熬了。草原上"胡天八月即飞雪"，漫长的冬天很快就要来了，于是一家人拼命地为熬过冬天准备食物，并为马和羊收集过冬的牧草。

每天，诃额仑夫人都在斡难河岸上下奔走，寻找秋天最后的野菜、野果，然后搬运回家晒成菜干、果干，而速赤夫人和忠诚的老仆妇豁阿黑臣则到处割草，然后打包用勒勒车运回蒙古包。铁木真带着弟弟妹妹们拼命钓鱼晒鱼干，射土拨鼠、野雁和其他野兽，一家人都知道他们是在跟死亡抢时间、跟毁灭进行竞赛，只有贮备了足够的食物，才能熬过漫长的冬天。

到了晚上，铁木真一家人都围坐在一起听诃额仑夫人和老仆妇豁阿黑臣讲述蒙古族的起源故事，她们要让孩子们相信自己是苍狼与白鹿的后代，祖先是感光而孕并衔负天命而生的神人。在诃额仑夫人和老仆妇的故事里，她们讲得最多的是蒙古族历代的英雄事迹，还有各种各样的民间故事。

其中，诃额仑夫人讲得最多的是蒙古族家喻户晓、流传最广的阿兰豁阿老祖折箭教子的故事：

阿兰豁阿老祖有五个儿子，但五个儿子不团结。于是，她给每个儿子一支箭杆让他们折断，很快五个儿子就咔咔嚓嚓地都折断了。然后，阿兰豁阿老祖又拿来五支箭杆，她把五支箭杆捆在一起后再让五个儿子折，但五个儿子谁也没折断。

阿兰豁阿老祖谆谆教导五个儿子，不可相互猜疑、听信他人挑拨，要团结才能力量强大，也只有团结在一起才能有所作为。于是，五个儿子握手言和，而阿兰豁阿老祖最终也得以含笑九泉。

当时，蒙古族还没有文字，贵族们主要是通过讲故事的形式将蒙古族的族源和英雄事迹口口相传以激励下一代，让他们了解自己民族的根，熟悉和学习蒙古的历史和文化，既让他们记住大草原上的机智勇敢，也让他们洞晓人心险恶和阴阳权谋。

草原上，天气渐渐凉了，牧草都枯萎了，动物出现得也越来越少，大家最怕的冬天终于来了。

马和羊都关进了圈里，每天喂给它们一点储藏的牧草，祈祷它们能活下去熬过冬天。渐渐地，野兽打不着了，土拨鼠们都冬眠了，只有斡难河的鱼还能钓上来，而一家人的主食多半都是鱼肉、鱼汤炖煮诃额仑夫人储存的野菜。但是，随着草原上第一场雪的到来，斡难河结冰了，只有在一尺多厚的冰面上费劲砸个冰窟窿才可能钓到一点儿鱼。

北国的雪，一下就是一个冬天。

在刮白毛风的时候，漫天都是细碎的雪雾，对面根本看不到人，而这样的日子无论如何都是不能出门的。

第一场白毛风刮到第三天的时候，铁木真家里终于断顿了，但十个人等着要吃饭，而且七个是孩子。于是，诃额仑夫人狠狠心，终于让铁木真杀了第一只羊。这还是大半年来全家人第一次吃到羊肉，但羊很瘦没多少肉，因为喂养它们的牧草很少，加之冬天本来也是羊掉膘的时候。

一家人默默地喝着羊汤，一点也没有高兴的样子：大家都知道，每吃掉一只羊，全家人就离死亡更近一步，而冬天才刚刚开始呢。

当春天到来时，家里已经吃完了最后一只羊，大家都盼着春暖花开早日来临。没想到的是，又来了一场春雪，加上可怕的白毛风还一连刮了三天，而家里除了九匹瘦得皮包骨头的银合马外再也没有任何吃的了。不过，马是绝对不能动的，如果动了马，大家就只能原地饿死了。此时，一家人已经连续饿了三天，等到了第四天的时候大家都已经饿得躺倒在地上不能动弹了，而且合撒儿还在发烧。

铁木真硬撑着起来拽上弟弟别克帖儿，兄弟两人背着弓箭、拿着钓鱼竿互相搀扶着，歪歪倒倒地向河边走去，而他们知道今天若是再打不到猎物或者钓不到鱼，一家人就活不成了。那时，蒙古男子出门就要带弓箭，这是他们必需的劳动工具。

兄弟俩顶着白毛风，终于摸到了斡难河边。在河边，他们一人捡了一块尖利的石头从冰面往下砸，两人用最后的力气终于砸出了一个尺许长宽的冰窟窿，然后将系上一小块羊骨的鱼钩和钓线垂到冰窟窿里，接着兄弟俩就蹲在冰窟窿旁一边祈祷着长生天，一边紧盯着钓线的动静。

忽然，钓线往下一沉，于是铁木真就势一提，鱼钩立时卡住了鱼嘴。铁木真高兴地大叫一声："上钩了！"当这条鱼被遛得筋疲力尽时，铁木真慢慢地把它拉上了冰面，这是一条足有五六斤重的鱼。此时，铁木真没注意到的是，别克帖儿已经饿得两眼发绿光了。

就在这时，别克帖儿发狂地猛扑过来，抢过这条鱼就一口咬了上去。铁木真大惊失色，要知道这条鱼可是全家人的性命啊。于是，铁木真扑过去试图把鱼夺回来，可是已经饿得发狂的别克帖儿一脚蹬开了铁木真，继续狼吞虎咽地啃食着生鱼。眼看着发狂的别克帖儿大口大口啃食着鱼肉，铁木真来不及多想就弯弓搭箭势若闪电般一箭射在了别克帖儿的咽喉上，只见别克帖儿瞪大了眼睛，含着满口的鱼肉抽搐了两下就死去了。

看到别克帖儿被自己射死了，铁木真顿时呆若木鸡，过了好一会儿才慢慢走到别克帖儿身体前抱着不再动弹的弟弟哭了起来。铁木真先是慢慢地抽泣，然后号啕大哭，他不停地摇着别克帖儿的身体，用脸贴着别克帖儿渐渐冰凉的脸，哀号着求弟弟醒过来。可是，不管铁木真怎么哭泣，怎么哀求，别克帖儿还是一动也不动。

最后，哭了很久的铁木真想起家里还有一家子人在等着这条鱼救命，只好边哭边把那条被别克帖儿啃了小半截的鱼放在了一张旧羊皮上，接着他又挖出别克帖儿嘴里还未咽下的鱼肉，一起放在羊皮上包起来，然后背着两张弓、两筒箭，握着羊皮、鱼竿，拖着弟弟的尸体，一边哭一边在雪地上慢慢向家里爬去。

当铁木真拖着别克帖儿的尸体回到家时，一家人都惊呆了。当诃额仑夫人问是怎么回事，铁木真愣了半天才痴痴呆呆地说："弟弟吃鱼。"

大家听完这句话，看着插在别克帖儿咽喉上的那支箭愣了半天才明白过来，他们一起暴怒地冲上来狂打铁木真。

诃额仑夫人拿着马鞭劈头盖脸地抽打着铁木真，边抽边骂：

"你这魔鬼，从我的热腹中出生时握着一块凝血，本来以为你有多稀罕，没想到你是这样的东西。你杀自己的亲兄弟，如同撕扯肋骨的黑狗，如同冲向悬崖的凶鹰，如同愤怒暴跳的雄狮，如同活吞生灵的莽魔，如同自冲其影的猛禽，如同凶猛残暴的野兽。你现在只有自家的这几个兄弟，除了自己的影子外再没有伙伴，除了自己的尾巴外再没有鞭子。眼下，杀你额赤格的塔塔儿人、欺辱我们的泰赤乌人的血海深仇都没报，你们兄弟还要自相残杀，如何给你额赤格报仇？"

终于，诃额仑夫人和大家都打累了，他们又躺到地上哭泣起来。铁木真被打得浑身青肿，满面伤痕，但他不再哭泣，沉默着低着头拿出那条鱼，还有从别克帖儿嘴里挖出的鱼肉，然后用砍刀剁成块，再架起柴火给大家煮了一锅鱼汤。家人们喝了鱼汤，吃了鱼肉，终于有了点儿力气，但他们又把铁木真打了一顿，直到耗完那点儿力气才又躺到地上哭泣起来。

挨了第二顿打的铁木真，又背起弓箭出去射猎了。这次，铁木真的运气很好，一只二十来斤且从不冬眠的雪狐在雪地里跑不快，被他发现后一箭翻了。

射死了弟弟别克帖儿并挨了两顿毒打的铁木真，似乎失去了说话的能力。铁木真每天一句话也不说，就是不停地钓鱼、射猎。当锅里有吃的的时候，铁木真就跟着大家吃一点儿，而没有时就不吃。闲暇时，铁木真就一门心思将从家里九匹银合马马鬃上扯下的两尺许的白色马毛，三根一股三根一股由细到粗地编织起来，谁也不知他在干什么。睡觉时，铁木真倒在羊皮垫上就睡死过去，谁找他说话他都是一副呆若木鸡的样子。于是，大家都很担心是两顿毒打把他打傻了。

春天真的到了，地上的冰雪渐渐融化开去，草原上露出了青色的牧草嫩芽。这时，铁木真编织的九根白色马毛鞭子一样的东西，也有大姑娘的辫子一样粗了，然后他悄悄地把它们收在母亲诃额仑夫人放自己衣物的包袱里藏好。

这天，一头肥壮的雄鹿突然从不儿罕山上下来，出现在斡难河畔。铁木真弯弓搭箭，一箭正中雄鹿咽喉，雄鹿应声而倒。这是铁木真第一次猎到这么大的野物，他欣喜地跑过去，心想：这只鹿真肥呀，足有两百多斤，够全家人吃二十天都不止了。

看着这头肥鹿，铁木真想起了在丈人德薛禅家里误射家鹿时的情景，他喃喃地呼唤了一声"孛儿帖"，又看着咽喉中箭的雄鹿唤了一声"别克帖儿弟弟"，这是他在射死别克帖儿并挨了两顿打之后第一次哭出声来。

看着被合撒儿唤来搬鹿的诃额仑夫人和速赤夫人，铁木真跪下哭道："额客，我不是有意杀别克帖儿弟弟的，我没有忘记阿兰豁阿老祖五支箭的故事。速赤额客，今生我一定宽你的心，舒你的怀。"

一家人见状，搂着哭成了一团。

大家心里早就知道，如果不是铁木真，一家人早已全部饿死在冬天的雪原上了。

这头雄鹿被一家人拖回了营帐，其中鹿皮被完整地割下来制好，等着和南边来的买卖人换牛羊物件；好肉都被卸下来晒上做了肉干，以备无粮之患；而内脏则被合撒儿剖出，全家人美美地吃了好几天。就这样，原本是蒙古贵族的铁木真一家，在死亡的威胁下学会了在严酷的大自然中活下去的生存之道。

在这样的境况下，铁木真在小小的年纪就成了一家人实际上的主人。

当牧草长到半尺高的时候，诃额仑夫人将丈夫也速该当年送给她的一条最好的珍珠项链包好放在怀里，然后带上铁木真骑上马一起去找住在不儿罕山里的兀孙老萨满。

进山后，通往兀孙老萨满家里的路长满了奇花异草，两旁千年古松遮天蔽日，沿路溪水清清、溪流潺潺，不时还有仙鹤起舞、野物掠过。

兀孙老萨满居住在一个幽深的山洞里。此时，在洞口有一个和铁木真差不多年纪的男孩等在那里，铁木真一看喜得跳下马来："阔阔出，你怎么在这里？"

原来，这个男孩阔阔出是乞颜部大将蒙力克的第四个儿子，也是铁木真的儿时好友。

阔阔出说："我额赤格带我们投奔札达兰部后，日子过得好生艰难。我们家里有七个儿子，额赤格说送一个去学萨满，家里也好过一点儿。铁木真，你知道你的安答札木合怎么了吗？"

铁木真急切地问："我安答怎么了？"

阔阔出说："你的札木合安答被篾儿乞人逮去了。"

铁木真大吃一惊。

阔阔出说："自从你额赤格也速该走后，我们蒙古人又成了一盘散沙，四分五裂，谁都能欺负。篾儿乞部是草原五大兀鲁思之一，札达兰部虽强，毕竟只是个蒙古小部。札达兰部被篾儿乞人夜袭，抓走了很多人，连你札木合安答也在内，而札木合的额赤格也战死了，剩下的人也都散落四方。我额赤格他们，只能游荡放牧，过得一天是一天。"

阔阔出叹了口气，继续说："草原上，现在乱得不成样子，大部小部你争我斗。不过，大家都在传说，我们蒙古将会出一位大英雄统一各部，让草原重获太平，让万民重过安宁的日子。"

铁木真怦然心动。

这时，山洞里传出一个苍老的声音："请客人进来！"

诃额仑夫人带着铁木真走进山洞，只见山洞洞壁上插着几支粗大的火把，洞内干燥、明亮，一点也不潮湿、阴暗。

一位鹤发童颜的老人坐在山洞的顶头，慈祥地看着铁木真他们。

诃额仑夫人上前施了一礼，拜见兀孙老萨满。

兀孙老萨满点点头道："夫人有什么事吗？"

兀孙老萨满是认识诃额仑夫人的，毕竟其曾是蒙古乞颜部最尊贵的贵族夫人。

诃额仑夫人说："我想在您这儿换点儿牛羊。"说完，诃额仑夫人拿出那串珍珠项链供在老萨满的身前。那串项链珠圆玉润，在火把黄光映照下散发着一层淡淡的白色光泽，一看就知道珍贵至极。

草原上，黄金虽然贵重但不稀罕，山里都出产黄金，而珍珠的价值却比黄金贵得多，因为只有遥远的大海才出产珍珠。

兀孙老萨满静静地看着诃额仑夫人。

诃额仑夫人说："我家的羊儿在去年冬天救了一家人的命，家里现在一只牛羊都没有了。蒙古人不放羊，就像猎人不打猎，农人不种田。恳请老萨满，下赐一只公羊、二十四只母羊和一头公牛、一头母牛，让我家的牛羊再繁茂起来。"

诃额仑夫人报的数字是牛羊种群繁殖所需的最低数量，刚好两个小种群。

兀孙老萨满点点头道："夫人自己去挑吧。其实，你还可以多要些。"

诃额仑夫人说："这就够过日子了。如再有需求，就来找您。"

兀孙老萨满微笑道："夫人还有什么事吗？"

诃额仑夫人看看铁木真，说："我想请您看看这个孩子。"

兀孙老萨满笑了笑："就是那个手握苏鲁锭血块出生的孩子吗？他的乌日波仪式我也去了。"

诃额仑夫人说："是他，我儿铁木真。"

兀孙老萨满喃喃道："这孩子不用看的。"

停了一会儿，兀孙老萨满又说："那还是看看吧。铁木真，你把衣服都脱下来。"

铁木真红着脸脱了衣服，只见他四肢矫健如骏马，胸膛宽阔如岩石，腰部细瘦如天狗，浑身充满了爆炸般的活力。

兀孙老萨满细细地盯着铁木真的身体看，然后又走过来从铁木真的头顶开始摸、捏，一寸一寸摸完全身后回到座椅，说道："夫人，恭喜你！熬过这几年苦难的日子，将来必定富贵无极，名扬天下。"

诃额仑夫人喜道："那这孩子？"

兀孙老萨满说道："不经三冬水，哪来牡丹开？成大事者，必历经苦难。"

诃额仑夫人说道："您能说得更详细些吗？"

兀孙老萨满说道："长生天的意志，岂能轻言！我只有一句话。"

然后，兀孙老萨满沉默了半晌，说："我们蒙古人的好日子要到了。"

顿时，诃额仑夫人喜上眉梢。

当时，在草原上，水深火热中的牧民们早就在偷偷流传会有一位大英雄拯救万民于水火的传说。

訶额仑夫人不再多问，拜别兀孙老萨满，和铁木真赶了牛羊回到了斡难河源头的家。

时光似箭，日月如梭，转眼四年多过去了。铁木真家的两间毡房和营盘，一直扎在斡难河源头没有动过。这个地方是当年乞颜部的老营，水草丰美，在百姓们都迁走后空下好大一片草原，完全够铁木真家的牛羊吃了。

家里的马匹是那九匹银合马，当年的一对大牛已繁殖到了六头，而羊已经有一百多只了。牧马是高强度劳动，妇女干不来，孩子们还太小干不了。因此，铁木真家九人一人一匹马刚好，也就暂时没有再繁育马匹了。这样，他们一家人终于适应了草原上的严酷生活，在被族人遗弃后顽强地生存了下来。

此时，铁木真和弟妹们都长大了。铁木真已经十五岁，个子长得高高大大，每天带着弟妹们射猎捕鱼，帮助母亲訶额仑夫人采摘野果、野菜，并在有空时带着弟妹们骑马射箭、舞刀弄枪。骑射功夫和武艺练习，这是草原孩子们的必修课，千百年来都是如此。这时，铁木真已经能够单臂舞动父亲也速该留下的三牛长的大战矛，乘马一个冲击能一矛把厚厚的牛皮靶刺对穿。

二弟合撒儿，虎背熊腰，一手好射术万中无一，是蒙古著名的神射手。据蒙古族传说，合撒儿侧卧在地上，腰与地面的距离能钻过一条狗。

三弟别勒古台，勇猛无畏，对大哥铁木真无比忠诚。后来，铁木真曾当众感叹："我能拥有天下，靠的是合撒儿的射和别勒古台的勇。"

还有四弟合赤温、五弟铁木格，他们都是人中俊彦；小妹铁木仑，活泼可爱，是全家的宠儿。

这时，铁木真早已是全家的主心骨。他不但沉着冷静、勇敢机智，而且骑术、射术、刀术、矛术、格斗术样样精通，勇武已不亚于草原上任何一个勇士。

这样的一家人，特别是铁木真的沉稳干练、智勇双全，给游牧路过的牧民们留下了极深的印象。于是，草原上都在传言——"也速该巴特尔的儿子们长大了，就像雄鹰开始长翅膀，就像天狗乳牙换恒牙"。

很快，消息传到了泰赤乌部首领塔里忽台那里。塔里忽台感到万分恐惧，他比谁都清楚当初在也速该尸骨未寒时就抢夺其百姓，并遗弃诃额仑夫人一家这件事做得有多么卑鄙无耻。塔里忽台知道，草原上的百姓，乃至大部分贵族，私下里提到这件事时都愤愤不平、骂不绝口。当年，也速该可是蒙古人的第一勇士，公认的头号大英雄。

塔里忽台也知道，虽然也速该的大部分百姓被他们明抢暗夺拐骗到了自己的部落，但他们的心还在也速该那里。如果也速该的儿子们长成，那些百姓还会偷偷回去的。特别是也速该那个儿子铁木真，草原上传得神乎其神，说他手握着一块苏鲁锭凝血出生，脸上有光，目中有火，五岁就随父出征，而现在更是武艺精熟，智勇兼备。这样下去，怎么得了呢？

于是，塔里忽台去请教俺巴孩汗的遗孀斡儿伯和莎合台。

像毒蛇一样的斡儿伯说："雄鹰要展翅，就先折断它的翅膀。"

像豺狼一样的莎合台说："天狗要咬人，就先拔掉它的牙。"

塔里忽台说："我明白了。我这就带人把那一家，特别是铁木真杀了！"

斡儿伯摇摇头说："不能杀！杀那个寡妇一家很容易，但这样没有理由地杀掉他们会让百姓更加不服，我们也要背上残杀亲族的罪名，以后更难服众称汗了。"

塔里忽台问道："那怎么办呢？"

莎合台说："既然小狼崽子铁木真是那一家帐幕的梁柱，我们就抽掉这根梁柱，寡妇那一家的帐幕自然就塌了。我们抓了铁木真，那一家自然就完了，用不着杀掉他们全家那么麻烦。"

塔里忽台说："那我们就杀铁木真！"

斡儿伯笑了笑："就这样杀掉铁木真，太便宜他了！杀铁木真之前，要押着他游遍部落，绝了也速该那些百姓的念想，树起我们的威风，顺便也让这个小狼崽子多吃点儿苦头再死！"

这天，铁木真正在山坡高处放牧，忽见西面极远处有几百骑驰来。自从泰赤乌部和主儿乞部带走乞颜部的百姓后，这么多年斡难河源头从未同时见过这么多人，于是铁木真本能地警觉来者不善，赶紧一边打马向家里奔去，一边大叫道："额客、合撒儿，大家快上山躲到洞里去！"一家九口人背上刀箭赶紧上马，驰向了山坡上的森林里，而其余的牛羊家当都顾不得了。

等塔里忽台带几百骑扑过来时，铁木真已经带着一家人躲进了山坡上的一个山洞里。在安顿好诃额仑夫人、速赤夫人和老仆妇豁阿黑臣，以及合赤温、铁木格和铁木仑几个小弟妹后，铁木真、合撒儿、别勒古台飞快地砍倒几棵小树做栅栏阻断了上山的小路，然后操起弓箭与敌骑一阵对射。一会儿的工夫，铁木真兄弟就将五六个泰赤乌人射下马来。

这时，塔里忽台高喊："我们只要铁木真，只要铁木真出来，别的人我们都可以放过。铁木真要不出来，我们就杀光你们全家。"

铁木真听闻此言，马上对两个弟弟说："我这就去把他们引开。我走之后，你们马上移营，这地方没法待了。你们赶紧离开斡难河源头去怯绿连河（今克鲁伦河）源头等我，每到路口扔几个骨拐引路，我回来了好沿路找你们。你们要照顾好两位额客，以及豁阿黑臣和弟弟妹妹们！"

交代完要事，铁木真骑上马从小路的另一个出口冲出去，他在山坡上立马大叫道："我就是铁木真，有本事来抓我！"然后，铁木真手起一箭，直射塔里忽台。

塔里忽台一低头，这支利箭将他的帽子射落在地，惊得他屁滚尿流地掉下马来。不过，射击的距离实在太远了，要不然塔里忽台就死定了。

射完这一箭，铁木真再无二话地策马向着斡难河发源的温都尔山狂奔，几百名泰赤乌人在铁木真身后两箭处一起猛追。

诃额仑夫人赶紧带着一家人飞驰回营地，聚拢牛羊，拆了帐幕，装上勒勒车，飞快地离开斡难河源头的营地，朝着怯绿连河移营。

在马力衰竭前，铁木真终于赶到温都尔山脚下，他跳下马来牵马一头扎进了密林，然后往山上高处攀去，越攀林木越密、荆棘越深……终于，泰赤乌人的吼叫声再也听不见了，一切都被阴暗的密林遮盖住了。

铁木真奋力向上面的幽林更密处攀去，直到古树参天和灌木荆棘像一堵墙一样挡住了所有去路为止，然后他才牵着马坐了下来。

离泰赤乌人越远越安全，铁木真便在这里连着坐了九天。

九天里，铁木真粒米未进。

这里林木太过茂密，没有食源，连小动物和山果、野菜、蘑菇都没有，幸好找到一棵小白桦树砍破树皮后能吮到一点儿汁水，而苦熬了三天后连白桦树都被吮干了汁液。饿得头晕眼花的铁木真觉得泰赤乌人应该已经走了，决定出林。结果，铁木真牵马过来时大吃一惊，只见马的扳胸肚带都好好地扣着，但马鞍却掉了下来——这是不可能发生的事，但它的确发生了。

铁木真立刻警觉到，这是长生天的警示，也是长生天在护佑他，警告他不要出林。于是，铁木真又坐回原处苦熬。

第六天，奄奄一息的铁木真再次决定出林。结果，铁木真没走几步，一块巨石砸下来，挡住了他的去路。"这是长生天的警告，太明显了。"铁木真决定再等三天。

到第九天的时候，铁木真的体力极度衰竭且已经恍惚在死亡边缘，便决定无论如何也要出林，与其饿成密林里的一具枯骨无名而死，不如出去拼一条生路。

铁木真跪下祈祷了长生天，又对庇护了自己的温都尔山磕了九个头，然后跌跌撞撞地牵马向林外走去……结果，铁木真一出林，就被一拥而上的泰赤乌人按倒在地。

原来，塔里忽台下了死命令，不逮到铁木真不许撤围。

几个泰赤乌人拖着只剩一口气的铁木真，来到了塔里忽台的马前。

塔里忽台故意惊叫道："哟，这不是铁木真贤侄吗？"

铁木真冷冷地哼了一声，抬头愤怒地盯着塔里忽台。

塔里忽台冷笑道："小蛇再细也会咬人。我要绝了也速该那个死鬼的种！来呀，先把铁木真押往各个部落、各家帐篷去示众，让那些百姓和黑骨头绝了念头！示众完后，再把这小兔崽子砍了！"

自此，铁木真充满屈辱的牢狱生涯开始了。每天白天，铁木真被戴上枷锁押往泰赤乌部各个百姓和奴隶家里示众；到了晚上，路途近的就扔进泰赤乌部大营的地窖里关起来——游牧民族看押犯人都用地窖，路途远的就由牧民就地严加看管。

就这样，到处被游行示众的日子过了好几个月。其间，有好心的牧民也偷偷地照顾铁木真。例如，在一个名叫锁儿罕失剌的奴隶家里，铁木真就得到了精心照顾。

锁儿罕失剌是负责为塔里忽台造马奶酒的奴隶。每天，锁儿罕失剌通宵达旦"嘭嘭"地掏马奶，而他酿的马奶酒是蒙古草原公认最好的。最重要的是，锁儿罕失剌不是塔里忽台家族的人，而是随泰赤乌人一起游牧的速勒都孙氏人。

锁儿罕失剌的大儿子叫赤老温、二儿子叫沉白，还有个惊艳美丽的小女儿叫合答安。

这天天色已晚，几个兵丁押着铁木真来到了锁儿罕失剌的帐幕，要求锁儿罕失剌严密看管铁木真三天，然后就走了。

等兵丁一走，锁儿罕失剌对铁木真说："孩子，你要挺住！我们都知道，你是蒙古最大的王子，为了蒙古五岁就从军出征。泰赤乌人看你容颜生辉、目光如火就嫉恨你，他们是一定要害你的！记住，有机会一定要逃！塔里忽台一定会有报应的。"

赤老温、沉白兄弟俩的年纪和铁木真差不多大，他们卸下了铁木真戴的枷锁，而合答安还提来了一桶马奶酒。铁木真一口气喝了半桶，说道："谢谢你们，我永远不会忘记你们。"然后一头倒在地上昏睡过去。

锁儿罕失剌又杀了一头羊，等铁木真醒来可以吃个饱。

三天后，几个兵丁过来要押走铁木真。铁木真不得不恋恋不舍地离开了锁儿罕失剌一家人，然后又开始被游行示众的囚徒生活。

被游行示众了四个多月后，塔里忽台决定杀掉铁木真以绝后患。就在这天夜里，铁木真挥动身上的木枷，猛地打晕了看守，径直对着斡难河畔冲了过去。实际上，铁木真早已观察好了周围的情况，茫茫草原无处可藏，近处的几片小树林也不能躲，只有斡难河边的芦苇丛可以藏身。

铁木真冲到河边，找到一片芦苇就一下子跳了进去，然后躺在水里只把头露在水面，而枷锁刚好做了枕头。

这时，泰赤乌人已经发现铁木真逃脱，马上集结起来向河边和树林分头搜寻。

有一人直接走到芦苇丛边，伸头就发现了躺在那里的铁木真。

原来，这人正是全家一起照顾了铁木真三天的锁儿罕失剌。

锁儿罕失剌对铁木真说："你躺着不要动，我去引走那些人。等安静了，你就赶快逃出去找你的额客诃额仑夫人。"

这时，一大群人已经朝河边走来，锁儿罕失剌迎上前说："这一片我已经搜过了，铁木真不在这里。这么晚了，草原哪里都可以藏人，深更半夜怎么搜啊？还是等天亮再找吧。"

泰赤乌人都觉得锁儿罕失剌说得对，于是各自散去回家歇息了。

斡难河边沉静下来，只有哗哗的流水声在响……过了好一会儿，铁木真爬出了芦苇丛，他知道不能往外逃——草原上没马，根本逃不了多远——只能先找个地方藏起来，而他知道只有一个可靠的地方可以藏身。

草原的夜晚万籁俱寂，一点点声音都可以传很远。远远地，传来一阵阵"嘭嘭"声，那是锁儿罕失剌在掏马奶。于是，铁木真顺着声音跌跌撞撞地摸到了锁儿罕失剌家。当看到浑身水淋淋的铁木真时，锁儿罕失剌大吃一惊："不是叫你逃的吗？你会要我们全家的命的！"

铁木真说："除了您这儿，我没地方去。现在追得正紧，我逃不了。"

这时，赤老温、沉白、合答安三兄妹也一起替铁木真求情："额赤格，猎鹰追小雀儿，草丛也会帮着保护小鸟，难道我们还不如一丛草吗？铁木真什么坏事也没做，泰赤乌人却要他的命，我们一定要救他！"

锁儿罕失剌一想也对，救人要救到底，于是同意收留铁木真，然后再找机会帮他逃走。

于是，锁儿罕失剌一家人卸下了铁木真的枷锁，并一把火烧了个干净。同时，他们顺便还烧了铁木真那身破衣烂衫，让他换上了赤老温的干净衣服。

夜晚好过，白天难熬。草原上，白天是无处可逃的，好在锁儿罕失剌家里有一大堆羊毛，于是大家叮嘱铁木真没事不要出帐幕，一有动静就钻到羊毛里藏起来。时值酷暑，在羊毛里只能短暂待一会儿，否则时间长了非得热出毛病不可。

每天，美丽的合答安负责给铁木真送饭送水，在帐幕里陪伴铁木真。合答安俏颜如玉，一身绿衣，腰扎红带，美丽得像花儿一般，而浑身散发的少女兰馨更是让铁木真深深迷醉。

就在这天晚上，合答安的母亲把铁木真叫到了帐外小丘上，只见丘顶绿草如茵，一条毯子上躺着不着寸缕的合答安。其时，如水的月华映照得合答安身体如玉、俏颜似酡，原来这是蒙古习俗"遇客婚"——如果有最尊贵的客人，主人会让自己的女儿相陪。铁木真是蒙古第一王子，眼下虽然落难，但草原上早已传遍他神俊不凡的故事，所以锁儿罕失剌夫妇决定将合答安献给铁木真。

铁木真看着合答安的玉体，闻着少女的体香，浑身热血奔涌，仿佛天地炸裂……肉体的厮磨终于唤醒了男女的本能，直到天快亮时他们才依依不舍地分开。

这样的爱恋与欢愉交织的沉醉夜晚，铁木真和合答安一连过了三夜。

第四天时，几个兵丁来锁儿罕失剌家搜查，而铁木真已钻进了羊毛堆里。

锁儿罕失剌问道："怎么回事啊？"

兵丁头目说："那个小兔崽子铁木真逃走后，方圆几百里搜遍了都不见人，怀疑是被谁家藏起来了，所以要遍搜百姓和黑骨头家。"

锁儿罕失剌家徒四壁，就一堆羊毛最显眼。

兵丁头目说："翻翻羊毛。"

眼看就要翻到铁木真，急中生智的锁儿罕失剌笑道："天气这么热，藏羊毛里不热死了？我可是大王的酿酒人，是自己人，为什么不信任我呢？"

众兵丁一听觉得也对，于是罢手走人。

等兵丁走后，锁儿罕失剌一屁股坐在了地上，而铁木真也拱出了羊毛。

锁儿罕失剌颤声道："你这小子差点毁了我家炉灶，灭了我家满门。你得赶紧走，再搜回来你就没这么幸运了。"

于是，当天晚上，锁儿罕失剌送给铁木真一匹马、一张弓、一把箭、一只烤好的整羊和一大袋马奶酒，让他趁夜色沿斡难河驰出去找他的母亲诃额仑夫人。

临行前，铁木真跪谢了锁儿罕失剌一家的救命大恩，然后抱着合答安亲了又亲，一遍又一遍地发誓："我一定会回来娶你的！"最后，在大家再三催促下，铁木真才上马狂驰而去。①

---

① 后来，铁木真底定天下之后，将整个薛凉格河（今色楞格河）流域都赐给了锁儿罕失剌游牧。锁儿罕失剌、赤老温、沉白父子三人都位列"蒙古开国八十八功臣"，获封千户，而赤老温更是著名的"蒙古四杰"之一。当然，果如其言，铁木真历尽磨难后找到了合答安，封合答安为皇后，恩宠非常。整个蒙元时期，赤老温家族都位列四大名族，富贵无极。

第三章 偕美结良缘

告别锁儿罕失刺家后，除了饮马、喂草暂歇外，铁木真昼夜兼程疾驰，终于逃脱了泰赤乌人的控制范围。在十多天后，铁木真回到了斡难河畔的乞颜部老营地，只见四野茫茫、风声呼呼，而他们一家驻扎了五六年的营地也不见一人一物。于是，铁木真放下心来，知道母亲诃额仑夫人已率全家人移营走了。

铁木真仔细搜索着营地，发现两道车辙印记通向东北方的怯绿连河方向，于是跟着两道车辙打马前行，靠痕迹辨识道路——这在草原上叫"码踪"，是牧人必须掌握的技能。

铁木真追踪了二十来里地，车辙消失了，然后他仔细寻找，只见三个骨拐摆成一个箭头正指东北方向，他知道这是二弟合撒儿在给他引路。

骨拐是牛羊小腿和脚蹄连接处的一块骨头，而草原上不管杀多少牛羊，骨拐都是要留下来的。骨拐是草原上大人小孩的游戏工具，又叫髀石。当年，铁木真和札木合结安答时，互赠的就是髀石。草原人家，骨拐多的能至数百数千，而这也是草原人家贫富的表现之一，并有民谚"拐多人家牛羊多"。

铁木真下马拾起三块骨拐，这还是父亲也速该留下来的。当然，收起骨拐也能断掉泰赤乌人追杀的路标。

就这样，铁木真顺着断断续续出现的车辙印、牛羊马的粪便、倒伏的青草和家人布下的骨拐路标，一连追踪了十多天，终于在豁儿出恢孤山找到了家人。

诃额仑夫人、速赤夫人抱着铁木真失声痛哭，她们都以为铁木真已经死了，家里再次倒了梁柱，而没想到的是铁木真竟能活着回来。这时，屡经磨炼的铁木真虽已心硬如铁，但面对两位母亲和老仆妇豁阿黑臣的痛哭，仍不禁红了眼睛。

当铁木真讲起这几个月的遭难经过时，弟弟妹妹们不时惊叹出声。当铁木真讲完后，大家深知他们一家处境危险——塔里忽台和泰赤乌人随时可能寻来斩草除根，于是一致决定再次移营。

于是，铁木真率大家拆下帐幕，装上勒勒车，赶起牛羊，骑着马移营。几经辗转后，铁木真一家终于在怯绿连河的一条支流——桑沽儿河边的黑锥山下安顿下来。

当时，桑沽儿河畔人迹罕至，地处偏僻，不仅远离蒙古人的传统牧场，而且飞禽走兽众多，河中鱼儿成群。就这样，铁木真一家人渐渐地从惊慌中安下心来，过上了宁静的游牧渔猎生活。

铁木真每天像以前一样带着弟弟妹妹们放羊牧马、狩猎钓鱼，为家里准备一天的食物，也为过冬做储存。同时，铁木真还要带着大家不停地鞣制皮革，因为弟弟妹妹们正是长身体的时候，不仅饭量大增，而且衣物几个月就小了一圈。于是，铁木真和弟弟妹妹每天都忙个不停，这样才能满足一家人的衣食所需。

稍有闲暇，铁木真便用动物骨头和石头磨制箭头，因为父亲也速该留下来的铁箭头除了留下几支应急使用外，其他早已用完。在草原上，铁箭头本来就是很珍贵的东西，一般用骨头和石头磨制，而牧民逼急了的时候也用木头磨制箭头。

铁木真已经长成了真正的一家之主，也是全家人真正的主心骨，这时他才十六岁。

桑沽儿河边的岁月，宁静而安详。铁木真一家人本以为这种日子可以一直过下去，但没想到半年后变故便发生了。

这天，诃额仑夫人起早为大家准备早炊，走出帐幕后忽然觉得不大对劲，平常伴着一天劳作开始的总是出门时马儿的咴咴声，但今天马儿们却一片沉寂。

诃额仑夫人走过去一看，马栏里的八匹马都不见了！

铁木真家里一共有九匹马，泰赤乌人捉住铁木真时抢走了一匹，锁儿罕失剌又送给铁木真一匹草黄马逃命，这样一出一进还是九匹马。前一天，别勒古台骑走一匹马狩猎未回，家中还剩下八匹马，但这八匹马竟然全给人偷走了。

这时，一家人急得团团乱转。对草原上的牧民来说，马就像渔船对渔民一样重要：出行要马，狩猎要马，战斗要马，迁移要马，拖车要马，饮奶要马，而且马鬃、马尾可做线制绳，马肉、马血可供餐食，马皮可制革制衣。一句话，草原上没有马，一天都过不下去。

这时，铁木真沉着冷静地说："大家不要着急，等一会儿别勒古台骑的马回来了，我就沿着马迹去把马追回来。一定能追回来的，大家放心！"

铁木真备好了弓箭，挎上了腰刀，竖起了父亲也速该的大战矛，而速赤夫人已经装好了一大块肉干、乳酪和一大皮壶马奶，然后只等着别勒古台把马骑回来。

中午时分，别勒古台骑着草黄马带着两头肥壮的狐狸回来了，而当他听说马被盗了便立即就要去追。

铁木真说："兄弟，你累了一晚，我去。"

这时，二弟合撒儿急了："大哥，让我去！"

铁木真拍拍合撒儿的肩头："家里需要你的弓箭保护，别跟大哥争了。"

合撒儿红着眼睛把一筒箭都倒进了大哥铁木真的箭筒，然后单独拿出一支箭说道："这是额客给我保命的箭，上的是额赤格的铁箭头，大哥拿去吧。"

铁木真点点头，接过这支箭插在腰间，然后提起大战矛跨上马，准备催马前行。诃额仑夫人握住铁木真的手，叮嘱道："虽然草原上盗马贼人人得而诛之，但你一定不要轻易杀人，杀人必定结下血仇，那就杀来杀去没个了结的时候了。我们家力量弱小，就这么九个人，更不要结仇，把马讨回来就行了。"

铁木真说道："嗯，额客，我记住了。"然后沿着马迹追去。

这一追就是三天。

铁木真家的八匹马也算是个小马群了，再加上几个盗马贼的马，马群在草原上踏过的痕迹非常明显——牧草倒伏，再加上十几匹马的粪便。铁木真码踪不久，就辨认出一共有五个盗马贼。

追到月明星稀时，铁木真只好停下来休息，一来晚上看不见马群的踪迹，二来自己的马也受不了。

铁木真在心焦急躁中终于熬到了天亮，牵过吃了一晚夜草的草黄马继续追去。追了没多久，铁木真见到一个与自己年龄相仿的英武少年在放牧，只见那位少年在飞驰的骏马上一探身子，手上长长的套马杆就仿佛长了眼睛一样，套圈一下就框在马群的头马脖子上，然后用套马杆轻轻一别这匹烈马的前腿，刚刚还桀骜不驯的头马就乖乖地停下了，而整个马群也都停止了躁动，开始低头安静地吃草。这时，那位英武少年跳下马，提过一个奶桶开始给一匹母马挤奶。那位少年一整套动作行云流水，潇洒至极，看得铁木真赞叹不已。

铁木真跳下马，牵马走上前去。那位少年停止挤奶，站起身来警觉地看着铁木真。

"朋友，这是哪里？"铁木真问道。

"这里离怯绿连河不远。你是谁？"那位少年仍很警惕。

"我是蒙古乞颜部人，名叫孛儿只斤·铁木真。"铁木真答道。

少年一下惊喜道："你就是手握苏鲁锭血块出生、五岁出征，以及塔里忽台一整个部落都抓不住你的铁木真？现在，草原上到处都在流传你的故事！"

铁木真一笑，说道："朋友，我还不知道你的名字呢。"

"我叫博尔术，我父亲叫纳忽伯颜。"那位少年答道。

铁木真顿时惊喜叫道："是阿鲁剌惕氏的纳忽伯颜？我们可是同宗的亲人啊！我额赤格也速该活着时，常提起你额赤格纳忽伯颜。"

原来，铁木真的六世祖——第一次统一蒙古的海都汗生有三子，长子传承了铁木真所在的孛儿只斤氏，次子是泰赤乌人的祖先，三子就是阿鲁刺惕氏即博尔术的祖先。

博尔术的父亲纳忽伯颜，虽然不是贵族，但也不是奴隶，而是一位自由民，且极善经营，是闻名草原的一代豪富。当年，纳忽伯颜曾多次慷慨资助过铁木真的父亲也速该。

博尔术问道："你是不是找马？"

铁木真说道："你怎么知道？"

博尔术说道："我见你一直往马群里看且风尘仆仆、满面尘霜，刚好早晨有五个主儿乞人赶着八匹马从此路过，故猜你是在找马。"

主儿乞氏与铁木真也是血亲，而且这一支来历很独特。铁木真四世祖合不勒汗的长子斡勤巴儿合黑，以长子地位挑选百姓中最勇敢善战者单建主儿乞氏族，一直势力强盛，其后人形成主儿乞氏，而现在的首领就是撒察别乞和泰出。换句话说，撒察别乞和泰出是铁木真的叔伯兄弟。

听博尔术一说，铁木真提着矛就要上马。

博尔术说："你等等，我陪你一起去找马！"

铁木真深为感动："朋友，很危险的！盗马贼个个是草原上的亡命之徒，被抓到就是个死，所以他们都不要命。我去索马，就是去拼命。我不能牵累你。"

博尔术决然道："人生在世，男子汉的困难都是一样的。你一个人去太危险，我给你做个伴，非帮你把马夺回来不可。"

铁木真紧紧地盯着博尔术道："好，我们同生共死，一起去。"

博尔术牵来两匹壮实的好马——一匹红色，一匹黑色，然后他将铁木真骑来的草黄马放入马群，并备足了奶酪、肉干和马奶。于是，铁木真换上了红马，博尔术骑上了黑马，二人继续向前追去。

兄弟二人翻山越岭，蹚水过河，又追了三天，一直追到桑沽儿河下游靠近怯绿连河的地方。也速该死后，主儿乞部一直在此游牧。

第三天傍晚时，铁木真、博尔术两人开始闻到淡淡的烟火味，然后看到几十顶帐幕围成一个不大的古列延，一些牛羊马匹散在四周啃草。

铁木真突然低声喝道："看，就是那八匹马！"

只见一个帐幕前，八匹银合马——就是白马——正甩着尾巴在那里吃草，而帐幕里有嘈杂的人声传出。

铁木真和博尔术跳下马，轻手轻脚地摸了过去，将八匹马牵了就走。

这时，帐幕里的盗马贼发现外面动静不对，抢着跑了出来。铁木真想起母亲诃额仑夫人"不结血仇"的叮嘱，只用战矛横扫，将打头的盗马贼一矛打倒在地，然后和博尔术跳上坐骑赶着八匹银合马飞驰而去。

这时，几个盗马贼也跳上马狂追而来。眼看着越追越近，铁木真摘下背着的父亲也速该传下来的柘木硬弓，从腰带里拔出二弟合撒儿送给他的装了铁箭头的保命长箭，回身开弓就是一箭，只见这一箭疾若流星般直插进了追在最前头的一匹花马胸口。那匹花马当即扑倒在地，将背上的那个盗马贼摔得四脚朝天。

铁木真和博尔术一起勒马回首，博尔术"锵"地拔刀出鞘和铁木真并马而立。

铁木真横矛大喝道："歇住脚！不要逼我杀人！"二人状若天神般威严。

几个盗马贼眼见铁木真、博尔术二人这等威势，吓得寒毛倒竖，不敢再追。就这样，铁木真和博尔术赶马从容退走。

回头又奔驰了三天三夜，铁木真、博尔术二人才回到博尔术家的营地，他们刚驰上博尔术家边上的小丘，就见一个胖胖的中年人跌跌撞撞地跑过来。然后，博尔术赶紧跳下马迎过去，叫道："额赤格，你跑慢些！"原来，这中年人就是博尔术的父亲纳忽伯颜。

铁木真也赶紧跳下马来跟过去。

纳忽伯颜狠狠地将博尔术打了两下，说道："儿子，你跑哪里去了？你也不说一声，额赤格吓死了！"

博尔术指着铁木真道："额赤格，这位朋友的马被盗马贼偷走了，因见他势单力薄，好生艰难，我帮他讨马去了。事情紧急，我来不及跟额赤格讲。不过，我们也不知道盗马贼竟然跑得那么远，追了三天三夜才追到。"

纳忽伯颜望向铁木真，铁木真也看到他的眼睛非常清亮，充满了智慧的样子。于是，铁木真上前说道："我是铁木真。"

纳忽伯颜大吃一惊："你是也速该巴特尔的儿子铁木真？"

铁木真说道："是我。我额赤格活着时常提到您。"

纳忽伯颜喜道："这下可好！当年，我一直想追随你额赤格，可惜也速该巴特尔英年早逝了。塔里忽台竟然那样害你们，都以为你们孤儿寡母活不成了，没想到你长这么大了。也速该巴特尔有后了，这真是天大的喜事啊！塔里忽台那些泰赤乌人，他们一点儿也不讲骨肉之情，一定会有恶报的！"

纳忽伯颜谈起了铁木真家族长辈的故事，又谈起了草原上的一些奇闻，以及草原各大势力的现状。

铁木真听得眼界大开。

纳忽伯颜还告诉铁木真一个重大消息，那就是他的安答札木合带着札达兰部百姓从篾儿乞人那里逃出来了。

原来，当年篾儿乞人趁也速该横死，蒙古各部四分五裂之机，突袭了札达兰部，导致札木合父亲被杀，札木合本人则被捉去做了奴隶。在那些年里，札木合装得百依百顺，取得了篾儿乞人首领脱黑脱阿的信任，封他做了最亲近的那可儿。结果，札木合借机率百名札达兰旧部突袭了脱黑脱阿大帐并一举擒获了脱黑脱阿，然后将刀架在脱黑脱阿的脖子上逼他放走札达兰部百姓。现在。札木合已经重建了札达兰部，成了札达兰部的新首领。

铁木真为安答札木合高兴不已。

这时，博尔术已宰了一只三岁的肥羊并煮好了。纳忽伯颜和铁木真、博尔术一起坐上了桌子，而铁木真按照蒙古礼仪将博尔术敬上的两只羊肩胛骨献给了纳忽伯颜。待纳忽伯颜吃完收好羊肩胛骨后，纳忽伯颜、铁木真和博尔术三人才一起吃起来。对此，纳忽伯颜在心里暗赞铁木真的识礼。

喝过几碗马奶酒后，纳忽伯颜道："你们二人是患难之交，一生都要彼此帮扶，互相友爱。你们一定要记住，天狗成群才有力量，绳子要拧在一起才负得起重。你们永远都不要忘记阿兰豁阿老祖的训子故事，即'一支箭易折，五支箭难断'的故事。恶害血亲的泰赤乌人塔里忽台，一定不会有好下场的。"

吃完饭，纳忽伯颜和博尔术请铁木真住几天，但铁木真说家人焦急，于是博尔术备好一路所需的饮食送铁木真离开。铁木真指着八匹马说："兄弟，这八匹马是你帮着抢回来的，你想要几匹就自己去挑吧。"

闻听此言，博尔术涨红了脸："我看你是男子汉，一人孤身追马艰难才帮你的，可不是为了得几匹马。我额赤格富甲草原，他的财产够我吃几辈子，我怎么会要你的马呢？"

铁木真极为感动，握住博尔术的手道："我们永远做好朋友、好兄弟！"

从此，铁木真对博尔术信任终身。

两人依依惜别之时，博尔术说道："你欲重整家业干一番事业，需要我时就马上来找我。我立刻就来。"铁木真点点头。

后来，博尔术果然成为铁木真第一个那可儿并终身辅佐铁木真，位列"蒙古十大开国功臣"和"蒙古四杰"之首，成为铁木真的右翼万户长。

铁木真赶着八骏回到了桑沽儿河边的营地，家人自是欣喜若狂。

追回失马是铁木真生命中的一个转折点，那一年他十六岁，正是从少年成长到青年的过渡期。铁木真在独自追回失马这件事上知道了伙伴的重要性，也找到了青年的自信。

于是，铁木真的体内开始燃起青春的火焰，爱恨情仇都在心中澎湃：

> 害死先祖，毒杀父亲的塔塔儿人。
> 掠走财产，抢夺百姓，差点杀掉自己的同族泰赤乌人。
> 仇恨在心中燃起焚骨蚀魂的力量。
> 美丽的未婚妻孛儿帖，
> 一袭红腰带卷缠着的白衣。
> 小羊一样温驯可爱的合答安，
> 销魂缱绻的三夜缠绵。

铁木真一想到孛儿帖和合答安，便跨上白马在草原上彻夜奔驰，用星空下的夜风冷却自己沸腾的青春血液。

此时，家里的温饱已经不愁了。铁木真带领弟弟们每天放牧、捕猎、网鱼，忙得不可开交，而铁木仑小妹妹每天跟着诃额仑夫人、速赤夫人和老仆妇豁阿黑臣给兄弟们缝缝补补、洗衣做饭。

这时，铁木真家里的牛已经繁殖到十多头，羊也有近两百只。当来自南边很远的一个叫山西的地方、专做口外买卖的一群行商路过时，诃额仑夫人用多年积存的土拨鼠毛皮同带队商人田镇海（简称"镇海"）换了一头雄壮的公马和四头母马，为家里建立起了一个小小的马匹繁育种群。

这位名叫镇海的带队商人年三十余岁，虽起汉名，却高额深目，虬髯满面，是一个畏兀儿人。镇海行商天下，北边用食盐、铁器与西伯利亚的林中百姓换黄金、毛皮，南边用黄金、毛皮与南宋换丝绸、瓷器、茶叶，东边用药材、茶叶与金国换海盐、珠宝，西边用丝绸瓷器与伊朗换宝刀、锁子甲和玻璃器皿，生意做得风生水起，而且识见极广、家资巨万，乃是富甲天下的大富豪。

诃额仑夫人看着已经高过自己一个头的铁木真，以及他脸上疯长且每天用利刀猛刮都刮不尽的胡子，知道该给儿子娶媳妇了。于是，诃额仑夫人用八张银狐的整皮和镇海换了南宋出产的一匹白绸和一匹红绸，又用堆成小山的羊毛和几张鹿皮、几架鹿角换了一个新的蒙古包，准备为铁木真分立毡房。

可是，镇海看到铁木真时立时震惊了，阅人无数的他早就在草原听到过铁木真的传说，便对手下说："这年轻人真是龙凤之姿，我等当好好结交。"于是，镇海分文不取，赠送给铁木真家十大羊皮袋山东出产的海盐——草原上海盐价同黄金，又用五辆崭新的勒勒车换下了铁木真家破旧不堪的五辆老车——这真是解决了铁木真家的大问题，而这五辆老车还是父亲也速该留下的，早已破旧不堪，每次迁移都让全家人头疼不已。

当晚，镇海和铁木真同宿一帐通宵畅谈，并讲起了天南海北的地理人文、奇闻逸事、风物土产。铁木真听了神往不已，缓缓道："有一天，我也要骑着我的战马，像你一样看天下！"镇海听了，忽然打了个哆嗦。

启明星出，镇海带着商队准备出发。与铁木真辞别时，镇海忽然解下腰间宝刀，双手捧给铁木真道："这是用来自叙利亚的天上陨铁打造的大马士革花纹宝刀，价值万两白银，伴我行走天下护身多年。我只用这把宝刀换你一个承诺：你以后骑马看天下时，不要忘记带上我田镇海。"

铁木真盯着镇海的眼睛，缓缓道："长生天做证，诺！"

于是，两人依依惜别。

镇海后来成为铁木真过命的兄弟，为铁木真立下了汗马功劳，并出任蒙古右丞相。

诃额仑夫人已经置办好了一切，她对铁木真说："儿子，你去弘吉剌部岳父德薛禅家，去把你额赤格给你定的娃娃亲孛儿帖娶回来吧。这一下快十年了，孛儿帖还比你大一岁，可不能再耽误人家姑娘了。不过，人家要是悔婚或已经嫁了就算了，毕竟咱家不是你额赤格活着时的辰光。听长生天的意旨吧。"

铁木真红着脸，"嗯嗯"地应答了两声。

诃额仑夫人叹口气，又说："还有你说的小姑娘合答安，她和你结的是咱蒙古人最珍贵的'遇客婚'。人家小姑娘把身子都给了你，还救了你的命，你可不能忘了合答安。不过，她家在泰赤乌部中心，咱们不可能去找她，只好等着了。话说'山不转路转'，额客瞧你们缘分不浅，总还有相逢的时候，到时候可不能亏待了人家小姑娘。听长生天的安排吧。"

铁木真连脖子都红了，又"嗯嗯"地应答了两声。

于是，全家决定让勇猛绝伦的三弟别勒古台陪着铁木真去弘吉剌部娶亲，而百发百中的神箭手二弟合撒儿和四弟合赤温及幼弟铁木格留下来看家。

出发那天，全家欢欢喜喜地为铁木真换上了一领崭新的深蓝色长袍、一条大红腰带、一顶新帽和一双新鞋，马匹上的鞍鞯也擦洗得锃亮。小妹铁木仑拉着铁木真的手，说："大哥，一定要带个漂亮的大嫂回来啊！"

大家尤其叮嘱铁木真兄弟二人穿过塔塔儿部游牧区时，千万不要吃喝塔塔儿人的东西。

"别再像你额赤格那样被塔塔儿人药杀了！"速赤夫人阴着脸叮嘱儿子别勒古台。

然后，铁木真兄弟二人带着五匹马出发了，两匹骑乘马，两匹备马，另外一匹驮聘礼。

铁木真兄弟二人一路跋山涉水，偶尔遇到零星的塔塔儿牧民也不理会只管打马前行，如此骑行了近一个月，终于在怯绿连河下游的扯克彻儿山、赤忽儿古山一带找到了半游牧半定居的德薛禅一家。

看到铁木真到来，德薛禅欣喜若狂，连忙大叫妻子搠坛道："快出来看看谁来了，铁木真来了！"

搠坛夫人跑出来，只见一个满脸英雄之气的英俊青年立在眼前，他脸上的胡茬如钢刺一般，眼神刚毅沉稳如燃烧的火苗一般，而且他的身高足足有有一米九以上。不过，搠坛夫人从脸型和眼神认出眼前这个高大魁梧的男子汉，就是十年前在自己家住过近一个月的小女婿铁木真。

"天啦！"搠坛夫人叫道，"真的是铁木真。看这眼睛，长生天啦！真的是我儿铁木真！"

德薛禅拉着铁木真的手道："孩子，那年你被匆匆忙忙接回去，我们也猜到多半是你家里出了事。当你父亲也速该的噩耗传来，我们也哀伤不已；再往后，断断续续传来了你们家被泰赤乌人欺负的消息，但山阻水隔，我们只能干着急；再后来，你逃出泰赤乌人牢狱的事情传遍了草原，我们高兴极了。现在，孛儿帖也大了，大家都急着等你来娶她呢。"

铁木真也非常激动，直截了当地说："你们也知道，我额赤格也速该被塔塔儿人害死后，我家不比从前了，孛儿帖嫁我可是要受苦的。"

搠坛夫人抢着说："孩子，'蚂蚁被踩也有翻身的时候'，人不会永远倒霉的。我们不是嫌贫爱富的人，我看好你这孩子一定能翻身重振家业，只有一起经风历雨才叫夫妻，不要担心！孩子，一切有长生天照料。"

德薛禅眼透智光地说道："孩子，我活到这年纪，见过多少草原上的兴衰成败、破灭复兴，一时的成败不重要，最重要的是人心。人心在，遇到挫折也一定能重新振作起来。我亲家也速该是草原上公认的一代英雄、蒙古第一巴特尔，一生都为蒙古战斗，结果却被小人毒害惨死，家业也被无耻奸人抢夺。草原上的百姓，谁不为他鸣冤叫屈和惋惜，更为自己失去一个好大王哀叹。你五岁就随你额赤格也速该出征，草原谁人不知？然而，泰赤乌人那样坑害你们家，还要杀你。泰赤乌人毒害同宗血亲，百姓背后谁不痛骂？你们家能活下来，你能逃出来，百姓谁不欢喜？这就叫人心！只要这份人心在，你就一定能重振你额赤格、我亲家也速该的家业！"

看着德薛禅和搠坛夫人纯朴善良的眼睛，一颗颗泪珠静静地滑出了铁木真的眼眶。①

盛大的婚礼开始了！

司仪萨满在草地中间摇起了手中的神铃，敲起了身上的神鼓，唱起了祝福的歌谣：

> 永恒的长生天做证，
>
> 伟大的地母女神保佑，
>
> 弘吉剌孛思忽儿氏德薛禅，
>
> 将女儿孛儿帖，
>
> 嫁给了乞颜部孛儿只斤·铁木真。
>
> 长生天和地母女神，
>
> 保佑铁木真和孛儿帖，
>
> 甘苦与共，
>
> 永不分离！②

---

① 后来，铁木真统一蒙古草原建立蒙古汗国后将岳父德薛禅敬为弘吉剌之主，又将整个弘吉剌部从漠北苦寒之地迁到富饶的漠南草原东部，还将最肥美的锡林郭勒大草原和呼伦贝尔大草原赐给了弘吉剌部。因孛儿帖的弟弟按陈追随自己攻城拔寨、浴血奋战，铁木真先后赐封按陈为河西王和济宁王，并特别下旨："弘吉剌氏生女，世以为后；生男，世尚公主，世世不绝。"从此，"黄金家族"与弘吉剌部结为世代姻亲关系。在整个蒙元时期，弘吉剌部出了十八位皇后、十六位驸马。今天，弘吉剌部依然生活在呼伦贝尔和锡林郭勒大草原上。

② 本歌谣选自《蒙古秘史》。

在萨满悠长辽远的歌声中，八位弘吉剌部最美丽的少女身着盛装簇拥着孛儿帖出现了。

铁木真一眼就认出了自己的新娘孛儿帖，只见孛儿帖身材颀长，在众少女中亭亭玉立，比自己矮小半个头，头戴洁白的姑姑冠，上插一簇染成红色的天鹅初羽，身着一袭南边南家思（南宋）织造的湖蓝色丝绸长裙，外套一件西边波斯地方出产的绣金织银的红色天鹅绒坎肩，容颜如冰雪圣洁，仪态似圣母般高贵。

看着美丽的孛儿帖，众人被惊艳得目瞪口呆，而本来嘈杂喧闹的婚礼现场顿时鸦雀无声了。

在一片静寂中，铁木真起身走向自己的新娘孛儿帖。此时，铁木真头戴一顶宽阔的鹰帽，身穿一件天蓝色的棉布袍，腰间横系一条两掌宽的大红布带，脚踩一双翘头曲尾小牛皮鞋，身材高大魁梧，胸阔肩宽如城墙，脸庞英俊刚毅，一双眼睛火焰灼灼闪动着夺人的光芒，脸颊一片刮成铁青色的胡茬，更增添了男子汉的威猛。

铁木真牵起脸庞羞得通红的孛儿帖的手并排站立，真是郎才女貌、珠联璧合的一对佳人啊！

沉静的婚礼现场，顿时响起了一片欢呼声！

马头琴、大鼓、铜锣、铃铛，一起响起来！

人们叫起来，笑起来，跳起来……

时间已到深夜，快乐的人们仍围着篝火载歌载舞，啃着大块大块的羊肉，喝着大桶大桶的马奶酒，而新毡房里早已是春意融融……

被铁木真搂在怀里的孛儿帖喃喃地说："我还以为你这个小坏蛋再也不会回来了，没想到还真能等到你。"

铁木真将脸埋进孛儿帖的秀发，闻着那少女销魂的体香，低沉地说："孛儿帖，我一直念着你。我从未忘记你，一长大我就来娶你了。"

呢喃的情话掀起了滔天的情潮，从爱恋的峰顶又沉坠到缠绵的谷底，然后又一波接一波地反反复复，仿佛比创世还要长……

当毡房终于平静下来时，孛儿帖幸福地偎依在铁木真怀抱里，两人身上都布满了细密的汗珠……

铁木真抚弄着孛儿帖的脸庞："我会永远待你这么好的，我会把世界给你。"

孛儿帖说："我不要世界，我只要你。"

铁木真低低地说道："男子汉，岂能放一辈子马、养一生的羊！我们家曾是蒙古第一家族，长生天保佑，我要重振家业。我要让我们家的百姓多过地上的蚂蚁，要让我们家的马群一直连到天边，然后把这一切都献给你！"

孛儿帖感受到了铁木真的钢铁意志，但她不禁轻轻一颤，也不知是喜是忧……

婚后，铁木真在岳父德薛禅家里度过了极其幸福的十天，然后准备带孛儿帖启程回家。

善良的岳父德薛禅知道铁木真家里困难，特意为孛儿帖准备了一份丰厚的陪嫁：十匹马，二十头牛，一大群羊，还有各种其他过日子用的物件，足足装满了十辆勒勒车……

最后，德薛禅还请了二百位身强力壮的弘吉剌族人，让他们全副武装地护送新婚的铁木真夫妇一行穿过塔塔儿人的游牧区。

当然，铁木真的岳母搠坛夫人也一定要同行去看看女婿家，孛儿帖的弟弟按陈也跟着一起去了。

于是，一行人浩浩荡荡地经过了塔塔儿游牧区。当时，在蒙古草原，牧民散则为民，聚则为军，平时都在广阔的草原上分散着放牧牛羊而不聚集在一起的。因此，这二百人的送亲队伍已经是很庞大的队伍了，何况弘吉剌人的送亲队伍驰名草原，别的部落一看这么大的阵仗就知道是弘吉剌人在送亲，于是一路上遇到的零散的塔塔儿人也是在祝福一声之后又去干自己的活儿去了。

就这样，一行人安全顺利地到达了铁木真设在桑沽儿河边的营地。

看到铁木真、别勒古台兄弟俩带着新娘孛儿帖和这么多人回家了，提心吊胆的一家人无不喜出望外，而再看到盛装的新娘后更是被她的美丽惊呆了。诃额仑夫人、速赤夫人和搠坛夫人三位亲家母一见如故，总有拉不完的家常，又是好一阵欢乐热闹……在欢庆了几天后，铁木真一家人恋恋不舍地送走了弘吉剌部送亲的队伍。

之后，铁木真一生中少有的一段平静安宁的家居生活开始了。

初为人妇的孛儿帖，完美地履行着儿媳、妻子、嫂子三个角色的职责。每天，孛儿帖在太阳还未东升时即起来为全家人准备早餐，一直忙到深夜群星当空，然后再查看一遍马厩、牛栏、羊圈后才睡。就这样，勤劳贤惠的孛儿帖深得婆婆诃额仑夫人、速赤夫人的喜爱和弟弟妹妹们的尊敬，铁木真更是将其视若珍宝。

铁木真虽然沐浴在新婚的幸福里，但他心中的鸿鹄之志片刻也不曾消减，重振家业的想法仿佛一大堆初起的篝火越烧越旺……终于有一天，铁木真叫来弟弟别勒古台道："你去土贵乌拉走一趟，去把博尔术请来。"

顿时，别勒古台眼里燃起惊喜的光芒，原来大哥铁木真要准备招兵买马干一番事业了。

"我怎么同博尔术说？"

"你就说铁木真请他来做伴。"

"好嘞，大哥！"

在别勒古台走后，孛儿帖知悉了事情原委，对铁木真说道："这样的生死兄弟，你应该自己去请才对。"

铁木真望着远方，说道："不用，他是博尔术。"

不几天后，远处扬起了一阵烟尘……

铁木真笑道："别勒古台和博尔术回来了！"

果然，博尔术背弓挎刀，提着长矛，肩上歇着一只猛鹰，马后驮着床毛毯，风尘仆仆地和别勒古台乘马飞驰过来……

博尔术见到铁木真后跳下马来，和铁木真一起执手大笑。

别勒古台说道："博尔术一听大哥有请，收拾一下上马就走，都没跟他额赤格纳忽伯颜打招呼呢！"

诃额仑夫人又惊又喜道："你这孩子，怎么不跟你额赤格打声招呼呢？"

博尔术说道："没事的，我在毡房上做了个记号、画了幅图，我额赤格能知晓我来这儿了。"

就这样，博尔术成了铁木真的第一个伙伴、那可儿。史载，铁木真、博尔术两人谈起军国大事常常通宵达旦，每当这时孛儿帖就笑着抱起被褥去婆婆诃额仑夫人毡房里睡，而铁木真、博尔术两人的友情也终生不渝。

这天晚上，铁木真、博尔术两人又在铁木真毡房的羊皮铺上谈起了草原的形势。博尔术说："草原上这么多年最流行的歌谣，还是'有星的天旋转着，众百姓反了，不进自己的卧室，互相抢掠财物。有草皮的地翻转着，全部百姓反了，不卧自己被儿里，互相攻打'。"

铁木真叹口气道："这歌唱得真实，草原无主，天下大乱。"

博尔术说："想让天下太平，就得成为草原之主。"

铁木真默默点头道："成为草原之主最重要的是什么？"

博尔术说："人！要成为草原之主，最重要的是得人！要能用各种各样的人才，帮忙共成大业：要得智慧之士用其谋，要得勇武之士用其力，要得善射之士用其箭，要得善刀之士用其锐……仅靠单枪匹马是不起任何作用的，只有联合更多的人、招揽更多的人，才能成就大业。当你招揽的部众和兵马最多的时候，当你联合的盟友力量最大的时候，你就是草原的主人！"

"说得好！"铁木真拊掌赞叹道。

在铁木真、博尔术两人夜谈的第二天，一位用马驮着风箱的老人，带着一位脸色黝黑、身材极为粗壮的青年找上门来，要求见诃额仑夫人。诃额仑夫人一见老人，大吃一惊道："这不是札儿赤兀歹老人吗？"

札儿赤兀歹老人顿时热泪纵横："夫人还记得我！"

一旁的铁木真说道："我也记得您的。我额赤格活着时，您是我们乞颜部手艺最高明的铁匠！"

这下，札儿赤兀歹老人哭出了声："看你如此高大的身材、英俊的面容，你一定就是也速该巴特尔的儿子铁木真了。"

札儿赤兀歹老人牵过站在一旁的青年，说道："我是也速该巴特尔的忠实仆人。当年，在斡难河畔，你满月的时候，也速该巴特尔还把你抱给我们百姓看。那个时候，我将一件黑貂皮褡裸送给你，还把我儿子者勒蔑送给你当仆人。不过，你们两个当时都太小，所以也速该巴特尔说等你们长大了再让他给你做伴。"

然后，札儿赤兀歹老人按照蒙古的习俗唱道：

当你出门时，

为你备马鞍。

当你进门时，

为你掀门帘。

就这样，者勒蔑从此便成了铁木真最忠诚的兄弟之一，跟随其南征北战，功勋赫赫，是蒙古"四狗"①（又称"四獒"）之首。

当夜，铁木真杀了一只三岁的羊，盛情招待札儿赤兀歹老人和者勒蔑。

吃饭的时候，大家闲聊了起来。铁木真问札儿赤兀歹老人道："老额赤格，我们乞颜部的百姓现在都在哪里啊？"

札儿赤兀歹老人叹口气道："起先他们都跟泰赤乌部走了，后来看到塔里忽台沉湎酒色荒淫得很，实在不是成大器的料，加上内部争斗又激烈，于是一大半百姓觉得没指望了，就迁出了泰赤乌部。出来后，一部分人觉得你的安答——札达兰部的札木合年轻有前途，就投奔了札木合。现在，也速该巴特尔的百姓，一半在泰赤乌部和札达兰部，一半在三河源头②散居着自己野着。"

铁木真问道："这些野着的百姓为什么不自己找个主人呢？"

札儿赤兀歹老人叹口气道："哪匹马愿意被戴上笼头、装上鞍鞯呢？"

铁木真又问道："我叔叔答里台呢？"

①蒙古人认为，狗勇猛、忠诚、无畏，所以称赞一个人为"狗"则是最大的褒奖。

②"三河源头"在不儿罕山（今肯特山），"三河"是怯绿连河（今克鲁伦河）、斡难河（今鄂嫩河）和土兀剌河（今土拉河）。

札儿赤兀歹老人说道："你叔叔答里台，还有阿勒坛，各有一小圈子百姓，以及偷你马的主儿乞人，他们都在三河源头放牧。"

这时，合撒儿插话道："老额赤格，给我们打点兵器吧！大家都没有称手的家伙，连箭头都只有骨头的，射猎稍远一点都穿不透活物的毛皮！"

铁木真说："老额赤格，给我打柄铁矛吧！我额赤格的长矛舍不得再用了，还得再给我打把好刀。"

札儿赤兀歹老人笑道："容易，容易，我打了一辈子这些东西了。"

话题一开，气氛一下子就活跃了起来。

别勒古台问道："老额赤格，到哪里去找铁呢？"

札儿赤兀歹老人又笑了："守着黑锥山，还愁没有铁吗？这黑锥山，还有不儿罕山，不就是铁山吗？山上的黑石，就是铁石啊！我们明天就进山拖石，还要砍柴。草原上用的牛粪火、羊粪火火温不高，化不了铁石，只有用木材才能烧起猛火，化开铁石。"

听了札儿赤兀歹老人的话，大家兴奋极了。

第二天，札儿赤兀歹老人带着者勒蔑、别勒古台、合赤温、铁木格赶了四套勒勒车，进山捡石伐木。到了第五天，他们就赶着装得满满的铁石和木柴的勒勒车回来了。

接着，札儿赤兀歹老人在营地架起炉灶，扯起鼓风箱，叮叮当当地开始炼铁、打铁。

札儿赤兀歹老人先把铁矿石炼成生铁，再把生铁锻打成镔铁，然后打造成各种兵器。

在给兵器开刃口时，札儿赤兀歹老人用调配好的湿润泥土覆盖刀身不需要高硬度的位置，然后将刀剑加热烧红再淬火。

札儿赤兀歹老人告诉铁木真："这是很久以前南边的汉人传过来的法子，叫覆土烧刃。当红热的刀身进入水中后，没有泥土的刃口会迅速冷却变硬，而有泥土覆盖的刀身部位的温度变化不会非常明显，导致刀身硬度与刃口部位不同，从而达到刚柔相济的效果。这样，在刀刃硬度高的情况下，依旧能保持刀身的良好韧性，使得刀身坚韧、刀刃坚硬。如此，就能打出好刀。"

一个月后，铁木真、博尔术、者勒蔑、合撒儿、别勒古台等兄弟几个的铁矛、钢刀都打了出来，还有一大堆铁制的各种不同功能的箭头——有扁平放血的，有三棱穿甲的，还有发令出声的哨箭，以至兄弟几个欣喜得晚上都恨不得抱着这些铁家伙睡觉了。

从此，札儿赤兀歹老人留在了铁木真家。后来，札儿赤兀歹老人成了蒙古军作坊营的大统管，专为蒙古军打造各类兵器和营具。

晚上，铁木真找到母亲诃额仑夫人，说道："额客，天气渐热，我想移营。"

其实，诃额仑夫人明显感觉到儿子铁木真自从与孛儿帖成婚以后有了变化，变得比以前更沉稳、更有责任感了。

于是，诃额仑夫人问铁木真道："你想往哪里移呢？"

铁木真说道："我想移到三河之源。"

诃额仑夫人点头同意了，并说道："我知道你的心思，那里是乞颜部老祖宗传下来的老牧场，已经养了十几代人了，而且现在你额赤格的一半百姓也在那里。"

第二天，铁木真一家拆卸毡房装上勒勒车，离开了庇护了他们好几年的桑沽儿河边的营地。

对于铁木真一家来说，现在移营已经方便多了，毕竟家里有好几个大小伙子了，他们一眨眼就拆了毡房装了车。诃额仑夫人看着这些生龙活虎的孩子，他们从一帮不懂事的小毛头长成了浑身充满力气和闯劲的青年，然后又看到丈夫也速该死后破败到差点毁灭的家业如今又有了初兴的迹象，不禁感慨万千，泪湿眼眶。

一家人骑着马、牵着牛、赶着马、放着羊、拖着勒勒车奔波了二十余天，终于回到了三河之源的老牧场。看着风吹草低、一望无际的大草场，铁木真兴奋极了，说道："这里能扎上千上万个大营盘！"

诃额仑夫人沉默了片刻，说："当年，你额赤格一个大古列延里有几千户百姓毡房呢，一个号令下去顷刻间就能聚起两三万人马。"

铁木真斩钉截铁地说道："额客，您放心，我一定能重聚额赤格的百姓，重振家业。"

扎下几个毡房后，铁木真就把几个弟弟派出去到远近的草原上重招父亲也速该的旧部。这时，铁木真在草原上已有相当的名气，加之铁木真的血统是蒙古诸部中最高贵的，以及父亲也速该的旧情，不久铁木真就召集到上百户父亲的旧部。铁木真不管来的百姓是贫是富，是奴隶还是贵族，对所有来的人都热情相迎、以诚相待，让百姓深为感动。这时，铁木真已经开始初显领导力和凝聚力了。

家里的日子一天比一天兴旺，营盘里已经有一百多个毡房，俨然是一个小小的古列延了。

孛儿帖开始分摊婆婆诃额仑夫人的事儿，如分派百姓的工作，调解百姓的纠纷，每天忙得不可开交。

渐渐地，近处的牧场不够用了。于是，铁木真分遣营地，一半的百姓安排到稍远处游牧。

不过，奇怪的是，铁木真和众兄弟召集到一百多户百姓后就再也不来人了，他们怎么也不知道问题出在哪里。

这时，诃额仑夫人指点道："小羊要躲在老羊肚子下才能长大，小树要靠老树遮风挡雨才能成长，小马要靠老马保护才能长成千里马。你们现在招来的一百多户百姓，他们都是重情重义的，是你额赤格的旧人。但是，绝大多数百姓现在还在观望，因为你们的力量实在太小，他们还不敢把身家性命都托付在你们身上。"

铁木真问道："那怎么办呢？"

诃额仑夫人说道："你们现在必须找个靠山来保护自己，让百姓知道你们不是势单力薄的，而是头上有大伞可以遮风挡雨，背后有大树可以遇事有依靠。那样，百姓自然就会聚拢来了。"

合撒儿问道："那我们找谁做靠山呢？"

铁木真说道："塔塔儿人是我们西边的仇敌，篾儿乞人是北边的'野人'。我们蒙古内部四分五裂，也找不到可靠的大树，要找靠山就只能找克烈部的脱里汗了。"

诃额仑夫人点头道："脱里汗如今兵强马壮，是草原上的大势力之一，找他靠得住。"

铁木真说道："他和我额赤格是安答？"

"是的。那年，他刚登上汗位不久，坐得不稳，于是连杀了好些弟弟、叔叔立威，激起一个叫菊儿汗①的叔叔起兵造反，夺了他的百姓。他逃出来找你额赤格求救，你额赤格帮他赶走了菊儿汗重新夺回汗位，还帮他聚拢了百姓。他感激之余和你额赤格结了安答，还认你做了义子，所以他还是你义父呢。"

铁木真说道："那时我太小，这些事都不记得了，只记得当时人来人往很热闹。"

这时，诃额仑夫人回过身在一个羊皮袋子里摸出了一个黄金十字架，说道："你看，这就是他认你为义子时从脖子上取下来送给你的。你额赤格交给我保存至今。这是他们祖宗传下来的圣物，他发过誓说你有什么危难一定全力相帮。"

"那带点什么礼物给脱里汗呢？"铁木真有些犯难，家里只有马牛羊，但这些脱里汗不会稀罕，可除了这个没有别的可送了。

诃额仑夫人沉吟半响，突然说道："这样，你把孛儿帖陪嫁送给我的那件紫貂大氅送给脱里汗。那件紫貂大氅是用二十八条成年紫貂的整皮层层拼接而成，可真是件稀罕物啊！当年你额赤格活着时，草原上的好东西见过很多，但像这样好的宝物还真没见过。不过，这件东西送不送，你得去问孛儿帖。"

铁木真找到孛儿帖，嗫嚅了好一会儿才开口，毕竟是拿妻子的陪嫁当礼物送人，而这也是件很有损男子汉尊严的事。

没想到的是，孛儿帖听完后反而责备铁木真道："我们夫妻难道不是一体吗？难道我们不是像公羊和母羊一样吃着同样的草吗？我的东西难道不就

---

① 在铁木真称"成吉思汗"以前，草原的汗王都称为"古儿汗"，也音译为"菊儿汗"。

是你的吗？你拿一件自己的衣物送给脱里汗就能得到重振家业的机会，这是多么大的喜事啊！这样的喜事，为什么要来问我呢？难道我不是你同甘共苦的妻子吗？"

听孛儿帖这么一说，铁木真感激得把孛儿帖紧紧地搂在了怀里……

初夏的草原一片葱茏，五颜六色的野花开遍了原野。铁木真将家里交给博尔术和者勒蔑守护，自己带着二弟合撒儿和三弟别勒古台，从怯绿连河上游沿着不儿罕山山脉一路向西，向着土兀剌河上游的黑林疾驰。

再往北走，就能看到雄伟的博格多兀拉山脉了。远远望去，博格多兀拉山脉的山腰和山麓黝黑如墨一般，那是无数郁郁葱葱的千年苍松劲柏组成的黑森林，而黑林之称即由此而来。

克烈部首领脱里汗的王庭，就设在黑林之中。

终于，铁木真兄弟三人来到进入黑林的山口。十余骑驰过来将他们团团围住，其中领头的骑士身形高大魁梧，神情极是彪悍，问道："你们是谁？来干什么？"

铁木真说道："我是脱里汗的安答、蒙古巴特尔也速该的长子，也是脱里汗的义子孛儿只斤·铁木真，这两人是我兄弟合撒儿和别勒古台，前来求见脱里汗。请将这个交给脱里汗。"铁木真将当年脱里汗赠给他的黄金十字架递给骑士。

那骑士问道："听说有个王子从泰赤乌人的牢狱逃走了？"

铁木真说道："是我。"

那骑士一伸大拇指："好样的！"就这样，两人顿生惺惺相惜之感。

然后，那骑士说道："我叫合答黑。这就去禀报大汗，你先在这里等一等！"说完打马带了四五骑掉头驰向黑林。

合答黑驰去不久，黑林中间便响起了"呜呜"的牛角号声，中央的牛角号声响起一会儿之后，四周便都有牛角号声齐鸣，然后到处都响起了马蹄声。

接着，合答黑便带着一队人马驰回，高声道："脱里汗有请铁木真王子兄弟前往王帐。"

顿时，铁木真心里一热。

铁木真兄弟三人跟着合答黑向黑林驰去，沿途看见一个极其巨大的草场，草场上成千上万的毡房，围成了一个极其巨大的古列延。

在这个古列延中间，挤满了正在比赛骑马、射箭、摔跤的克烈人，到处都是欢声笑语和青草鲜花。

他们继续前行到了黑林前缘的一个小圈子，这里寂静肃穆，一排排骑兵整齐列队。骑兵的中间是三顶大帐篷，正中是脱里汗发号施令、点兵聚将的大王帐。左边的帐篷顶上飘着一面红色的绣有六只乌鸦的乌鸦旗——这是克烈部的神旗，而乌鸦是克烈部的神鸟——"克烈"的意思就是乌鸦——六只乌鸦代表克烈部的六个部落组成的联盟。就是说，这顶大帐是克烈部供奉祖宗神灵的地方。

右边的帐篷顶上竖着一个金色的十字架——克烈部全员信仰基督教，这顶帐篷就是克烈部最神圣的一个教堂。

看到铁木真一行策骑前来，立马在骑兵最前头的是一个极其威严的五十余岁老者，他圆脸、眯细眼，眼角略往上吊，蓄着黄胡子。老者策马前行迎上前来，身后数十骑也催马跟上。

铁木真兄弟三人一起下马走上前去，别勒古台手里还捧着叠好的貂皮大氅的包裹，而他们已经知道这圆脸黄须的老者便是脱里汗了。

铁木真兄弟三人来到脱里汗面前，跪伏在地。

铁木真说道："伟大的大汗，尊贵的大汗，草原上人人听到名字都敬畏不已的大汗，您的安答也速该之子、您的义子铁木真刚长大到能出门，就带着两个兄弟合撒儿和别勒古台来拜见您了。"

脱里汗跳下马来，扶起了铁木真。

铁木真看到，脱里汗此时已是老泪纵横。

脱里汗端详着铁木真的脸，狠狠地点头道："不愧是也速该安答的儿子，都长这么大了。当年，收你为义子时，你才五岁。我也速该安答不幸去世时，我正在西边跟乃蛮人交战。等打完仗回来后，我就失去了你们家的消息，只知道你们乞颜部已经支离破碎。后来，我听到你们一家被泰赤乌人欺负的消息，但也没办法赶过去，因为我要过去了就得跟泰赤乌部打仗。再后来，听到你们一家活了下来，你也逃出了泰赤乌人的牢狱，真为你们高兴啊！今天，你们兄弟来看我，这是多大的喜事啊！"

看到脱里汗发自肺腑地激动不已，铁木真也不禁热泪盈眶、感动不已，说道："我额赤格和您是过命的交情，现在我额赤格死了，您就是我的亲额赤格。我额客早就想让我来拜见您，可是我们还小，泰赤乌人又一直毒害我们，所以我们只能东躲西藏。现在，我们一能出门，就来看您老人家了。"

脱里汗听到这话后非常高兴，说道："好，好。帐里坐，帐里坐。"

这时，合撒儿和别勒古台才站起身跟着两人走向大帐。

来到帐前，铁木真兄弟三人按照蒙古族古老的"刀弓不许入帐"的规矩解下弓刀，用右手轻抚一下门楣，然后才跟着脱里汗进入帐内。

进了大帐，脱里汗令铁木真坐下，而合撒儿和别勒古台没有坐下，只是站在铁木真身后。

脱里汗的身边坐着妻子乃马勒真，那是一个很漂亮并戴着很大十字架的女人。

铁木真向脱里汗详细地讲述了这么多年来一家人颠沛流离的生活，脱里汗听得很认真。讲到最后，铁木真说："父汗，儿子刚新婚不久，儿媳孛儿帖给您捎来一件貂皮大氅，就当作拜见义父的见面礼。这件大氅是用二十八张整貂皮做的，也还算是个贵重稀罕物件，请父汗收下。"

于是，别勒古台向脱里汗献上貂皮大氅。

脱里汗打开包袱，拿着叠得整整齐齐的貂皮大氅轻轻一抖，这件紫色的大氅便如水银泻地般轻柔无声地展开了，一片紫光闪烁不已。于是，克烈部众人不禁发出了惊叹声，而脱里汗的妻子乃马勒真还叫出了声："哦，我的上帝！"

脱里汗静静地看着铁木真，胸脯起伏着道："你说，孩子，你想要义父为你做什么？"

铁木真站起身，走到脱里汗面前跪下道："父汗，当年我额赤格突然去世，我等兄弟年幼力弱，两位额客只是妇人，所以乞颜部百姓离散。现在，我们兄弟长大了，特来请求父汗的庇护，请父汗像套马杆一样把我额赤格的百姓重新圈回来，像迁移后又搭起毡房一样重振我乞颜部的家园。"

大帐里寂静无声，人人都看着脱里汗，铁木真三兄弟的心也都提到了嗓子眼儿。

安静了一会儿，脱里汗轻轻地对铁木真说："你说的，也是我当年对你额赤格、我安答也速该说的话。"

然后，脱里汗吟唱起了歌谣，这是草原上古老的发誓方法，一旦使用这种方法便意味着誓言永远不可改变。

脱里汗唱道：

> 为了回报你额赤格，
> 我安答也速该的恩情。
> 为了回报你，
> 貂皮大氅的真心，
> 我必为你收拢失散的百姓。
> 我必为你，
> 重振支离破碎的家园。
> 我必将我的誓言，
> 牢牢记在心底，
> 死死系在腰间。

听脱里汗唱完，泪珠同时从脱里汗和铁木真脸上滑了下来……

歌舞盛宴开始了。

大块大块的羊肉，大桶大桶的马奶酒，成群结队的美女载歌载舞，她们尽情展示着细细的腰肢、高高的胸脯、长长的美腿……这些对从未见过这种场面的合撒儿和别勒古台来说似乎有了极度的挑逗意味，他们不禁看得面红耳赤，直喘粗气……

铁木真狠狠地瞪了两个兄弟一眼，他们赶忙低下头去。其时，铁木真注意到，义父脱里汗看着这些舞动着的轻衫美女时眼里露出了贪婪的目光，嘴角咧动着淫邪的笑容，其好色之相一览无余，完全失去了一个大汗的气势和威严。

此时，大家正吃着、喝着、谈笑着⋯⋯

脱里汗看到铁木真兄弟三人如同一体，心有所触，说道："桑昆呢？去把桑昆叫来，让他也来见见铁木真大哥。"桑昆是脱里汗的独子，克烈部明确继承脱里汗之位的唯一王子。

脱里汗唯一剩下的兄弟札合敢不答道："桑昆王子正在黑林纳凉。"

脱里汗面露不悦道："叫他马上过来！"

"是！"札合敢不应声而出。

一会儿，大帐外响起了由远而近的马蹄声，接着一个青年掀开狼皮门帘走进帐内，只见此人矮矮胖胖、四肢粗短、面色青黄、满脸肥肉，眼睛挤得眯成了一条缝，脸上全是酒刺疙瘩，手臂上架着一只乌鸦，一副极不耐烦的样子。一见此人，脱里汗顿时满脸慈爱道："儿子，过来见见你铁木真大哥。"原来，这男子就是克烈部的王子——桑昆。

桑昆走到铁木真面前，铁木真赶紧站起来道："桑昆兄弟好。"

桑昆乜斜着眼睛看了一下铁木真，见铁木真高过自己一个头，眼光似电，面色如火，英俊魁梧，顿时心生嫉妒、满胸酸气，只点点头道："铁木真兄弟，我还有事，你们慢慢吃。"这样就算是打了个招呼。

铁木真忙道："桑昆兄弟，等你有空，我们兄弟再聚。"

然后，桑昆对脱里汗说道："父汗，我这就出去了。"

脱里汗含笑道："你去吧，儿子。以后，与铁木真大哥相聚的日子还长，慢慢再聊。"

桑昆径自出门，扬长而去。

铁木真知道桑昆看不起自己，心里有一丝不悦，却丝毫不露声色。

桑昆走后，大家继续欢宴。铁木真三兄弟不停地向脱里汗敬酒，而脱里汗喝一杯他们喝三杯且杯杯见底。要知道，马奶酒入口绵柔不刺喉，后劲却大且易上头。很快，铁木真兄弟三人就喝得有点儿晕晕乎乎了。

蒙蒙眬眬中，铁木真听到脱里汗问道："铁木真，你信上帝吗？"

铁木真迷迷糊糊地说："我信长生天。"

脱里汗说："我知道蒙古人都信长生天，其实我们克烈人原来也信长生天，是后来才改信上帝的。"

铁木真清醒了一点儿，问道："为什么改信上帝了呢？"

脱里汗叹口气道："在我老额赤格时，有几个牧师拿着十字架从西边来我们克烈部传教，要我们信上帝，很快影响越来越大，并引起我们族中萨满的不满。萨满说他们是妖孽，让他们改信萨满教，但他们不干。于是，萨满把他们绑在木头十字架上，脚下架起几堆柴，不改信长生天就一个个烧死他们，结果这几个牧师没有一个人改变信仰，而且新的牧师又跑来举着十字架接着劝我们信上帝。我们克烈人服的是英雄，很快大家都信了上帝并统统成了聂斯托里派基督徒，甚至连我们的萨满也成了牧师，他身上戴的神铃、神鼓都换成了脖子上的十字架，唱的萨满歌谣也变成了念叨'上帝说要有光，于是有了光'。"[1]

忽然，脱里汗哈哈笑了起来。

铁木真知道脱里汗醉了，再也支撑不住了，于是他眼睛一闭倒在桌子上就睡着了。

夜深了，铁木真三兄弟被抬到一间毡房里，熟睡正酣。

脱里汗的中央大帐却灯火通明。

脱里汗、札合敢不、桑昆和克烈部第一猛将合答黑等克烈部军政首领齐聚一堂，正议论铁木真、合撒儿和别勒古台三兄弟来访一事。

合答黑首先说："蒙古人这样喝酒，是把我们当成了自己人，显见铁木真同我们是一条心的。"

桑昆抢白道："我看不出这三个穷小子对我们有什么用，他们家户不满百、马不满千，实力不及我们克烈部最小的一个穷部落，而且和我们隔得又

---

[1] 聂斯托里派是唐太宗年间最早传入中国的一支基督教，汉译名称为景教。

远、仇人又多。我们帮他们干吗？"

脱里汗罕见地瞪了儿子桑昆一眼："住嘴！当年，你叔叔菊儿汗造反夜袭我的大帐，我只带了百余骑逃了出去亡命草原，是我也速该安答收留我，给我吃羔羊肉充饥，让我喝马奶酒止渴，倾蒙古之力帮我复国，还帮我收拢百姓重做大汗。我也速该安答对我有救命之恩，对克烈部有再造之德。

"没有我也速该安答，就没有我们父子的今天。今天，我安答的儿子、我的义子铁木真向我求助，我焉能不帮？当年，我手握黄金十字架向上帝发誓，一生将待铁木真如亲子，义子有难必全力相帮。这是我对上帝发的誓！"

脱里汗神态缓和下来，微微一笑，说道："我义子铁木真前来求助，也带来我克烈部扩展的一个大好机会。我克烈部和蒙古部是草原最强大的五大兀鲁思之二，如果联合起来，可以横行草原，无人可敌。当年，我也速该安答活着时，我们兄弟二人联手纵横草原，草原各部谁敢轻视！可是，我也速该安答不幸暴死辞世，我克烈部顿失强援，而西边的乃蛮部、南边的汪古部、东边的塔塔儿部、北边的篾儿乞部、东北的泰赤乌部皆是强敌，从四面把我们围得死死的。多年来，我们便只能困守黑林不得向外发展，而敌虽无奈于我，但我亦无奈于敌。今天，我义子铁木真前来求助，这才又带给我们克烈部一次发展的大好机会。"

脱里汗凝视着帐中牛油巨烛的火光，轻轻地说道："如果我们能扶助我义子铁木真施恩于他，帮他找回百姓，重新建立乞颜部，那他必感恩戴德，成为我们北方的强援。这样，我们克烈部即可重现当年我和也速该安答联手称霸草原的盛况。那时，我克烈部即可摆脱困守黑林的僵局，而有了铁木真的乞颜部做后方强援，位于草原中央位置的克烈部即可向东南西北四面自由出击，便可成为草原五大兀鲁思中最强大的中央克烈兀鲁思，并主宰草原的命运！"

桑昆不服气地说："铁木真那穷小子行吗？"

脱里汗看着桑昆，良久后叹了口气道："儿子，你出生时，额赤格已经在我安答也速该的帮助下重登汗位，而你从小锦衣玉食没有吃过苦，自然也就没有识人的能力。你义兄铁木真，他有蒙古最高贵的血统，虽然幼时也和你一样身为部落王子，享尽了世间荣华富贵，但他九岁时额赤格横死、部落叛离，受尽了人间苦难才在千难万苦中求得一生。在那样艰危的环境下，他能带着一家人生存下来，而且已有了复兴家业、壮大门庭之势，真是不容易啊！我观此子，初次见我竟丝毫不惧我王者之威，谈话对答如流、进退有据，求助而不显卑微，力单而不示柔弱，刚强而不自大，贵胄而无傲慢。可见，我这义子在苦难中磨炼出了惊人的毅力、心劲和韧性。况且我这义子生下来就有惊人异相，草原皆知他手握苏鲁锭凝血出世，而且他十岁杀弟，十五岁被泰赤乌人囚禁，于虎狼之地竟能只身逃出。我这义子不是凡人啦，将来肯定有一番大作为。"

不过，脱里汗越说铁木真的好话，桑昆就越是生气，一气之下便径自掀开大帐的狼皮门帘扬长而去。

脱里汗看着犹在晃动的狼皮门帘，满脸无奈——他知道这个儿子不成器，但他只有这么一个亲儿子；最坏的是，他儿子也知道。

脱里汗深深地叹口气道："铁木真，我们肯定是要帮的，但是我们帮他重建乞颜部、替他收拢百姓需要一个说得过去的理由。若无故贸然出手，我们就将和泰赤乌部甚至蒙古诸部交战，因为此举将打破我安答也速该死后蒙古诸部已经形成的新的平衡。因此，只有我义子铁木真替我们找到一个出兵的理由，我们才能发兵兴师。"

合答黑问道："那要一个什么理由呢？"

脱里汗静静地在胸前画了一个"十"字，说道："听万能的上帝安排吧。"

接下来的三天，脱里汗安排合答黑陪同铁木真兄弟三人尽情转遍了黑林。

其实，脱里汗本想安排桑昆陪同铁木真兄弟三人，但他拿儿子无可奈何，只好作罢。

合答黑带着铁木真兄弟策骑草原、横渡溪涧、穿越树林、攀爬高山，白天在美景中徜徉，晚上在草香中入梦……铁木真兄弟三人多年来难得此刻闲暇，玩得尽兴之至，同时与合答黑结下了深厚友情。

三天后，铁木真兄弟向脱里汗告别。脱里汗送他们出帐，将当年送给铁木真的黄金十字架又戴上了铁木真的脖颈，说道："我脱里汗向万能的上帝发誓，我对义子铁木真说的话一定会兑现。"

铁木真兄弟三人闻言，跪拜在地。

脱里汗又说道："昨夜有报，塔塔儿人又越过了牧场边界，你弟弟桑昆连夜领兵到东边巡视塔塔儿边界去了，不能来送你。"

铁木真知道此言为虚，但仍有些感动："桑昆弟弟军务繁忙，请父汗替我问他好。下次再见。"

于是，铁木真兄弟和脱里汗依依惜别。

铁木真兄弟带着脱里汗赠送的九匹骏马一路奔驰，出了黑林。

合撒儿在马上问铁木真："大哥，你觉得怎样？"

铁木真很高兴地说道："此行很好，收获很大，脱里汗对我们有真心。"

这样，铁木真兄弟三人知道已经找到了个好依靠。

忽然，铁木真叹了口气，他想起了脱里汗面对舞女时眼里的色光和嘴角的淫笑，以及看着儿子桑昆的无奈和叹息……

然后，铁木真摇摇头道："脱里汗老了。"

别勒古台问道："大哥，此话怎讲？"

铁木真沉吟一会儿，说："等我老时，宁可战死在沙场上，绝不病死在卧榻上，更不要死在女人的手臂上，特别是，我儿子如果敢不听我的话，我一定亲手揍死他！"

于是，铁木真兄弟三人顿时大笑起来，使劲扬鞭朝着东边的营地飞驰而去……

第四章　横祸自天降

二十余天后，铁木真兄弟三人带着脱里汗赠送的九匹骏马，回到了斡难河畔的营地。顿时，铁木真的家人和百余户百姓沸腾起来，看到带回来的骏马时就知道铁木真带回来了好消息。当听到铁木真讲完这一行的经过，得知脱里汗应允帮助铁木真找回百姓重振乞颜部的承诺后，营地里一片欢呼。

大家都知道，有了克烈部强大的实力做支撑，就等于找到了一个大靠山。虽然这只是草原上一个小部落依附于一个大部落求得生存，但在铁木真内心深处，他坚定地认为这就是乞颜部和克烈部结成的联盟。

当然，家里也有好消息给铁木真，就是以前的奴隶搠阿跑回来了。搠阿以前是家里的放羊奴隶，极其忠诚。也速该死后不久，家里的奴隶基本上走光了，只有搠阿坚决不走。为了不让搠阿和全家人一起饿死，诃额仑夫人坚决赶走了他，他是家里最后一个被迫离开的奴隶。听到铁木真重召百姓的消息，正在草原上流浪的搠阿拼命跑了回来，主仆相见，不禁抱头痛哭一场。搠阿重回家中后，铁木真不愿他再去放羊吃苦，专门让这位忠诚的老仆负责家中警戒，守护家中妇人的安全。

铁木真虽然血统高贵，但用人从不看血统，只看忠诚与能力，如博尔术是自由民，者勒蔑是奴隶，却都被他培养成了蒙古最厉害的勇将、最高等的贵族。

后来，搠阿这个放羊奴隶也成长为蒙古猛将，留名史册。

一片欢乐中，诃额仑夫人冷静地提醒铁木真："炉火要想越烧越热，就得不断加柴。要想脱里汗说话算数，兑现他的承诺，就得不断保持和他的联系。"

铁木真立刻醒悟过来，马上派一个使者给脱里汗送去两斤多年积攒的麝香，告诉脱里汗"自己兄弟三人已平安到家，请义父放心"。

脱里汗果然心中大悦，又让来人给诃额仑夫人和速赤夫人各赠送了一对西辽国产的玉镯，还给孛儿帖赠送了一套天竺国的红宝石镶金孔雀头饰，作为对孛儿帖献上紫貂大氅的回礼。

就这样，铁木真每个月都给义父脱里汗送一次礼物，而脱里汗也照例回礼。

当时，蒙古还没有文字，使者需要将双方要说的话背得滚瓜烂熟再出发。

于是，脱里汗和铁木真的关系便越走越亲了。

然而，铁木真却有了新的烦恼：他每个月都得挖空心思挑选送给脱里汗的礼物，但家里刚刚兴起，可以说是什么好东西都没有，而送什么东西既不失身份又要让脱里汗瞧得上便真是个难题了。

对此，诃额仑夫人点拨道："脱里汗那里什么好东西没有？你就算是送只羊羔去，脱里汗也是高兴的。你每月送东西、捎口信，就说明你是把脱里汗放在心里当父亲看的，向他证明了你作为义子的诚意和孝心。你要明白，你义父对你好不仅因为你是他的义子，更因为他把你当作他的盟友。"

听母亲诃额仑夫人这样一说，铁木真立刻恍然大悟。

这以后，铁木真就送些孛儿帖亲手为脱里汗缝制的皮袍，自己亲手打猎获得的虎皮之类。果然，脱里汗更加高兴，回赠也更加丰富了。

就这样，好事一件接一件来。

不知怎么回事，草原上的小道消息总是跑得比骏马还要快。现在，到处都在传克烈部要帮铁木真恢复乞颜部，脱里汗对义子铁木真比对亲儿子桑昆还要好。

随着这些小道消息的传播，每天都有两三家也速该时原来乞颜部的百姓重新投奔老家主诃额仑夫人和铁木真。半年下来，铁木真在斡难河源头的营地已经拢住了五百多户百姓，牧场上越来越热闹了，而他的古列延里也有两百来户人家了。

就在这天，一个疾驰而来的使者，带来了久不联络的远方亲人的消息。

原来，也速该的弟弟答里台，以及也速该故去大哥捏坤太石的儿子忽察儿，一起派来使者问候诃额仑夫人和铁木真全家。

答里台的使者传话说："答里台很想念大嫂。多年来，他带着千来户百姓，一直在斡难河中游游牧；忽察儿手下也有六百多户百姓；沿着斡难河两侧牧场上，还有三万多乞颜部百姓无人看管，自由自在地野着放牧。"

答里台的使者还传话说："感谢长生天，听到大嫂和侄儿还活着的好消息不禁号啕大哭，祈祷亲人们安好。"

诃额仑夫人听了使者的传话热泪滚滚，不禁回忆起了往事："当年，小叔子答里台和大侄儿忽察儿抛弃自己一家率部绝情而去，自己虽然愤怒，却也知道怪不得他们。当时，泰赤乌部的胖子塔里忽台联络各部重兵相逼，谁敢留下帮助自己家就是自寻死路，连乞颜部第一大将蒙力克的父亲——察刺合老人都被塔里忽台的一个那可儿脱朵随随便便一枪刺死了。那时，泰赤乌部虎视眈眈，以答里台和忽察儿的身份，以及与自己家的血缘关系，不走肯定是死路一条。"

诃额仑夫人止住悲伤和回忆，要使者带话回去，说："只要斡难河的水儿在流淌，她对亲人的思念就不会停止。只要不儿罕圣山还在耸立，她对亲人的牵挂就永在心头。"

最后，诃额仑夫人让使者给小叔子答里台捎去了一只亡夫也速该用过的旧木杯，给侄子忽察儿捎去了一件自己亲手编织的羊毛斗篷，而铁木真则给使者送了一匹骏马。

使者走后，铁木真高兴不已。诃额仑夫人忽然问道："孩子，你觉得我们最该高兴的是什么呢？"

铁木真被母亲诃额仑夫人问住了。

诃额仑夫人微笑道："孩子，我们最该高兴的是，我们乞颜部最上层的贵族又开始关注我们家了。"

铁木真沉思片刻，深深地感知到母亲诃额仑夫人的睿智。

于是，铁木真笑着说："额客，没想到我们家还有三万多百姓宁可野着，也不跟外人呢。"

诃额仑夫人默默算了一下，说道："是有那么多呢！当年，我们乞颜部可以调兵两万。按一户一兵算，最少有两万户百姓；按最少的一户百姓三口人算，我们家也有六万百姓。实际上，一户不止三人，应该有八万左右的百姓：你答里台叔叔说在斡难河野着的百姓有三万，还有三万分散在泰赤乌部和你的安答札木合的札达兰部，其他的估计就流散了。"

铁木真兴奋极了："额客，看来我们迁移到这斡难河源头来得太对了，这里离我们流散的百姓近，方便我们收拢他们。"

诃额仑夫人也是满面欢喜。

不过，铁木真母子俩高兴的时候，却没想到斡难河源头虽然离百姓近，可是离铁木真家的仇敌、阴险狠毒的篾儿乞人也近——在铁木真家营地的背后西北方不远处，就是篾儿乞部首领脱黑脱阿的大营。

一场滔天大祸，正悄悄地向铁木真家袭来。

篾儿乞部是蒙古的五大兀鲁思之一，是今大约在西伯利亚地区的一个部落，属地南接克烈部，东连蒙古部，西抵乃蛮部，北则是西伯利亚大森林的林中百姓秃马惕等部落。后来，蒙古统一后，篾儿乞部也被归于"蒙古七十二种"。

篾儿乞部族源古老，极好战，几乎个个都是神射手。据古籍文献记载，篾儿乞部极其凶悍，其人用大弓长箭，杀死他族人再生食其肉。

在铁木真时代，篾儿乞部驻牧在阿鲁浑河（今鄂尔浑河）和薛凉格河（今色楞格河）流域下游一带，是当时漠北的强大部落。他们曾把克烈部首领脱里汗捉去舂米、放骆驼，还曾杀死铁木真的安答札木合的父亲、札达兰部首领合剌合答安，并把札木合抓去做了好几年奴隶，可见其凶悍。

篾儿乞部和紧邻的蒙古部一样都骁勇善战，充满了攻击性，于是就成了世仇，经常相互劫掠攻击。

当然，篾儿乞部、蒙古部之间的很多仇杀都说不上谁对谁错，他们都是北方草原民族和森林民族，大多是在严酷的自然条件下为了生存繁衍而被迫进行的残酷抉择。其实，在漠北草原上，"有仇必报"是各个部落信奉的铁律。

在这些北方民族的历史上，报仇是他们永恒的主题。

当然，爱情也是北方民族的主题。

蒙古人不知道的是，在篾儿乞部落里让每一个篾儿乞男人感到羞耻和愤怒的，就是近二十年前铁木真的父亲也速该抢走了篾儿乞人赤列都的新婚妻子诃额仑，即铁木真的母亲诃额仑夫人。当然，从道义上说，这件事毫无疑问是也速该的错，甚至是罪行。

蒙古人更不知道的是，赤列都的哥哥就是篾儿乞部首领脱黑脱阿。

当年，赤列都正是仗着自己的哥哥是篾儿乞人的王者脱黑脱阿，自信无人敢惹，这才放心大胆地独自一人去弘吉剌部带新婚妻子诃额仑回家。

赤列都根本没有想到的是，也速该是蒙古第一勇士，他见到美丽的诃额仑就认定了一定要娶回家，恐怕就算她是篾儿乞部首领脱黑脱阿的妻子也会照抢不误。

也速该抢了赤列都的新婚妻子诃额仑后，造成了两大恶果：一是蒙古乞颜部的首领抢了篾儿乞部首领的弟媳，这让整个篾儿乞部脸上无光；二是篾儿乞人万万没有想到抢亲的也速该年轻英俊，还是蒙古第一勇士，而被抢的诃额仑天姿国色、冰雪聪明，最气人的是她本该哭哭啼啼、以泪洗面才对，可她居然和也速该婚姻幸福、感情和美，让本来是一桩罪行的抢妻丑闻居然变成了整个草原上佳人配英雄的美谈，这就让所有的篾儿乞人感到无地自容，羞耻之至。

在阴暗的密林里，篾儿乞部首领脱黑脱阿用手里的马鞭在地上画了个圈，说道："派出去的几个眼睛（探子）都回来了，看到的都是一样的：铁木真的大营就在三河源头，也就上百个毡房，其他人都在分散游牧。"

然后，脱黑脱阿冷冷一笑道："我们这次出动三百精骑，分三路直扑三河源头，夜袭铁木真大营！"

部落中的勇将答亦儿兀孙、阿台答儿麻剌抢着要去，脱黑脱阿说道："这次夜袭，我率领一百骑，忽图和赤剌温各带一百骑，三姓篾儿乞每个姓各出一百骑。至于你们两个，做忽图和赤剌温的副将！"

忽图和赤剌温，他们是脱黑脱阿的两个儿子。

原来，篾儿乞又名三姓篾儿乞，是指由三个大部落组成。脱黑脱阿之所以让三姓各出一百骑，意在洗刷篾儿乞人的共同耻辱。

忽图问道："额赤格，三百骑少不少？"

脱黑脱阿摇头道："不少，铁木真虽然聚了点儿百姓，却还是无羽的小鹰，只长了点儿汗毛。他身边只有三五个那可儿，还没组织兵士，更没成军，所以我们就是去打一家百姓，这三百人挑的是篾儿乞最勇猛的巴特尔！"

最后，脱黑脱阿阴郁地对答亦儿兀孙、阿台答儿麻剌说道："这件事是我的家耻，是我家的私事，是我家报私仇，所以我们父子要亲自出马，而你们两个只能做副将。也速该抢走了我二弟赤列都的新婚妻子，虽然我二弟已经相思成疾、郁郁而死，可我还有一个三弟赤勒格儿。据说铁木真的妻子是草原第一美人，要能抓到她就把她送给我三弟做妻子！父亲欠下的风流债，儿子就得拿妻子还，这样报仇才叫爽快！"

只听"啪"的一声，脱黑脱阿一鞭子抽在了地上那个圈的中间，地面上便留下一道深深的鞭痕。

在篾儿乞人夜袭铁木真家的那一晚，老仆妇豁阿黑臣最后救了大家的命。

豁阿黑臣是诃额仑夫人的贴身侍女，虽为主仆，却情同姐妹。当年，也速该去世后，家仆星散，只有豁阿黑臣誓死不离。她是家中唯一一个留下的仆人，放马喂羊，料理家务，什么杂事都做，并帮诃额仑夫人和速赤夫人抚养孩子们长大。这么多年下来，大家早就忘了豁阿黑臣的侍女身份，都把她当成家里慈祥的老母亲。

豁阿黑臣已经老了，她本来就比诃额仑夫人要大十来岁，头发也已被岁月的风霜染成纯白。

这天夜半时分，豁阿黑臣老人因觉少早早醒了过来，她侧一下身耳朵贴在了羊毛垫上，忽然听到一阵阵极微弱的声音隐隐约约传来。

豁阿黑臣老人连忙掀起羊毛垫，直接将耳朵贴在草地上细听，这下听清楚是大队的马蹄声！

豁阿黑臣老人一边推搡诃额仑夫人，一边大叫起来："阿母！阿母！泰赤乌人又来祸害咱们了！"

豁阿黑臣老人对当年泰赤乌人突袭的恐惧还记忆犹新，因此她把来袭的篾儿乞人当成了泰赤乌人。

诃额仑夫人猛地爬起身来，她身边十二岁的铁木仑也从睡梦中惊醒，在听到豁阿黑臣在大喊"泰赤乌人来了"后立刻吓得大哭起来。

于是，诃额仑夫人在枕下摸出两样东西急忙揣在怀中，然后拉起铁木仑往帐外冲去，边冲边喊："豁阿黑臣，把大家都叫起来！"

豁阿黑臣老人跑到帐外拼命大喊："泰赤乌人来了！泰赤乌人来了！大家快逃！大家快逃！"

营地里，各个毡房都惊动了。

铁木真在豁阿黑臣老人惊慌的喊叫声中猛地坐起身，一边大叫睡在身边的孛儿帖一边穿衣服。孛儿帖立刻醒了过来，也开始急急忙忙地穿衣服。铁木真看到孛儿帖醒了，赶紧掀起帐帘冲出去，只听到西北方向铺天盖地的马蹄声阵阵传来——铁木真立刻听出来了，来敌是在做最后的短距离冲锋。

铁木真环顾四周，只见各个毡房都有人跑出来，并都冲向了马厩。

这时，铁木真看到母亲诃额仑夫人正抱着大哭的妹妹铁木仑站在空地上，而豁阿黑臣老人仍在营地里边跑边尖厉地叫喊："泰赤乌人来了，快起来，大家快起来！"

铁木真猛地冲过去，搂着母亲诃额仑夫人往马厩门口跑。

刚跑到门口，博尔术已经从马厩牵出了一匹母马，两人扶着诃额仑夫人坐上马鞍，又把妹妹铁木仑举上马背让诃额仑夫人搂住。此时，铁木真已经听出，那敌骑是从西北方向冲下来的，于是他边把马缰交到母亲诃额仑夫人手中边大喊："额客，往东北方冲，到不儿罕山会合！"

然后，铁木真猛击马臀，只见诃额仑夫人带着铁木仑顿时狂冲而去。

就这样，博尔术从马厩一匹匹往外牵马，铁木真将马一匹匹交到兄弟们手上，避免了混乱和拥挤。

铁木真一边发马一边大叫："往东北方冲，到不儿罕山会合！"

合撒儿、别勒古台、者勒蔑……大家一个个都冲出去了。这时只剩了三匹马，铁木真拉过博尔术道："兄弟，快走！"

博尔术喊道："大哥，你先走！"

铁木真吼起来："快走！我等孛儿帖！"

这时，只见孛儿帖手上拿着一件沉重的东西正跌跌撞撞地跑过来。博尔术喊道："大哥，那我先走一步。不儿罕山见！"说完扬鞭抽马而去。

铁木真这才看清孛儿帖抱的是什么，原来万分危急之中孛儿帖抢出来了自家的家神——祖宗传下来的神像，相当于汉人的神宗牌位。在当时蒙古人的习俗里，家神就是一家的祖根，维系家族的灵魂——家神在，家就在；家神毁了，家就算被掘了根、毁了炉灶，这样家就算完了。

铁木真、孛儿帖二人急急忙忙地把家神捆在马鞍上，而此时西北方敌骑的喊杀声已经听得清清楚楚。

铁木真急急忙忙地跨上了最后一匹马，大叫道："孛儿帖，快上马！"

孛儿帖大叫起来："神马不能骑！家神在上面！"

原来，在蒙古人的习俗里，家里最好、最壮的一匹马是专门用来迁移时驮家神的，这匹马叫神马，是不能骑的。

铁木真急红了眼："你和我骑一匹马，快上来！"

孛儿帖将神马的缰绳交到铁木真手上，大喊道："两人骑一匹马跑不快，谁都走不掉！你快走，我有办法的！"边说边一掌狠狠击在铁木真坐骑的马臀上，那马不是专用战马，夜间受惊本就万分惊慌，吃痛之下顿时往外急冲。

身不由己的铁木真牵着神马，一边大叫孛儿帖，一边被坐骑强行驮了出去。

铁木真冲出去后，孛儿帖在空无一人的营地里四处乱转，想找个地方藏起来，可是平坦的草原哪里有这种地方啊。忽然，孛儿帖听到忠诚的豁阿黑臣老人还在不远处高喊"快走！快走"，便急忙向着豁阿黑臣老人奔了过去。豁阿黑臣老人看到孛儿帖时大吃一惊："小阿母，你怎么还没走！"

这时，营地里只剩下四个人——孛儿帖和豁阿黑臣老人，以及找不到马而只好钻到草堆里藏起来的速赤夫人，还有找了一套牧羊人的破衣服跑到羊圈里去的忠仆搠阿。

豁阿黑臣老人把孛儿帖拉到牛圈，牵出一头大花牛套了一架黑帐牛车，让孛儿帖坐上黑帐牛车，又抱来还没有打捆的碎羊毛挡住孛儿帖，然后驾着车沿着腾格里小溪向上游的不儿罕山奔去。

此时，篾儿乞人的马蹄声已经在四周响得像无数面牛皮大鼓在敲击，喊杀声已经惊天动地。

主仆二人驾着牛车走了一段后，天已渐渐微明。突然，蹿出一群篾儿乞骑兵拦住了她们，并对着豁阿黑臣老人吼道："你是什么人？到哪里去？"

豁阿黑臣老人镇静地说："我是铁木真家的奴隶，来主家剪羊毛的，正将分得的羊毛拉回家去。"

这群士兵看到豁阿黑臣是个头发已白、穿着普通的老太太，倒也信了。

"那铁木真在家吗？"

"他家离这儿不远。不知道铁木真是否在家，我是从他家的后院出来的。"豁阿黑臣老人边说边用手指了一下来的方向。

于是，那群兵士马上疾驰过去。

那群士兵走后，豁阿黑臣老人知道危险，急赶着牛车对着前方山脚下的树林直奔，但是人急大花牛却不急，不管怎么催逼都只是慢吞吞地迈步。豁阿黑臣老人急了，跳下车，脱下鞋，拿着鞋跟对着大花牛的屁股猛打。这一下，大花牛终于被打痛了，欲扬蹄猛奔。豁阿黑臣老人上车继续往树林奔去，眼看着前方山脚下的树林已能看清树枝，心想着只要进入树林就过灾了。豁阿黑臣一边赶牛，一边念叨："长生天啊，快啊快啊，就差一点点了！"

但是，越靠近山脚，路上石头越多。

当时，蒙古的车辆都是木轮木轴，只能走平坦的草原，经不起野地的颠簸。终于，只听见"咔啦"一声，牛车的车轴被一块大石颠断了！

豁阿黑臣老人看着断掉的车轴咒骂着，她正要招呼孛儿帖下车，忽见刚才走掉的那群士兵飞驰过来把自己围住了，还看到打头的那个兵丁马背上有个女人被捆住手脚横放在鞍前。

原来，速赤夫人被抓住了。

这一次，不管豁阿黑臣老人如何镇静都没有用了。那群士兵把车上的羊毛统统翻了下来并抓住了孛儿帖，虽然他们被孛儿帖的美貌惊呆了，但毫不客气地把孛儿帖和豁阿黑臣老人二人捆起来横在马上扬长而去。

这时，天已大亮，篾儿乞人包围了铁木真的营地开始仔细搜查，但是没有找到铁木真，甚至都没有找到一个丁壮。实际上，幸亏豁阿黑臣老人提前"报警"，年轻的人反应快都骑马逃掉了，营地里只剩下一些老弱妇孺了。

篾儿乞人此行是为报夺妻之恨、雪部族之耻，倒也不是意在杀人，所以也没有为难这些老小，只是劫掠了一番。

搜过营地之后，篾儿乞人沿着铁木真他们早上逃走的马蹄印奔向不儿罕山，想把铁木真抓住。

结果，篾儿乞人进入不儿罕山之后，好几个士兵忽然踩入了沼泽，瞬间就惨叫着陷了进去，只留下泥潭上冒出的几个气泡。

于是，后面的士兵不敢再前进一步了。

脱黑脱阿命令士兵们找块硬地往上爬，但是兵丁很快过来报告说到处都是荆棘密林，连吃饱了的蛇都钻不过去。

脱黑脱阿大怒之下，恶狠狠地命令烧山，但是初秋的树林没有干透，根本点不着。

无奈之下，脱黑脱阿为鼓舞士气大叫道："我们虽然没有抓住铁木真，但是抓到了他妻子和他小母，也算洗雪耻辱了！"

于是，脱黑脱阿又带士兵们回到铁木真的营地并命令捣毁铁木真家的家神，但是家神在之前已经被孛儿帖抢出交给铁木真带走了。

脱黑脱阿只好砸碎了铁木真家装家神的神车，然后把孛儿帖、速赤夫人和豁阿黑臣老人横在马上，牵着抢来的牛羊扬长而去。

在篾儿乞人走后，被篾儿乞人当成老羊倌的搠阿连忙骑上一匹他们看不上而扔下的老马奔向不儿罕山。

傍晚时，搠阿赶到了不儿罕山脚下，然后沿着林中极隐秘的一条小路上山，最后在靠近山巅密林里的几间极隐蔽的柳条小屋中找到了诃额仑夫人、铁木真和其他的家人。

这条小路和这几间柳条小屋只有最亲近的家人才知道，因为这条小路是铁木真兄弟几人打猎时爬出来的，柳条小屋是为了防备在山上过夜搭盖的，没想到危难时却派上了大用场。

看到捴阿，大家喜出望外，铁木真问道："泰赤乌人走了吗？"

捴阿急急忙忙地说："这次祸害人的不是泰赤乌仇人，来的是篾儿乞强盗，他们说的是篾儿乞话。"

原来，捴阿流浪草原多年，曾到过篾儿乞人的部落。

铁木真捶胸顿足道："我只想到三河源头离亲人近，离泰赤乌仇敌远，没想到背后还有篾儿乞强盗！我只知道前防恶狗，却忘了背守凶狼。这是我的错啊！"

接着，铁木真急问道："孛儿帖呢？速赤额客和豁阿黑臣老额客呢？"

捴阿嗳嚅着说："她们都被篾儿乞人抓走了。"

铁木真如遭雷击，急忙扶住身边的树干才没倒下。

这时，别勒古台已经开始放声大哭，他抽出腰刀猛砍身边的树木，一边砍一边说道："额客，我的额客，我要杀光篾儿乞人！我要杀光篾儿乞人！"

诃额仑夫人垂泪道："打牛鞭子牛皮做，篾儿乞人这次是来报二十年前的仇来了。"

铁木真强忍着悲伤问："额客，此话怎讲？"

诃额仑夫人摇摇头说："二十年前，你额赤格抢了篾儿乞首领脱黑脱阿的弟弟赤列都的新娘做妻子。这次篾儿乞人就是来报仇的，所以他们抢走了孛儿帖。"

铁木真急问道："我额赤格抢的是谁？"

诃额仑夫人缓缓道："就是我。"[①]

[①] 后来，铁木真统一蒙古，颁布《大札撒》，发布命令"抢亲者死"。令到之处，蒙古草原上千年抢亲陋习立时禁绝。从此，在蒙古草原上，即使王公大臣也不敢再强抢民女了。

铁木真避开众人，走入树林，垂泪不止："自己和孛儿帖九岁定亲，其后虽分别多年，却一直互相牵挂，情愫暗牵。长大后提亲，孛儿帖明知道自己家道败落、几近赤贫，却带着丰厚的嫁妆毫不犹豫地嫁给了自己，并帮助自己重振家业。婚后，自己才知道妻子孛儿帖不但天姿容颜如花似玉，内心更是美丽。

"孛儿帖纯真善良，通情达理，聪明而又坚强，上敬婆婆，下爱弟妹，与自己红花绿叶珠联璧合。一个男人要成就一番事业，背后必有一个好女人支持，而孛儿帖就是这样一个好女人。如果没有孛儿帖送出的陪嫁——紫貂皮大氅感动义父脱里汗，脱里汗恐怕也不会那么爽快地答应帮助自己，而自己也不会那么顺利地找回乞颜部的百姓。婚后几个月来，两人如胶似漆，自己常常感恩长生天，感叹自己娶到了草原上最美丽、最温情、最贤惠的女子，也常常暗夜中搂着孛儿帖在梦中笑醒，然后幸福地久久看着熟睡的妻子发呆。

"可是，这样幸福的美梦，一下变成了噩梦。一夜之间，自己的妻子却被篾儿乞人抢走，生死不明……"

孛儿帖那如花的丽影、俏丽的容颜和含情脉脉的神态似乎在铁木真眼前晃来晃去，又似乎在眼含伤心的泪水期盼他的保护……

"自己一个堂堂男子汉，却连妻子都保护不了……"这让铁木真心痛如绞。

山风呼啸，星空灿烂。

铁木真跪在地上，把脸贴在一棵白桦树上，让冰凉的树干冷却一下热烫的双颊。

铁木真丧魂失魄，他美好的生活和梦想被篾儿乞人砸得粉碎，他强烈的自尊受到了深深的伤害，他本能的野性在一点点苏醒，复仇的怒火在他全身熊熊燃烧，痛如刀绞的内心已经鲜血淋漓……此时，铁木真的身体再也承受不了这炼狱般的煎熬，他抱着白桦树吐着肝胆苦水。

这残酷的一夜决定了铁木真一生的命运，他终于认清了草原的生存法则——"有力者生，无力者死；强者获得一切，弱者失去一切"，而这就是暴力的法则、铁血的规章。如果想在草原上生存下去，让家人活得更好，那就只有一条路——成为草原的最强者！

当然，这一夜也让青年铁木真变成了一个成熟老到的人。

天大亮的时候，铁木真走出了树林，而家人们都担心地看着他那苍白的脸颊。铁木真平静地对弟弟别勒古台、博尔术、者勒蔑说："不知道篾儿乞人是真撤走了，还是埋伏在山下？当年，泰赤乌人曾经在山下等了九天九夜把我抓去了。现在，你们三个下山，跟踪篾儿乞人三天三夜，看看他们是不是真的走了。"

别勒古台、博尔术、者勒蔑三人应声下山。

待他们三人下山后，铁木真独自攀上了不儿罕山的山巅，然后跪在地上捶着胸脯开始虔诚地祷告……

铁木真首先感谢豁阿黑臣老人的救命之恩：

> 全凭豁阿黑臣，
>
> 金鼠般敏锐的听力，
>
> 我们才逃过了仇敌的袭击。
>
> 全凭豁阿黑臣，
>
> 银鼠般超凡的视力，
>
> 我们才躲过了恶魔的袭击。

接着，铁木真感谢不儿罕山的救命之恩：

> 跟着野鹿的蹄迹，
>
> 踏过崎岖的山路，
>
> 住在柳条小屋，
>
> 不儿罕山保住了我们的性命！
>
> 当仇敌袭来的时候，
>
> 如遇鹰鹫的鸟雀，
>
> 穿过险恶的小径，

跑进了不儿罕山的怀抱，

保住了热血的性命。

在雄伟的不儿罕山怀抱里，铁木真感到了大自然的博大和慈爱以及自己身躯的渺小和卑微，然后他又祈祷道：

不儿罕山啊，

庇护了我弱小的生命。

不儿罕山啊，

庇护了我虱子一般的生命。

不儿罕山啊，

庇护了我蚂蚁一般的生命！

最后，铁木真立誓：

雄伟尊贵的不儿罕山啊，

为感激你如天的恩德，

我要天天祭你，月月祭你，

我的子孙将世代相传地祭拜你！①

据说，当时铁木真在此一连祈祷了三天三夜。

当铁木真感到自己与不儿罕山已融为一体，浑身又充满了力量和意志时，他解下腰带挂在脖颈，左手挽着帽子，右手拍打着胸口，跪在青石上向不儿罕山行"九跪九拜"之礼。

铁木真磕头如此之重，以至于他的额头渗出了鲜血；跪得如此之长，以至于他的膝盖一片青紫。

第七天清晨，别勒古台、博尔术、者勒蔑打探消息回来了。

---

① 后来，在不儿罕山山巅，人们在当年铁木真祈祷处堆起一个高高的石头敖包，至今犹存。

原来，他们三人跟踪篾儿乞人的马迹，码踪了三天三夜，一直追到看见篾儿乞人的营地才回来。

篾儿乞人确实退走了。

于是，铁木真带着一家人下山返回营地。

营地里一片狼藉……

安放家神的神车，被砸了个稀烂。

几间毡房，被刀劈矛刺马踏后成了一片片零碎，而铁木真的新婚毡房更被篾儿乞人一把火烧成焦黑的碎屑。

至于那些牛羊，一只也没剩下。

小妹铁木仑看到和蔼的豁阿黑臣老人不见了，速赤夫人也不见了，连亲亲的孛儿帖嫂子也看不到了，顿时又嘤嘤地哭了起来。

诃额仑夫人和铁木真走进支离破碎的也速该传下来的、铁木真兄妹在里面长大的大帐，他们看到几乎所有的东西都被抢光了，连家里最珍贵的物件——也速该当年纵横草原时举在队伍最前面的苏鲁锭军旗，以及其全身穿着的盔甲和大矛、长刀都被劫走了。

看到这一幕，大家气得浑身直哆嗦。

诃额仑夫人定定神，劝慰大家道："没事，家神还在，家里的祖根还在，祖宗和你额赤格的魂还在！家神在，家里的炉灶就没倒，火就没熄！我们重新再把家建起来就是了！"

此时，大家痛苦地意识到，原来家神是孛儿帖舍命救出来的。

这时，铁木真看到毡房的角落遗下了一个破旧的羊皮包袱，他走过去打开包袱一看，只见里面是母亲诃额仑夫人精心保存的他儿时的旧衣服。

铁木真把旧衣服拿开，他看到了当年他误杀弟弟别克帖儿之后失语的半年里用九匹银合马的马鬃毛编织的九条白旄辫子，它们静静地躺在那里盘缠在一起。

铁木真用双手捧起这九条白旄，走到母亲诃额仑夫人面前，说道："额客，额赤格的大旗倒了、苏鲁锭毁了，我要重立战神苏鲁锭，再竖蒙古大军旗！"

诃额仑夫人默默地看着铁木真，然后点点头伸手从怀里掏出了一件物事，这是篾儿乞人来袭时她从枕头下摸出来带走的两件东西中的一件。

这是一把短刀，只见这把短刀的刀鞘和刀柄镶金错银、缀满宝石，华丽之至。

诃额仑夫人唰地抽刀出鞘，只见刀身、刀刃一片纯白，光如流水，纹如古松。

诃额仑夫人缓缓说道："这是蒙古人的大汗代代相传的王者之刀，名字就叫蒙古刀。在你四岁时，你额赤格把它传给了你，我一直替你保管到现在。现在，你该接过这把刀了。"

铁木真从母亲诃额仑夫人那里双手接过蒙古刀并举至额头，然后跪下磕了一个头。

这时，铁木真聚拢来的百姓已经知道诃额仑夫人和铁木真主家回来了，那些侥幸没有遭劫掠的百姓赶紧牵来马匹、送来牛羊，又带来了一应物件帮忙赶搭毡房。

毡房草草搭起后，铁木真一家人做的第一件事就是从神马上请下家神，安放在毡房的北面，并面朝南方。

这时，诃额仑夫人和铁木真已经忙得不可开交，作为主家他们现在不能只顾自己，还有五百多户百姓需要照料。

这次篾儿乞人是为铁木真家而来，毫不客气地将他家抢了个精光，顺带着也将古列延里百姓的家产劫掠了一番，因此这一百多户百姓损失都很重。于是，诃额仑夫人和铁木真将这一百多户百姓安排到外围牧场上，让没有遭兵灾的四百多户百姓调剂支援一部分牲畜和日常物件给他们。安置好百姓的生活后，诃额仑夫人和铁木真又挨个去抚慰他们。

铁木真日夜不息地拼命忙碌着，眼睛里满是血丝，眼窝深深地陷了下去，颧骨也高高地凸了出来，满是胡茬的脸更黑了，脸颊更是深深地凹了下去。

铁木真不敢停下来，因为只要他停下来，对孛儿帖铭心刻骨的思念就像天狗的獠牙狠狠地撕咬着他的内心。

但是，终于忙完了。

铁木真静静地坐了一会儿，然后跟母亲诃额仑夫人商量了一下，接着叫来了兄弟们。

铁木真说得很简略："合撒儿、别勒古台跟我走！备马，我们去脱里汗那里。"

顿时，大家的眼睛亮了，所有的人都在盼望着这一天。

一会儿，合撒儿和别勒古台备好了行李，牵来了六匹马。

接着，铁木真说："博尔术、者勒蔑看好家，家里的事就拜托你们了。"

博尔术和者勒蔑立刻挺直了身躯说："大哥放心，我们一定保护好全家！"

铁木真点点头，然后翻身上马，拨转马头，与合撒儿、别勒古台一起箭一般地飞驰而去，很快消失在初秋的草原上。

铁木真知道，篾儿乞部是草原五大兀鲁思之一，实力强大，而且他们的人马不是草原上的毛贼和强盗，是有严密组织的半职业化军队。因此，如果自己要复仇并救出妻子孛儿帖，必然会引起一场与篾儿乞人的战争，而要进行战争就要有自己的军队。

但是，铁木真现在什么都没有。

为了救出妻子孛儿帖，铁木真必须在最短的时间里去组织一支军队，一旦与篾儿乞人开战就必须打胜。

当时，蒙古草原上还没有任何真正的职业军人和职业军队，各个部落的武装力量都是以血缘为纽带、以氏族为集体的"平时放牧为民，战时成军为兵"，即半游牧半军事化的氏族武装。

铁木真想了又想，他只有三种法子建立自己的军队，可是这三种法子似乎都用不了。

第一种法子是，召集蒙古诸部的氏族成员，将那些贵族、百姓和奴隶编组成一支临时性的军队。这支军队的战士，他们平时游牧劳作，是普通百姓；战时集结投入战场，是军队士兵；战后自行解散，回自己的毡房继续劳作。这是当时草原上最简单、最原始，也是最通行的军队组织方式。但是，此时的铁木真家族实际上早已被蒙古诸部抛弃，甚至是被赶了出去，所以这个法子行不通。

第二种法子是，将父亲也速该当年所属乞颜部的百姓和奴隶全部重新召集起来组成军队。但是，此时的铁木真家族破落贫穷，势单力孤，连自保都感觉无力，甚至妻子孛儿帖都被抢了去。况且，在多年以前，这些百姓和奴隶就抛弃了失去庇护力量的铁木真家族，甚至贵族基本都投奔了其他更有实力的氏族首领和贵族。因此，铁木真虽然有蒙古最纯正的贵族血统，却没有号召力重新召集流散的百姓和奴隶，更不要说将他们组织成一支军队了。

第三种法子是，召集亲信那可儿编组一支军队，那可儿和主家既是主仆，又是朋友、助手，同时又有相当的自由。那可儿是草原上一个非常特殊的阶层，他们是贵族的亲信和幕僚。那可儿的首要条件是英勇无畏、果敢善战，相当于职业战士，在战斗中一般都出任各级将领，充当军队的指挥官和骨干。

在当时的草原上，那可儿大多是各个部落中间阶层的成员，以自由民和百姓后裔居多。由于那可儿的特殊地位，他们对自己部落的百姓和奴隶有着相当的号召力。因此，那可儿可以召集大批的追随者，如果能聚集大批的那可儿，便可以聚集一支强大的军队。但是，当时铁木真只有两个那可儿——博尔术和者勒蔑，这个法子也是行不通的。

最后，铁木真知道，自己只剩下一个办法，那就是利用和脱里汗的义父子关系联盟借兵。

当然，铁木真知道，以脱里汗多年集聚的实力在草原上是鲜有对手的，如果能说动脱里汗出兵，足以战胜篾儿乞人。

由于铁木真的父亲也速该救过脱里汗的命，有恩于脱里汗，还与脱里汗结了安答，而且不久前他又承认了与铁木真的义父子关系，并承诺为铁木真重聚百姓，这便让铁木真对前去求助脱里汗有了一定的底气。

更重要的是，铁木真知道，脱里汗与篾儿乞人同样仇深似海。原来，在脱里汗七岁时，篾儿乞人突袭克烈部掳走了脱里汗和他的母亲，并押着他们做奴隶。在薛凉格河畔，脱里汗舂了八年米，还放了四年骆驼，而且他的母亲也被凌虐致死。于是，脱里汗提起篾儿乞人就咬牙切齿，怒火万丈。

所以，铁木真相信，脱里汗一定会同意他出兵向篾儿乞人复仇的要求。

心急火燎的铁木真求见脱里汗时，脱里汗正躺在大帐里的皮褥子上尽情地寻欢作乐：

一群婀娜多姿的美女正在为他表演歌舞，而他身边几个雪肤高鼻、深目的突厥美少女身披轻纱，正在给他捶背按腿、摩面捏臂，还有一位红唇美少女含着美酒正缓缓送到他的口中……

此时，脱里汗感到了深深的倦意。

其实，脱里汗虽身为克烈部的大汗，却在幼年时即被篾儿乞人捉去当童奴，并在阴冷的薛凉格河边像木头人一样被困在一个老牛那么长的石臼上，在鞭子下舂了八年米。

在舂米岁月结束后，脱里汗又被篾儿乞人押往荒野跟野狼做伴，放了四年又臊又臭的骆驼。脱里汗每每想起那些年遭的罪就想打哆嗦，自然内心也就更加痛恨篾儿乞人了。

从篾儿乞人那里九死一生逃回来后，脱里汗面对几十个如狼似虎般觊觎王位的伯伯叔叔、堂兄堂弟和嫡亲兄弟，与他们斗智斗勇、尔虞我诈，比谁的刀快，斗谁的心狠，拼谁更无情。最后，脱里汗把这七八十个亲戚统统淹死在了血海里，杀得只剩下一个俯首帖耳的弟弟札合敢不，终于得以荣登克烈部大汗宝座。当然，其间如果不是安答也速该的仗义相助，脱里汗自己也早已成为荒原中的一具枯骨，甚至可能连骨头都剩不下了。

等到当上大汗后，脱里汗又得绞尽脑汁为部落劫掠征战。后来，脱里汗终于打下了偌大的地盘——成为万里草原五大兀鲁思之一，除了他的儿子桑昆，谁也不敢不拿正眼看他了。

如今，脱里汗毕竟已年过五旬，确实是老了。

老了的脱里汗越来越喜欢和少女一起厮混，似乎看见那些青春活力四射的美少女就感觉有了征服的快意，以及充满了年轻时候的汹涌激情……

但是，脱里汗只要一看到自己那个形如矮冬瓜、长着酒刺脸的儿子桑昆，他的汹涌激情就消失得无影无踪，甚至感到深深的无奈和疲惫，只能长长地叹息一声作罢。

脱里汗知道，儿子桑昆文不能治理百姓，武不能驰骋疆场，整天放鹰斗狗、欺男霸女、荒淫好酒，不但不成器，而且处处与自己作对不把自己放在眼里。可是，脱里汗却拿儿子桑昆毫无办法，因为他只有这么一个亲生儿子，还是在整个家族一起娇惯下长大的。

脱里汗一想到这个混账儿子桑昆就觉得英雄迟暮，他知道自己死了克烈部也就是别人的了，虽然不知道具体是谁的，但绝对不会是桑昆的。

直到义子铁木真的突然出现，脱里汗仿佛老兵听到了冲锋的牛角号，血液里又开始涌动谋略的快感、征服的激情。

作为一个草原老霸主，脱里汗曾做过无数次卓越的战略筹划，他敏锐地意识到铁木真带来了一次改变草原格局的机会。

在脱里汗的安答也速该活着的时候，他们二人曾经一起打破了草原势力的平衡，并联手称霸过草原。曾有好几年的时间，克烈部和乞颜部联军纵横驰骋、所向无敌，草原无人敢抵抗。脱里汗、也速该二人甚至有过一统草原的更大的雄心筹划，可是也速该却突然中毒暴死，部落叛离，百姓离散。此后，草原上的各大力量又再次恢复了以往的平衡，而克烈部孤掌难鸣，只能困守草原中央多年，四处不得伸展。于是，脱里汗便过一天是一天，不是在醇酒和美人中寻找快感，就是看着儿子桑昆叹气不已。

然而，铁木真出现了，带来了克烈部突破困局的希望。

脱里汗认为，只要寻找到一个机会重新扶持起铁木真，帮他收拢起百姓重建蒙古诸部中最强大的乞颜部，而他必然会成为自己的力量并打破草原的力量平衡，这样草原霸主的天平将向克烈部倾斜。

因此，脱里汗喜欢铁木真，打心眼里喜欢。

脱里汗从铁木真的"义父"称呼中听到了真诚，从铁木真的眼睛里看到了刚毅，从铁木真请自己相助的行动中看到了智慧，从铁木真喝酒的豪爽中看到了质朴，从铁木真落落大方的行为中看到了沉稳……

"这个年轻人太优秀了，甚至比他的额赤格也速该也一点儿不差。"脱里汗在内心里想着。

脱里汗又想起自己的儿子桑昆，二人一对比，真是一个是翱翔九天的神凤，另一个是整天在草堆里扒食的草鸡。

想到这里，脱里汗慢慢咽下了突厥美少女送过来的美酒，不禁摇了摇头，叹了口气。

不过，直到脱里汗最后被儿子桑昆害得逃亡至死，他也从未真正有过让义子铁木真代替亲儿子桑昆的想法，甚至连一个念头都没有过，只有一次例外的虚伪客套。

就在脱里汗默默想着心事的时候，猛将合答黑进来禀报："大汗，铁木真兄弟求见。"

脱里汗看到铁木真时吓了一跳，只见铁木真风尘满面、憔悴不堪，眼睛血红，瘦得像饿了一冬的马一样。

脱里汗急道："儿子，你怎么成了这副模样？"

铁木真扑通一声拜倒在地："父汗，篾儿乞人突袭了我的营地，抓走了我的小母和妻子。请帮帮您的儿子，出兵帮我救出亲人们！"

脱里汗腾地站起身，怒道："又是该死的篾儿乞人！"

脱里汗迅速在胸前画了一个"十"字，并默默地在心里念叨："感谢上帝的恩赐！扶助铁木真，重振克烈部，日夜期盼的机会终于来了！"

此时，同情、愤怒、兴奋、欣喜等各种复杂的情绪交织在一起，让脱里汗的胡子尖都似乎在抖动……

于是，这位草原上的老英雄脱里汗毫不犹豫地对铁木真说："我不是告诉过你吗，我是你父亲的安答，是你的义父，你就是我的儿子。去年，你给我送来紫貂皮大氅的时候，我就答应过你要帮你收拢你额赤格也速该离散的百姓重振乞颜部。我说过的话就是不可改变的诺言，现在是我兑现承诺的时候了！"

然后，脱里汗发誓道：

我儿铁木真

为回报你

貂皮大氅的情谊

我将

灭尽那该死的篾儿乞人

救出你妻子孛儿帖！

铁木真听后，顿时热泪滚滚。

脱里汗扶起铁木真，说："你和札木合是安答，当年你们在黑林结为安答的时候我也在场。现在，札木合在豁儿豁纳黑川驻牧，兵强马壮。你去跟他说，我将带两万大军出发做右翼，请札木合弟弟也带两万大军出发做左翼，会师讨伐篾儿乞人；至于会师的日期、地点全部由札木合弟弟来定，四万大军——包括我——都由札木合弟弟统一指挥！"

脱里汗不愧是草原老霸主，深谙结盟的技巧与策略。实际上，脱里汗是想用一个虚假的指挥权拉住札木合这个蒙古诸部当前最大的实力派，而义子铁木真现在人单力薄，未来如何还未可知，不能只把希望寄托在他一个人身上，要两头下注才稳妥。现在，克烈部和札木合只要能联合起来，马上就能形成一个现成的强大军事联盟。如果札木合同意联盟，讨伐篾儿乞部大军的人数将暴增一倍，实力将强大到可以轻而易举地打垮篾儿乞人，而克烈部如果单独攻击篾儿乞部，兵力不足，胜算不大。同时，如果札木合出兵，克烈部算是借刀杀人，可以利用札木合的力量为早年生活在骆驼臊臭中的悲催童年复仇，也顺便为铁木真复仇，还报了安答也速该的救命之恩，而这更会在草原上留下美名；如果札木合不出兵，克烈部到时候审时度势再做决定，在铁木真面前也有后话可说。

当然，铁木真不知道脱里汗心中这些复杂的念头，而现在这个义父在他心中就和父亲也速该一样亲。

随后，铁木真连夜拜别了脱里汗，带着合撒儿和别勒古台向家中飞驰。

回到营地后，铁木真与家人坐在一起商议，说明了脱里汗应允出兵救出孛儿帖的承诺。这样，大家感受到了一丝朦胧的希望，但由于想念被掳走的三位亲人，仍然愁眉不展。

当铁木真说出脱里汗要求他让札木合也联合出兵的要求时，大家不禁有些担心起来。博尔术问道："大哥，你和札木合那么多年未见面，就凭结过安答这一点，札木合会出兵吗？"

铁木真点点头道："一定会的。四万铁骑，这可是草原上集结的空前大军，能号令这支大军就可威震草原。这种事不管给草原上哪个男子汉，他都会出兵的，何况札木合呢。再说，我安答札木合与篾儿乞人也有血仇待报，篾儿乞人不仅杀了他的父亲合剌合答安，还把他也掳去做了好些年童奴，他对篾儿乞人也是仇深似海、恨之入骨，早就想报仇雪恨了。"

果然，札木合听到合撒儿和别勒古台说脱里汗将出兵两万，四万联军都由他自己统一指挥的消息后，立刻答应出兵帮助铁木真报仇。

据《史集》记载，当时合撒儿和别勒古台对札木合转达了铁木真的求助，捎话说："篾儿乞人使我陷入了苦难。他们夺走了我的妻子，现在我的被窝里已经无人相伴，我的心中一半已被掏空。你和我，难道不是同一个家族的兄弟吗？难道我们不应该为这次所受的屈辱报仇吗？可做我后盾依靠的、同族兄弟的你啊，替我报一下仇吧！我已伤心欲绝，请你替我报了妻子被掳之仇吧！"

札木合立刻回答："铁木真安答居室空了，俺心儿疼啊！铁木真安答被窝空了，俺肝儿疼啊！"

接着，札木合起誓："铁木真兄弟，身受如此苦难，我心痛至极，我愤然至极。此仇此恨孰可忍之，誓将灭掉篾儿乞，救回我安答被掳的妻子！"

札木合立下可怕的誓言，要让篾儿乞人的两大首领知道厉害，说："要让脱黑脱阿一听见拍打马鞍的声音就感到恐惧万分，以为是敲击战鼓发出的雷鸣般的响声；要让答亦儿兀孙一听见箭筒发出的声音就胆战心惊。要直捣篾儿乞巢穴，踏平畜生脱黑脱阿邪恶满盈的家门，夺取其珍贵的财宝，强娶其搂抱的妻女，绝灭其继承香火的子孙，毁尽其供奉的神灵，让其家国不再复存，让其恨仇不再复生。"

篾儿乞人生性好劫掠，是草原闻名的强盗部落。脱里汗、铁木真、札木合三人都吃了篾儿乞人的大亏，都恨透了篾儿乞人，所以对联合讨伐篾儿乞人一拍即合。

然后，札木合吟唱了一首如《荷马史诗》般古老的战歌，要合撒儿和别勒古台记下来转告铁木真和脱里汗二人：

祭我威武的战旗，
擂起震天的牛皮鼓，
拿起钢铁刀枪，
穿起征战的盔甲，
张开穿心的弓箭，
跨上我追风的骏马，
率领我无敌的大军，
向着篾儿乞人，
踏上必胜的路程。

唱完战歌，札木合有些为难地告诉合撒儿和别勒古台道："脱里汗要我召集两万人马，我没有那么多。现在，我的札达兰部能拿刀枪的勇士只有五六千人，就是连着百姓加在一起，我也只能集聚一万人马。"

这时，札达兰部的表亲巴阿邻人、有名的豁儿赤大萨满说道："俺们巴阿邻人想跟着攻打篾儿乞，把我们算上。"

巴阿邻氏阔阔搠思也立刻跟着说："这不又多了一千！"

大家一起谢过了豁儿赤和阔阔搠思。铁木真策马扑向一群群逃命的篾儿乞百姓，一边在星光下辨认那些模糊的脸庞，一边不断地高喊："孛儿帖！孛儿帖！"

博尔术和者勒蔑紧紧地跟着铁木真。

喊杀声、马蹄声、哭叫声、河水声间杂在一起，铁木真的声音显得十分微小，而此时他早已满脸泪水，但仍不肯停歇地高喊着……当铁木真奔驰喊叫了大半夜后，天色已经变得微明，他终于绝望地呜咽出声……就在这时，一只纤细的手拉住了铁木真的缰绳，他一低头就看到了孛儿帖同样满是泪水的脸庞！

这时，札木合看着合撒儿和别勒古台说道："在斡难河中上游牧场，还有三四万铁木真安答的百姓在游牧，我再从里面征发一万人，这样就凑齐两万人马了。"

合撒儿和别勒古台闻言，心里咯噔一下："斡难河那里可都是我们自家的百姓呢，札木合要征发那里的百姓，这不把手伸到自家的饭碗来了吗？"

合撒儿赶紧说："别勒古台，马上把札木合大哥的意思带回去。这事有别勒古台一人即可，我留在札木合大哥这里和札木合大哥的人一起去斡难河牧场各个圈子做舌头，那都是我家的亲人和百姓。我去帮衬着做些事、说些话，有我额赤格那些旧情，他们出动得会快些。"

别勒古台也赶紧说："带信的事，我一个人就够了。"

札木合深深地看着合撒儿，然后点了点头。①

别勒古台又问道："札木合大哥，这仗怎么打？"

札木合淡淡地说："这不是你该知道的事。怎么打，只能我和铁木真安答，还有脱里汗三人知道。"

接着，札木合又说道："告诉脱里汗、铁木真安答，请脱里汗带兵到不儿罕山山前同铁木真安答会合，然后一起去斡难河源头白脱坎地面。我先从豁儿豁那黑川率一万人马沿斡难河溯流而上，从在那里游牧的铁木真安答的百姓里征发一万兵丁同我的兵马合成两万，再去斡难河源头白脱坎与他们会师。"

"三军会师时间，明年春季四月十五日。"札木合最后郑重地说道。

别勒古台带回了好消息，大家都欣喜不已。但是，铁木真对札木合要到斡难河去征发自己家的百姓，心里还是感到不舒服，因为他知道札木合安答也盯上了自己家流散在斡难河的百姓。

---

① 据蒙古传说，合撒儿身高体壮，相貌堂堂，侧卧在地上时腰间与地面的距离能钻过一头成年大狼。合撒儿是蒙古最有名的神箭手之一，他和别勒古台都智勇双全，实实在在是铁木真最得力的两个弟弟。后来，成吉思汗评价道："我能得天下，靠了合撒儿的射、别勒古台的力。"同时，札木合在与成吉思汗的对决失败后，他对成吉思汗总结输掉的原因之一就是"我没有你那样的好弟弟"。

没别人的时候，铁木真问母亲诃额仑夫人道："脱里汗不是说帮我聚集百姓，怎么他却让札木合安答出头呢？"

诃额仑夫人淡淡地说："因为谁都知道，札木合抢在你前面了，他有兵有马。脱里汗要拉上札木合，是有他的心思。"

铁木真看着母亲诃额仑夫人，认真地说道："额客，我们家也会什么都有的。"诃额仑夫人点点头。

这次，铁木真没有亲自去札木合安答那里，而只是派了两个弟弟合撒儿和别勒古台去，那是因为家中有一件极重要的事要做——在父亲也速该去世十年后，家里要重铸苏鲁锭，再竖大军旗。

铁木真首先去找族中的铁匠、者勒蔑的父亲札儿赤兀歹老人。此时，札儿赤兀歹老人手下已经带了十来个徒弟，为族中五百多户百姓打枪锻刀，以及马蹄铁、铁壶、铁桶等各种牧具和生活用品，每天忙得不可开交。

看到铁木真来到铁坊，札儿赤兀歹老人放下手中的活计问道："小主人，有什么事吗？"

铁木真说道："老额赤格，我想请您打造苏鲁锭的矛头和矛钻。"

札儿赤兀歹老人闻言大振："我们要竖大旗了？这是大事！那要找最好的铁！"

就在札儿赤兀歹老人套马准备进山寻铁时，镇海又带着庞大的商队来了。这次，镇海的商队有八百多匹马拉大车且车上载满了货物，还牵了一千多匹载满了物件的骆驼，以至于商队的伙计都有上千人。镇海的商队对草原各部的生产生活极其重要，不仅带来了草原必需的各种用品，还能给长城内带去大批急需的马牛羊以及各种动物的毛皮和黄金、珍贵木材等草原产品。因为镇海往北走这一趟商路在卖出草原贵族和牧民急需的物品后，可以为长城内的农民赶回几十万头耕作用的牲畜。因此，即使是互相敌对的部落、国家，他们也对镇海的商队网开一面，让其畅通无阻。

镇海告诉铁木真一个很重要的消息，金国的阿拉坦汗（草原民族对金国皇帝的称呼）正在金国与塔塔儿等草原部落交界的北部边境开挖几条近千里长、一人多深、两马宽的大壕沟，还把挖出的土堆在壕沟南面形成了一道土城垣，并在这道土城垣上每隔一箭之地就修建一座堡垒，用来对外瞭望、屯兵戍守。阿拉坦汗将其称为"边堡界壕"①。

铁木真很感兴趣地问道："塔塔儿部不是阿拉坦汗的狗吗？怎么金国还要防塔塔儿人呢？"

镇海摇摇头说："人分部落，国有边界，但是畜生吃草可不分边界，千百年来都是如此。草原牧人逐着水草到处放牧，常常就放到金国境内去，过了界的牛羊自然被金国的大兵毫不客气地逮去吃了；而金国也有草原上找不到的各种各样的好东西，塔塔儿人看得眼红，也常常从牧民改行当强盗过去硬抢，日积月累下来双方的仇恨就越来越深了。我瞧啊，金国和塔塔儿部早晚当真撕咬起来。"

看到铁木真面容消瘦、憔悴不堪，镇海问是怎么回事。铁木真叹口气，把篾儿乞人抢走妻子孛儿帖的事告诉了镇海。

镇海也叹口气道："这是死仇！夺妻之恨，大丈夫非报不可。你打算怎么办？"

铁木真说："我要重铸苏鲁锭再竖大军旗，我要重建我额赤格的蒙古铁骑。我这就要进山寻铁打造苏鲁锭。"

镇海一笑："你不用进山了，我送最好的铁给你打苏鲁锭。"

铁木真听后，眼睛一亮。

这时，镇海命令伙计拉一辆铁车过来。于是，几个精明强干的小伙子马上牵了一辆大车过来，卸下了大车上面覆盖的一匹匹南家思（南宋）绸缎，露出了底层一块块黝黑发亮、闪着蓝光的铁锭。

顿时，札儿赤兀歹老人惊叫起来："这是铁精！"

原来，蒙古草原的铁矿品位低，冶炼困难，加之牛羊粪火和木火温度又低，很难冶炼出精钢好铁，而没有好铁就难以锻打出好刀、好剑、好兵器乃至好牧具。所以，金国历来都把铁器交易作为控制草原部落最有效的政治工具之一，严格控制铁器输往草原；中原农耕民族，对北方游牧民族历来也如

---

① 后来，历史学家称"边堡界壕"为中国的第二长城。

此。镇海偷偷把铁锭输往草原就是在走私，而走私的利润是贸易中最大的，古往今来皆是如此。

札儿赤兀歹老人拿起一块铁精，对着阳光细细端详光泽和断面，边看边激动地说："我打了一辈子铁，还是第一次看到这么好的铁精。这种铁精，只要掺一点点到普通的铁石里，就能打出上好的宝刀宝剑。"

原来，老人所说的"铁精"，其实就是比普通的熟铁硬度、纯度也高得多的精钢。锻造时，将精钢掺杂在普通熟铁里加热锻打，就像现代炼钢时添加稀有微量元素一样，能有效提高生铁的硬度和韧性，制造出好的兵器。

札儿赤兀歹老人兴奋过后，却又皱了皱眉头道："铁精是铁精，可是我却烧不出好火，化不了铁精。"

镇海静静地看了一会儿札儿赤兀歹老人，然后向老人伸出大拇指道："想不到草原上还有您这样有见识的铁匠。"然后，镇海吩咐伙计把炭车拖过来。

几个伙计又拖过一辆大车，搬走车上的茶叶包后露出了车厢里一块块黑中透白、乌中发亮的石头一样的东西。

札儿赤兀歹老人掂起一块，细细看过之后，说："这应该是石头。"

镇海敬佩地说："的确是石头。金国有个叫山西的地方，出产可以燃烧的石头。这种石头，经过烈火加工后就是炭晶，炭晶可以烧出最热的猛火，熔化最坚硬的铁精。"

镇海所说的"山西出产的能燃烧的石头"，当然就是赫赫有名的山西煤炭，而"炭晶"就是煤炭烧制过后的焦炭。在传统炼钢法中，焦炭燃烧的温度是所有材料中最高的，直到今天炼钢的主要燃烧材料还是焦炭。

札儿赤兀歹老人笑了，说："有了铁精和炭晶，我可以打造出最威严、永不生锈的苏鲁锭三叉矛头和矛钻。"

矛钻是苏鲁锭战旗尾部的钢制锥头。在苏鲁锭杆地时，矛钻用来保护苏鲁锭尾端，也就相当于汉族长枪的枪尾。

然后，镇海微笑地看着铁木真道："我送十车铁精和三十车炭晶给你，三车炭晶就能烧化一车铁精。"

铁木真久久地看着镇海："大哥，我拿什么感谢你呢？"

镇海同样久久地看着铁木真："一车铁精和三车炭晶，我可以在草原上换回一车黄金，因为在草原上黄金太软，没有什么实在用处，而钢铁很有用，因为它够硬。拿没用的东西换有用的东西，拿有用的东西换没用的东西，循环往复越换越多，这就是做生意的秘诀。你叫我大哥，这就是对我最大的感谢了。"①可以说，铁木真似乎拥有一种罕见的与生俱来的领袖气质，当时博尔术、镇海和无数的英雄好汉都不由自主被他这种强烈的魅力折服。

当听完铁木真与脱里汗、札木合联盟的内情，特别是札木合要去斡难河畔征发铁木真家的百姓时，镇海帮了铁木真一个真正的、让他永远铭记在心的大忙。

原来，在草原上，部落里来一次商队是比过年还热闹，还令人兴奋的。镇海本来打算离开铁木真的小部落后去北方与林中百姓秃马惕部交易，他知道情况后却带商队折往东方，跟斡难河两岸三四万铁木真的百姓做买卖。镇海命令商队和铁木真的百姓尽量低价交易，告知说这是少主铁木真思念百姓的安排，商队就是听从铁木真少主的命令前来看望自己的亲人和百姓的，还把诃额仑夫人已经把铁木真兄弟们抚养成人并日夜思念自己百姓的消息四处传开。就这样，镇海商队一千多名伙计的嘴欢喜热乎了三四万铁木真百姓的心，他们就这样悄悄地归了铁木真。最后，札木合去斡难河征发百姓时，就像一头拼命冲向大石头的蛮牛，再怎么用力也撞不进石头里面去了。

札儿赤兀歹老人开始打造苏鲁锭的矛头和矛钻，但是制神矛矛身的神木杆（蒙古语称希利彼，即木柄）到哪里去找呢？镇海可不卖这种东西，而且谁都知道神木杆可马虎不得。

神木杆是最高等的蒙古贵族用品，只有极少数的贵族才知道什么地方能够找到它。

---

① 从此，镇海成了铁木真一生中最信任的人之一，是著名的铁木真班朱尼河盟誓时的十九名与其发誓同生共死的铁血兄弟之一。后来，铁木真西征时，特派镇海修筑镇海城保护西征军后方安全。2015 年，蒙古国和日本联合考古队在蒙古国戈壁滩发现了镇海城当年的遗址。

不过，诃额仑夫人曾是蒙古部的第一夫人，她知道在哪里能找到神木杆。

诃额仑夫人对铁木真说："备马，我们去找兀孙老萨满。"

铁木真儿时曾跟着母亲诃额仑夫人拜访过兀孙老萨满一次，并请老人赐给家畜种群，而他是草原上道行最高的大萨满。

此时，白髯飘飘、仙风道骨的兀孙老萨满盘坐在大山洞山石上，眼睑下垂，仿佛没有睁开眼睛。兀孙老萨满静静地听完了铁木真母子俩的来意后，把他们带进了大山洞里面的一个小山洞。小山洞洞壁上插着几支燃烧着的手臂粗细的牛油烛火，洞里很亮堂，最里面的地面上有一条隆起的三尺长的石穴，一根三牛长的用红布包裹得严严实实的棍状物件正笔直地插在石穴正中，棍状物件上方是一根一牛长的粗犷石柱，并正对着石穴。铁木真看着这些物件，忽然全身火烫，感觉身上充满了爆炸般的力量。

兀孙老萨满忽然瞪眼："铁木真，你去拿起它！拿起它，它就是你的；拿不动，你就回去永远不要再来。"

铁木真闻言走过去，握住那个棍状物，轻轻巧巧地就把它拔了出来。

兀孙老萨满呆呆地看着铁木真，然后一屁股坐在地上号啕大哭般地唱了起来。诃额仑夫人和铁木真都听不懂兀孙老萨满唱的是什么，只知道老萨满很激动，唱得涕泪满面。

兀孙老萨满唱完后，站起身来对铁木真说："蒙古所有的大汗和最厉害的英雄都来过这里，都想拔起它、带走它。最近一次拔它的人，是你额赤格也速该巴特尔。"

然后，兀孙老萨满顿了一下，说："你是第一个能够拔起它的人。"

铁木真好奇地问道："您也拔不起来吗？"

兀孙老萨满说："我从未想过要去拔它。你把它打开，看看是什么？"

铁木真解开那条包裹物件的红布，里面是一根长长的圆木杆，只见这木杆比鹅蛋还粗，通身黄色，木身还有无数的木纹金丝缠绕着。铁木真认出来，这是一根柘木的木芯——"南檀北柘"，即南方的紫檀、北方的柘木，这两种木材分别是中国南北方的木中之王——光泽金黄，所以外号又叫"帝王木"。

铁木真知道，这样一根好柘木的木芯万中无一。因为柘木有一个特点，就是木芯上非常容易长一种蚕一样的寄生虫——这种虫专蛀柘木木芯，所以北方有言"十柘九空"，而且这样一根长度的完整柘木木芯至少要千年之久才能长成。

铁木真看着神木杆道："老神仙，这是帝王木吧？它怎么会在这里？"

兀孙老萨满已经平静下来，说："你以为它就是一根木头吗？它是我们祖宗在阿儿格乃衮山熔铁出山时探路赶蛇的圣物！"

阿儿格乃衮山，就是今阿尔泰山。据蒙古传说，蒙古人的祖先与其他的强悍部族发生了部落大战，蒙古人战败后被屠戮殆尽，只剩下男女二人逃入阿尔泰山中得以幸存。阿尔泰山山路险峻，森林茂密，而且进山的小路只能容得一人通过，于是两人这才感觉安全，便结庐狩猎在此定居下来。

这两位先祖生了两个儿子，长子名叫恼古，次子叫乞颜（蒙古语，意为奔涌而下的洪水）。乞颜这一支人丁兴旺、子孙众多，就被称为乞颜部，又译为奇渥温。这就是铁木真所在的蒙古乞颜部的族源。[①]

后来，山间人口繁衍生息越来越多，但山中地方狭窄、拥挤不堪，再也住不下了，于是众人准备下山。不过，年深日久，当年祖宗进山的小路早已被树木堵死了，出不去了。这时，他们发现了一个幽深的远古铁矿洞穴，于是想出了熔铁开道的方法。然后，他们伐木为柴，在洞中点燃大火，宰了七十头公牛剥下牛皮做成风箱，对着洞口鼓吹烈火，结果熊熊的大火将铁烧熔化了，红红的铁水涌出洞口流向山下，在密林中冲开了一条大路。于是，众人开始迁徙下山，走进草原。这就是蒙古族熔铁出山的故事。[②]

听到这个神木杆竟然是祖宗熔铁出山、探路赶蛇的圣物，诃额仑夫人和铁木真也惊得差点坐在地上。然后，诃额仑夫人看着金光缭绕的神木杆道："老神仙，这神物我们能拿走吗？"

---

① 铁木真，蒙古文全名是孛儿只斤·奇渥温·铁木真。

② 后来，蒙古人按照旧俗，元旦这一天都要锻铁入炉，让老幼按照尊卑次序依次锤打，就是为了纪念祖先熔铁出山。至今，蒙古各部夸耀血统纯正时，都要说"我祖先在阿儿格乃衮山拉过风箱"。不过，笔者认为，熔铁出山的传说可能是蒙古族对祖先熔铁开道、砍树走出大山的记忆隐喻。

兀孙老萨满点点头："神物择主。既然铁木真拿起了它，那它就是铁木真的，这是长生天的旨意。"

兀孙老萨满接着重重地说："但是，这柄神木只能打造查干苏鲁锭，不能打造哈喇苏鲁锭。"

原来，苏鲁锭根据矛头旄尾颜色的不同分为白色查干苏鲁锭和黑色哈喇苏鲁锭，其中白色查干苏鲁锭代表和平与权威，黑色哈喇苏鲁锭代表战争与胜利。

铁木真惊喜地说："我编的旄尾刚好是白色马鬃，正好打造'九斿白纛'查干苏鲁锭！"①

兀孙老萨满又重重地说了一句："苏鲁锭祭旗的时候，我来办。"

诃额仑夫人微微笑了，兀孙老萨满要主持自家苏鲁锭祭旗仪式，这就说明老萨满已认可自己家为蒙古正统。

这时，铁木真想起自己童年的玩伴、跟着兀孙老萨满学习的阔阔出，上次来的时候还在这里遇到过他。

于是，铁木真问道："老神仙，怎么没看到阔阔出？"

兀孙老萨满慢慢闭上眼睛道："他的心静不下来，已经学完回家了。"

诃额仑夫人和铁木真告辞。

诃额仑夫人和铁木真将泛着金丝黄光的神木杆交给札儿赤兀歹老人，老人看着神木杆赞叹了好久的长生天，然后精确地量出了神木杆横面直径的尺寸，并照着尺寸锤打着苏鲁锭矛尖和矛钻套筒的尺寸。

三天三夜后，三叉矛头成型了，而札儿赤兀歹老人正在对矛头进行最后的锻造、锤打。

此时，诃额仑夫人从怀中掏出了一个小小的羊皮袋，这是篾儿乞人来袭

---

① 铁木真统一草原时，用的是白色查干苏鲁锭。后来，铁木真征伐金国、西征中亚时，又打造了一柄黑色哈喇苏鲁锭用于出征。不过，铁木真的黑色哈喇苏鲁锭，很早就已经佚失。但是，白色查干苏鲁锭一直传了下来，保存在蒙古国一座据说叫圣旗的喇嘛庙中。直到20世纪五六十年代，蒙古国掀起了一阵毁灭蒙古民族传统文化的镇压狂潮，铁木真的白色查干苏鲁锭被劫掠，从此下落不明。

时她从枕头下带出的第二样东西。

诃额仑夫人松开羊皮袋的系绳，倒出一枚羊拐骨大小的、暗红色的东西。

铁木真问道："额客，这是什么？"

诃额仑夫人淡淡地说："这是你出生时捏在手上的凝血血块。"

铁木真看着母亲诃额仑夫人的手掌，那块小小的菱形凝血的形状和札儿赤兀歹老人正在打造的苏鲁锭矛尖一模一样。

诃额仑夫人掂起这小小的血块交给札儿赤兀歹老人，说："把它打到三叉矛尖中间那个锋刃上去。"

札儿赤兀歹老人将那个小小的血块钳放到烧成纯白色的矛尖上进行最后的锻打，一缕近于白色的淡烟慢慢升起，空气里有一点点血腥味。当矛头冷却后，大家看到矛头中间的锋刃上有一点血红。这点血红渗进了锋刃的纹理，与钢铁锋刃彻底融为一体，无论怎样水洗擦拭都抹不掉一丝一毫。

这样，后来征服世界的蒙古铁骑查干苏鲁锭神矛矛锐就诞生了。

第五章　拥爱刀剑丛

苏鲁锭高高地插在三层石头敖包上，直指青天。

那些石头是诃额仑夫人和铁木真带全家驾勒勒车从不儿罕山运下来的。在草原上，找块石头的难度不亚于在沙漠里找水。敖包，汉语俗称堆子，也就是蒙古族祭祀天神、自然神、祖先和英雄的祭坛。

铁木真家用石头堆的这个祭坛，是蒙古族历史上最有名的苏鲁锭祭坛。

苍天之下，三牛长的苏鲁锭巍巍挺立，银白色的三叉矛头在阳光照耀下闪闪发光，中间矛头顶端那一点血红亮眼夺目。

矛身底座的黄铜錾部圆盘盘沿一周有九个穿孔，绑扎着铁木真儿时编织的九条两尺长的马鬃白毛作为垂缨。

矛头下面是蒙古族祖先熔铁出山时探路赶蛇用的圣物神木杆，金丝缭绕，黄光灼灼。矛钻尾部是半尺长的锥形精钢套筒，护住神木杆末梢直插敖包石堆。

这就是后来横扫世界的成吉思汗"九斿白纛"——蒙古苏鲁锭战旗，又称苏鲁锭神矛。

铁木真家有五百多户百姓，他们沿着苏鲁锭敖包围成一个半圆，而部落中挑出的六百青壮战士身穿牛皮甲、腰挎弯刀列队站在圈中。当时，按照蒙古族习俗，部落男子平时为民放牧，战时上到七十下到十五的男子都必须自备武器——骑马、佩刀、扛枪——随军出征，所以蒙古男子家中皆有兵器战甲。

"呜！呜！呜！"九只牛角号长鸣三声。

十二岁的小姑娘铁木仑身着白袍，在家中的灶火上点燃了手中的火把，然后走向苏鲁锭敖包前的大柴堆，而诃额仑夫人、铁木真、别勒古台、合赤温、铁木格、博尔术、者勒蔑、搠阿一行人跟在铁木仑背后护送圣火。

其时，合撒儿已去斡难河畔征发百姓，没有前来。

草原上寂静无声。

铁木仑走到柴堆前将手中的火把投向浸满了松油的柴堆，熊熊的圣火立刻燃烧起来。

顿时，空气中弥漫着松木和柏木的香味。

六百名战士"呼哦、呼哦、呼哦"怒吼三声，呼喊声响彻天地。

蒙古人最尊敬的兀孙老萨满头戴神帽，身系神铃，腰悬神鼓，跳着神舞，围着圣火左跳九圈、右跳九圈，然后登上苏鲁锭敖包唱起了蒙古长调……实际上，兀孙老萨满唱诵的歌词只有三个字——"长生天"，他反反复复地一遍遍吟唱着……

蒙古长调曲调粗犷而雄浑，悠扬而博大，磅礴而深邃，使得众将士和百姓听得心潮澎湃，激动不已。

兀孙老萨满唱完"长生天"长调之后，铁木真登上敖包面向六百名战士及百姓，高声大吼："杀牛祭旗！"

此时，早有将士拖出了九头大公牛，并一头头牵到了圣火前。

别勒古台一马当先，手持一把雪亮的蒙古大弯刀抢过头顶，"嗨"的一声往下猛砍，一刀就斩下了粗壮的牛头！

围观的将士和百姓大叫一声："好！"

第二个上场的是博尔术，也是一刀断牛头！

第三个是者勒蔑，第四个是搠阿，另外五人是族中选出的五个身强力壮的勇士。

九牛皆被一刀断头！

将士和百姓不住地叫好，纷纷议论："九刀断九牛，这兆头太吉祥了！"

连兀孙老萨满也大着嗓门说："九刀出，九牛断，这是极罕见的吉兆！长生天的意旨啊！"

九牛倒地后，铁木真吼道："剥皮制甲！"

九名族中勇士上场，眨眼就唰唰唰地剥下了那九头牛的皮。原来，篾儿乞人抢走了铁木真家的所有物件，连父亲也遗留的盔甲都抢走了，所以铁木真剥牛皮制新甲，寓意"家中旧物虽失，新者又来，家运如斡难河水，后浪前浪，滔滔不绝"。

勇士剥完牛皮，铁木真又下令道："献胙肉，祭旗！"

九名勇士顿时运刀如飞，从九头牛身上割下一百零八条肥厚的肉条即胙肉穿孔系绳，吊在一根挂有红、黄、蓝、白、绿五面彩旗的粗绳上，然后拉上神木杆。古代蒙古族祭天，先要竖起神木杆，蒙古语叫"玛尼杆"，高4～5米，鸡蛋粗细，多用桦木、松木制成。

胙肉被拉上半空祭旗，九只牛角号又吹了起来！

按照蒙古族习俗，祭旗仪式完成后，战神就已经附到苏鲁锭上，苏鲁锭矛头所指则大军将所向无敌，战无不胜，攻无不克！

杀生见红的事做完了，兀孙老萨满又走上敖包继续主持祭天仪式。

九匹白色母马被牵上来，族中最美丽的九个盛装打扮的姑娘挤出九羊皮桶白色马奶，然后排成一行将洁白的鲜奶一勺勺泼洒向空中敬天。接着，九个美丽的小女孩，一人端着一个装满珍贵谷物的小盆，用小手将谷物一把把撒向草地，以供地神。

然后，铁木真一家人从敖包上取下苏鲁锭，铁木真举着苏鲁锭来到自家的大帐前，将苏鲁锭插在自家大门口的旗架上。

"九旒白纛"刚落架，一阵劲风忽然从东面吹过来，九条战旄立即向西边高高扬起，在风中猎猎作响。

铁木真的战旗就这样立起来了。

祭天祭旗的仪式都结束了，真正的狂欢开始了。

看到自由民博尔术以及奴隶者勒蔑和搠阿竟与铁木真一家人并列一起祭天祭旗，那就意味着昨天的奴隶已经成了今天的部落贵族了。

这样，百姓都知道新的时代已经开始了，只要铁了心跟着少主人铁木真拼命努力，今天的奴隶就一定会变成明天的贵族。

人人心潮澎湃，激动不已。

大家一起跳起了古老的安代舞，庆祝新的时代开始。

欢乐的人群汇成了一片歌与舞的海洋，人们穿着最隆重的服装，伴着歌声和乐声狂欢劲舞，跳得酣畅淋漓，忘我无我……

看着狂欢的百姓，铁木真露出了妻子孛儿帖被抢后的第一次笑容……

铁木真家重新竖起大军旗、提拔百姓和奴隶当贵族的消息迅速传遍了草原，再加上合撒儿和镇海的使劲鼓动，一个月内上千户也速该的百姓就从斡难河畔西行投奔了铁木真，重新回到老主人家。

眼见着家里的百姓骤然增加两三倍，铁木真忙得焦头烂额——安置百姓、划牧场、征新兵、习武艺，一家人都跟着一起忙碌，还是感到手忙脚乱、力不从心。

铁木真虽是天纵英才，但毕竟没有带兵的实际经验，不免内心里充满了焦虑。就在铁木真感到万分疲惫的时候，一个对他一生事业至关重要的人物出现了——蒙力克。

蒙力克带着晃豁坛氏八百户百姓，脱离札木合管辖，长途跋涉回到了铁木真家。

蒙力克是乞颜部晃豁坛氏族长，久经沙场的老将，原来是铁木真父亲也速该手下第一大将，也是也速该临死前的托孤人，对铁木真家族忠心耿耿。童年时，铁木真甚至称蒙力克为"蒙力克额赤格"。由于当时晃豁坛氏百姓在泰赤乌部胖子塔里忽台的威胁利诱和重压下几乎解体，蒙力克为了保住部族被迫离开铁木真家。蒙力克是当时最后一个离开铁木真家的乞颜部贵族，他的父亲察剌合老人甚至为了保护铁木真母子而被泰赤乌人刺死。

离开铁木真家后，蒙力克率部投奔了札木合所在的札达兰部。但是，草原皆知蒙力克是也速该的第一大将、著名的蒙古英雄，札达兰部对他难封难赏。多年来，蒙力克在札达兰部郁郁难伸，思念故主，一直关注着铁木真家的消息。当听得铁木真重竖战旗，再铸苏鲁锭，马上派了个使者给札木合递了个口信，便径自带着七个儿子和八百户百姓拔营启程来投铁木真。

札木合闻讯，虽然恼怒，却也无可奈何，因为这种事太常见了。当时，草原上兵荒马乱，各部贵族和百姓甚至奴隶都与古代三国时一样各择明主而投，都想找个大英雄投靠，为家族和自己博个好前程。

蒙力克的归来，对铁木真万分重要。在安排百姓的生产上，蒙力克一直是晃豁坛氏的族长，对组织安置牧民生产生活无比精通。

在军事上，蒙力克是也速该的第一大将，英勇无畏，谋略精深。最重要的是，蒙力克精通蒙古兵法，从蒙古军队组织结构到安营扎寨、行军布阵、临敌冲锋，无所不通。

蒙力克带来了铁木真当时最缺乏的系统的草原军事指挥知识。铁木真在千难万险中长大，虽然被苦难锤打出了坚韧不拔、无所畏惧、足智多谋等军人最重要的素质，但是他没有机会带兵打仗，而且父亲也速该死后也没有机会接受系统的草原军事训练。就是说，铁木真缺乏一个真正的军人所必需的系统军事知识。

然而，铁木真缺乏的这一切，蒙力克那里都有。

见到诃额仑夫人，蒙力克泪湿双眼，而诃额仑夫人也不禁欢欣饮泣。蒙力克与铁木真一家关系特殊，两家原本友情深厚。在也速该临死前，他知道自己死后铁木真孤儿寡母必被人欺，于是将全家人的身家性命都托给了蒙力克照顾，甚至当时正在岳父德薛禅家的铁木真都是蒙力克单枪匹马冒险横穿草原塔塔儿部带回家的，可见也速该对其信任之深。①

蒙力克回来后，首先帮诃额仑夫人和铁木真给新到的百姓划分牧场、调配畜群，这是最要紧的事。安置好了刚回来的百姓的生计，他们才能安定，才拢得住人心。

接着，蒙力克就辅佐铁木真整军兴武。蒙力克带回来的晃豁坛氏族人有八百多户，可征千余精骑。这一千余骑编制严谨、能征善战，由蒙力克的长子脱栾统领，而脱栾后来也成为铁木真最忠诚的大将之一。因此，这支队伍就不用铁木真操心了。

---

① 后来，有极少数历史学家说，诃额仑夫人改嫁给了蒙力克，虽然此说不靠谱，但也反映了蒙力克与铁木真家非同一般的关系。

　　这时，前来投奔铁木真的百姓已经有一千六百多户，可征发两千多骑参战。此前，草原各部编制军队都以氏族为单位，战时皆由各个氏族的贵族带队，征发本族百姓编成军队参战，而贵族平时是奴隶主，战时则是指挥官。

　　前来投奔铁木真的一千六百多户百姓都是自由民，也有少量奴隶，而铁木真家是他们唯一的主家，唯一认可同意被领导的贵族——这是他们唯一的共同点。

　　这些百姓多年都在斡难河边自己野牧，各行其是，谁也不服谁，但铁木真兄弟就那几个，他们怎么也管不过来这野惯了性子的两千多兵丁。

　　蒙力克实际上充当着铁木真总参谋长的角色，加上他见多识广，便给铁木真出了一个绝妙的主意。

　　蒙力克说："我们把这两千多人十人一队、十人一队编起来，编两百个十人队，每队选一个十夫长，这十夫长就管这十人攻守进退。然后，每十个十人队编成一个百人队，每个百人队选一个百夫长，这个百夫长就管这百人队里的十个十夫长。如此一来，定能让这百人击鼓冲锋、鸣金收兵，而这百人进退如同一人。最后，每十个百人队编成一个千人队，任命一个千夫长。这样一来，这一个千夫长号令十个百夫长，十个百夫长号令一百个十夫长，如此层层令下，这一千铁骑必如手挥臂，如臂指掌上下一体，同进共退，必攻无不克、战无不胜！"

　　铁木真茅塞顿开、恍然大悟，这法子实在太好了。

　　一旁的众人也是满面欢欣，大家一起夸赞老将蒙力克——此时大家都管蒙力克叫"蒙力克额赤格"。

　　蒙力克笑着说："这其实是草原上一种很古老的军制，只是现在没人用了，而现在都是以氏族编军，一族一军。其实，金国人现在就是这样干的，金国的军制叫猛安谋克。猛安者，千夫长也；谋克者，百夫长也。金太祖建军时，始定制以三百户为谋克，十谋克为猛安。起先，金国的百姓平时也是放牧渔猎，就是普通牧民、渔民，打仗时就按猛安谋克编组成军队上战场。不要小瞧这猛安谋克，虽看似简单，但其让金人覆灭了强大的辽国，打垮了宋国（北宋）。当然，我们的十人队、百人队、千人队更简单，有时候越简单越厉害，军制简洁的好处是不打仗时带队伍方便，打仗时号令起来灵便。"

别勒古台惊奇地问："蒙力克额赤格，您是怎么知道猛安谋克的？"

蒙力克笑道："我们蒙古人和金国人打仗打少了吗？从合不勒汗、俺巴孩汗、忽图剌汗到你额赤格也速该巴特尔，哪个不跟金国人打几场恶仗？打多了，自然就知道了。"

于是，大家就确定了这两千余骑编成两个千人队，下辖二十个百人队、二百个十人队。

但是，二十个百夫长和二百个十夫长去哪里找呢？

这时，一直沉默的博尔术出了个好主意——比武选将。

博尔术说："我们把这两千余人集中起来比赛马、比射箭、比摔跤，选出前二百名做十夫长，然后在这二百名十夫长里继续比拼，前二十名任百夫长。"

大家欣然叫好，蒙力克也不断颔首点头。

"那两名千夫长谁来任呢？"别勒古台问。

铁木真沉吟片刻，他用小时候对蒙力克的称呼说："蒙力克额赤格，您要和我坐镇中军。"[1]然后，铁木真想了想，说："让博尔术和者勒蔑任千夫长？"

蒙力克摇头："他们两个出去，你就没有头盔了。如果你有头盔，篾儿乞人就抢不走你的亲人。"

铁木真立刻明白过来："我要挑二百名最厉害的勇士做侍卫队，博尔术率领一百名勇士做箭筒士，者勒蔑带一百名勇士做带刀者。博尔术和者勒蔑位在千夫长之上，平时做头盔守卫大帐，做使者传达号令，打仗最关键的时候做刀尖率先冲锋，撤退时做铁盾坚守断后。"博尔术和者勒蔑闻言大喜。

对于两个千夫长，大家意见极其一致同意由铁木真二弟合撒儿和三弟别勒古台出任。

当时，草原上都是家族亲贵统兵，这是惯例。由于合撒儿暂时未归，博尔术便暂代其千夫长之职。

---

[1] 铁木真统一蒙古分封功臣时，让蒙力克于己之侧安设座位，封其为第一千户，地位仅次于蒙古四个万户长。

至于挪阿，则出任百夫长。

从奴隶到将军，挪阿自是高兴不已。

选将大会开始了。

草原沸腾了，方圆几百里的百姓都赶来了。

在铁木真的大本营古列延里，竟然有近五千户百姓先后踊跃参加比武，白发苍苍的老牧民和十来岁的英俊少年都下场竞赛了。

当然，他们都知道这是改变命运的好机会，而男子汉大丈夫谁愿意一辈子跟畜生做伴放一世羊呢。

先比赛马，五千匹马扬蹄奔驰，骑手争先恐后扬起身来夹住马肚，奋勇争先！

接着比箭，一支支利箭如流星赶月直刺靶心！

最后比摔跤，一条条壮汉使出浑身力气和对手较量！

从此，赛马、射箭、摔跤就成了蒙古族公认的的"男儿三艺"。

比赛进行了三天。

三天后，二十个百夫长、二百个十夫长和一百名箭筒士、一百名带刀者都选拔出来了，没有人不服气。

两个千人队和一个两百人的大帐侍卫队，就这样编成了。

此时，蒙古军的士气空前高涨。

铁木真看到如此盛况，说道："这是那达慕大会啊！"

于是，蒙古草原第一次那达慕大会产生了。

"那达慕"是蒙古语的音译，意为"娱乐、游戏"，以表示铁木真对选将大会的喜悦之情。[①]

然后，两个千人队置旗制鼓、修习武艺，演练攻守进退、变换队形。尽管有蒙力克精心辅佐，铁木真还是忙得不可开交，拼命补习带兵打仗的功课。

---

① 从此，那达慕大会成为蒙古族人民最喜爱的、具有鲜明民族特色和浓郁地区特点的传统活动，既是草原上一年一度的传统盛会，也是蒙古族人民欢乐的节日，一直延续至今。

例如，制鼓就让铁木真大费了一番脑筋。皮鼓是古代打仗的宝贝，前进后退、左右出击都靠鼓声调度。草原虽然不缺制鼓的物件，但制鼓工艺一直不如南方汉人，汉人皮鼓的鼓声雄浑厚重，传得极远，而草原自制皮鼓的声音低沉暗哑，传音极近，所以金国将皮鼓列为对草原的绝对禁运物资——一面鼓也不许输往草原民族。

铁木真拿起鼓槌敲了两下自制的皮鼓，听见"嘣嘣"的暗哑声音后摇摇头，因为汉人制的皮鼓是响亮的"嘭嘭"声。不过，铁木真现在也只好先将就着用草原的皮鼓，看来他得请镇海从阿拉坦汗那里偷运些皮鼓过来了。

这天稍得闲暇，铁木真和蒙力克走到河边，看着斡难河静静的流水，轻轻地说："也不知道孛儿帖、速赤额客和豁阿黑臣老额客怎么样了？"

蒙力克宽慰铁木真道："她们的生命是不会有危险的。草原上，女人是有用的工具，做饭洗衣、放牛羊、生孩子，没有谁会毁灭有用的工具；女人是用来抢的，不是用来杀的。再说，草原上的部落都没有杀女人的规矩，她们肯定还活着。"

铁木真叹口气道："现在已经初冬了，孛儿帖已经被抢走四个月了。我札木合安答说明年四月十五日三军会师，共同讨伐篾儿乞人。可是，那还要再等五个月，我想起孛儿帖真是度日如年。还要等这么长的时间，您说我的札木合安答会不会改主意？我和札木合安答五岁结拜，这都有将近二十年了，也不知道我安答说话算不算数呢？"

铁木真又叹了口气。

蒙力克说："这次大战，对札木合太重要了。脱里汗和你是草原上最有名的老小英雄，都自愿接受他的指挥，这会大大提高他在草原上的影响力和地位，而且出兵的话已经说出了口，如果他要反悔，从此他就会失去在草原上的威信。所以，他一定会来的。再说，草原上哪个男子汉不想尝尝号令四万铁骑的滋味啊？"

铁木真接着问了蒙力克一个早就想问的问题："蒙力克额赤格，我札木合安答是个什么样的人呢？我很想知道。我们五岁就分开了，我不了解他。"

蒙力克对草原各部情况了然于胸，尤其在札达兰部生活了十年，他对札达兰部和札木合本人更是了然于心，于是他立刻说道："札木合英勇果敢，机智过人，多谋善断，是蒙古年青一代中杰出的英雄。但是，你这安答有几个致命的毛病，他心胸狭窄、喜新厌旧、反复无常、手段残忍，拢不住人心。"

铁木真将蒙力克的话默记于心。

铁木真又向蒙力克问起他的童年伙伴阔阔出："我在兀孙老萨满那儿没有见到阔阔出，老萨满说他回家了，这次怎么还没见他。阔阔出不是跟你一起回来了吗？"

阔阔出是蒙力克的第四个儿子。

蒙力克苦笑道："我也不知道他去哪里了，他在草原上到处游走。阔阔出从小最喜欢摇神铃、打神鼓，喜欢跟着萨满跳神舞，于是我就把他送到兀孙老萨满那里学习，好几年后他才回来。回来后，他举止怪异，刮白毛风的大冬天光着身子在鹅毛大雪里疾走狂奔，竟然没被冻死。平时，他在各个部落中占卜、跳神瞧病，也常有应验之时，据说他开了天耳能听到长生天的声音，所以草原上都叫他通天巫。"

铁木真吓了一跳道："通天巫竟然就是阔阔出。这几年，草原上最响亮的几个名字之一就是通天巫，草原上传得神乎其神：说要死的女人，通天巫伸手都能救活；算命很准，他叫往西走别人就不敢往东半步。"

蒙力克摇摇头道："我纯粹是见他真喜欢这些东西才让他去学萨满的，也觉得萨满受人尊重，在草原上地位不低，人人看得起，谁知道他混成了通天巫。"

蒙力克又摇摇头。

铁木真倒有些欢喜："蒙力克额赤格，阔阔出回来了让我见见他吧，族里正缺个萨满呢。"

蒙力克说："好，等他回来了，我让他来找你。他喜欢到处跑，总是静不下来。"

当时，萨满就是蒙古部落中管信仰的牧师、管算命的先生、管治病的医生、管驱鬼的巫师、管跳神的神汉、管祭祀的主持，总之是什么古怪都通的"百事通"。

不过，铁木真不知道的是，他将会给自己找来一个以后的超级大麻烦呢⋯⋯

漫长的冬天，终于过去了。铁木真一家人望眼欲穿，终于看到一片白茫茫的大地变成了青色。四月一日，铁木真全家空营出征，一家人率三千二百名练了一秋一冬的精骑，移向不儿吉小河安营扎寨，这里是他们和脱里汗约好的会师地点。

诃额仑夫人身着牛皮甲，头戴牛皮盔，腰佩弯刀，威风凛凛。

铁木仑才十三岁，也肩披软甲、身背细弓，骑着一匹小马跟在大队中。

这时，铁木真一家人身穿的都是用祭天时宰杀的九头公牛的牛皮紧急赶制的最简陋的皮甲。

这种皮甲酷似现代带帽子的皮大衣，采用两层毛皮一体的简单鞣制皮革制成。在一些重点防护的关键部位，还会嵌入和缝上牛角或牛骨，以作为加强。

这种盔甲相当简陋，蒙古人喜欢用皮绳把这种牛皮甲编穿成对襟大衣的形状，所以这种皮甲又俗称"蒙古对襟"。

当时，蒙古将领用的都是更高级的圈甲，但是铁木真家的好甲当年早已被族人夺走，连父亲也速该最后留下的圈甲也被篾儿乞人抢去，而且制圈甲造价高、耗时长，于是只好用这简陋的皮甲暂时将就了。

古代打仗，面对冷兵器的攻击，盔甲等防护装备是极为重要的。关于盔甲的重要性，蒙古族还有个著名的故事：有一位女先祖性子火暴，因邻近部落的小孩挖她家的牧场草根吃而破坏了她家的草场，她便驾车狠狠冲到小孩堆中撞死了几名小孩。于是，邻近部落就抢走了她家的牲畜，而她的六个儿子一起急着去干架走得匆忙便忘了带盔甲。这位女先祖知道后说没有盔甲怎么打仗，于是派一个儿媳妇驾车前去送盔甲，但等到盔甲送到时其六个没有防护的儿子已经全部战死。

铁木真一家都知道这是生死存亡、决定家族命运的一战，所以老老小小都穿上皮甲、挎上腰刀、背上弓箭，准备披挂上阵与篾儿乞人决一死战，并抢回亲人。

在不儿吉小河边，铁木真向西翘首企盼脱里汗率部前来。这时，铁木真和札木合之间靠着使者来回奔驰传讯，他知道札木合已在斡难河畔征发了一万原属于自己家的百姓，正和劝动百姓的合撒儿一起带了共两万人马前往会师地点白脱坎。

札木合这边一切正常，让铁木真着急的是脱里汗的两万人马行走极慢，远远迟于预定会合日期。原来，脱里汗虽然口阔大说让札木合做总指挥，但内心却认为这只是个拉札木合出兵的策略，没有真当回事，而札木合说四月十五日会合，他就偏要晚来几天。

结果，在札木合约定的三军会师的四月十五日，姗姗来迟的脱里汗才带着弟弟札合敢不、儿子桑昆和猛将合答黑等人在不儿吉河畔与铁木真会师。

看到铁木真统率的三千二百精骑，人数虽少，却威武雄壮、军令森严、精悍至极，脱里汗不禁大吃一惊，暗自对铁木真更加刮目相看。要知道，铁木真一年前前往黑林拜见脱里汗时才兄弟三人，仅仅一年时间他就能拉起这样一支精锐铁骑，这实非凡夫所能为。于是，脱里汗心中暗道："这个义子算是认对了。"

脱里汗和铁木真两军会师后，立即率队前往札木合军正在等待的白脱坎，而合撒儿也等在那里。

三天后，四月十八日，札木合、脱里汗、铁木真三军会师于白脱坎。

见到脱里汗后，札木合一点儿客气话没讲，直接训斥道："我们蒙古男儿，说话就是立誓！约定兵马相会的日子，就是风雪阻隔、雷霆闪电、天上下刀子也不能误期！能说不能做，就算是兄弟也绝不相容。草原上的老一代英雄，曾经互相约定，不守信诺就要开除出蒙古人的队列！"

脱里汗一个前辈英雄却被一个后生小子训斥，但他知道错在自己，只好笑着认错道："札木合兄弟说得对。这件事是我错了，任凭札木合兄弟处置，但大家为铁木真复仇，也需齐心协力才能胜敌。"

脱里汗是草原上的老英雄、一方霸主，以他的身份向札木合这个后辈认错，札木合认为是捡回了脸面也就此作罢。

铁木真与札木合儿时分别、多年未见，如今见这个安答生得高大英俊，训斥老英雄脱里汗时义正词严、威风凛凛，不禁心中暗赞。

接着，众人商议这仗该怎么打。

大家一起看着札木合，毕竟札木合是大家确定的此战主帅。

札木合也就当仁不让地站起来说："篾儿乞人一直在土兀剌河、阿鲁浑河和薛凉格河一带驻牧，他们的大本营和王帐在不兀剌川。篾儿乞人的首领脱黑脱阿肯定在那里，我铁木真安答的妻子孛儿帖肯定也在那里，那里是篾儿乞人的老窝。"

大家都知道，札木合少年时就被篾儿乞部抓去做过多年的奴隶，对篾儿乞部的情况一清二楚。

札木合接着说："进攻篾儿乞有两条路：第一条路，从不儿罕山侧面绕过去，沿赤苦河前进，从东南向西北正面进攻篾儿乞王帐所在的不兀剌川。这条路攻击路线不长，路也好走，而且不用渡河，但是所经之地正是篾儿乞人的牧场，人多眼杂。我们走这条路，肯定一过不儿罕山就会被篾儿乞人发现；我们一进攻，他们肯定会提前向北后退逃跑，直接逃进背后无边无际的泰加大森林（西伯利亚大森林）。篾儿乞人一进森林，我们就找不到他们了，这仗就算失败了，所以这条路不能走。

"第二条路，绕到东北，翻过库沐儿山，再沿着蒙扎河谷，下到赤可亦河盆地，渡过勤勒豁河（今希洛克河）——勤勒豁河边长着一种又长又韧的莎莎草，可以用来绑浑脱（羊皮囊）扎筏。渡河后就绕到了篾儿乞人背后，然后从东北直插篾儿乞部的中心地带，往西南横扫。这样，篾儿乞人无路可逃，将被我大军追击消灭在不兀剌川上！

"这条路，虽然路程较远，还要渡河，但是这条路人迹罕至。篾儿乞人绝对想不到我们会绕到他们的后面，从东北往西南进攻，这样我们就能突袭横扫篾儿乞大本营救出孛儿帖，一劳永逸地解决这些篾儿乞草原强盗，让其永远失去祸害草原的能力。所以，我选第二条路进攻。"

大家一阵叫好。

铁木真听着札木合安答的作战方案，深切地感到了自己的差距，并认为札木合实在是一个难得的英雄：他遵守信诺，帮儿时的安答抢回妻子，这使他能服众；他严守军纪，怒斥老英雄脱里汗不守时间，说明他能治军；而他的作战方案，选择的进攻路线出敌不意、攻敌不备，直击要害，说明他实在是一个非凡的将才。铁木真对这个札木合安答，生出了深深的敬佩之意。

在这支联军中，铁木真的实力是最弱的，他是求着义父脱里汗和安答札木合帮助自己抢回妻子，而这是很伤男人自尊的事，所以他一直沉默寡言，不多说话。不过，在札木合的作战方案通过后，铁木真站起来说了四个字——"我做先锋"。

大家都知道，此战是帮铁木真夺回妻子，也是大家一起向篾儿乞人复仇，而铁木真做先锋理所应当，于是一致同意。

第二天，大军开拔。

四万三千名蒙古骑兵集结在斡难河畔的白脱坎誓师，只见蒙古军战旗猎猎、刀枪闪亮、战马精壮、甲胄鲜明，完全是蔽日遮天、万蹄动地、龙腾虎跃的气象。

一场战争集结四万三千铁骑，这是蒙古草原上的空前盛举。蒙古大军所过之处，无数鸟群惊飞上天盘旋在空中不敢落下，林中野兽成群结队向远处狂逃……

铁木真率三千二百名精骑走在大军最前面，首先是合撒儿带着一个千人队开路，接着是铁木真、诃额仑夫人和蒙力克带着中军侍卫、两百名箭筒士和带刀者——博尔术和者勒蔑两人轮流举着大军旗"九斿白纛"跟在铁木真身边，合赤温、铁木格、铁木仑等幼小弟妹也都在这里——中军之后是别勒古台带领的一个千人队，紧随其后的是脱栾带着的晃豁坛氏一千骑，再后面就是札木合和脱里汗率领的主力四万骑。

行军时，铁木真问蒙力克："因为迟到三天，札木合安答那样严厉地训斥义父脱里汗，是不是有点儿过分？"

蒙力克说道："札木合是对的。"

铁木真问："为什么？"

蒙力克看着铁木真，认真地解释道："你是第一次统军，还不清楚大军迟到的利害关系。我们三家联军的集结地白脱坎只是一片小草原，牧草供应不了几万匹战马长时间的需要，而且战士身上带的军粮都是很有限的。札木合等在那里，眼睁睁地看着几万匹马一片片吃光那点草场，还有他两万铁骑自带的军粮也一天天地减少消耗掉，再无所事事地等下去就会军心浮动，因此他当然会焦急万分，甚至担心恐惧。札木合的这两万骑兵集结起来不容易，他花了半年时间才准备好，而且这两万骑兵集结在不儿罕山前绝对不可能长期保密的，篾儿乞人的眼睛是很容易发现他们的；一旦篾儿乞人被惊动觉察后报信逃跑那就前功尽弃了，而他指挥的第一次战斗就将以惨痛的失败告终。札木合快速崛起后根基不深，一旦失败，他在草原上、在自己的部落里、在自己的部下面前必将威信扫地，很可能会就此一蹶不振，难以东山再起。所以，这一仗札木合非赢不可，他训斥脱里汗不该迟到是对的。南家思（南宋）有句名言，'军令森严，延误军机者当斩'。脱里汗就是误了军机，札木合对他已经很客气了。"

铁木真恍然大悟，也深深地感到自己的不足，并对蒙力克说："如果我做的有什么不对，请蒙力克额赤格时时指教我、提醒我，指出我的错误。"

蒙力克微笑道："你学得很快、很好，你以后打仗会比脱里汗和札木合更厉害。脱里汗和札木合两人虽是草原成名的英雄，但是他们有一点都不如你——你真心待人，拢得住人心，大家都愿意跟着你走。札木合和脱里汗，一个是草原上的老霸主，一个是蒙古的年轻英雄，势力虽比你大得多，力量更是强到你根本没法比，但他们却都愿意为你们一家孤儿寡母出力，组织联军替你复仇。这就是你最厉害的地方，你能穿针引线把大家召集起来，往一个地方使劲。这一点，他们远远比不上你。"

铁木真赧颜。

穿越库沐儿山时，山头还满是白色的积雪，寒气逼人。铁木真率军奋勇铲雪开道，由于山高雪深，一路果然未见一个篾儿乞人。

铁木真暗暗惊叹札木合安答所选攻击路线的精妙。

七天后的下午，四万多名蒙古军将士终于插到了篾儿乞人大本营不兀剌川的背后，准备横渡勤勒豁河。

渡过勤勒豁河就是一马平川，可以向篾儿乞人发动最后的攻击了。

勤勒豁河是一条大河，直接流向历史上中国汉代使节苏武牧羊的北海，也就是世界第一大湖——今俄罗斯贝加尔湖。

面对勤勒豁河的滚滚波涛，蒙古军将士一个个从战马上的马鞍袋里掏出了一个袋状物件，然后凑到嘴上开始吹气。

这个袋状物件，就是后来蒙古铁骑横扫欧亚大陆时横渡无数大江大河所用的绝密武器——羊皮囊。

羊皮囊，中国北方俗称浑脱。制作羊皮囊需要很高的宰割技巧，杀羊时先从羊颈部开口，慢慢地将整张皮囫囵个儿褪下来，不能划破一点地方。由于羊皮是整体褪下来的，宰杀羊掏空内脏后是完整的皮胎，不再是缝合而成的，故而名为"浑脱"。

羊皮脱毛后，吹气使皮胎膨胀，再灌入少量清油、食盐和水，然后把皮胎的头尾和四肢扎紧晾晒。经过晾晒的皮胎颜色黄褐透明，看上去像个鼓鼓的圆筒，这就是大名鼎鼎的羊皮囊。排气后，羊皮囊是一个可以装奶酪、弓弦等食物杂物的皮袋，渡河涉水时用嘴吹气后鼓胀，就成了中国北方古代最方便的渡河工具。

渡河时，既可以用单个的羊皮囊当救生圈泅渡，也可以将若干个羊皮囊相拼，上架木排，再绑以小绳，成为一个整体，即现在的"皮筏"。①

蒙古军渡过勤勒豁河时，割下河边无数随风飘荡且有两米多高的坚韧的莎莎草（芦苇）开始捆扎羊皮筏。每只羊皮筏子由十四只羊皮囊组成，先用麻绳系住羊皮囊脖子口、尾部和四只蹄部，再从蹄部用嘴吹气，绑缚时羊蹄

---

① 在中华民族的母亲河黄河上，浑脱（羊皮囊）使用了两千多年。黄河上最大的羊皮筏可以组合六百只浑脱（羊皮囊），一次可载十五吨货物，一天之内可载货在黄河上漂流两百公里。蒙古军所用的浑脱，就是中原汉民族在黄河上使用的羊皮囊，经宁夏、内蒙古等地逐渐传到北方草原民族。

向上，即使损坏一只两只也可继续运物航行。所以，航渡中如果漏气，渡河将士可随时解开羊蹄上的麻绳吹气，十分安全可靠。一个羊皮筏子最大载重量可达一吨，一次可载五人。

蒙古军下午到勒豁豁河岸边，立即开始抢割莎莎草赶扎羊皮筏。傍晚时分，铁木真就要亲自带着第一批蒙古军将士开始渡河，对妻子孛儿帖的思念已如同烈焰烧炙着他的心灵。

蒙力克立刻拉住铁木真，说："你是乞颜部全军统帅，你的职责是带领乞颜部打胜仗，而不是亲自冲锋陷阵去拼命。你要记住，你是统帅，不是战士。"

铁木真只好第二批过河。

蒙古军过河时让马匹先下水，因为马匹天生就有洄渡过河的本能，见水就能游向对岸，而蒙古军将士只需坐在羊皮筏上牵住缰绳就能被马匹拉向对岸。

从傍晚到夜间，羊皮筏不停地来来往往，四万多蒙古军将士终于在午夜全部渡过了勒豁豁河，然后列阵展开排成攻击队形，开始准备夜袭三十里外的篾儿乞人大本营。

这时，篾儿乞人的首领脱黑脱阿，终于得到了蒙古大军来袭的消息。

原来，脱黑脱阿抢走孛儿帖、速赤夫人和豁阿黑臣之后，一直感觉不放心。在篾儿乞人的首领中，脱黑脱阿是最机警、最谨慎的一个，他知道铁木真一家看似败落，但根基深固，就像一棵大树冬天时只剩枝丫，可是只要一到春天就立刻会枝繁叶茂：铁木真的父亲也速该生前是蒙古第一勇士，与草原各部有着千丝万缕的紧密联系，而自己抢走了铁木真的妻子孛儿帖，铁木真不可能不报仇——草原的历史就是各个部落冤冤相报的复仇史，因此铁木真必然会利用他父亲也速该的关系和影响力前来报复。所以，脱黑脱阿本能地下令部落的打鱼者、捕貂者、狩猎者在部落周围游走，密切关注蒙古各部特别是铁木真的动向。

当然，脱黑脱阿的谨慎没有白费，在最关键的时刻救了他自己的命。在蒙古军夜间渡河时，一个篾儿乞打鱼者在蒙古军渡河点的上游发现了蒙古军的动向，立刻扔下渔具骑马向脱黑脱阿的王帐狂奔。

脱黑脱阿当时已经睡下，却被打鱼者惊起。打鱼人报告说："大王，在东北面三十里外的勤勒豁河拐弯处，无数的蒙古人正在渡河！"

脱黑脱阿还在将信将疑："你怎么知道渡河的不是林中百姓呢？"

打鱼人辩解道："他们全是骑兵！林中百姓，一大半都没马！"

"林中百姓"，指的是西伯利亚大森林中的原始民族。他们马匹不多，男子基本都是步兵——大森林中荆棘密布、树枝茂密，骑马没有步行方便。

脱黑脱阿立刻下令各部集合待命，并通知了另两个首领答亦儿兀孙和合阿台。

但是，已经晚了。传令兵还没有走出大帐，东北方的地面仿佛大锤砸地般在颤动，已经传来了令人恐怖的低沉的马蹄声。

又是夜袭，蒙古军的总攻开始了！

原来，在当时的草原上，无数的战争和冲突使蒙古各部落都懂得——夜间敌人最疲惫，警惕性最差，环境最利于自己隐蔽，所以夜袭是攻击效率最高的作战方式。

札木合的作战方案取得了最佳的攻击效果。

脱黑脱阿把耳朵贴在草地上仔细地聆听，脸色越来越白，不禁叫起来："至少有三四万敌人！"

脱黑脱阿知道自己完蛋了，就算自己部落全部兵马集结起来也只有两万多人，而来敌却有三四万人，况且自己的部下根本来不及集结，现在全是东一个西一个分散的普通牧民。

脱黑脱阿冲出大帐，只听到东北方向的马蹄声、喊杀声惊天动地：大古列延边缘的毡房里不断传来惨叫声，空中到处是利箭"嗖嗖"的破空声，还有发令指示方向的响箭刺耳的尖厉啸叫，让人汗毛倒竖！

脱黑脱阿定定神，带着几个跟在身边的那可儿，叫道："上马，我们往东北方冲！"

几个那可儿惊呆了，以为脱黑脱阿吓糊涂了："大王，蒙古人就是从那边冲过来的！我们过去不正撞在他们刀口上吗？"

脱黑脱阿怒道："蒙古人是从东北方冲下来的，肯定往前一路横扫，我们顺着他们冲锋的方向逃，肯定逃不过他们的追击，只有对向反冲过去，我们才有一线生机！"

脱黑脱阿不愧是草原一代枭雄，靠着对地形的熟悉、过人的机敏和运气以及一片树林的遮蔽，借着夜色逃出了蒙古人的包围圈。此后，脱黑脱阿在草原到处流窜，拼命与铁木真作对。铁木真为报抢妻之恨，也孜孜不倦地追杀了脱黑脱阿二十年，终于在蒙古牛儿年（南宋开禧元年、金泰和五年，1205）将脱黑脱阿杀死在了也儿的石河的支流不黑都儿麻河畔，而脱黑脱阿的两个儿子忽图和赤剌温面对蒙古军的追杀来不及运走父亲的尸体，匆忙间只好砍下他的脑袋向遗体作最后告别。就这样，与铁木真对抗了几十年的脱黑脱阿，最后成了无头的死鬼。但是，铁木真的报复仍未停止，他在十二年后又将脱黑脱阿的两个儿子忽图和赤剌温兄弟杀死在巴尔哈什湖附近。当时，脱黑脱阿的儿子篾儿干是极其罕见的神箭手，可以连发三十箭射中同一个箭孔，于是铁木真长子术赤惜才收留了他，并向铁木真报告。铁木真得知此事后勃然大怒，并勒令术赤立即杀掉篾儿干。术赤无奈之下只好遵命，就此脱黑脱阿家族灭门。然而，铁木真对篾儿乞人的复仇仍在继续，参与过袭击铁木真家、抢夺孛儿帖的篾儿乞人，有些一直被追杀了几十年，甚至逃到欧洲的保加利亚都未能躲过蒙古军的复仇怒火。

脱黑脱阿当时虽侥幸逃掉了，但是篾儿乞的百姓逃不掉。四万蒙古铁骑冲进了篾儿乞人的古列延，杀声阵阵，马鸣萧萧，到处都是蒙古人的闪闪刀光、飒飒剑影。篾儿乞百姓从睡梦中惊醒，很多人衣衫不整甚至是赤身裸体地就冲出了毡房，他们一群群地哭叫着往西南逃命，但这正是蒙古军进攻的方向和主轴。蒙古军轻而易举地就追上了这些逃亡的百姓，将一片片壮年男子劈倒在地，见女人就用绳子一串串绑在一起，见牛羊则抢聚在一堆，见毡房就冲进去抢劫……顿时，不兀剌川一片鬼哭狼嚎之声。

乱军之中，有两个人是顾不上杀人、抢东西的——铁木真，在寻找妻子孛儿帖；别勒古台，在找母亲速赤夫人。

铁木真策马扑向一群群逃命的篾儿乞百姓，一边在星光下辨认那些模糊的脸孔，一边不断地高喊："孛儿帖！孛儿帖！"

博尔术和者勒蔑紧紧地跟着铁木真。

喊杀声、马蹄声、哭叫声、河水声间杂在一起，铁木真的声音显得十分微小，而此时他早已满脸泪水，但仍不肯停歇地高喊着……当铁木真奔驰喊叫了大半夜后，天色已经变得微明，他终于绝望地呜咽出声……就在这时，一只纤细的手拉住了铁木真的缰绳，他一低头就看到了孛儿帖同样满是泪水的脸庞！

铁木真和孛儿帖这一对爱人，在这巨大的修罗杀场紧紧地拥抱在一起，两人不禁放声大哭起来。孛儿帖边哭边说："我知道你一定会来救我的，我知道你一定会来救我的！"

铁木真把孛儿帖狠狠地搂在怀里，抚摸着她的秀发，说："我知道你一定会等我的！我知道你一定会等我的！"

就这样，铁木真和孛儿帖两人紧紧地拥抱在一起，抱到骨头都疼了却一点儿不肯松手，仿佛要拥抱到永远……

这一天是南宋淳熙十二年（金大定二十五年，1185）四月二十六日。

孛儿帖被篾儿乞人抢走后，脱黑脱阿把她分给了三弟赤勒格尔，以报复当年也速该抢走二弟赤列都的未婚妻诃额仑的大仇。当夜，赤勒格尔就强占了孛儿帖。为此，孛儿帖寻死了很多次，但都被紧紧看护她的老仆人豁阿黑臣救了下来。

豁阿黑臣老人告诉孛儿帖，不管遇到什么都要为了丈夫活下去，这才是蒙古女人。

在豁阿黑臣老人的爱护以及对丈夫铁木真坚定的信心和期待下，孛儿帖终于坚持到了得救的这一天。

当铁木真和孛儿帖再次拥抱在一起时，孛儿帖已经身怀六甲，而这时距离孛儿帖被抢已经九个多月了，所以谁都不知道这个孩子是不是铁木真的。

这时，强占孛儿帖的赤勒格尔看到自己的部落被亡族灭家的惨剧，不禁心如刀绞，无比恐惧。据史书记载，赤勒格尔是篾儿乞部老实本分的一个大力士，当他看到眼前到处都是族人的尸体时，无比悔恨地说："黑乌鸦本应该以碎肉为生，或者吃一些麻雀、水鼬，因为这就是它的命。可是，它却疯狂地觊觎那天鹅、鹳和鹭，而我赤勒格尔就和它一样。我真是癞蛤蟆想吃天鹅肉，竟然不顾自己地位低下而胆敢爱上高贵神圣的孛儿帖，是我招来这么一个沉重的灾难而给部族带来了不幸！"有人说，赤勒格尔为了他那连羊屎都不如的贱命，逃进西伯利亚大森林做了野人；也有人说，他在无比羞愧悔恨之余自刎而死。

铁木真侥幸地找回了自己的妻子孛儿帖，立刻命令传讯的使者通知义父脱里汗和札木合安答："我所找寻的，我所失去的人儿，现在已经找到了。今天晚上，我们可以休战，无须赶路，就地宿营吧。"

最痛苦的是别勒古台，他永远失去了母亲速赤夫人。

攻击开始后，别勒古台状如疯虎冲在最前面，抓到一个篾儿乞人就问"我额客速赤夫人在哪里"，只要回答"不知道"的就是一刀。

终于，有一个篾儿乞人答道："速赤夫人在合阿台的帐中。"合阿台是篾儿乞人的一个首领。

别勒古台听到母亲速赤夫人受辱，气得肝胆欲裂，更是直接就一刀。

当别勒古台找到合阿台的大帐时，速赤夫人也远远地看见了自己朝思暮想的儿子。当别勒古台从蒙古包的右门进去时，速赤夫人穿着一件破旧的羊皮袄从左门爬了出去，她说："都说我的儿子已经成了王子，我却在这里被迫和一个粗野的篾儿乞人同居，怎么还敢重新出现在我儿子的眼前呢？"

于是，速赤夫人跑进了密林，从此再也没有人见过她。

万分痛苦的别勒古台在战场上到处狂冲，见到篾儿乞人就刀砍箭射。据史书记载，别勒古台对举目所见之人都一一张弓将之射杀，并一边放箭杀人一边朝他们大喊："还我额客来！"

在狂怒的情绪终于平息了之后，别勒古台从篾儿乞部里搜出了夜袭不儿罕山营地并抢走大嫂孛儿帖和母亲速赤夫人的那三百名篾儿乞勇士，将其全部处决。这三百名篾儿乞勇士在死前互相鼓励，但是他们在看到他们的儿子和孙子全部在他们死前先被蒙古人杀光了，什么都没留下，仍不禁面色如土、崩溃颤抖。同时，他们的妻子和已经长成的女儿被别勒古台选来分给众人，其余那些幼小的儿女都被罚为奴仆用以开启或关闭帐门。

铁木真亲自为别勒古台选了最美的几个篾儿乞女子，并将自己分得的那份一起让别勒古台带回营帐，以安慰其失母之痛。实际上，铁木真没有要一个篾儿乞女人，他说现在找回了妻子孛儿帖并大获全胜，已是心满意足了。

诃额仑夫人将脱黑脱阿扔下的两个女儿要去保护了起来，并说她们是有根脚的人，不愿她们受辱。待事态平息后，诃额仑夫人把她们赏给了博尔术和者勒蔑。

一切平静后，铁木真一家人巡视战场。在篾儿乞人的一个营地里，发现了一个五岁的小男孩在哇哇大哭——这小孩穿着华丽，头戴一顶貂皮帽，脚蹬一双鹿皮鞋，身穿一件獭皮衣，面容可爱，两只眼睛忽闪忽闪，熠熠生光，面色红润粉嫩。众人皆知这个孩子是篾儿乞贵族之后，便将他作为礼物送给了诃额仑夫人。诃额仑夫人最喜欢小孩，便将这个小孩收为养子，而这就是蒙古著名的"四养子"中最大的曲出。后来，"四养子"都是蒙古帝国的栋梁之材。

这一仗，蒙古联军大破脱黑脱阿，又追击打垮了三姓篾儿乞的另外两姓，连破三部，大获全胜。可以说，他们一举铲除了宿敌篾儿乞的老巢，光俘房就抓了四五万人，而自己的伤亡极其轻微。最后，这些篾儿乞俘房被札木合、脱里汗和铁木真三人毫不客气地分掉，带回去做奴隶；还有几百万头马牛羊也被分掉，带回去美餐；而女人就不用说了，这是最受欢迎的战利品，都被带进了毡房。这就是大草原。

就这样，篾儿乞部几百年的基业被犁庭扫穴，受到了毁灭性的打击。从此，草原五大兀鲁思之一的篾儿乞部失去了影响草原历史的能力，沦为了一个弱小的部落。

当然，这不意味着篾儿乞部被彻底剿灭。"百足之虫，死而不僵"，脱黑脱阿带着篾儿乞的余部多次卷土重来，参加了一切反对铁木真的联盟，与铁木真死战到底。铁木真对他们也没讲丝毫客气，夺妻之仇不共戴天，这种仇恨只有一方被彻底消灭后另一方才会止息。后来，即使脱黑脱阿全族被灭以及篾儿乞余部逃到欧洲中部的保加利亚后，蒙古"黄金家族"也还在追杀他们。这就是大草原上的复仇。

第六章　丈夫当自强

看着满地的篾儿乞人尸体，一串串用绳子牵着的妇女、儿童，成群结队悲鸣的马牛羊，到处破破烂烂豁着大口子的毡房，脱里汗连连在胸前画着"十"字："主啊，宽恕我们这些该死的罪人吧。阿门！"

这时，铁木真向脱里汗献上了自己那部分战利品的三分之一，而铁木真率领的先锋部队最先冲入战场，战利品自然抢得不少。顿时，脱里汗喜笑颜开，继续在自己的胸前画着"十"字："主会保佑你的，我的好儿子铁木真。"

铁木真又把另外三分之一的战利品送给了札木合，札木合也非常高兴。

铁木真的慷慨使脱里汗和札木合都非常开心。当然，铁木真更是喜悦，他通过馈赠战利品巩固了三人的联盟，因为乞颜部现在还很弱小，需要脱里汗和札木合支持的地方还很多，而只要有他们的坚决支持，草原上又有什么东西是抢不到的呢。

三人各得其所，都是胜利者：脱里汗报了少年时被迫舂米、放骆驼之仇，还巩固了草原老牌霸主的地位；札木合报了杀父做童奴之仇，崛起为草原上的新霸主；铁木真报了夺妻之仇，重建了乞颜部，成为草原上一颗夺目的新星。

当然，最大的胜利者无疑是铁木真，他白手起家以衰落多年的一家之力居然联盟了草原上最强大的两部势力，不但夺回妻子成功复仇，扑灭了草原五大兀鲁思之一、强大的篾儿乞部，还重整部族保持了独立且没有沦为谁的附庸，而他已经成了草原上的传说。

篾儿乞部由三个姓氏、四个部落联盟组成，所以称为三姓篾儿乞。当时，篾儿乞另外三个部落也猝不及防，遭到了蒙古联军的沉重打击。从此，三姓篾儿乞各部一蹶不振。

其中，篾儿乞一个部落的首领答亦儿兀孙，慌乱之中只来得及抱着自己最心爱的幼女忽兰逃跑。然而，铁木真却成了忽兰一生的劫。

打扫战场后，三人都抢到了大量的战利品。不过，铁木真就算分了三分之二的战利品出去，他还是消化不了那么多俘虏。要知道，铁木真现在才两千多户百姓，可是俘虏却有一两万人，以至于部落里的奴隶比百姓都多。同时，还有上百万头马牛羊，无数毡房里的金银细软，以及那些篾儿乞毡房也是要拆开装上勒勒车一起带走的。

铁木真第一次尝到了打胜仗的欢乐、劫掠的快活，以及分发战利品的喜悦。

战场上，乞颜部的士兵在挥刀刺矛对天狂呼高喊"铁木真，铁木真"，也有的士兵在泪流满面地哭喊"也速该，也速该"，而很多人都在一边喝着篾儿乞人的马奶酒一边大叫"我们蒙古人又有指望了"。

不远处，有札达兰部士兵在高喊"札木合、札木合"。

更远处，依稀有大呼"脱里汗、脱里汗"的高喊声传来。

分手的时候到了，三人依依惜别。

铁木真学着克烈部的礼节，亲了一下义父脱里汗的右手手背。脱里汗果然非常开心，咯咯地笑道："儿子，你要是信上帝就好了，那就真是我完美的儿子了。"

铁木真说："长生天就是我的上帝，义父是个完美的义父。"

脱里汗哈哈大笑："都一样，都一样！有事随时到黑林来找我！"然后策马离去。

脱里汗走得非常聪明，他有意避开了札木合和铁木真之间的一大难题，那就是札木合征发的乞颜部那一万骑的归宿。

原来，札木合的札达兰部本部人马只有六七千骑，加上附属的巴阿邻氏等小部落也才刚到一万骑，于是他在斡难河牧场以为铁木真报仇的名义征发了野在那里自由生活的乞颜部的一万骑，这才凑够了两万骑攻打篾儿乞部。

可是，现在仗打完了，札木合既没有理由把乞颜部这一万骑扣在手中，又不想把他们归还给铁木真——铁木真一旦有了这支精锐，立刻就能跟他并驾齐驱、与之抗衡——但他也没有能力扣下这一万骑，因为在镇海和合撒儿的鼓动后，这一万骑和还在斡难河的两三万百姓的心早已经跟了铁木真。

最让札木合伤脑筋的是脱里汗和他事先都已经答应帮铁木真收容百姓，所以从道义上说他必须无条件地把这一万骑归还给铁木真。

铁木真也很尴尬，他如果不是靠着札木合安答帮忙，不要说索回这一万骑，甚至连自己的妻子孛儿帖都抢不回来，所以他也无法开口；但要他舍弃这一万骑，那也是万万不可能的，因为他们本来就是乞颜部自家的兵丁，何况这一万骑背后还有斡难河畔的三万百姓。

老谋深算的脱里汗正是看到了两人之间这种微妙的局面，所以带了各类战利品如俘虏和牛羊等直接脱身走人，让札木合和铁木真两位好安答自己去处理这件事。

聪明的札木合想到了一个好办法，他对铁木真说："安答，多年不见，这才刚刚相聚几天就又要分手，不如我们两部一起放牧吧。"

札木合这个邀请固然出于真情，却也是因为他想着能和铁木真的乞颜部在一起游牧的话，就不用和乞颜部三万百姓和一万精骑分开，甚至可以慢慢设法将他们拉入自己的部落里，毕竟这可是蒙古诸部中人数最多、实力最强大的一个部落。

铁木真很感动，他听出了札木合的真心，而他也想和自己的三万百姓、一万精骑在一起。要知道，铁木真现在还没有能力把这三万百姓和一万精骑重新聚拢归回自己家，招入自己的麾下，因为他现在只有三千二百人马、两千五六百户百姓。虽说经过镇海和合撒儿劝导后那些野在斡难河畔的百姓开始心向着铁木真家，但是他们毕竟有一万多户，而铁木真家目前根基尚浅，如果不经过更细致的真诚交融和某个很特殊的机缘，那这野了十来年的一万多户百姓是不会心甘情愿地重回老主家受束缚的。

与此同时，乞颜部里那些心高气傲的贵族更不会就这样回归铁木真，虽然铁木真的亲叔叔答里台和堂兄忽察儿都来看望过他，见面也和他亲亲热热，却没有说过一句重新回归的话。铁木真知道，他自己在乞颜部的威信和权力不是一场胜仗就可以积攒起来的。

再说，札木合心里想什么，铁木真更加不能不考虑，毕竟札木合现在可是一句帮铁木真收拢百姓并将一万骑归还他的话都没说。

所以，铁木真听到札木合邀请他让两个部落一起放牧，心里自然非常高兴。

铁木真非常钦佩这位指挥如神的札木合安答，他知道自己和札木合在一起可以学到很多东西，而且札木合现在是草原上的新霸主，跟他结盟亲近对自己有极大的好处。同时，两个部落一起放牧，这样铁木真也可以和自己的那三万百姓、一万精骑接近。

于是，铁木真毫不犹豫地就答应了札木合的请求。

札木合更加开心，高兴之余说道："铁木真安答，我们再结一次安答吧。"

原来，在蒙古草原上，安答可以随着感情的加深多次举行重新结拜的仪式，而结安答就相当于汉人的结为同生共死、永不相弃的异姓兄弟。

朝阳下，铁木真、札木合二人策马奔驰来到勤勒豁河畔，然后跳下马来面对东方跪下，各从箭筒抽出一支利箭，两人折箭为誓："长生天在上，我们铁木真与札木合两兄弟再次结为安答，永永远远要互相帮扶着，剩一口饭也要同吃，剩一张床也要同睡。永远同生死，共患难！如违背誓言，有如此箭！"

立誓完毕后，铁木真、札木合二人同时"啪"的一声折断了手中的利箭，然后将箭头卸下来交给对方，作为兄弟两人再结安答的证物。

铁木真手握箭头，从怀中掏出一个小袋倒出一样东西，然后递给札木合。札木合看到，这是一块公狍的拐骨，他认出来这是两人五岁第一次结拜时他送给铁木真的结拜证物。

札木合看着这块童年时送给铁木真的拐骨极为感动，然后与铁木真紧紧地拥抱在一起。

在勤勒豁河畔这些日子，铁木真家里是喜事连连。

首先，他们在脱黑脱阿的大帐里找回了被抢走的父亲也速该的苏鲁锭军旗、盔甲、弯刀、弓箭、长矛，一家人不禁喜极泪下。不仅如此，他们还缴获了脱黑脱阿的军旗和全部的个人装备，还俘获了脱黑脱阿的二十多个大小妻妾。

其次，孛儿帖惊喜过度动了胎气，便提前在军帐里生下了一个儿子，而这个孩子还是豁阿黑臣老人亲手接生的。铁木真抱着光溜溜的儿子心花怒放，他对躺在羊皮垫上疲惫而又幸福的妻子孛儿帖说："我给儿子取名术赤吧。术赤是蒙古语'客人'的意思，这个儿子就像一位尊贵的客人来到了自己的家中。"

不过，铁木真万万没有想到，他给儿子取的这个吉祥的名字却被很多人乃至很多后世的历史学家认为他把这个儿子当成了外人，当成了一个不速之客。实际上，在铁木真一生中，他从来没有外看过这个孩子，对术赤和后来出生的其他三个儿子也一视同仁。

对于术赤是不是篾儿乞人的孩子，铁木真可能并不在意这个问题，在他看来孛儿帖的孩子就是他的孩子，这是永远都毫无疑问的事情。

但是，随着铁木真家族渐渐壮大并成为蒙古部落的首领，不管是在他们自己的家庭里，还是在整个蒙古部族里，有很多人却并不这么想。于是，他们要求蒙古第一家族，血统的纯正必须万无一失，因为这关系到整个蒙古族的面子和血统。

然而，铁木真一生虽英明神武，但只要涉及跟此事有关的问题就无比笨拙，而孛儿帖作为母亲和受害者更是难堪，唯有垂泪而已。

于是，术赤的出身问题便成了铁木真、孛儿帖夫妻二人一生最大的痛苦，这个问题也埋下了后来"黄金家族"分裂的种子。

在蒙古联军得胜的分外喜悦后，铁木真带着乞颜部，札木合带着札达兰部，以及一些附属的小部落，开始合营一处向豁儿豁纳黑川移牧。

沿路的百姓纷纷加入移牧的大队人马，大军里的兵士也纷纷带着分给自己的奴隶和财产回到自己家的毡房中，他们又成了普通的牧民，过着普通百姓的生活。当时，蒙古军就是这样一支亦兵亦民、可战可牧的铁骑。

这支游牧大军经过斡难河畔时，札木合征发的一万乞颜兵将都回到了自己家的毡房中，然后带着全家一起跟从大队移牧。看到忽然得了这么多百姓，铁木真和札木合都不禁又喜又忧：人多势众，欢喜自不多言，但这些人马到底归谁，心中不禁又忧。

这天，铁木真回到自己和孛儿帖的毡房，看到孛儿帖已经为他准备了一桌酒席。

铁木真问是怎么回事。

孛儿帖说："术赤满月了。"

铁木真很高兴："我不但找回了妻子，又得了个胖儿子。真是双喜临门！"

这时，几个篾儿乞女奴满上了马奶酒。

孛儿帖说："谢谢你为我起了大军，把我救回来。敬你！"说完"咕咚"喝了一碗。

铁木真叹气："我要谢你那天救了我，还护住了家神。我代表一家人谢谢你！"话音落下，也"咕咚"喝了一碗。

孛儿帖的眼睛湿了："恭喜你打了大胜仗，得了这么多财物和百姓，还有这么多女人。"

说完"咕咚"又是一碗。

铁木真也"咕咚"跟了一碗："主要是为救你，那些都是顺带的。咱家好日子来了。"

孛儿帖流下了眼泪："我苟活了这大半年，主要是为了肚子里的孩子，还有就是相信你一定会来救我。"

铁木真叹道："在这大半年里，自打你被抢走后，我没有找别的女人。"

孛儿帖开始抽泣："我被抢了去，你尽管有别的女人，有多少都行。你为我把草原翻了个底朝天，我觉得满足了。"

铁木真叹了口气："你是为我和全家受罪，是我没保护好你才让你遭罪的。我这一生都会疼爱你、宠着你，我还要和你生好多个儿子、女儿。虽然我还会有其他的女人，但你在我心中永远最大，无人可比。"

其实，铁木真只是说了实话。当时，在蒙古草原上，作为部落首领、家族之长的铁木真，他需要有多个女人繁衍更多的后代，这是他的责任。

孛儿帖呜呜大哭起来，一下扑到铁木真身上咬住了铁木真的肩头。

他们的酒也不喝了，疯狂地抱在了一起，而媵儿乞女奴们都知趣地离开了毡房……

铁木真和札木合合营游牧长达一年半的时间。在这期间，他们共同放牧，一起狩猎，同饮一袋水，共食一块肉，互相关爱，彼此爱护，结下了极其深厚的友谊；他们甚至在蒙古历史上最后一位可汗——忽图剌汗宣誓称汗的松树下第三次结拜为安答，而这次安答结拜是蒙古历史上规模最盛大的一次。

观看这次安答结拜的可以说是人山人海，人人皆知这是蒙古族最有前途的两位青年英雄的结拜——实际上是结盟仪式。

主持结拜仪式的是巴阿邻氏的豁儿赤大萨满。在仪式上，人们将五颜六色的绸缎系满了那棵神圣的百年苍松的枝干，又在树旁垒起一大堆石头，石堆顶端插上了绿莹莹的柳枝，同时树下铺起了厚厚的地毯。

豁儿赤大萨满是整个札达兰部地位最高的一位大萨满，他也是札木合的堂兄。在众人的期盼中，豁儿赤大萨满头戴凤凰法帽，身着最高等级的萨满白色法衣，上面挂满了各种神铃，胸前戴着一块铜镜，腰挂两只神鼓，衣带上插着两只鼓槌，手上还拿着一只马头形的神杖。

豁儿赤大萨满进场后，摇起神铃，打起神鼓，口唱神歌，大跳了一通神舞。

跳完神舞后，豁儿赤大萨满大喊："铁木真和札木合，结拜安答！"

铁木真和札木合沿着地毯走到圣树下，而这棵圣树当年曾见证了忽图剌汗宣誓称汗。两个蒙古青年英雄走到圣树下都很激动，他们之所以选择在这棵树下结拜安答，意思就是他们要继承忽图剌汗统一蒙古的事业。

两人用金碗喝下圣水，然后对着东方跪下，庄严祈祷：

神圣的长生天，伟大的地神，一切伟大的神灵。

我们兄弟盟誓，像利箭捆在一起，永不分离。

赐予我们无上的神力，扫平一切顽敌，让四分五裂的草原回归和平，管教好失去规矩的百姓。

把作战的敌人消灭，把危害的部落镇压，把野马一般的部族调教成良驹，让天狗一样的野人重新变成和睦的狗群。

拯救万民于水火，让苍生共享太平！

祷告完毕，铁木真伸出右手，札木合伸出左手，两只手紧紧地握在一起，并立下誓言：

"长生天为我们见证，听先世父老之言，若结为安答，不仅己身得益，又能相互照应。今天，铁木真和札木合结成安答，从此两个兄弟就像一个人一样永不相离，就像左手与右手一样永远相伴。"

两人立誓完毕，豁儿赤大萨满又"嘭嘭"地敲了一阵神鼓，高喊了一声："两位安答互换礼物！"

铁木真解下自己腰间横系的黄金腰带给札木合戴上。这条黄金腰带的带扣是一块西辽国的莹润羊脂白玉，穿起一块块金片的是一整条缠着银丝的白虎大筋。实际上，这条白虎黄金羊脂玉腰带，是铁木真从篾儿乞部首领脱黑脱阿处缴获的战利品。

札木合也解下自己腰间的黄金腰带给铁木真戴上。这条黄金腰带同样奢华，是用天竺国的大象背筋穿成，每块金片上都缀着一朵白金花朵。这也是札木合从篾儿乞首领答亦儿兀孙①处缴获的战利品。

围观的人们，大声拍掌欢呼，喊叫声响彻天地。

接着，铁木真把札木合扶上了自己送给他的一匹海骝马。这匹海骝马通身灰色，一道白毛，从鼻间直贯脑顶部，神骏至极。这匹马也是缴获的脱黑脱阿最爱的一匹坐骑。

札木合也赠给铁木真一匹龙精虎猛的小白马。这匹小白马的神异之处，就是它虽然通身雪白，但四只小腿和脚蹄却一团漆黑。

铁木真和札木合两个安答互赠腰带马匹后，紧紧地拥抱在了一起。

豁儿赤大萨满取下一只苍鹰的眼罩，将它奋力抛向天空，只见那只苍鹰

---

① 指篾儿乞部落里那位孤身抱着自己最疼爱的幼女忽兰逃跑的答亦儿兀孙首领。

在人群上空盘旋两周，然后对着蓝色的天空劲飞而去……

人们再次高声狂呼："长生天！长生天！长生天！"

这是铁木真和札木合三结安答的最后一个传统仪式——向长生天献祭！

三结安答时，是铁木真和札木合一生友情最好的时候。据史料记载，他们当时甚至晚上睡觉都盖同一条被子。

但是，所谓"物极必反"，亲极则疏。在铁木真和札木合二人朝夕相处的过程中，长期紧密的生活让他们互相极其透彻地了解了对方，但二人的关系也随之开始出现了极其微妙的变化。

铁木真和札木合都是胸怀大志、智勇双全、刚毅果敢、精明强干的青年英雄，正因为他们有如此之多的共同之处，所以他们从儿时起就心灵相通、一见如故、互相欣赏，并三结安答建立起了真挚深切的友谊。这种友谊贯穿了他们的一生，即使后来他们互为死敌，但他们之间的友谊也没有改变，哪怕双方在战争之中也仍然互相关心。

铁木真从童年起就历经苦难，他在与大自然的搏斗中和自己所遭受的苦难里更是练就了非凡的识人能力。在和札木合近距离的交往中，铁木真认清了札木合一些致命的缺点。例如，札木合脾气暴躁、狂妄自大，脱里汗会师迟到时对其严厉训斥即是一例。在这件事情上，札木合虽然有理，却不近人情。要知道，脱里汗是草原著名的老英雄，而札木合是一个后生晚辈，他当着众人的面毫不留情地训斥脱里汗就显得太过了些。铁木真对长辈是极其尊重的，当时他就很反感札木合的这种做法，但碍于当时处境也不好说什么。同时，札木合性格乖戾多疑、刻薄残忍，做事经常虎头蛇尾、半途而废、有始无终，特别是喜新厌旧、气量狭小、不能容人，对自己的部下动辄鞭挞斥骂甚至酷刑杀戮。这时，铁木真终于深刻地体会到了老将蒙力克对札木合的评价，而札木合喜新厌旧、不能容人的缺点是千真万确的了。

当然，札木合也开始对铁木真越来越反感，因为铁木真一天到晚总往下面跑，天天泡在各部贵族和普通百姓家里热情交流。

铁木真朴实谦和，虽身为乞颜部首领且身上流着蒙古贵族的血，但对任何一个普通的百姓都亲诚和热，不拿半点架子，浑身散发着一个领袖的魅力。结果，不但乞颜部的贵族和百姓们喜欢三天两头往铁木真家里跑，就连札木合的札达兰部本部人马也都爱跟铁木真交往，没事就往铁木真跟前凑并和他谈笑风生。

札木合属下的探子天天向他报告铁木真的这些行为，时间一长他便对铁木真极为戒惧。其实，札木合对铁木真是有心病的，因为札达兰部在当年铁木真的父亲也速该去世后也吸纳了许多乞颜部的旧众，现在又在打斡难河畔跟来的三四万乞颜部百姓的主意，所以他害怕铁木真撬他的墙脚，更知道他自己的亲和力不如铁木真。结果，札木合心眼小的老毛病大发作，对铁木真的态度自然也大不如前了。

以铁木真的聪明，他当然知道札木合的想法，但他仍是一如既往地与部众出猎、游牧、捕鱼，继续和各部的贵族、百姓交往。铁木真认为自己没做错什么，对札木合虽然还是非常尊重，但他心中也有了疙瘩。

这一天，札木合终于决定跟铁木真摊牌。

满天璀璨的星光映照着小山丘上红红的篝火，空气中弥漫着羊肉和马奶酒的香味，铁木真和札木合两人坐在篝火旁一边吃肉喝酒一边交谈，不远处就是他们三结安答并见证过忽图刺汗称汗的那棵圣树。

札木合翻了翻篝火上面烤的一只全羊，几滴羊油落在火堆上发出"嗞嗞"的响声，然后他割下一块羊肉递给了铁木真。

札木合和铁木真一样都是儿时富贵，但他稍长就落入篾儿乞人手中做童奴，也是受尽了折磨后从千难万险中奋斗过来的。因为出众的才华和凶狠，札木合刚满二十岁就成为札达兰部的首领，一步一步的成功使他的野心越来越膨胀，而他也完全继承了草原先祖们杀人、抢劫、征服的野性。

特别是这次札木合指挥草原老霸主脱里汗和铁木真安答联军攻打篾儿乞人的大获全胜，更使他称雄蒙古部问鼎大草原的欲望完全不可遏制。到了这一步，札木合信奉的便是弱肉强食、唯我独尊，"顺我者昌，逆我者亡"，谁敢挡路必杀之。

现在，札木合最想的就是让札达兰部吞并乞颜部，因为铁木真所部和斡难河畔的上万户百姓加起来有四五万人，这两部分足以形成札木合手下一半的实力。当札木合向铁木真提出合营游牧时就为等到这一天，他在和铁木真一年多朝夕相处后已经非常清楚这位铁木真安答的雄才大略，其机警深沉一点也不比自己差。札木合非常希望铁木真能做自己的副手，做自己的左膀右臂，然后辅佐自己成就草原霸业。

铁木真接过札木合递过来的烤肉，默默地吃了一口。实际上，铁木真隐隐约约地感觉到了札木合的真实想法，但对于铁木真来说，让乞颜部并入札达兰部是不可能的。首先，这里有一个很现实的原因，乞颜部的血统是蒙古正朔，即蒙古族嫡传的正宗正支——最高贵的王族后裔，而蒙古的贵族们都认为札达兰部血统不纯。据蒙古历史记载，札达兰部乃是蒙古先祖孛端察儿和一个掳掠来的妇人之后，而且这个姘妇在跟随孛端察儿之前已经怀有异族的骨肉。因此，札木合和铁木真争汗最吃亏的一个问题就是血统，而让杂系吃掉嫡系这种事根本就不可能，乞颜部所有人的骄傲也不会允许。

其次，铁木真不会同意乞颜部并入札达兰部的第二个原因，是乞颜部的实力比札达兰部更大。乞颜部一直是蒙古各部中最强大的一个部落，而札木合想细蛇吞巨象，不但铁木真不会同意，而且乞颜部的贵族、百姓也都不会同意。

最后，铁木真不会做任何人的附属，他也有自己的梦想。

铁木真和札木合两个人坐在那里，他们一边吃一边默默地想着各自的心事。终于，札木合先开了口："铁木真安答，以前的契丹和我们一样也是一个草原民族，却冲出草原建立了辽国，成就了一番大业；女真也是一个弱小的民族，却打败了辽国、打败了宋国，建立了庞大的金国，压得我们草原各部喘不过气来。草原上很多民族都称霸过，都统一过草原，甚至南下称雄，而我们蒙古部在草原上也生活了上千年，但一直弱小贫穷、寂寂无名。为什么我们蒙古人就不能像契丹和女真那样称霸，从而主宰别族的命运呢？"

铁木真对这个问题也很感兴趣，他想了想说："这可能是因为我们蒙古部不团结吧。蒙古部本来人就不多，还分成几十上百个小部落，而且互相争斗不休，力量就更加分散了，自然就会被外族欺负。"

札木合点点头："历史上，只要我们蒙古部能团结在一个大汗周围，别人就不敢欺负我们蒙古部，如海都汗、合不勒汗、俺巴孩汗、忽图刺汗。我们蒙古部只要出现一个大英雄把蒙古人团结在一起，我们蒙古人就能强大到辽国、金国都害怕。铁木真安答，我们蒙古人又到了需要一个大汗的时代了。"说完后，札木合满怀期待地看着铁木真，他期待铁木真能接下他的话推他做蒙古部的大汗。

但是，铁木真不作声，他知道只要接下札木合的话，就必然要被迫表态是否推选札木合做大汗。当然，对于做大汗——这个振兴蒙古部的英雄，铁木真自己也想做。

见铁木真一直不说话，札木合只好又兜了个圈子："铁木真安答，你说现在谁是草原上的英雄？"

铁木真想了想："我义父脱里汗应该是草原上的英雄。"

札木合"扑哧"一笑："脱里汗是英雄？是女人肚皮上的老英雄还差不多！蒙古草原上，从你额赤格也速该去世以后，就没有出过英雄了。今后的英雄，就在你我之间。"

铁木真心里"咯噔"一紧，札木合安答终于摊牌了。

铁木真想了一下，也绕起了圈子："札木合安答，我觉得谁做草原上的英雄不是用嘴说的。蒙古的英雄，就像马群的头马，是日久天长跑出来的；就像天狗群里的狼王，是日积月累斗出来的。蒙古的大汗，是靠有大功绩，并由那颜（贵族）和百姓们推出来的。"

札木合一听就明白了，他的铁木真安答也有做蒙古大汗的雄心壮志。

这样，两人自然就话不投机了，于是各自喝起了闷酒，一会儿就都酩酊大醉地沉沉睡去了。

自从铁木真、札木合两位安答这次摊牌后，他们之间的关系就出现了深深的裂痕，相互之间既想保持原来的友谊，但又对对方抱有深深的戒惧，于是关系越来越尴尬。

铁木真将这些点点滴滴的事都告诉了母亲诃额仑夫人和妻子孛儿帖，而婆媳两人凭着女人的直觉告诉铁木真要相机行事，随时做好与札木合分手的准备。

这时，札木合也有手下看到铁木真与各部贵族和百姓频繁亲密往来，建议直接杀掉铁木真以永绝札木合称霸草原的后患。不过，札木合直接驳斥了这种想法，他认为现在没有理由杀掉铁木真，同时他也根本没把铁木真那点实力放在眼里，并认为铁木真不足为患。

就这样，铁木真、札木合两人之间的气氛已然很糟了。

铁木真和札木合之间的关系最终破裂了，说到底就是一句话——"一山不容二虎"。

他们之间真挚的友谊终究无法抵挡各自利益的需求，而这也是许多英雄之间的共同悲剧。

这一天，时当暮春，正是牲畜食欲旺盛的时候，但草原上的牧草还未完全长齐，一片牧场只能供牲畜短时所需，因此就必须移牧寻找新的草场。铁木真和札木合两个安答也一样拔营前往别处，为部落的牲畜寻找新的草场。

铁木真和札木合虽然贵为部落首领，但他们也同样要放牧，因为这是草原上必须干的活儿——是草原男人就得干这活儿，而且部落首领还得领头干，好为百姓做个好榜样。这是草原上千百年的规矩。

部落移牧时，场面是非常壮观的：蒙古包被拆下来，装在成千上万辆马拉牛拖的勒勒车上，女人和小孩坐在车上的空处欢乐地唱着、叫着；勒勒车后，骑着马的男人们围赶着几百万头马牛羊高兴得人欢马嘶、牛欢羊跳地慢吞吞地跟着勒勒车队往前涌，仿佛大片大片的云朵在绿色的大草原上缓缓移动。这就是中国古籍上记载的北方草原民族逐水草而居的游牧生活景象。

铁木真和札木合两人带着众首领，骑马走在车队的最前方。

他们两人沿着一条小河走到一座山脚下，这里景色秀丽、水草丰美，不禁勒马驻足欣赏着美丽的风景。

这时，主持铁木真和札木合三结安答的豁儿赤大萨满话里有话地说："今年的牲畜增多了，特别是羊群增加了很多，如果还只是沿着一条路线放牧，恐怕牲畜都吃不饱啊！"

众人皆知豁儿赤大萨满话中有话，因为当时各部落贵族的牲畜都是以马群为主，而跟随铁木真的绝大多数都是乞颜部的贫苦牧民，他们养的大多都是羊群。豁儿赤大萨满说羊群增多了虽说是实话，但也是指责铁木真在扩张自己的势力，更表达了对铁木真乞颜部依附札达兰部而共同游牧的不满。豁儿赤大萨满认为乞颜部是在占札达兰部的便宜，抢吃了札达兰部牲畜的水草。

豁儿赤大萨满此话出口，乞颜部的人就不乐意了。铁木真的堂兄忽察儿说道："牲畜再多，多得过草原上的牧草吗？草原上，还嫌牲畜多吗？"

忽察儿此话一出，众人顿时乱议论纷纷，各说各的理，各唱各的调，一片乱糟糟。

札木合和铁木真两人却默不作声。

过了一会儿，札木合对着那片山脚的草地大喊起来："如果我们在山坡上扎营，牧马的人就找到了自己的地盘，顺着山坡放牧会欢欣鼓舞；如果我们在河岸边停驻，牧羊的人就会大大受益，在河边放羊吃草高兴非凡。"

札木合看着前方连续大喊了三次，然后看也不看铁木真直接拍马前行。

铁木真想了又想，不知道札木合的言行是什么意思，他决定在原地等待母亲诃额仑夫人和妻子孛儿帖的帐车求教。

铁木真原地驻马，一会儿便看到远处母亲诃额仑夫人和妻子孛儿帖的帐车过来了，于是策马上前把刚才札木合说的话讲给母亲和妻子听。诃额仑夫人还在沉吟不语，但孛儿帖却直接说道："谁都知道，马和羊从来不在一起放牧。札木合这个人喜新厌旧，他说这话是厌烦了我们，希望和我们分开。我们再在这里待下去，说不定会有更大的祸事，而札木合可能对我们会有另外的不利企图。男子汉大丈夫，当自立于世，切莫寄人篱下讨口残汤剩水。我看我们不能再与札木合待在一起，不如就此分手，各自清静。今天，我们就不与他们合营，干脆就此离去星夜迁往他处，一直向前赶路连夜不歇。现在，正是月圆时，天色不黑，我们就一直往前走，但札木合自会停下歇息，这样到明天就自然和札木合分开了。"

孛儿帖的话让铁木真顿觉心扉敞开、舒畅之至，铁木真似乎看到了未来不尽的希望和欢乐。铁木真生长在草原辽阔的天地，天生酷爱自由，他和札木合在一起算是寄人篱下，自然处处感觉束手束脚不得舒展，加上札木合态度变恶后更觉难受，而妻子孛儿帖一番话顿时让他觉得痛快至极。

诃额仑夫人年高识广、经久历多，她早看出"一山不容二虎"，知道札木合和铁木真分手的这一天必将到来。于是，诃额仑夫人说："孛儿帖说得对，就按孛儿帖说的办。这事不要告诉札木合，我们悄悄地走，免得双方都难看。"

铁木真这下彻底下定了决心。

于是，铁木真马上派飞骑召来博尔术、者勒蔑、合撒儿、别勒古台等兄弟手足和老将蒙力克，面色冷峻地对他们说："我已经决定带乞颜部和札木合分开，我们自己单独前往桑沽儿河边的牧场。"

大家听后，顿时喜笑颜开。

这样，铁木真知道大家都想自立，都不愿做"樟木盒的附庸"。然后，铁木真又强调道："你们不能声张，我们今晚就要行动。现在还是上午，你们马上分头行动，不要让消息被札达兰部知道了。尽可能多地告诉我们的百姓，今天放牧不要停止，一直往前走越过札达兰部前行，天黑后继续向前赶路，没有收到我的命令不许停止，同时注意不要走得太猛、太快，要若即若离。札达兰部安营之后，我们继续前行，这样就脱离他们了。另外，札达兰部中还有一些跟我们关系很友好的小部落，你们也派人飞马告诉他们，如果愿意跟我们走就把行动计划告诉他们，让他们跟着我们一起走！"——分手的时刻，铁木真毫不犹豫地挖了札木合的墙脚。

众人聚精会神地听着，知道事关重大，而乞颜部的存亡兴衰在此一举。他们虽然每一个人都在期盼这一天，但面对铁木真的摊牌仍然感到强烈的震撼，个个都知道一旦与札达兰部分营的命令发下后一个新的时代就要开始了。

铁木真见他们愣在那里，又问道："你们还有什么事吗？"

大家这才回过神来，然后欢天喜地地打马奔向各个方向。

游牧的大队人马起先还看不出有什么异样，但是到了中午吃饭的时候就开始看到有些队伍停了下来，有些却继续在往前走；到了下午的时候，乞颜部和其他一些部族的人畜开始走到庞大的游牧队伍的最前面。铁木真提心吊胆地看着这支队伍，他不知道跟上来了多少人，便让博尔术、合撒儿到队伍最前头带路，让母亲诃额仑夫人、妻子孛儿帖、老将蒙力克、脱栾、搠阿等人镇住队伍中部，而他自己则带着别勒古台和者勒蔑压阵。

太阳从西边的高山落下了，草原的天空阴暗下来了。

札达兰部停下来开始安营扎寨、生火做饭，乞颜部和一些随从的小部落则继续滚滚向前。

就这样，没有人注意到这支在夜色中继续行进的队伍。在草原上放过牧的人都知道，虽然沿着同一条路线游牧，但各户之间的距离是拉得很开的，挨得过近牲畜就会争草吃，所以放牧队伍彼此之间都保持着若即若离的距离，这样能让牲畜有足够的食源。

虽然札达兰部有些人对乞颜部打乱放牧的次序只顾一路向前有些疑惑，但看到还有其他不同的氏族也在跟着往前移动，以为他们是在寻找更丰盛的水草牧地宿营，便不以为意而没做问询，更没报告给首领札木合。

夜色中，断后的铁木真看着左右不断有一队队人马赶着牲畜超过自己匆匆前行，而后方一直没有追兵赶来，心中的紧张稍稍放松了一些，但仍不断派出传令的使者命令队伍不得懈怠、继续前行。

这时，在最前方开路的博尔术经历了一场惊险。在前进的路上，博尔术遭遇了一个极大的营地，当对方一听到是铁木真的乞颜部到来，这个营地顿时哭喊连天、一片慌乱。原来，博尔术闯进去的是铁木真的死敌泰赤乌人的大本营，而他们之所以害怕、恐慌的原因是：在铁木真的父亲也速该去世后，泰赤乌人威胁挑拨乞颜部遗弃了铁木真全家，险些将铁木真一家饿死在草原上，后来又将少年铁木真抓去囚禁了好几个月，被杀头的前一天他才侥幸逃出来。

半夜突如其来的人喊马嘶声惊醒了熟睡中的泰赤乌人，他们听到是铁木真来了后都以为他是来报仇的，因为这时铁木真在蒙古草原上已颇有威名。要知道，连蒙古草原五大兀鲁思之一的篾儿乞人都被铁木真铲了老巢，泰赤乌人自知难挡铁木真的锋锐，于是在夜色中裸身飞奔而逃。后来，胖子塔里忽台等泰赤乌首领自知与铁木真家仇深似海，但他们又不是铁木真的对手，只好光着身子投靠了札木合，从此一门心思与铁木真作对到底。

泰赤乌人逃跑之后，博尔术率千骑踏马入营，这才知道是泰赤乌人的大古列延。不过，泰赤乌人虽然奔逃一空，但把所有的营帐和牲畜都遗留了下来，这真是一笔意外的收获。

这时已到后半夜，经过一整天的奔波，百姓已经是又疲又累。于是，博尔术便一边派使者报告铁木真，一边安排陆续到来的百姓在泰赤乌人遗留的营帐里住宿。不久，大队的百姓陆续赶着牲畜到来，个个疲惫至极，一听宿营便倒头就睡。等到压阵的铁木真率千骑赶到时，黑沉沉的天边已经露出了一丝曙光。

安排布置好警戒，铁木真躺在草地上便睡着了。不过，铁木真刚睡不一会儿便被孛儿帖推醒了，孛儿帖指着后面要铁木真往远处看。这时，天色刚明，铁木真惊喜地看到后面仍有一小队一小队的百姓，赶着牲畜、坐着勒勒车前来会合。

对此，史诗巨著《蒙古秘史》记述了当时的情景："铁木真前脚刚走，蒙古各部落的人后脚就跟来了，满坑满谷。"

第七章　大汗临草原

铁木真只睡了一小会儿，极度的兴奋使他仍然精神抖擞。上午，铁木真巡视了一下营地，看到的情景令他喜出望外。这一年半里，铁木真在札木合的阵营中辛勤耕耘，他乐善好施、结交英雄、关爱百姓以笼络人心，此刻终于结出了硕果。

情况之好，大大出乎铁木真的意料：不但铁木真日夜牵挂的曾在斡难河畔放牧的三四万百姓全都跟了上来，连许多原来从属于札木合的小部落也选择了跟他走。

当时初步一算，这次离开札木合跟着铁木真独立建营的队伍竟然包含了草原上二十七个氏族的人马六七万人，这在当时的草原上是相当大的部落了。其中，史籍上有姓名流传下来的各氏族首领和实力派人物就有四十多人，有著名的草原勇士——巴剌鲁思人忽必来，还有者勒蔑的弟弟——智勇双全的速不台，而这两人后来成了著名的"蒙古四狗"①之二。特别是速不台，被西方军界称为"人类历史上征战地域最广的战场统帅"。速不台一生的征战范围，西到欧洲多瑙河，北到西伯利亚原始大森林，东到朝鲜半岛，南到中原大地的河南，战场之广至今没有军人可以相比，因此西方军事史学家称他为"野战之王"。

当然，二十七个氏族不是全族都跟来，有的是父亲选择了札木合而儿子跟了铁木真，有的是兄弟分手各跟一个，有的是走掉一部分散了，甚至有的

①蒙古人因狗忠诚勇敢而将人比作狗，这是最大的夸赞之意。

首领扔掉百姓自己跟来了，也有的百姓抛弃首领选择了铁木真做新首领……在这个紧张到窒息的暗夜里，每个人都必须做出自己的选择，而这个选择将决定他们的一生以及氏族的命运。

来得最整齐的是捏兀歹氏首领察合安兀阿，他与铁木真素来交好，非常钦佩铁木真，于是带着捏兀歹氏全族男女老少二千七百多人全体投奔了铁木真。

铁木真最担心的事情没有发生，他原以为札木合会率军前来追击，所以一直率领一千精骑在最后压阵，但是札木合并没有来。

实际上，札木合不追击并不是因为他念及与铁木真的结拜安答之情，而是被铁木真与他毅然决裂的举动彻底震撼住了：铁木真一夜之间竟一举拉走了札达兰部一半的人马，追击很可能意味着交战，但他不管是心理上还是队伍组织上都没有做好跟铁木真交战的准备。

札木合除了命令部下做好作战准备，其他什么也没有做。

铁木真让那颜和百姓休息了一个上午，吃过中饭后又开始拔营启程。在开拔前，博尔术送来了一个在营地里捡到的泰赤乌小男孩，这个小男孩名叫阔阔出①。诃额仑夫人最喜欢小孩，一见阔阔出就十分欢喜，便将其收为养子。同时，诃额仑夫人还说，以后再有这种孩子，都送我这里让我养起来。就这样，阔阔出成了蒙古著名的"四养子"中的第二个孩子。办完这件事，铁木真命令马上启程开拔，为了安全起见也想尽量离札木合远点。

这时，铁木真的人马已经翻了好几倍。于是，铁木真让博尔术带两千骑开路，母亲诃额仑夫人和老将蒙力克带两千骑为中军，而他自己率三千骑压阵，以掩护六七万人的大队百姓和几十万头牲畜向西面的桑沽儿河牧地徐徐退去。

临近傍晚的时候，铁木真突然看到东边的札达兰部方向有烟尘扬起，他

---

① 这个泰赤乌小男孩阔阔出，与通天巫阔阔出同名，而他是夜间父母慌忙逃命时遗留下来的。

立刻命令做好战斗准备。当烟尘越来越近时，铁木真看清来人后不禁喜出望外，原来领头的是他的亲叔叔答里台、堂兄忽察儿、忽图剌汗的儿子阿勒坛、主儿乞族的首领撒察别乞和泰出。

铁木真知道，这五个人是乞颜部旧贵族阶层的代表人物，他们都和他一样有蒙古的王族血统，而他们能投奔过来就代表乞颜部的贵族阶层全部投靠了自己。不过，铁木真也知道，这五个人都是看风头摇摆不定的墙头草，他们曾在父亲也速该死后都无情地抛弃了自己一家。

特别是这个主儿乞氏，在也速该活着时，他们就桀骜不驯、不服号令。在铁木真少年时，主儿乞人曾经偷走他们全家的马匹，差点逼死全家人。不过，主儿乞部是蒙古诸部公认最善战的三个部落之一。这个部落来源很奇特，他们不是靠血统组织起来的氏族，而是当年合不勒汗分封功臣时命令自己的长子斡勤巴儿合黑，在蒙古各个部落中挑选最勇猛、最无畏的百姓单独成立的一个部落。因此，主儿乞部极其勇猛善战，但也极为桀骜不驯、自以为是，根本不服管教。正因为这个主儿乞氏族的起源刚猛无比，他们的后代也都喜好不守法令，常干些违法乱纪的事以做消遣，如他们最好做的就是当盗马贼，以偷盗他人的马匹为荣。草原上，盗马是死罪，但主儿乞人悍不畏死，根本不在乎。为此，铁木真家也曾深受其害，当年如果不是遇到博尔术无私协助，一家人失去马匹后恐怕也就只能在草原上冻饿而死了。

当然，铁木真也更清楚的是，他的梦想离不开这些人，因为这些人是乞颜部的老贵族——蒙古的"白骨头"，他统一蒙古称霸草原的事业需要这些人的威望压阵。

这五个人也同样需要铁木真。当铁木真要脱离札木合自立的消息传来后，这五个人就聚到一起紧急商量，即铁木真和札木合是蒙古后起一代中最优秀的两个青年英雄，他们代表了蒙古的未来，如今他们要分道扬镳，选择跟谁就是选择自己以及部落的明天。

短暂的商议之后，这五个人一致同意跟铁木真走。要知道，他们在草原上变幻莫测的政治风云中都摸爬滚打了四五十年，经历了无数的腥风血雨，都有惊人的识人能力。他们一致认为，铁木真有札木合不具备的许多优点：

他意志如钢、勇谋兼备、胆识俱全，极具统帅之才；重要的是，他为人谦和、处事公道、通情达理，天生一副贵族气派。还有极为重要的一点，他们认为铁木真根基尚浅、很好控制，而他们这些老资格完全可以把铁木真推到前台去做木偶，这样五个人就可以联合起来在背后做蒙古部真正的主宰。

至于札木合，他的缺点实在太多：他只有将领之能，没有统帅之才；他脾气暴躁，不能容人，亲和力极差，而且过于残忍，连朋友和兄弟都极端害怕他。虽然札木合眼前实力大过铁木真，但长远看未见得是铁木真的对手。于是，这五个人商量后一起追上了铁木真。

大喜过望的铁木真，赶紧安排这五个思想复杂的老贵族率部跟着大队一起走。

几经选择，铁木真将营地迁往怯绿连河的上游河谷，在桑沽儿河畔、阔阔淖儿湖边扎下了大营。

安扎下营盘后，经仔细清点，加上那晚跟上来和沿路追上来会合的那颜和百姓，铁木真已经拥有两万多户百姓、近九万人，如遇战事可征发三万精骑。[①]

铁木真一家和兄弟们欢喜若狂，他们原来以为最多也就能带出一万户。

真是大获全胜啊！

在阔阔淖儿湖边，铁木真一生中最为重大的事件发生了，即他将被追随者共推为蒙古新一代的大汗——成吉思汗。

铁木真在阔阔淖儿湖边生活的三四年是他一生中少有的平静时光，每天走访各部嘘寒问暖，拉近与那颜和百姓们之间的距离，根基逐步稳固。铁木真和合撒儿、别勒古台、博尔术、者勒蔑、速不台、忽必来、搠阿，以及几十位从札达兰部跟过来的各部首领，还有答里台、忽察儿、阿勒坛、撒察别乞、泰出五大亲王，逐步形成了蒙古部新一代统治核心。

---

① 当时，乞颜部还有数万奴隶，但奴隶不入户口。

这期间，铁木真家族里发生了一件大事，就是铁木真把心爱的小妹铁木仑嫁给了亦乞列思氏的破落贵族孛秃，而孛秃的父亲捏坤为泰赤乌人。原来，铁木真派往"白蒙古"汪古部的一位密使术儿彻歹，行至额尔古涅河^①（今额尔古纳河）时为风雪所致险些冻死，孛秃从荒野中将他背回救了他的命。孛秃知道术儿彻歹为铁木真所遣时，便留宿于家杀羊以待之，而当他看到术儿彻歹的马已疲，又送了他一匹良马。术儿彻歹回禀铁木真时，他大赞孛秃是个真汉子，并将孛秃救自己的实情俱以告之。铁木真听后非常高兴，派人调查一番，得知孛秃天性纯良、质朴憨厚，便决定将小妹铁木仑许以为妻。孛秃一家听到消息后大吃一惊，铁木仑美貌绝伦驰名草原，又为草原英雄铁木真之妹，当然喜不自胜。于是，孛秃家派也不坚歹等前来求婚，并致辞说："闻威德所加，若云开见日，春风解冻，喜不自胜。"

铁木真问："孛秃有多少牲畜？"

对曰："有马三十匹，我们拿一半作为聘礼。"

铁木真大笑："论财富缔结婚姻，那不是做买卖吗？昔人有言，同心实难，吾方欲经营天下，汝等从孛秃效忠于我可也，何论财为！"

最后，铁木真竟倒送三百匹马做嫁妆，把小妹铁木仑嫁给了孛秃。

"行得春风收夏雨"，铁木真不论财势而以人品嫁妹，果然收到妹夫孛秃一家死心塌地的忠诚——孛秃的父亲捏坤不久就救了铁木真一命，而孛秃也成了铁木真麾下一员猛将，战功赫赫。后来，在小妹铁木仑不幸去世后，铁木真又把自己的女儿火真别吉公主嫁给了孛秃。——蒙元一代，德薛禅一族和孛秃一族分别为蒙古皇室的妻族和妹族，享尽荣华，富贵无极。

百灵鸟悦耳的鸣唱叫醒了草原，东方现出了鱼肚白，笼罩着一层薄雾的草原如同一张巨大的绿色地毯，不知名的小花五彩缤纷。

铁木真起得很早，在阔阔淖儿湖边策骑奔驰巡视营地，而合撒儿、别勒古台、合赤温、铁木格、博尔术、者勒蔑等人跟在他身边。

透过清晨的薄雾，铁木真看到远处出现了一个新的营地，这个营地疏朗

①《蒙古秘史》作"额尔古涅河"，《元史》作"也里古纳河"（也译作"也儿古纳河"）。

有致，有百来个毡房。

铁木真骑过去一看，大吃一惊，原来是札木合的堂弟、主持自己和札木合三结安答的巴阿邻氏的豁儿赤大萨满，正站在最大的毡房门口迎接他。

铁木真知道，当年豁儿赤大萨满是最反对札木合与他合营游牧的，对铁木真和乞颜部没有多少好感，但没想到的是他竟带了百来户巴阿邻人投奔过来了。

看到铁木真下马走过来，豁儿赤大萨满直截了当地说："我和札木合一样，都是老祖宗孛端察儿掳掠来的妇人的后代。他是我的堂兄，本来是不应该离开他的，但是我受到了长生天伟大的神谕——长生天让我必须来跟你在一起，让你接受神灵的指引。"

豁儿赤大萨满所说的祖先孛端察儿，也是铁木真的十世祖，即孛儿只斤家族的始祖，而他是成吉思汗之前对蒙古族历史影响最大的一个人物。

孛端察儿有兄弟五人，他们之间一直不和。于是，母亲阿兰豁阿（阿兰夫人）给了兄弟五人各一支箭让他们折断，五人都轻易折断了。阿兰夫人又将五支箭绑成一捆让他们再折，但五人都不能断箭。于是，阿兰夫人说："你们都是我的孩子，如果你们各自为伍，就会像一支箭一样被轻易折断，但你们如果能团结起来，就会像这一捆箭一样无敌。"然后，阿兰夫人又说："三个来历受疑的儿子是天之子息，他们的后代将征服世界"。这就是每个蒙古人都耳熟能详的故事——"五箭训子"。

但是，阿兰夫人去世后分割财产时，四个哥哥厌恶弟弟孛端察儿愚笨，没有分给他财产。

孛端察儿只好骑了一匹跛马离开了兄弟们，独自在旷野中求生存。

后来，兄弟们心中有愧，要来找回孛端察儿。但是，这位外表愚笨的孛端察儿说："身必有首，衣必有领。在前面，统格里克溪边的一群牧民没有首领，是一群散民，我们可以轻易地收服他们。"

于是，这群牧民成了兄弟五人的奴隶，而他们则成了奴隶主。这就是蒙古族第一批奴隶和奴隶主。

这群牧民成了兄弟五人分立为五个氏族的人口基石，从此蒙古族有了贵族和百姓阶层的划分，而孛端察儿就是铁木真所属的孛儿只斤氏的始祖。

孛端察儿有很多妻子，而铁木真的女性祖先便是他的正妻。因此，铁木真便是蒙古王族血统最纯正的正室之后。

豁儿赤大萨满的女性祖先阿当罕是孛端察儿的一位侧室，因此豁儿赤大萨满虽是铁木真的血亲，但家族的血统地位便低于铁木真。

至于札木合的血统就更糟了，孛端察儿把阿当罕抢来时她肚子就已经大了——怀了前夫的孩子，而肚子里的这个孩子就是札木合的祖先。

因此，蒙古贵族认为札木合是一个杂种，不能做蒙古大汗，而这就是札木合跟铁木真争汗位最吃亏的地方。

对于豁儿赤大萨满所说来投奔铁木真是受了长生天的神谕，铁木真更是大感兴趣："说说看，什么神谕？"

豁儿赤大萨满指天发誓："长生天在上，天神让我看到，空中从西往东跑来一头大金牛，浑身金光闪闪，牛蹄子比碗口还粗。这头大金牛围着札木合转来转去，不停地用犄角狠狠去顶撞札木合的大车和车上的帐子，还撞断了一只犄角。同时，它愤怒地朝札木合吼叫：'还我角来！还我角来！'还用蹄子不断地刨土，刨得尘土飞扬！"

铁木真瞪大了眼睛："大金牛出来了！"

原来，草原上有传说，蒙古要出大汗的时候就有一只大金牛要出来，并把这头传说中的大金牛称为"公牛祖神"。

豁儿赤大萨满很郑重地点点头："是大金牛出来了！上一次大金牛出来，还是合不勒汗称汗的时候。铁木真，大金牛还和你有关呢！你猜，我接下来看到了什么？"

跟着铁木真一起来的博尔术等人都很兴奋，他们紧张地打起精神竖着耳朵听着。

当然，铁木真更是聚精会神地听着。

当时，蒙古草原上，萨满教是北方部落民族普遍信奉的原始宗教。萨满教认为，生命诞生于天地分离之时，上天赋予自然界生命，大地赋予形体，而人的生命是由于长生天的意志诞生的。同时，萨满教进而认为，宇宙间的任何事物都有生命和灵魂，这些生命和灵魂都是受神灵支配的，而萨满教的巫师萨满则是天与地、人与神之间的沟通者和传话人。因此，巫师萨满相当于是主管蒙古人思想信仰的精神领袖，社会地位极高，神权极大。所以，一个得到部落公认的大萨满说出的话，是可以主宰贵族和百姓的思想的，而豁儿赤大萨满就是这样一个影响力极大的萨满。

豁儿赤大萨满接着说："我又看到一头大金牛，浑身都是一卷卷的金毛，额头上有一个新月的符号威严无比，拉着一辆大金帐车沿着大路跟在铁木真身后拼命跑，一边跑还一边大声地吼叫：'天地相商确定，以铁木真为国主，令我前来传言。'"

铁木真和博尔术他们听得入神，而博尔术用两只手恭敬地抬着铁木真的右手，奴隶出身的搠阿跪了下去更是开始吻铁木真的鞋子。

豁儿赤大萨满说到这里，突然话锋一转：

"看到这个情景，我想了很长时间，终于想明白了。那头用角去顶撞札木合和他的大车的大金牛，是长生天派来的，是要札木合垮台。

"第二条跟着你跑的大金牛，是地神派下来的，是要你做大汗啊！它拖来金帐，那不就是拖来了兀鲁思吗？

"神让我看到了如此情景，所以我过来投奔你。我还要把这个消息很快传遍你的整个部落，甚至传遍整个草原。你该怎么感激我呢？"

铁木真回过神来，他立刻明白了豁儿赤大萨满所言的重大价值。豁儿赤大萨满本来就是草原上著名的大萨满，草原民众无不信神，无不尊重大萨满，而他只要宣传鼓动一番，特别是再讲讲他看到的"神谕"，那他铁木真独立建营甚至将来称汗都是理所当然的"天意"了——那会给他带来草原上无数的民众和真心的支持，而他的所作所为就完全合理合法了。

对于豁儿赤大萨满毫不客气的要价，倒让铁木真觉得此人很痛快，于是他毫不犹豫地说："若真能如你所言，我若得做国主，一定封你为万户长！"

万户长，平时拥有一万户百姓的供奉，战时能统率一支一万骑的大军，相当于当时汉族朝廷的亲王和大元帅，权力是极大的。

谁知道，豁儿赤大萨满把嘴一撇："我带给你这样重大的消息，你才封我做万户长？"

铁木真有点蒙："大萨满，那你想要什么？"

豁儿赤大萨满胡子一翘："我要你准许我在国中挑三十个美女做妻子，而且要最美丽的女子。我要成为有三十个妻子的有福之人。"

铁木真哈哈大笑："这个容易，我答应你。"

豁儿赤大萨满又说："我还有个要求，到时候我说的话你一定要好好地听，而我要做你这个国主的大萨满。"

这时，铁木真对豁儿赤大萨满倒放了心：他就是个酒色之徒，只是把权力当成享乐的工具，并没有太大的野心。虽然他的最后一条要求听起来有点儿刺耳，但真的听不听就是自己的事了，先暂且答应了再说。

于是，铁木真毫不犹豫地说："我答应你。"

豁儿赤大萨满扑通一声也跪了下来，并直接用嘴去亲吻铁木真的鞋。

实际上，豁儿赤大萨满的突然出现和他带来的"神谕"都不是偶然的。当时，蒙古各部自忽图刺汗后已经分裂多年，各部都饱尝了四处漂泊、寄人篱下的痛苦和悲哀，重新统一已经成为蒙古各部上到贵族、下到百姓的共同追求，而能完成统一大业的只有札木合和铁木真这两位青年英雄，只有他们二人有这个威望和实力。于是，豁儿赤大萨满就代表了萨满神权选择了铁木真，放弃了札木合。

第二天，豁儿赤大萨满就开始在一个个蒙古包里窜来窜去，摇唇鼓舌地到处宣传自己看到的"神谕"，而且赌咒发誓说自己是亲眼所见。铁木真很快就发现，不但百姓、贵族，而且连那几位亲王对自己的态度都恭敬了许多，而他知道这是萨满信仰的力量。

接着，部落里另外一个大萨满通天巫阔阔出也不甘落后，声称也接到了"神谕"。阔阔出是蒙力克的第四子，也是铁木真儿时的玩伴，故得铁木真支持，这时他在部落里的影响也很大了。

通天巫阔阔出声称，他向长生天祈祷了三天三夜，仿佛坐到一团紫云上飘到不儿罕山顶，终于接到长生天的神谕——听到长生天说，诸神的意志是

要铁木真做大汗，做成吉思汗！ ①

通天巫阔阔出也像豁儿赤大萨满一样，把他听到的"长生天赐下铁木真做成吉思汗"的"神谕"在各部大大宣传了一番。这下犹如火上浇油，大家都说应该选铁木真做成吉思汗，而贵族们也终于坐不住了。于是，阿勒坛、答里台、忽察儿、撒察别乞和泰出等五大亲王，召集了汪古部等二十一个氏族首领，以及博尔术、者勒蔑等四十一个那可儿，一起来到铁木真住的大帐正式提出要他做蒙古部的大汗。

铁木真回复，他得好好想想再说。

大家走后，铁木真问母亲诃额仑夫人："额客，这个汗，做不做？"

诃额仑夫人沉吟片刻："要做。你额赤格当年吃亏就在没有正式称汗，只当了乞颜部的大王，无法号令蒙古，最后突然身死连自己的家都保不住。他若称汗，泰赤乌部那些人是不敢那样欺负咱们家的。"

孛儿帖也在一边抱着次子察合台摇哄一边说："你不是想统一草原干一番大事业吗，那就必须称汗！只当乞颜部一个部落的首领，你是干不成大事的。不过，你称的这个汗必须是有实权的汗，让这些人肯把性命交到你手上，这样你才能做这个汗。其实，当年也速该额赤格差不多也是蒙古人的汗，可大难一来那颜和百姓就都抛下你们走了，险些活活把一家人都饿死。好些人之所以选你做这个汗，不过是希望打仗时有人带他们去抢劫，平时才不想要你管呢，而你要做的这个汗就是能管得住他们的汗。所以，你真要称汗，就要当金国皇帝那样说一不二的阿拉坦汗！"

铁木真细细地思量母亲诃额仑夫人和妻子孛儿帖的话，久久不语。

第二天，铁木真叫来大家提议召开忽里勒台大会。忽里勒台大会，就是各部落一起召开的大会，是为选举新汗而召开的议事大会。②

----

①在"成吉思汗"这个称呼之前，草原上的大汗都叫"古儿汗"，是"众汗之汗"的意思。蒙古语"成吉思汗"，则有天可汗、宇宙的皇帝、光的精灵、海内的皇帝、万王之王、人类之帝等多重含义，这个格局就比古儿汗大得多了。

②今天，蒙古国的议会大呼拉尔，就是忽里勒台大会的传承和谐音。

　　铁木真的这个建议得到了大家的一致赞同，而推举蒙古大汗这样的一件大事必须要有庄严的仪式。

　　一百多个部落首领、大萨满和那可儿，由铁木真组织起来举行了这次忽里勒台大会。

　　大家都很激动。

　　自忽图剌汗去世，蒙古汗位已经空缺三十多年了，曾经强盛的蒙古四分五裂、一盘散沙，内部争斗不休，外部受尽欺凌。蒙古各部都深感蒙古必须统一，必须有一个新的大汗，让大家团结起来一致对外，让百姓过上和平安宁的日子。

　　大家都以为铁木真会当仁不让地自荐汗位，没想到他的气度一下就镇住了大家。

　　铁木真首先推举叔叔答里台做大汗："论资格，答里台叔叔最老，我看他该称汗。"

　　答里台连连摇头："孩子，你错了。我自问没有这个能力称汗，而且我年纪也很大了，觉得现在这样活着就挺快活的，就不再做其他的想法了。我看，这个大汗应该由你做。蒙古的后辈英雄中，你是出类拔萃的，这个汗位非你莫属。"

　　见答里台推辞，铁木真又说："忽察儿堂兄骁勇绝伦，可以称汗。"

　　忽察儿是铁木真的大伯捏坤太石之子，听到铁木真推他来做大汗愣了一下，说："这个大汗怎么可能由我来做呢？如今，大家聚集在一起都是因为你的威望，而我蒙古各部要团结起来一定要靠一个有威望的、智勇双全的英雄来担当，这个人只能是你。你就好好干吧，你外有义父脱里汗这种强援，内有大家扶持，一定能干好的。"

　　接着，铁木真又推荐了忽图剌汗之子阿勒坛、主儿乞首领撒察别乞为汗，但都被推辞了。

　　铁木真这样做，大家都很欣赏且认为这是真正的贵族气派，虽然大家也都知道最想做这个大汗的就是铁木真。实际上，铁木真和札木合的区别就在这里，如果是札木合就没有任何客气可讲，一说称汗直接就冲到大汗的椅子上坐着了。

但是，大家最后终于对铁木真的推辞不耐烦了。

见铁木真还待推辞，博尔术朝那可儿们使了个眼色，十几个那可儿一拥而上抬的抬、扯的扯，一下子将铁木真拖到大汗的大椅上坐下了，然后一起跪下大喊："我们拥戴铁木真为蒙古成吉思汗！"

接着，大家向铁木真宣誓："我们立你为汗！征战之时，我们当为先锋突骑，将宫廷华帐里的美女贵妇，抢来的骏马良驹，统统奉上给你！打猎时，我们愿做你的前驱，将那野熊赶来、山鹿围拢供你射杀，将山上的猎物连腿都捆好抬给你。在沙场鏖战时，如果我们违背了你铁一般的号令，你可以灭我们的家门九族，你可以夺取我们的妻子和财产，砍掉我们的头颅抛弃在地上，让我们的头颅滚落荒野。在和平安稳时，如果我们违背了你任何的派遣，请你掳去我们的属民和妻女，使我们流亡他乡、无家可归。"

铁木真听到这些誓言很感动，但他也深深地意识到一点，就是大家还只是希望他在战争的时候带领他们去打仗抢劫，而平时却只愿自己是一个松散部落联盟的首领，不要管他们各自部落内部的事。其实，铁木真已经想了很久，他要做的汗不再是以前蒙古诸汗那样只是领导部落的联盟，他要做的是金国皇帝那样的阿拉坦汗。换句话说，铁木真要实行的是君主独裁制，而不是这些老贵族们希望的部落联盟制。

铁木真从历史上蒙古诸汗特别是他父亲也速该死后的悲惨境遇中意识到，旧时的部落联盟组织散漫、互不隶属，遇事极易分裂，因此这种过时的部落同盟制必须改变。铁木真的心里已经无数次地描绘了未来蒙古帝国的蓝图，他要建立一个真正独立强大的帝国，这个帝国首先必须要有一支战无不胜的钢铁般的军队，能碾压一切敢于抵抗的敌人，同时要有许许多多相关的律法和制度，以严明的纪律来约束那些散漫惯了的臣民和百姓。所以，铁木真首先要做的是建立一个小型的汗庭，以作为未来国家统治机构的雏形，为将来的蒙古帝国打下坚实的基础。

于是，铁木真在称汗以后便毫不犹豫地任用自己的亲信，组建了独立于各个部落的中央汗庭。例如，任命斡哥来、哲台、多豁勒乎为箭筒士之长，管理、带领按箭艺划分的近箭和远箭，并要求把箭筒士、近箭手、远箭手都训练成闭眼也能射穿敌人脖颈的神射手。又令忽必来、合赤温、合撒儿、速不台为带刀者之长，也就是带刀的侍卫长，意思是谁敢逞强就折断他的脖子，谁敢横暴就洞穿他的胸膛。

铁木真是要建立自己的近卫军，作为蒙古铁骑的核心。

当时，速不台还十分年轻，没想到会受此重用，激动之余竟然高喊："大汗，你放心，我等将以老鼠的警觉守护你的财产，以乌鸦的勤奋为你聚敛财物，像盖毯和毛毡一样为你遮风挡雨保护你的身体！"大家听后顿时哄堂大笑。

铁木真又令别勒古台、合剌勒歹两人掌管战马。

这时，汪古儿、曾亦客秃、合答安答勒都罕三人说："我们保证早上吃的不缺，晚上喝的不少。"于是让他们三人做了厨师长。

迭该说道："我可以放牧早上少不了、晚上缺不着，做肉汤的都是两岁的阉羊。我放牧的花羊可以把套车底下塞满，我放牧的黄羊可以多得围满了营盘。我又贪吃又坏，就让我吃羊的肥肠吧。"于是让迭该做了牧羊官。

迭该的弟弟古出沽儿说："我不会让有锁的车翻了，我不会让有轴的车断了。"于是让古出沽儿管理帐幕车辆。

然后，又令多歹总管族中人口，阿儿孩合撒儿、塔孩、速客该、察兀儿孩四个人做通信联络官前前后后地跑腿。

这样，铁木真先后任命了汗庭各种行政官员。例如，巴鲁乞，可汗厨师长；牧马官；牧羊官；扯儿必，帐篷巡逻队队长；带刀士；阿朵乞，管理马群；特尔格乞，负责车辆；等等。

最后，铁木真还设立了两名众官之长。

铁木真深深地看着博尔术和者勒蔑，慢慢地说道："你们二人，在我除了影子别无朋友的时候跟随了我，在我除了尾巴别无鞭子的时候安慰了我。我将你们俩始终跟随着我铭记于心，现在你们就陪在我左右，做这里的众官之长吧。"

博尔术在铁木真少年时期最狼狈时陪他舍身入死地找回家中被盗马匹，又在铁木真一无所有时做了他最早的那可儿，而者勒蔑赤胆忠心、誓死不贰，选择他们二人做众官之长是铁木真长期观察考验的结果。

博尔术、者勒蔑两人自是深受感动。

铁木真用人所长、井井有条，不分贵族、平民和奴隶，众人无不钦服。

接下来，铁木真就该安排老将蒙力克和答里台、忽察儿、阿勒坛、撒察别乞、泰出这五大亲王，也就是蒙古各部传统旧贵族的代表。

这五大亲王虽然没有什么功劳，但他们在部落威望高、影响很大，必须妥善安排。于是，铁木真安排他们为位高权小的汗庭成员，仍然分管各部的日常事务，虽然保持了相当的独立性，但也规定重大的事情必须服从汗庭的统一管理。

最后，铁木真对蒙力克家族则给予厚赏。

封赏之后，铁木真对这些贵族说："你们投奔我而来，我深受感动，并有赖长生天之力。你们皆为我铁木真忠诚之长、蒙古的元老，我必与你们富贵同享、永不相弃！"

这样，蒙古各部传统旧贵族也吃了定心丸。

这时是南宋淳熙十六年（金大定二十九年，1189）五月，铁木真时年二十八岁。

就这样，铁木真给大家委任了官职，让他们一起来分担管理蒙古的重任。铁木真的身边聚集了两种人：一种是合撒儿、别勒古台等兄弟血亲和以博尔术、者勒蔑为代表的平民或地位低微的奴隶，他们成为铁木真直接管辖的亲信部属——结成主人和那可儿的关系。这是铁木真统治的核心基础，铁木真也把他们培养成了蒙古的新贵族。另一种则是和铁木真一样出身高贵的旧贵族，这些人力量不足，只想依靠铁木真带他们打仗抢东西、掠夺财物以壮大自己。但是，铁木真实行的汗庭中央集权必然要削弱他们的自治力，触犯到他们的既得利益，所以蒙古五大亲王因为政治利益先后都背叛了铁木真，甚至与铁木真交战多年。当然，铁木真也没对他们客气，除了迫不得已留了叔叔答里台一命外，其他四个亲王都先后被砍了。

理顺了内政之后，铁木真马上开始外交，分别向义父脱里汗和安答札木合派出使者，通知他们自己已经称汗。

铁木真首先派出使者塔孩和速客该前往义父脱里汗处。这时，脱里汗实际上是铁木真最重要的盟友，他是草原上实力最强大的老霸主，对铁木真称汗是否成功具有决定性的影响力，而只有他同意铁木真称汗，铁木真才能坐得稳蒙古大汗的位子。所以，铁木真的使者十分谦卑，传话说："铁木真虽然称汗，但永远都会忠诚于义父，永远不会有二心。"

脱里汗听了使者的说辞果然十分高兴，说道："那么多蒙古人，当然应该有个汗。蒙古汗位空了这么多年了，四分五裂总是不好。告诉我的儿子铁木真，他要好好做他的成吉思汗，义父会和以前一样一直支持他。"

后世有人就此评论说，脱里汗毫无战略眼光，就这样眼睁睁地扶持起了自己最强大的对手，乃至最后要了自己的命；同意铁木真称汗，是脱里汗一生最大的战略错误。其实，这种说法是只知其一不知其二：脱里汗一生最大的成功恰恰就是跟铁木真结盟，如他后来靠铁木真救了好几次命；而他的失败恰恰是由于毁弃了与铁木真的盟约并要铁木真的命，最后终于逼得铁木真不得不要了他的命。

铁木真得到义父脱里汗同意支持自己称汗的消息后十分高兴，这意味着刚成立的蒙古兀鲁思这棵小树有了一棵高大的老树替它遮风挡雨。

除了义父脱里汗外，对铁木真称汗成败最重要的人就是他的安答札木合。札木合也是草原上的巨头，自从那次暗夜分手后铁木真也时常愧疚，毕竟札木合帮自己夺回了妻子孛儿帖，让自己在草原上扬名，而自己不但带走了乞颜部的百姓，还带走了札达兰部的不少人马。铁木真想趁这次称汗之际派出使者通告札木合，尽可能地修复与札木合的关系，最好能冰释前嫌并得到札木合的支持。

为此，铁木真专门派出了自己的弟弟合撒儿和察兀儿孩为使者，前往札达兰部。

札木合面无表情地听完了合撒儿所传铁木真已称汗的消息，冷冷地说了一句："祝贺我的安答铁木真称汗，他的血统够得上称汗，希望你们好好伴着他。"

其时，札木合已经气炸了肺，他认为铁木真称的是蒙古的大汗，而札达兰部是蒙古一部，这就隐含着要他听令于铁木真的意思。

然后，札木合终于忍不住指桑骂槐地怒吼道："你们回去转告阿勒坛和忽察儿，问他们为什么要在我和铁木真安答之间挑拨离间、搬弄是非？当铁木真安答和我共居一处时，他们为什么不要铁木真安答称汗？现在，铁木真安答与我分营立帐后他们倒要他称汗，他们到底想干什么？希望他们遵守对长生天的誓言，好好地辅佐铁木真安答吧。至于铁木真安答，你们这样回复他：他是蒙古嫡嗣，称汗自无不可，不过草原风云莫测，请他好自为之吧。"话语间，一丝冷冷的寒意让合撒儿和察兀儿孩不禁一抖。

两位使者走后，札木合把此事告诉了弟弟给察儿。给察儿立刻怒了，破口大骂道："一个险些饿死的破落户，如果不是靠着我们重新发家，他连自己的妻子都保不住。这样的货色也敢称汗？我们帮他收拢百姓，他却还要拐走我们的百姓，如果让他称汗，那以后哪还有我们札达兰部的活路！"

札木合凝望着壁上的弯刀，久久不语。

第八章　大战十三翼

　　称汗以后，铁木真励精图治、选贤任能，如是两三年后部落里人畜繁殖得非常兴旺，贵族和百姓都感叹推选了一个好大汗。劳作之余，铁木真和诸将时常组织箭筒士和带刀者率各部百姓习箭练刀、列阵演兵，又常和各部贵族讲武布阵，一刻也不敢松懈。众人皆知草原正当乱世，若放松武备，即是他族砧上鱼肉。因此，铁木真所部如此几年操练下来，其部下已是兵强马壮、龙精虎猛。可喜的是，铁木真的妻子孛儿帖生育旺盛，一直不间断地怀孕。①这时，铁木真已经有好些女人侍寝了，在铁木真和孛儿帖的大宫帐旁围着好些铁木真和其他女人的小宫帐。孛儿帖并无嫉妒，她知道草原上的王者都是这样，而这是为了保证王家的繁衍兴旺。当然，孛儿帖知道，她自己在铁木真心中是永远无人可以替代的。

　　不过，遗憾的是，铁木真和札木合的关系却不断恶化，毕竟"一山不容二虎"，这也实在是没法子的事。

　　铁木真虽然早就隐隐感到札木合会是他最可怕的死敌，但他万万没想到两人翻脸为仇的日子来得这么快。

　　其实，大事总是由小事引起的。

　　铁木真家臣拙赤答儿的牧场，与札木合弟弟给察儿的牧场相邻。

　　这天早上，给察儿看到拙赤答儿的马群膘肥体壮，顿起贪婪之心。于是，给察儿趁拙赤答儿不在，索性一不做二不休地直接把拙赤答儿的三十多匹马

---

　　① 后来，孛儿帖一连给铁木真诞下了四个王子和五位公主。

赶了就跑。拙赤答儿回来后，发现马群不见就急了，原来这马群里有二十多匹是部落的公马，丢了是要掉脑袋的。

于是，拙赤答儿全身披挂，配上弓箭，径直出去寻马。当时，拙赤答儿的手下都非常害怕，没有一个人敢与他同去，所以他只好一个人去寻马。

追到傍晚时，拙赤答儿终于看到给察儿正赶着自己的马群得意扬扬地回家。拙赤答儿伏在马上，悄悄接近了给察儿，摘下弓箭拉满弓，对准给察儿后背就是一箭。

拙赤答儿本来就是铁木真的箭筒士，有名的神箭手，这一箭疾若流星般一下子就直透给察儿的腰椎。给察儿都来不及哼一声，立刻倒栽马下，一命呜呼了。

由于草原上的规矩是"盗马贼杀无赦"，拙赤答儿射死了给察儿后也不多言，拍马上前唤回自己的马群就跑，而给察儿的手下被吓傻了根本不敢追赶。

但是，这下却闯了天大的祸。

札木合看着弟弟给察儿的尸体，他对铁木真多年积郁的愤怒终于不可遏制地爆发了。

札木合"锵"地抽出壁上的挂刀，怒吼："铁木真，我要你的命！"

愤怒的札木合立即召集起札达兰部、泰赤乌部、塔塔儿部、弘吉剌部等十三个与铁木真有过仇怨的部落首领和族长，共商讨伐铁木真事宜。这就是蒙古历史上有名的"十三翼之战"。所谓"十三翼"，就是十三个部落，即十三支队伍的意思。

这里面的弘吉剌部虽是孛儿帖出生的部落，但孛儿帖所在的部落是孛思忽儿人的部落，只是弘吉剌部的一个分支，还没有成为弘吉剌部的主干。当时，孛思忽儿人相当独立，并不听从弘吉剌主要部落的调遣。弘吉剌部的地盘与札达兰部相接，他们为了自己的利益也参与了这次的"十三翼之战"，但孛思忽儿人并没有参战。

此时，萧萧草原，天阔云低，秋风飒飒……

札木合对各部首领和主要将领做战前动员：

"铁木真本是我的安答，却拉走我的人马，射死我的弟弟。我跟他是结义兄弟，他尚且如此，而你们都与他有过恩怨，如果他一旦得势更加不会放过你们。他想做的就是全蒙古的大汗，如果让他成功，我们在草原上将死无葬身之地！

"当今之际，我们当先下手为强，组织一支三万人的联军，翻越阿剌兀土儿合兀群山，远程奔袭铁木真的乞颜部。此时，乞颜部正在分散游牧，仓促之间最多能集结两万人马。如果铁木真无备，这样我们就能挥师直捣他的老营；如果铁木真有备，我们就凭借兵力优势与其决战，趁铁木真羽翼未丰将其铲除！

"以我札达兰部和各位的实力，定可一战功成，荡平铁木真！"

札木合的作战部署真是面面俱到，各部首领都深感钦佩。于是，众人商议一番，公推札木合为十三部兵马统帅，集结齐三万人马后准备择日突袭铁木真。

这时，铁木真正在古连勒古山区驻牧，对札木合的动静一无所知，但关键时刻细致的情报工作却救了他的命。

这天，铁木真正在大帐与博尔术、者勒蔑议事，忽然两名亦乞剌思部蒙古人——一人叫木勒克脱塔黑，一人叫字罗次歹——跌跌撞撞地冲进大帐高喊道："铁木真大汗，大事不好，你们快跑！"

铁木真忙问："怎么回事？你们慢慢说。"

两人喘匀气息，说："大汗，您的家臣拙赤答儿杀了札木合的弟弟给察儿，所以札木合纠集了塔塔儿部、泰赤乌部等十三个部落的人马共计三四万人已经奔袭过来，最多三天就将到达这里。"

铁木真一惊："这种大事你们怎么会知道？"

两人说道："是捏坤老人派我们过来报信的！"

铁木真立刻知道此事为真了，因为捏坤老人就是妹夫字秃的父亲。现在，字秃跟着铁木真，而捏坤老人因为要照顾部落以及还要做铁木真的眼睛和耳朵，仍然留在札木合处。

铁木真立即道："博尔术，把这两个兄弟留下来，给他们每人赏一百匹马、五百头牛、一千只羊和十个奴隶。立即召集各部首领议事！"

一会儿，呜呜的牛角号声就响彻了草原，铁木真那些分散各处的那颜和那可儿都向铁木真的中军大帐疾驰而来。

等大家到齐之后，铁木真将札木合即将突袭的情况通报给所有人。他们这才知道，札木合的弟弟给察儿因盗马被拙赤答儿所杀的事，顿时群情激奋并皆言"盗马贼人人可杀"，并欲与札木合决一死战。

铁木真见军心可用不禁大喜，只是惊变仓促无法召集更多人马，最后众人一合计只能抽出两万兵马迎战。于是，众人正合议仗该怎么打，带刀者速不台率先献计。

速不台说："我们立刻将大营的老弱妇孺和所有辎重后撤到一百里外的哲列捏峡谷固守，前方只留一座空营，然后将两万精骑集中到附近的答兰版朱思[①]，并在此与札木合会战。札木合虽然兵力比我们多，但答兰版朱思是沼泽地形，他的兵力无法展开全线攻击，因为大部队容易陷进沼泽里，只能用小部队沿着小块平地逐个对我军进行冲击。因此，札木合兵力虽强，但无用武之地，而我方兵力虽弱，但能展开的交战兵力却不比札木合投入的兵力少，足以与其旗鼓相当。如果我军在答兰版朱思挡住札木合，那札木合占我一座空营，但前有重兵、后无粮草，不日即得退兵；如果我军在答兰版朱思挡不住札木合，我军则立刻后撤到哲列捏峡谷凭险固守，那札木合的战线将再延长一百余里，粮草军需更加困难、更加不可持久，待不了一两天就得撤军。如是，我军一战可退草原新霸主札木合，必然军威大盛、闻名天下。所以，此战我军战平即是战胜。"速不台献计完毕，大家连声叫好。

接着，铁木真具体部署了兵力安排。由于札木合集结了十三个部落三万人进攻，铁木真也将自己的两万人马分为十三翼迎战：

铁木真为第一翼，母亲诃额仑夫人的亲族属民和养子，以及属于她个人的所有奴仆；

第二翼，铁木真直属的部众，包括他的近卫军，而这是全军的主力；

---

①答兰版朱思，又称七十沼泽地，今蒙古国温都尔罕西北。

第三翼到第十一翼，答里台、忽察儿、阿勒坛、撒察别乞等乞颜部贵族所率领的族人和属民；

第十二翼和第十三翼，察合安兀阿等来自附属蒙古的其他支系。

铁木真的意图，就是以十三翼对札木合的十三部，在答兰版朱思沼泽地兵对兵、将对将打一场车轮大战。

众人议事完毕，老将蒙力克开始组织老弱妇孺拆卸蒙古包，然后赶着勒勒车和牛马羊畜群撤往哲列捏峡谷。

在草原的夜色中，到处响起牛角号的呜呜响声，铁木真的各路兵马纷纷前往答兰版朱思沼泽地集结。

就这样，靠着捏坤老人争取到的三天时间，铁木真终于仓促集结了两万人马，勉强完成了作战准备。铁木真没有通知义父脱里汗，他知道自己和札木合的纷争是蒙古部内部的事，脱里汗肯定不会参与，再说札木合与脱里汗的交情不会比他差，更何况这里与黑林之间路途遥远也通知不及。

三天后，札木合率三万联军翻越了阿剌兀土儿合兀群山最后一个山口，随后立即挥刀舞枪吼叫着向铁木真的大营发起集团冲锋，结果却发现不见一个人影、一只牛羊，只余空荡荡一片大营。三万人远程奔袭而来却不知铁木真已有防备，不禁军锋顿挫，将士皆有疲沮之心。札木合正不知所措之时，从西边的答兰版朱思方向忽然传来隐隐约约的号角声，于是他立即派出探马侦骑前去察看。过了一会儿，探马侦骑回来向札木合报告，铁木真大军在答兰版朱思集结，并不停吹号向我方约战！

札木合顿时心头一沉，铁木真不但不逃还主动约战，这完全出乎他的意料。

沉思片刻，札木合认为率大军前来必须一战，若就此怯战退兵，今后将威信尽丧再也无法在草原立足。于是，札木合立刻率十三部联军前往答兰版朱思，到达战场一看却只见铁木真军在答兰版朱思沼泽地之后列成十三个大古列延一字排开，军容严整，威武雄壮。其中，最大的一个古列延前，一杆"九斿白纛"大军旗正在迎风飘扬。

札木合看到铁木真的军阵良久不语，他知道突袭计划已经落空，没有丝毫便宜可占，只能十三部对十三翼地跟铁木真硬碰硬打一仗。

札木合叫了一个使者，说："你去告知铁木真，我们本是安答兄弟，因受了奸人挑拨才反目成仇。他只要交出射死我弟弟的凶手，我就退兵，否则马上刀枪相见。"

札木合的确善战，他只要骗得铁木真交出拙赤答儿必定士气大振，而铁木真军则肯定军心大丧。到了那时，札木合在阵前斩了拙赤答儿乘势掩杀，定可挥军大胜铁木真。

铁木真听到札木合使者的传言，只是微微一笑道："转告你的主人，他率三万大军突袭我的大营，还算什么兄弟？给察儿偷走拙赤答儿的马匹，被射死是罪有应得——'盗马贼，人人得而诛之'，这是草原上的规矩！拙赤答儿没有做错。你告诉札木合，若他还念我们的结拜安答之情，便当收兵退回，否则我们战场相见。"

札木合听完使者带回的传言，铁青着脸说了一句："明日交战。"

使者走后，铁木真召集众将说道："札木合千里劳师远来，本想轻骑突袭，所带粮食必然不多而不利持久，肯定会主动向我发起突击。答兰版朱思虽然地形开阔平坦却多为沼泽，只有中间一块干地适合突击。这块干地一次最多能容下五千骑兵冲锋，我将亲自带第二翼本部人马堵住这个口子。当札木合骑兵冲锋时，我先用弓骑兵万箭齐发阻击住札木合的骑兵突击，只要用箭雨抵挡住札木合的骑兵三次突击，敌骑就会兵疲将沮、士气大丧。这时，我再用两千重骑兵直接尾追突击，必然获胜。如此连续顶住三天，札木合就非退兵不可！"

铁木真的打法机动灵活，大家一致叫好。

铁木真环视众将，说道："明日初战，札木合大军气势汹汹，阵前定是十分凶险，现在需要两将在轻骑射退敌骑后各率一千重骑反击，以张我锐气并挫动札木合的军心。这一战是面对面硬碰硬的肉搏血战，无巧可取，不知谁肯为先锋？"

铁木真话音刚落，左右队中间各闪出一将齐声道："我等愿为先锋突前，请大汗点我！"

众人一看，原来是铁木真侍卫中的带刀者忽必来和速不台二人。

众人皆知忽必来和速不台二人勇冠三军，正是冲锋陷阵做先锋的好手，纷纷点头。铁木真看着忽必来和速不台二人道："你二人欲做先锋，很好。明日是我军与札木合军初次交战，我们兵力不如他，气势却不可输给他。当札木合军被我军射退之时，你们当狂冲而上衔尾急追、猛杀猛砍，打出我军的威风。当占到札木合的便宜后，你们不得过于恋战，待我令旗挥动、撤退鼓声响起，立即撤退回大阵。同时，我会派合撒儿和别勒古台各率一千骑接应你们撤退。明日之战，一切听我号令，敢擅自前进或后退者杀！"众将凛然。

接着，铁木真又对其他十二翼人马做了部署，各部首领和众将一一听令离去，静待来日大战。

第二天天色尚未明，铁木真和札木合就开始在答兰版朱思沼泽地南北两侧排兵布阵。当天色大亮时，双方列阵完毕，均是军容严整、威风凛凛，而铁木真身侧掌旗兵擎着的"九旄白纛"大军旗正高高飘扬。

双方再无多言，札木合令旗一挥，五千名札达兰铁骑便如旋风一般直接扑向铁木真本阵，铁蹄到处杀声震天、牧草倒伏、泥土四溅，而交战双方均无步兵且全是骑兵。

铁木真军阵的前部全是轻骑兵，也叫弓骑兵。这一批骑兵披的全是轻便的牛皮软甲，使用的主要兵器是著名的蒙古复合弓。蒙古复合弓这种反曲弓的有效射程在二百米到四百米，少数蒙古猛将和神箭手甚至可用特制强弓将劲矢射到五六百米远中的，最远射程可到八百米，而这种劲矢如果配上坚硬的铁箭头是可以穿透当时的任何铁甲。所以，当时蒙古军交战的弓箭杀伤距离相当于今天的现代突击步枪的有效射程，而箭矢杀伤威力也丝毫不输于现代步枪子弹。当时，蒙古强弓在近距离内可以一箭贯穿一头成年公牛，也就是说蒙古军当时的交战杀伤距离相当于现代轻步兵部队。

铁木真冷冷地看着滚滚而来的敌骑，当敌军冲到四百米时，他把手一举，身旁的掌旗兵将"九旄白纛"大军旗挥动一下，十八名上身赤裸的彪形大汉将十八面大军鼓一阵低擂，随即鼓声如沉闷的雷霆传遍军阵，然后五千名阵容严整的轻骑兵摘下长弓从箭筒里拔出长箭。

当札木合的铁骑冲到三百米时，铁木真把手一摆，掌旗兵将大军旗上下挥动两下，大军鼓又一阵急促轻擂，然后五千轻骑兵搭箭上弦直接对准急冲过来的敌骑。

当札木合的铁骑冲到两百米时，敌骑高喊着冲锋的狰狞面容以及一排排利刀长矛已经看得清清楚楚，铁木真把手狠狠地往下一压，掌旗兵将大军旗向前斜挥，十八面大军鼓暴响起来，然后五千轻骑兵立刻对准正在冲锋的敌骑松弦放箭，直接射出了一阵阵密集的箭雨。

此时，正在进行最后冲刺的札木合五千铁骑立刻好像撞到了一股无形的墙壁，特别是冲在最前面几排的骑兵已经纷纷惨叫着连人带马翻倒在地，而后面的也乱成一团。铁木真的箭筒士训练出来的箭手大显神威，将千万支箭矢一拨拨飞蝗般射向札木合的骑兵。札木合的骑兵纷纷挥盾舞刀拼命躲避击打着扑面而来的如雨雕翎，但依然无法冲过这张密不透风的箭网，只得扔下遍地的人马尸体逃到弓箭射程之外，然后重新集结、排成队形又开始第二次冲锋，如此连续三次冲锋却都无法冲过弓骑兵的箭阵接近铁木真的阵地。

实际上，札木合的骑兵第三次冲锋时，速度和气势已经明显减弱。在札木合的骑兵第三次扔下部属的人马尸体并纷纷拨马掉头就跑时，铁木真将右手猛地向前一挥，掌旗兵立刻将"九斿白纛"大军旗挥向正前方，十八名军鼓手立刻擂出了惊天动地的急促巨响，然后铁木真本阵五千名弓骑兵的两侧立刻响起了一片高昂的喊杀声和马蹄声……只见忽必来高举着一柄合扇板门刀，速不台挺着一把丈八点钢矛，每人带着一千名浑身盔甲的重骑兵，衔尾杀向正在撤退的札木合所部。这些重骑兵头戴熟铁盔，身上的牛皮盔甲上缀满了薄铁片，连坐骑都披上了牛皮马甲，甚至连马匹头部都覆盖了面甲，同时他们个个身背弓箭、腰佩马刀，手举长矛利刀铁骨朵，有的甚至还挥舞着沉重的长柄战斧……这就是蒙古军中专门负责冲锋陷阵与敌肉搏血战的重甲骑兵。在蒙古军中，一般轻骑兵占六成，重骑兵占四成。

这两千重骑兵跟着忽必来和速不台冲进正在撤退的札木合骑兵中，展开了一场血腥的肉搏战。忽必来和速不台刀劈矛刺，所到之处敌军如柴捆般惨叫着倒撞下马；而见主将如此英雄的两千名重骑兵更是个个奋勇、人人争先，冲进敌骑中挥斧劈刀狂杀猛砍，很快就把札木合骑兵队形冲乱了。札木合的骑兵此前三次冲锋不成，本已兵疲将沮，更没想到铁木真居然敢主动出击，直接被打了个措手不及，而且又见忽必来和速不台英勇无敌更是胆寒，于是他们眼看势头不对便纷纷往札木合本阵溃退。

看到札木合五千精骑先锋已经败退，铁木真下令擂起收兵鼓，命令忽必来和速不台立即撤退，忽必来和速不台虽然带着两千骑正杀得兴起，但听见收兵鼓后却立刻收兵整队开始回撤，当真令行禁止。

果然，当忽必来和速不台正在撤军时，札木合令旗一挥又遣上五千铁骑冲锋而来。这时，铁木真又遣上弟弟合撒儿和别勒古台各率一千骑上前接应，忽必来和速不台两部撤回本阵。新冲锋而来的札木合五千铁骑见铁木真军阵容严整、士气高昂，知道无机可乘不敢再冲，只好收拾战场，拖回战死者的尸体。此时，日已过午，双方都不再战，各自收兵退回。

这一战，铁木真军杀敌近三千人，己方伤亡却极轻微，全军不禁士气大振。

当晚，铁木真的中军大帐喜气洋洋，众将都认为今日的大战打出了威风和信心并觉得札木合不过如此，同时也对铁木真的用兵之道深感佩服。

铁木真端起一碗马奶酒道："我军今日小胜，全赖将士用命。忽必来、速不台舍命当先，当列头功。明日，我军依旧如今日布阵，静待札木合军进攻，待其久攻不下兵锋疲惫时，我军再突然出击大量杀伤其人马，占到便宜后就马上退回与其对峙。我们只要再守住两天，札木合便会粮草不支，非退不可。待札木合退却之时，若队形不整、军旗杂乱，我军就大举乘胜追击大破札木合；若其撤退时队形严整、令旗不乱，我们就不去追击，能逼退札木合就已是我军大胜。今日小胜，我就只敬大家一碗马奶酒祝贺，干完这碗酒大家就各自回营早些歇息，静待明日交战。"

听完铁木真的部署，众将不禁佩服得五体投地。当大家正要干掉面前的那碗马奶酒时，忽听得一将大声喝道："我不同意稳守反击，我们主儿乞部愿做先锋主动出击大破札木合。"

大家一看，说话的乃是主儿乞部首领撒察别乞。主儿乞部是铁木真四世祖合不勒汗的长子斡勤巴儿合黑，以长子地位挑选蒙古全族最善战的百姓建立的，其后代形成了主儿乞氏，势力一直强盛。所以，主儿乞部这一族的狂傲是蒙古各部落中最厉害的，其战斗力之强也是蒙古各部落中最厉害的。

其实，撒察别乞是见今日胜得容易，不禁对札木合有些小觑，而且想扬扬自己主儿乞部的威风，故对铁木真的部署不是很看得起，遂有此言。

铁木真压压火气，耐心解释："札木合今天只是小败，他只是试探性地攻击，主力还丝毫未动。他有兵力优势，但粮草不多，所以他不怕我们打，只怕我们拖。我们如果主动出击则正中其下怀，这样他会倾巢而出与我们决战。况且，我们人数少，备战时间又仓促，根本没有准备好一场大战，而札木合是有备而来，所以我们一旦与札木合决战则必输无疑。"

铁木真知道撒察别乞和自己的父亲也速该是同辈人，主儿乞人也是自己必须拉拢的强部，所以话说得相当客气。

众将一致点头，都说铁木真分析得对。

撒察别乞见碰了个软钉子，面有愠色。待众将散去后，撒察别乞便和主儿乞部另一首领泰出一起回帐去了。

回到帐中，撒察别乞愤愤地对泰出说："那铁木真小子，派忽必来、速不台、合撒儿、别勒古台出战，全是他的亲信部将和手足兄弟。他这样做，是为了在蒙古诸部中树立他乞颜部的威风，显示他铁木真的实力。这样下去，草原上人人都只知道乞颜部的厉害，会忘了我们主儿乞部的勇武。"

泰出连连点头，赞扬大哥撒察别乞说得对。

撒察别乞越说越火，突然抽出腰刀劈在地上，喝道："传令下去，明早札木合军开始进攻时听我号令，我们主儿乞部就大举出击打垮札木合的前锋，然后直捣札木合中军活捉札木合，让大家都看看谁才是蒙古人的好汉！"

此时，在札木合的大帐中，塔塔儿部等十三个部落的首领和主要的大将都战战兢兢地听着札木合训话，而札木合喜怒无常、生性残忍，他的朋友和部下都很怕他。

今日一役，铁木真的善战和部下的英勇极大地震撼了札木合。札木合根本没想到铁木真有这么厉害，特别是他部下的果敢无畏连札木合都羡慕，若早知如此便不会轻易地发动这场"十三翼大战"了。

札木合阴沉着脸说道："今天我们折损了两千人马，小败一场，但这不算什么。从今天可以看得出，铁木真不敢主动进攻，因为他不但兵少，而且也没准备好和我军大战，所以他只敢稳守反击。明天，我们还是要主动进攻，把铁木真反击的人马诱出来，然后两翼突然出击把这批人马包围起来，等铁木真的主力救援这些人马时，我军主力再一起出动逼迫铁木真主力与我决战。我军有兵力优势，可操必胜之券！"

接着，札木合又说："由于没有缴获，我军粮草已经不多，如果明天还像今天一样攻不下铁木真，那么我们明天收兵时继续摆出进攻的架势，而等到了明天晚上我们直接空营撤军摆脱铁木真，等到后天他明白过来时我们已经走远了。"

众将不禁连连点头、暗暗佩服，都觉得札木合虽然缺点多多，但的确是个战术天才。于是，众将各自回营准备明天的战事。

第二天清晨，答兰版朱思沼泽地的战场上，两军巍然列阵……此时，太阳已经出来了，只见刀锋映日寒光四射，枪斧如林杀气凛凛，双方都摆开了大战一场的架势。

札木合策骑驰过阵前激励将士，然后回到阵中喝道："出击！"

雷鸣般的鼓声响起来了，五千名札达兰部勇士举刀舞枪，狂吼着喊杀声策骑向铁木真的阵地冲锋。

铁木真静静地看着越冲越近的札达兰部骑兵，然后他举起了右手，顿时一阵急促低沉的战鼓声震撼着答兰版朱思战场，五千名乞颜轻骑兵一起张弓搭箭准备迎战。就在这时，一阵惊天动地的狂喊声从铁木真主阵地的左翼传来，铁木真掉头一看，只见主儿乞部四千骑兵直接违令杀向了札达兰部的冲锋阵营。

还未等铁木真反应过来，主儿乞部前锋已经冲进札达兰部骑兵队列中，双方绞杀成一团。

两股铁骑相交，立刻爆发出一阵阵震天动地的喊杀声……双方都是能征善战的精锐之师，只见阵中到处刀光闪闪、长矛交飞、铁斧挥舞、箭矢穿空，杀声和惨叫声响彻了战场。

一片鏖战中，只见主儿乞部有两人冲在最前方：一个面孔黝黑的青年膀大腰圆，手持一把浑天神矛，而另一个面如白玉的少年虎背熊腰，手持一把长柄金瓜锤……只见两人矛刺锤砸如雪花飘舞，所到之处如入无人之境，将札达兰勇士如枯叶坠地般纷纷杀下马来。就这样，两人在札达兰军中开出了两条血路，主儿乞部都跟在这两个人身后往前冲杀。

虽然主儿乞部违抗军令让铁木真愤怒万分，但铁木真仍被这两员猛将所吸引，他问身边的博尔术道："这两位勇士是谁？"

对蒙古各部情况了如指掌的博尔术毫不犹豫地答道："他们是主儿乞部最善战的两个奴隶，黑脸的青年叫木华黎，白脸的少年叫博尔忽！"

"木华黎！博尔忽！"铁木真赞叹不已地看着军阵中一往无前、奋勇冲杀的两个身影，喃喃地念着这两个名字。

太阳已经升上了头顶，刺眼的阳光映射着血腥的战场……铁木真从军阵中望过去，只见战阵中人马刀枪影影绰绰，不时有人惨叫坠马，而空气中的血腥味也越来越重。

就在这时，札木合的本阵上传来了隐隐约约的退军鼓声，铁木真看到正在厮杀的五千名札达兰部骑兵阵脚未乱，立刻明白札木合是有意撤军引诱主儿乞部出击，聚而歼之。

铁木真也立刻命令敲起撤军鼓让主儿乞部赶紧回归本阵，但他万万没有想到的是撒察别乞和泰出这主儿乞部的两个首领竟然完全置撤军鼓令于不顾，竟然尾追着撤退的札达兰部冲杀而去！

原来，撒察别乞和泰出看到敌军撤退，他们更想张扬主儿乞人善战的大名，所以就直接冲向札木合本阵想打垮札木合，那样就能在蒙古各部中耀武扬威并挟制铁木真。

铁木真和蒙古诸将看见主儿乞部尾追冲杀而去，都心知糟糕。这时，突然有一骑冲过来，原来是速不台，他对铁木真拱手道："大汗，战局将变，请赶紧准备向哲列揑峡谷撤军，我来断后！"

速不台话音未落，又一骑方脸大汉冲过来道："大汗，我来后卫，掩护你们走！"

铁木真一看，原来是他的好友、最早从札木合那里追随他而来的揑兀歹部首领察合安兀阿。察合安兀阿带着揑兀歹部组成了这次大战中的铁木真部第十三翼，麾下共有八百骑。

铁木真还未作答，只听战场上一阵惊天动地的喊杀声和牛皮大鼓声传过来，原来主儿乞部刚被诱出沼泽地中心战场，札木合就指挥全军出击席卷了主儿乞部两翼并将撒察别乞和泰出包围了。

铁木真再也没有多想，立即号令忽必来、速不台各率千骑解围，以救出主儿乞部。合撒儿、别勒古台各率千骑压阵，而博尔术、者勒蔑立刻指挥中军和各翼诸军开始有序撤往哲列揑峡谷。

安排好后，铁木真转向察合安兀阿道："你要断后吗？"

察合安兀阿一拱手："我没有别的事，只请大汗以后照顾好我的亲人和族人！"

铁木真点头道："放心，有我铁木真在，就有揑兀歹部在，就有你的亲人在！"

两人再无多言，互相一拱手，然后察合安兀阿飞骑离开，很快带着揑兀歹部八百铁骑冲过来挡在铁木真身前，并面向战场一字横队列阵。

战场上的情景瞬息万变，忽必来和速不台各率一个重甲千人队从左右两翼狂吼着加入战场径直刀劈枪刺，将札木合还未巩固的包围圈砍开了两道口子，接应撒察别乞和泰出带领的主儿乞部冲出了重围。

铁木真看到，主儿乞部断后的两个勇士仍然是博尔术指给他看的两个主儿乞奴隶——木华黎和博尔忽，只见这两人策骑且战且走，虽浑身染血，但矛刺锤砸过后冲上来的札达兰勇士一片片倒下，最后竟无人敢再冲上前去。铁木真看得血脉偾张，不禁叫道："如此勇士，愿为我所有！"

不过，主儿乞部在速不台和忽必来接应下杀出重围后却直接脱离战场，往西北方狂驰而去。原来，撒察别乞和泰出违令出击还被包围，全赖铁木真派兵解围才救出，他们深知违抗军令已是死罪，更拉不下面子承认主儿乞部被乞颜部所救的事实，于是干脆率部一走了之。

铁木真心里一沉，主儿乞部直接脱离战场擅自离去便少了四千精锐，这样现在只剩下一万五千骑对札木合的三万骑，所以这仗不能再耗下去了，必须立刻撤退。

这时，铁木真看到博尔术和者勒蔑已经指挥中军和后军井井有条地撤离战场向哲列捏峡谷飞驰，而他们二人则毫不犹豫地留下来陪伴在铁木真左右。

接着，合撒儿和别勒古台也各率千骑撤走，前方战场上只有忽必来和速不台各率为主儿乞部解围的一千重甲铁骑正在往回狂奔。忽必来和速不台率领的这两千乞颜部是最善战的精锐，他们边策马狂奔边扭身回头开弓拉弦，向追击的札达兰部射去一阵阵箭雨，压制着狂追的札达兰部骑兵的速度。

此时，察合安兀阿策马来到铁木真马前，拱手道："大汗，来世再见！快撤！"边说边拨转马头，并抽刀高呼"今日我等有死无生，留名蒙古！为了大汗，杀！"

然后，察合安兀阿带着八百名铁骑迎着狂追而来的三万札木合大军冲上前去，掩护铁木真和忽必来、速不台两部撤走。

铁木真看着察合安兀阿远去的背影不禁热泪盈眶，而这时博尔术一把拉过他的马缰拖了就走，这才和最后一批人马撤出战场。

察合安兀阿率捏兀歹部八百铁骑狂吼着冲进札木合大军的队列，如同一块小小礁石一样拼死阻挡大海的波涛，很快就被淹没了。如此对阵悬殊，虽壮士狂吼、刀枪迸火，但人头不尽滚滚而下，最后察合安兀阿率领的八百铁骑战死了六百骑、二百骑被生擒，而察合安兀阿也在酣战之中被身后扔过来的套马索拉下马后被擒住。

捏兀歹部自杀性的拼死血战，成功地为铁木真主力后撤到哲列捏峡谷固守争取到了足够的时间。由于铁木真数年养精蓄锐马力强盛，札木合所率联军千里奔袭后马力疲弱，追不上狂驰后撤的铁木真大军，又担心铁木真设下埋伏圈套，所以只敢派出探马侦骑紧盯铁木真的动向，大队人马则缓缓前进，直到第二天中午才到达铁木真部隐匿的哲列捏峡谷山口。

这时，铁木真已指挥各部人马伐下许多大树堵住哲列捏峡谷山口，并砍倒大量荆棘间杂其间阻断进山的通行山路，同时还在障碍后布下密不透风的箭阵，只等札木合部前来送死。

果然，札木合的前锋到达后开始动手搬运树木荆棘障碍，结果山上一声鼓响后一阵密集的箭雨飞来，当场就被射死了一百多人马，剩下的人马吓得连连后退，只好等待札木合率领主力的到来。

半晌之后，札木合率大队人马赶到了哲列捏峡谷山口。听到前锋的报告后，札木合亲自骑马巡视了山口的地形，只见两侧群峰林立、高耸入云，山间古柏劲松、茂密森森，山间一条羊肠小道蜿蜒曲折地通向看不见的远方，小道上到处是人高的野草和乱七八糟兀立的石块，而进入这条小道的山口则被铁木真部用树木、乱石、荆棘堵得严严实实。

札木合是个战术天才，他知道这里的峡谷长达百里、地形奇险，两侧的山峰连绵耸峙、森林茂密，就算铁木真藏下十万人马也无迹可寻，而自己的三万人马若贸然进入峡谷则随时可能中伏，还有就是铁木真若掐住两端山口，那自己的三万大军则会死得连渣都不剩。

札木合看着这样的地形越看越寒心，而铁木真则是攻如利刃、退似坚盾。此时，札木合对这位铁木真安答的军事指挥才华极为震惊，他深知不能再继续进攻了，但千里奔袭来此还没占到什么便宜，如果不试探一下又绝不甘心就这样撤退。

札木合挥挥手道："上去一百个人把峡口的树木、乱石搬开！"

一百名士兵跳下马来跑到峡口处开始搬树木、乱石，结果山上又一声鼓响，随后山间密林里射出无数箭矢将一百名札达兰部士兵全数钉死在地上，一个活的都没剩下！

札木合看得怒火填胸，自己一下子死了一百名勇士，而他却连铁木真一个弓箭手的影子都没看到。

然而，让札木合更气愤的事发生了，只听山上的密林里传来一阵阵叫喊声："札木合，我们铁木真大汗在山间预备了两年的食物和三年的箭矢，就等你来进攻！不过，我们大汗希望你还是自己退走，他不像你那样是个阴险小人，连自己的安答都想杀害！"

　　札木合听得肺都要气炸了，他在极度的愤怒之下失去了理智，干出了他一生中最愚蠢的一件事——命令在山口架上了七十口大锅，然后堆上柴火点火烧水。

　　部下们面面相觑，不知道札木合到底想干什么。

　　札木合又命令："把察合安兀阿拖上来！"

　　察合安兀阿被捆得严严实实，眼里满是怒火。

　　札木合冷笑道："我对你多好，你却背叛了我！谁都可以背叛我，就你不可以！你说，你为什么投了铁木真？"

　　札木合越说越气，"锵"的一声抽出腰刀架在察合安兀阿的脖子上。

　　察合安兀阿心知今日绝无侥幸的可能，必然死在札木合的刀下，索性放声大吼："札木合，你心胸狭窄、睚眦必报、残忍嗜杀、刻薄寡恩、喜怒无常，是个真正的小人，跟着你随时都会掉脑袋！铁木真大汗心胸广阔、待人以诚、宽厚淳朴，与部下同甘共苦，跟着他既能共患难又能同富贵，如此我当然要跟他不跟你！"

　　札木合气得咬牙切齿，举起腰刀怒吼："我这就让你去见铁木真！"

　　察合安兀阿大叫一声："大汗替我报仇！"话音刚落，察合安兀阿的脖子里一股血箭喷出，脑袋就被札木合一刀劈了下来滚出好远。

　　札木合杀了察合安兀阿仍怒火不消，又学金人剁下了察合安兀阿的大拇指，让他转世亦不能握刀射箭，然后又命令取来一根长绳一头系住察合安兀阿断头上的长发、一头系住自己的马尾，在山口和自己队伍的前面骑马来回跑了三圈，一边跑一边高叫道："这就是背叛我札木合的下场！"

　　跑了三圈后，札木合驰到大旗下跳下马来砍断长绳，然后一脚将察合安兀阿被拖得只剩骨头和牙齿的断头踢出老远。

　　札木合仍不解恨，狞笑着命令把掩护铁木真主力撤退而受伤被俘的两百多名捏兀歹部勇士带上来。

那些又惊又怕的札木合的部属把那两百多名俘虏带了上来，他们不知道札木合还想干什么。

札木合满脸残酷地笑着，说："我今天让你们开开眼。我们族中的老人说过，中原的汉人在很久远的古代发明过一种叫汤镬的刑法，就是开水煮人。我今天就让你们开开眼界，见识一下汤镬的厉害！"

这时候，那七十口大锅里的水已经滚开，正咕嘟咕嘟地冒着大朵的水泡……

实际上，札木合用开水煮这些俘虏，一是为了泄愤，二是为了威胁恐吓自己的部下，用残酷手段、严刑峻法恐吓他们不敢再背叛自己。

札木合的部属们目瞪口呆地看着一大群那可儿扑上前去，剥光了那两百多个俘虏的衣服，捆住了他们的双手、双腿，然后举起来扔进了开水锅中。

顿时，七十口大锅里发出了一阵阵撕心裂肺的惨叫，但很快就没有声音了，四周死一般的寂静，而空气里开始弥漫着熟肉味和腐臭味。

札木合骑马从队列前走过，逐个盯着各个部落首领和将领的眼睛看，最后冷冷地说道："谁再敢吃里扒外背叛我，我不但要像对察合安兀阿那样砍下他的脑袋，还要灭他的族，并且让他死得不痛快！"

各部首领和将士们看着这种惨景，听着札木合恶狠狠的威胁，不禁一阵阵战栗，浑身寒毛直倒竖，有的实在忍不住跑到远处呕吐起来。

札木合得意地以为，他用残酷的手段恐吓住了部属，从此谁也不敢不忠了。不过，没想到的是，札木合的部属也都是蒙古部落各个支派，被他杀死的捏兀歹部二百多名俘虏也都是蒙古人，而察合安兀阿也是蒙古著名的部落首领，捏兀歹部更是蒙古的正支之一，与蒙古各部间都有着千丝万缕的血缘和亲朋关系。札木合用如此残酷的手段杀戮蒙古本部的族人，他手下蒙古各部的首领和将士内心里已是万分愤怒。因此，在与铁木真的较量中，札木合赢了"十三翼之战"的小胜，却彻底输掉了蒙古部的人心。

就这样，札木合用血腥的屠刀亲手斩断了自己的大汗之路，从此他也不可能成为一统蒙古的大汗了。

山上的铁木真和将士们满脸泪水地看着山下发生的一切，发誓要报仇雪恨。下午时分，札木合扔下七十口大锅撤军离去。铁木真看到札木合军撤退时旗帜不倒、队形不乱，传令禁止追击。

当天深夜，铁木真率队下山搬开障碍，收殓了七十口大锅里捏兀歹部勇士的尸骨。铁木真还找回了察合安兀阿的断首和残尸，首先宰了一匹最好的枣红色战马，剥下马皮包裹住自己的挚友、最忠诚的部下的遗体；接着用黄金雕刻了一个大拇指安放在察合安兀阿的嘴里，这样来世察合安兀阿将拥有最有力的手掌；然后挖空两节柏木将察合安兀阿侧放进去，在头边放上萨满秘制过的三岁公羊的肩胛骨，这样会使察合安兀阿转世后拥有长生天赋予的神秘之力；最后在察合安兀阿的脚下摆放了半岁母羊羔的第六根肋骨和半岁公羊羔的第九根肋骨，这样察合安兀阿来生将从小顺畅、一生安康。在一起装殓仪式完成后，众人找了一处最高的山峰，铁木真亲自带队扛起察合安兀阿的遗体上山，然后挖坑深埋。①

---

① 蒙古汗国建国后，铁木真追封察合安兀阿为"蒙古开国八十八功臣"中的第二十五位功臣，封他的儿子纳邻·脱斡邻勒为千户长，并在蒙古各部寻找捏兀歹部人员重兴了捏兀歹氏一族。

第九章　众望皆归心

几支粗壮的牛油蜡烛将宽大的蒙古包照得通亮，兀鲁兀惕氏的首领术赤台和忙忽惕氏的首领畏答儿，两个彪壮的汉子沉默着对饮马奶酒。

兀鲁兀惕氏和忙忽惕氏、主儿乞部是蒙古数百个部落中最善战的三个部落，但兀鲁兀惕氏和忙忽惕氏的历史比主儿乞部古老得多。兀鲁兀惕氏和忙忽惕氏这两个部落以征战为乐，相当于蒙古诸部中的斯巴达，部落中的小孩从生下来就开始接受军事化的培养和教育，以骁勇善战闻名草原。现在，兀鲁兀惕氏和忙忽惕氏这两个勇武的部落跟着札木合，他们也参加了"十三翼之战"，目击了战争的全过程。

颧骨高高的术赤台狠狠一口干完了碗中的马奶酒，低声道："察合安兀阿兄弟死得好惨。"被札木合砍头的捏兀歹部首领察合安兀阿也是术赤台和畏答儿的好朋友。

眯着细眼的畏答儿将酒碗在酒桌上一蹾，说："札木合这次煮了捏兀歹部，下次说不准就要煮我们兀鲁兀惕氏和忙忽惕氏了。"

术赤台摇摇头，叹口气道："虽说两军交锋你死我活是常事，但是煮死俘虏真是前所未闻，何况这些俘虏是我们蒙古本族的兄弟。"

畏答儿说："察合安兀阿兄弟临死前痛骂札木合残忍嗜杀、刻薄寡恩、喜怒无常，一点儿也没骂错。这个人就是穷凶极恶，什么残忍的事都干得出来，歹毒得很。我们跟着他一天安心日子也别想过，说不定哪天就死在他手里了。"

术赤台点点头，死死地凝视着畏答儿："你觉得铁木真怎么样？"

畏答儿同样死死地盯着术赤台，低声说："铁木真心胸宽广、宽厚待人是有名的。"

术赤台、畏答儿两人都知道，他们这样说是把性命交给了对方。

术赤台又问："这次大战，你觉得铁木真打得怎么样？"

畏答儿声音更小："铁木真第一天打得无懈可击，排兵布阵深得其法。他用轻骑兵的箭阵，压制了札木合骑兵的三次冲锋，再用重骑兵衔尾追杀败退之敌，占到便宜之后马上收兵再次结阵，整个过程用兵老到熟练，仿佛是最凶猛的天狗集群作战。同时，我在阵中观察，铁木真军士气高昂、战法熟练、战术凶狠，他们的战斗力极强，一点儿也不比我们兀鲁兀惕氏和忙忽惕氏差。"

术赤台点点头，说："就是不知道第二天铁木真为什么派主儿乞人主动出击，这种打法很傻。其实，铁木真只要再像第一天那样打下去，再顶住一天，我们粮草将尽时就得撤军。"

畏答儿沉吟了一会儿，说："我看这里面有隐情。我看得很清楚，铁木真救出主儿乞部后，主儿乞人直接往西北方向撤出了战场，与铁木真的主力走的是两条路。"

术赤台看着明亮的烛火："主儿乞人那副老子天下第一的德行谁都知道，弄不好他们是违抗铁木真的军令主动出击。"

畏答儿又喝了一口马奶酒："很有这种可能。兄弟，铁木真和札木合是我们蒙古部最有前途的两个青年首领，我们这些小部落只能二者选其一，然后跟着选出来的那个首领一起打天下，壮大自己的部落。札木合打铁木真，这件事没有对错——草原争霸本来就是这个样子；札木合的弟弟给察儿被铁木真手下拙赤答儿所杀，只是札木合找的一个称霸的借口而已，这也无可厚非。但是，札木合错在糟蹋察合安兀阿兄弟的遗体，错在用开水煮死二百名捏兀歹部俘虏，这些人都是我们蒙古部同族的兄弟。两军相争，各为其主，他们也没错，只是运气不好被抓住了，哪怕杀了他们也行，但是札木合这样虐死他们——这不是人做的事，更不是首领做的事。咱们跟着这样的人肯定成不了大事，自然也不会是铁木真的对手，最后都得给他殉葬。我们还是走吧，一起投靠铁木真去！"

术赤台眼里闪着喜悦的光芒："太好了，我们两个部落同生共死，从未分开。我们一起投奔铁木真！"

"十三翼之战"后，札木合纠集的联盟就解体各自回自己的牧场游牧去了。北方游牧民族自古就是"聚则为军，散则为民"，不能长住一地，因为一个地方的牧草就那么多，牲口吃完了牧草就得逐水草而去。于是，术赤台和畏答儿秘密通知部下会合，很顺利就集结起来了，然后甩开札木合快马加鞭地直接北上投奔了铁木真。

兀鲁兀惕氏和忙忽惕氏这两大强部投奔了铁木真的消息如惊雷般传遍了草原，尤其是札达兰部所受震动极大，因为自从铁木真父亲也速该去世后这两部一直和札达兰部在一起，堪称札木合的核心主力之一，在札达兰部的影响极大。现在，兀鲁兀惕氏和忙忽惕氏弃札木合而去，代表了札木合失去了内部人心，统治核心已经分崩离析。

术赤台和畏答儿走后，札达兰部人心惶惶、一片惶惑，贵族互使眼色，百姓交头接耳，先是一个个，然后是一户户，最后成群结队地潜入山林逃往铁木真那里。

这股逃亡潮让札木合手足无措，短短一个多月里就有三四万贵族和百姓以及奴隶逃离札木合投奔了铁木真。札木合发现，他名义上打赢了"十三翼之战"，可是随后受到的损失简直是铁木真的十倍，而这样的胜仗如果再打一次恐怕自己连那可儿都剩不了一个了。

札木合意识到，自己短时间内已经失去了进攻铁木真的能力。

面对投奔而来的术赤台和畏答儿时，惊喜莫名的铁木真禁不住对天高呼："长生天，现在蒙古最善战的三个部落——主儿乞氏、兀鲁兀惕氏和忙忽惕氏三部都在我手中了！"后来，术赤台和畏答儿都成为铁木真的得力干将，是蒙古著名的猛将和开国功臣。

面对一拨拨涌来投奔的札达兰部贵族和百姓，铁木真喜悦之余不禁陷入了深思："十三翼之战"确实是自己打败了，还损失了一些部属，可自己却虽败尤胜——实力上升了一倍多；而札木合打赢了，但札达兰部却从一个强部飞速衰落成了一个一般的部落。这是为什么呢？

铁木真将这个疑惑向母亲诃额仑夫人询问，他越来越敬佩母亲的睿智了。

诃额仑夫人回答得很简单，却一针见血："因为人心。札木合的疯狂行径失去了人心，你宽厚待人赢得了人心。"

最后，诃额仑夫人又重重地说了一句："心在你手上，脚走得再远，人也迟早会回来；心在别人那里，人就算在你身边，也是别人的人。你要想赢得草原，首先要赢得所有牧人的心。"

从此，铁木真就更加注意宽厚待人、慷慨大方以笼络人心，不但对己如此，对敌也是如此。

这段时间，铁木真迎来了一段难得的清闲。札达兰部大批人马逃离、损兵失将，实力减损到原来的一半都不到，失去了再次进攻的能力，短时间内难以为患。草原上，各大部落达成了新的势力平衡，牧人的生活又暂时平静了下来。

铁木真和他的兄弟们、那可儿们自然不用再去放羊牧马，于是便天天结队出去骑射游猎。对于游牧民族来说，围猎可不是单纯的娱乐，而是生产生活和军事训练极其重要的一部分。

首先，围猎可以补充肉食。当时，窘迫的原始生产条件，除了极少数贵族外，游牧的百姓不可能做到天天杀羊宰牛大吃大喝。所以，部落中绝大多数人都是饥一餐饱一餐，这就要靠打猎来补充食物来源。

其次，包围射猎可以训练骑射之术。时当乱世，草原上的英雄们随时准备上马征战，骑马射猎是最好的练武之法。

最后，围猎也是当时游牧民族最好的军事演习办法。蒙古族管围猎叫"阿巴"，猎手叫"阿巴沁"，而一个大型的阿巴参与围猎的阿巴沁多达数百乃至千余人。蒙古族的围猎可不是一哄而上，乱捕一通，而是非常严肃正规的军事活动。每次围猎，铁木真便下令探马侦骑侦察猎物所在的地方，然后让使者传令兵来回奔驰，划分围猎的地域。

围猎日的前夜，铁木真便命令远处的猎手用牛车运来帐篷、食物集聚在宿营地过夜。黎明前，铁木真就带着各处的猎手赶到合围点，然后成百上千的猎手同时出动。其中，专门驱赶猎物的猎手开始把包围圈的猎物往主力狩猎队的方向驱赶，方圆数十里、上百里的猎场上顿时尘土飞扬、吼声如雷，被惊起的成千上万的动物都被赶向同一个方向奔跑，然后落入主力狩猎队的圈套。

猎物一旦落进包围圈，铁木真便同猎手们纵马驱犬、张臂放鹰，然后抡刀挥枪、投掷布鲁[1]。最先捕到猎物的，必须用缰绳套住猎物的脖子，余人以先后赶到的次序将动物的四足、胸肋、脊骨宰杀，然后再按惯例将各自所得部位一一分割。

由此可见，蒙古族的围猎就是真正的军事行动，可以在和平时期锻炼军队的侦察、协同、通信、诱敌、围歼等各种骑兵战术。[2]

蒙古族围猎，还特别注意保护动物。围猎时有三不杀的规矩：

一、不捕杀游览的飞禽、怀胎的走兽和正在生长的野兽；

二、不在动物繁育和发情的时候打猎；

三、不能赶尽杀绝围场的野兽，要放掉一大半。

这天，铁木真又率队围猎了大批肥硕的野兽，然后放掉了所有的母兽和小兽，健壮的公兽也放掉了一大批。不过，这时铁木真发现远处突然出现了一群人，正在围捕他放掉的野兽。

铁木真有点儿怒了，问者勒蔑道："那边打猎的是谁？过去看看。"

者勒蔑马上带了一队人马，前去打探。

过了一会儿，者勒蔑回来报告："大汗，那边正打猎的是泰赤乌部下面的昭烈氏。"

众人一听，纷纷拔刀抽剑。原来，泰赤乌部和铁木真有深仇大恨，当年泰赤乌部首领塔里忽台曾把少年铁木真抓去示众三个月，还欲将其斩首祭

---

①布鲁是蒙古族的一种狩猎工具，而老猎人出手可以直接打碎一头成年公狼的狼头。

②后来，清朝学习蒙古人，专门设了一万多平方公里的木兰围场，以皇帝为首几乎年年秋天前往木兰围场围猎，目的是在和平时期锻炼军队，史称"木兰秋狝"。

天，这事在草原上尽人皆知。同时，在"十三翼之战"时，泰赤乌部也是跟随札木合进攻铁木真的主力之一。如今，泰赤乌部下面的一个小小氏族竟敢违反草原规矩到铁木真的围场上打猎，如此嚣张怎么能够放过？

但是，铁木真摆摆手道："昭烈氏是泰赤乌部底下的一个小部落，就是泰赤乌部贵族的奴仆，他们都是些普通的百姓。大家都把兵器收起来，我们一起过去看看。"

一行人骑马奔驰过去，对面的昭烈氏猎人们警惕地握紧了刀剑。

铁木真看到这些昭烈人个个面黄肌瘦、须发蓬乱，问道："你们好久没吃东西吗？"

一个领头的猎人瓮声瓮气地回答："我们的马刚长壮就被老爷们骑走了，我们的羊刚长肥就被老爷们吃掉了，我们的女人一长大就被老爷们抢走了，我们只好东游西荡到处找些野兽，打到猎物了就吃顿饱饭，打不到就饿一天。"

铁木真顿时心生怜悯，对博尔术说道："就把我们今天打到的猎物全部送给他们吧。把火升起来，我们请他们一起吃顿饭。"

博尔术答道："是！"

当即，博尔术安排众人把当天打到的三十多头花鹿、麂子、野狼、黄羊、旱獭、红狐、肥兔之类统统送给了这群昭烈人，又升起几十堆火将兽肉烤得嗞嗞冒油，并与其分食。

这些淳朴的昭烈人感动万分，悄悄问博尔术道："这位好心的大老爷是谁，我们会永远感激他。"

博尔术自豪地说："他是我们的成吉思汗，铁木真大汗！"

顿时，昭烈人惊呆了。

分手的时候，铁木真对昭烈人说："我们蒙古部虽然氏族众多，但都是一家人。我们的祖宗都在一起拉过风箱、打过铁，如果你们今后遇到什么困难或是忍饥挨饿找不到东西吃，尽管来找我铁木真。我一定全力相帮！"

就这样，铁木真好善乐施、对穷人慷慨相助的事情在昭烈人中口口相传，很快就传遍了大草原。于是，草原上到处都在议论这样的话——"在你寒冷的时候，铁木真大汗会把自己的衣服脱下来送给你们穿；在你跛足的时候，他会从自己骑的马上跳下来把马送给你们骑。他是一个真正的大汗，是一个能够创建国家、知道善待部下且可以把国家和百姓管理得井井有条的好大汗呢"。

不堪忍受泰赤乌部贵族们欺辱的昭烈人，在铁木真这里看到了希望。不久，三千多名昭烈人干脆举族投奔了铁木真。

前来归附的昭烈人对铁木真说："大汗，你把我们这些低贱的奴仆当成手足，我们便愿成为你手中的刀和剑，打仗时为你斩下敌人的头颅，安宁时为你牧马放羊。我们将永远对你忠贞不贰，请你收下我们吧。"

听着昭烈人的誓言，铁木真深受感动，没想到一时的怜悯竟然换来了整个古老氏族的效忠。铁木真不禁又想起了母亲诃额仑夫人的告诫，那就是他想要兴旺发达首先要懂得收取人心。于是，铁木真让蒙力克安顿好昭烈人，为他们调拨了牛羊和生活用品，将他们归入乞颜部的一支，并传令任何人都不许为难和低看他们。

在连死敌泰赤乌部下面的昭烈氏都投奔了铁木真的消息传出后，草原更是震撼了。在这以后，每天都有成群结队的贵族和百姓乃至奴隶投奔铁木真，使得铁木真的力量飞速壮大，已经是"十三翼大战"之前的好几倍了。

"人逢喜事精神爽"，眼看着部落一天天兵强马壮，铁木真每天都很高兴。这天晚上，铁木真喝了点儿马奶酒，然后到孛儿帖帐里与其欢爱一番，便沉沉睡去了。第二天清晨，铁木真尚在酣睡，孛儿帖已经起身忙开了。此时，诃额仑夫人年事渐高，便把家族的内部事务都交给孛儿帖处理。因此，孛儿帖现在实际上掌管着铁木真的宫帐——蒙古语称"斡儿朵"。由于铁木真斡儿朵里的女人越来越多，加之孛儿帖自己又是好几个孩子的母亲，所以孛儿帖每天都忙得不可开交。孛儿帖看着虎皮垫子上像个大孩子一样酣睡的铁木真，心中不禁泛起一股甜甜的柔情，她比丈夫要大一岁，除夫妻之情外，还多了一份姐弟之情。孛儿帖知道铁木真每天都在奔忙，难得如此酣睡，舍不得叫他想让其多睡一会儿，便独自出了毡房。

过了一会儿，孛儿帖神情古怪地回来了，她用脚踢了踢铁木真。

铁木真睁开眼："什么事啊？"

孛儿帖似笑非笑地看着铁木真："大汗，你的小妻子来找你来了。"

铁木真一下坐起身："我的小妻子？谁呀？"

孛儿帖笑了笑，不再作答，转身出了毡房。

铁木真穿好衣裳，睡眼惺忪地撩开帐帘出了毡房。然后，铁木真向不远处一看，顿时如遭雷击，只见一个俏生生的美丽女子满脸泪水地看着他。铁木真立刻认出了这位一身白衣的美丽女子，她就是他曾朝思暮想的、救了他性命的合答安，而她也是他的第一个女人。

铁木真一步跨上前去，一把将合答安紧紧地搂在怀里，反反复复地问："你怎么才来？合答安！你怎么才来？合答安……"

顿时，合答安在铁木真怀里放声大哭起来。

铁木真温情地抚摸着合答安的长发，当年的往事又浮现在眼前：那个十三四岁的小姑娘，为逃出屠刀的自己放哨、送饭，与自己厮守在救命的羊毛堆里，一口口地喂自己喝羊奶，还有那初尝情爱时连月亮都害羞地躲进云层里的三个夜晚……

合答安哭过以后，轻轻道："我的额赤格和额客，还有我的两个哥哥——赤老温和沉白都来了。"

铁木真喜出望外道："他们在哪里？"

合答安说道："他们就在外面。"

原来，这时普通百姓见铁木真已经不那么容易了，要经过层层的关卡和盘查才能面见，毕竟铁木真已经是蒙古的大汗和全军统帅了。

走到内圈的古列延外，铁木真一眼就认出了合答安的父母、救了自己命的锁儿罕失剌老夫妇，而这时两位老人已经明显苍老了许多，须发已花白，腰背也有些驼了。

铁木真责怪地问锁儿罕失剌老人："您怎么不早一点儿来？我时时都在想念着你们！"

锁儿罕失剌老人嗫嚅道："大汗，我们也早就想过来了，但是我要每天给胖子塔里忽台打马奶酒，一天不送酒就会被他发现，而我一走就会害了全家所有人。这次昭烈人全族逃跑，外加各处连续不断逃亡，以致泰赤乌部一片混乱而塔里忽台不得不四处救火，我们全家这才趁机跑了出来。"

铁木真双目含泪道："老额赤格、老额客，逃出来就好，逃出来就好。以后，我们一起过好日子！"

这时，铁木真看到锁儿罕失剌老人身后站着两个彪形大汉，他们身材魁梧、满面英华，双目闪烁着精光，一看就是了不起的好汉。话说世人皆知铁木真一生最爱两样东西——英雄和美人，铁木真看见这两个好汉十分欢喜，问道："这两个好汉是谁？"

合答安道："这就是我的哥哥——大哥赤老温和二哥沉白啊。"

铁木真细细辨认，果然从依稀的眉眼里认出了当年共患难的少年伙伴，不禁大喜过望，心知又得了两员猛将。

合答安一家义救少年铁木真的故事虽然在后来名扬天下，但在当时只有铁木真家族最核心的成员才知道他逃出泰赤乌部的真相。那时，合答安一家还留在泰赤乌部里，这事一旦走漏风声，那合答安一家必死无疑，因此大家都严格保守秘密。如今，见合答安一家前来投奔，铁木真家族不禁大喜过望，诃额仑夫人、孛儿帖、合撒儿、别勒古台、合赤温、铁木格、铁木仑都一个接一个地前来看望和慰问合答安一家。当然，大家心里都清楚，合答安一家冒着生命危险拯救的不但是铁木真的性命，而且是拯救了整个铁木真家族，所以大家都发自内心地对合答安一家表示感恩。

当晚，孛儿帖就主持了铁木真和合答安的婚礼，就此合答安成为铁木真家族敬重的一位成员。后来，铁木真统一蒙古后为数百名皇后、妃子设立了五大斡儿朵，即五大行宫，而合答安成为第三斡儿朵的大皇后，地位极高。

这是一场迟到了十多年的婚礼，大家在篝火旁尽情地欢乐着……当然，曾在泰赤乌部做奴隶的锁儿罕失剌老人一家终于迎来了生命的春天，而铁木真首先任命了锁儿罕失剌老人掌管全部落的酒食。后来，锁儿罕失剌老人名列"蒙古开国八十八功臣"第二十七位，赤老温和沉白也都奋斗成了名扬世界的蒙古名将，而赤老温甚至与博尔术、木华黎、博尔忽并列为著名的"蒙古四杰"。

当大家还在欢宴之中时，铁木真和合答安已经钻进了新婚的毡房，一对红烛的光影映照着两人无比兴奋激动的躯体……经过十多年后，当年的两个青春少年终于在人近中年时重逢，而刻骨铭心的爱情火焰烧得两人几近疯狂……

在铁木真和合答安的婚礼之后，镇海又带着商队来了，真是喜上加喜啊。这时，铁木真的兀鲁思（相当于"国家"之意）已经是蒙古最强大的一个部落，而镇海的商队在铁木真的支持下几乎垄断了漠北的贸易。镇海虽然多次提出留下来跟铁木真一起，但铁木真坚决不允，因为在铁木真看来镇海是他看世界的眼睛，走南闯北四处行商的镇海能把金国、漠南、乃蛮、西辽等各处的风土人情和山川地理形势遍告给他。因此，铁木真需要的是镇海行走于各处，让他了知天下的大势。实际上，镇海已成为铁木真的情报首领，而在后来统一蒙古后他也被封为蒙古丞相。

这次，镇海不但带来了庞大的商队，还带来了汪古部的尊贵客人。

汪古部又被称为"白蒙古"，地处脱里汗克烈部的南方，活动在阴山（今内蒙古大青山）山麓，被金国雇用来防范北方的游牧民族，因此又被称为"守长城关口的人"。

汪古部并非由单一氏族组成，而是由突厥人、蒙古人、吐谷浑人、党项人等多个氏族人员融合而成的。汪古部因为长期守边之故，接触周边的机会多，所以社会文化比较开明，生产方式比较先进，且农且牧、农牧并举。汪古部的语言风俗与蒙古类似，与脱里汗的克烈部一样信奉景教（基督教聂斯脱里派）。

铁木真很早就派人同汪古部联系，因为汪古部的战略地位实在太重要了：一是汪古部替金人守北大门，对金人的军政动向、军队调遣能够非常及时地了解；二是金人与蒙古人长期为敌、互相攻杀百年之久，金人只要出兵北伐草原部落则必须通过汪古部疆域，而了解和知晓金军动向对蒙古的生存非常重要。如果蒙古部与汪古部建立起了联系，那汪古部就能向蒙古提供金军北伐的宝贵预警时间，因此铁木真经常派密使同汪古部首领阿剌兀思联系，并赠送宝石、黄金等珍贵且便于携带的礼物。

"行得春风收夏雨"，如今蒙古部在铁木真带领下重新崛起于漠北——成吉思汗之名已威震草原，汪古部首领阿剌兀思便趁镇海北商之际第一次派出使者回访铁木真。

见到镇海和汪古部使者，铁木真大喜过望，因为镇海和汪古部的使者同时带给铁木真一个重大的好消息——金国和塔塔儿部真的打起来了。

要知道，金国人钉死了蒙古人的俺巴孩汗，塔塔儿人毒死了铁木真的父亲也速该，他们都是蒙古人不共戴天的世仇，而如今这两个仇敌自己打起来了，蒙古人当然是高兴地坐山观虎斗了。

看着这么多喜事凑在一起，铁木真当即决定全部落欢宴三天，以示庆祝。

铁木真大宴宾客还有一个目的，就是想借酒宴重新修复与主儿乞部的关系。

主儿乞部虽然一直桀骜不驯，长期不遵号令，"十三翼之战"中又违抗军令贸然出击导致了全战失败，但铁木真尽管恨他们恨得牙痒痒，却还是希望把主儿乞部拉过来归于自己属下。当时，主儿乞部不但战斗力很强，而且实力相当庞大，曾是铁木真手下的第二强部，可以随时动员四千骑，而这在草原上已经是很厉害的强部了。

于是，铁木真派遣使者前往主儿乞部等部落，以约定时间共庆欢宴。

斡难河边的树林里人声鼎沸一片欢腾，阳光透过古树摇摆着的枝叶斑斑驳驳映照在正在欢宴的人们身上。

人们在一排排长长的桌旁依次就座，左边的长条桌旁坐的是汪古部使者和镇海商队等尊贵的客人，右边的长条桌旁坐的是铁木真家族的亲贵、那可儿以及各部的首领和重要将领，而在最上端的横条桌旁坐的是铁木真、诃额仑夫人、孛儿帖以及主儿乞部的首领撒察别乞、泰出、不里孛阔和撒察别乞的母亲豁里真、二母忽兀儿臣、小母额别。

当时，主儿乞部的贵族们已经和铁木真是两条心，而他们当初推铁木真为大汗只是想让他做个名义上的首领带他们劫掠，并认为铁木真年轻便于控制，让他做个所谓大汗不影响他们自己称王称霸、为所欲为。

但是，主儿乞人万万没想到的是，铁木真深沉机警、智勇双全，一朝大汗权力在手便毫不客气地把令来行，并将整个汗国组织得井井有条，一切都围绕着他的大汗权力展开。换句话说，铁木真从一开始想要的就是君主独裁制，而这些旧贵族心里想的还是贵族联盟制，这种治军理政理念上根本性的分歧导致了铁木真与这些旧贵族之间注定分裂的命运。

最让这些旧贵族气愤的是，铁木真把军队的重要职位都赐给了与他自己同生共死且久经考验的那可儿，而那些那可儿基本都出身平民和奴隶。这样大规模重用平民和奴隶，在蒙古的历史上是第一次，而那些旧贵族虽然封爵很高却没什么实际权力，实际上都被架空了。于是，主儿乞人想到当初是他们自己亲手把铁木真抬上汗位的，心里真是无比的后悔。

铁木真对桀骜不驯的主儿乞部尽管内心里非常气愤，但他知道主儿乞部在蒙古各部中的影响非常大，是一支必须争取的骨干力量，所以他不得不委曲求全地在酒宴上仍然给了主儿乞部最高的礼遇。

主儿乞部的贵族们深知这其中的奥妙，于是更加得意扬扬。与此同时，主儿乞贵族带来的一群侍卫也趾高气扬，但他们中间面孔黝黑的青年木华黎和身材高大的少年博尔忽——曾在"十三翼之战"中因其英勇表现给铁木真留下了极深印象的两个奴隶——却站在一边，面有愧色，低头不语。铁木真把这一切都看在眼里。

这时，厨师们开始把一盆盆香喷喷的烤全羊、烤驼肉、烩羊肉、煮羊肉、煮牛肉以及羊肉汤、牛肉汤等端上来了——草原上的宴席就是大块吃肉、大碗喝酒，实实诚诚。

肉端上来了，接着就要上酒。于是，厨师长失乞儿开始一桶桶地为贵族们摆放马奶酒。由于马奶酒度数不高，草原上的人们通常都是论碗喝、论桶上的。

失乞儿也是蒙古各部中的知名人物，他在铁木真的父亲也速该时代就担当全部落的厨师长，主管贵族们的酒宴，所以蒙古各部首领都认识他。

失乞儿的第一桶酒摆放在铁木真面前，第二桶酒摆放在诃额仑夫人面前，接下来就是摆放给撒察别乞的三个母亲——撒察别乞的三个母亲中，小母额别年轻貌美、性格张扬，在酒宴上十分活跃且言谈不休，年老色衰的母亲豁里真和二娘忽兀儿臣自然十分嫉妒。这时，失乞儿本来应该按礼宾的顺序从大到小给这三个女人上酒，但谁知道失乞儿一时糊涂被妖冶动人的小母额别吸引，竟先将酒摆放在了最小的额别面前。

失礼了！

这下，豁里真和忽兀儿臣本来就想找碴儿好给铁木真一个难堪，顿时借题发挥大闹开了。豁里真大骂："失乞儿，你这条肮脏的贱狗，你给谁先上酒呢？活这么大把岁数，尊卑大小都分不清了吗？"

忽兀儿臣更是毫不客气，伸手便"啪啪"打了失乞儿两个重重的耳光。

两个妇人这么一闹，大家都惊呆了。俗话说"打狗欺主"，两个妇人这样公然殴打铁木真的厨师长，想表达什么意思大家心里都清楚了。然而，最丢面子的厨师长失乞儿更是号啕大哭起来："都是因为也速该巴特尔和捏坤太石死了，我才被这样欺辱殴打！"捏坤太石是也速该的大哥、铁木真的大伯，当年铁木真的母亲诃额仑夫人就是这位大伯帮他的父亲也速该抢回来的。

失乞儿这样哭诉，无非想找回面子：一来说明自己也是老资格的人，绝非一个可以让人随便扇耳光的普通厨子；二来就是指桑骂槐指责铁木真无能而让长辈丢脸，以此刺激铁木真出面帮他找补回来。

赴宴众人的心都悬到了嗓子眼上，都在看铁木真怎么处理。

铁木真面色铁青，他知道今天是他争取人心的一个重要机会，否则"小不忍则乱大谋"，只见他看了母亲诃额仑夫人一眼后说道："区区小事，算得什么。失乞儿，你先下去休息一会儿，今天就不要再上酒了。大家好好吃，好好喝。"

斡难河畔的这次酒宴，注定成为蒙古历史上最著名的一次宴会，因为它发展成了铁木真亲自带头参加的一次斗殴。

酒宴会场的失礼之过刚刚平息，酒宴外面却又出了大乱子，而且这次还动了刀。

铁木真的弟弟别勒古台是个实诚汉子，看着大家开始成桶成桶地喝酒，他担心营地出事就离开酒宴在营帐之间来回巡视。果然，别勒古台逮住了一个主儿乞小偷。

主儿乞部向来胆大妄为，部众非常喜欢偷盗抢劫之类的勾当，甚至以此为乐、引以为荣。例如，在铁木真少年时候，家里所有的马都被偷走并差点逼死全家，盗马贼就是主儿乞人。

这次，主儿乞人看上了铁木真的马具。当然，这时作为蒙古部首领的铁木真，他的马具已经相当豪华了——马缰绳是用金丝银线混合编成，非常精美华贵，结果被一个在营地里到处溜达的主儿乞人看上了。

就在这个主儿乞人解下铁木真的缰绳时，在营地里巡视的别勒古台发现了他，一把就将他按倒在地。别勒古台不想打扰大家宴会的兴致，本来只想训斥这个小偷两句就算了，没想到背后一把刀突然砍在了他的右肩上，只觉肩上一疼就已经流出了血来，而当他回头一看却发现下手之人是主儿乞部第三亲王不里孛阔。

不里孛阔是主儿乞人中的大力士，神勇无敌，号称"国之勇士"。不里孛阔论辈分是铁木真的叔叔，他是主儿乞贵族中的第三号人物，平时非常骄横。这次，不里孛阔在宴会上一气就喝完了一桶马奶酒，出来撒尿时正碰上别勒古台按住那个主儿乞小偷，但他偏袒族人二话不说就抽刀砍伤了别勒古台。当不里孛阔看到砍伤的是铁木真的弟弟别勒古台时，他知道惹了祸，便径直和那个主儿乞小偷一溜烟跑了。

憨厚的别勒古台不想惹事，没有把此事报告给铁木真，而是带伤继续巡查营地。但是，目击的旁人把这事向铁木真报告了，本来就怒火满胸的铁木真想起了少年时候全家人差点儿被主儿乞盗马贼逼死的往事，气得浑身直哆嗦。于是，铁木真马上命令叫来弟弟别勒古台，看到别勒古台被麻布包裹的右肩还在流血，不禁呵责道："你为什么不还手！"

别勒古台说："大哥，这是个小事，一点儿小伤算不得什么，别因为我这点儿事伤了和主儿乞部的和气。"

铁木真大怒："这种事也能忍，那还叫男子汉吗？"

这时，铁木真对主儿乞部的新仇旧恨一起发作，终于失去了自控能力。据史书记载，铁木真跳起来折下一根臂粗的树干，又抄起奶桶里的搅奶杵，冲过去劈头盖脸地就向撒察别乞和泰出脑袋上砸去。

撒察别乞和泰出心知不里孛阔惹了祸，他们就一直盯着铁木真的举动，当看见铁木真左手树棍、右手搅奶杵地直冲而来时便心知不妙，连忙招呼侍卫抄家伙抵挡。与此同时，铁木真的那可儿们见状也赶紧冲过来，众人立刻各寻对手打成一团，宴会顿时变成了斗殴场。

在一片混乱中，主儿乞部的两个奴隶木华黎和博尔忽神勇无比，挡住了铁木真那可儿们的猛攻，掩护着撒察别乞和泰出逃出了斗殴的宴会场策马飞奔而去，但他们自己却被乞颜部的勇士们团团围住插翅难飞。

博尔术、者勒蔑等人呵斥木华黎和博尔忽两人投降，但两人却缓缓拔出了腰刀。

这时候，只听一声"住手"，铁木真走进包围圈来到木华黎和博尔忽对面并凝视着两人，他们二人却面无惧色地与铁木真坦然对视。

铁木真挥挥手说："把我的战盔拿过来。"

手下赶紧拿来了铁木真的狼皮金铜战盔。

铁木真又令取过一桶马奶酒，亲手倒满一战盔，然后双手捧盔递给了木华黎，叫了一声："好样的，木华黎！"

木华黎见状闻声，不禁双目含泪地大口仰头饮尽，然后将战盔还给铁木真。

铁木真也不多言，又倒了满满一盔酒给博尔忽，又叫了一声："博尔忽小兄弟，喝酒！"

博尔忽英气勃勃，也是一口饮尽，还不忘抹抹嘴角，然后将战盔还给铁木真。

铁木真挥挥手："放这两个好汉走。"

那可儿们听命，在包围圈闪开了一条路。

木华黎和博尔忽向铁木真一拱手："多谢大汗赐酒！"然后昂首离去。

铁木真望着两人的背影，久久不舍。

惹祸的撒察别乞三个母亲没逃出去，被扣下了。事情过去后，铁木真也颇为懊丧，惊觉到自己还很不成熟：草原正当乱世，就算拉拢不了主儿乞部，也不能因为这点儿小事再树强敌。过了几天，撒察别乞遣人前来哀求放回自己的三个母亲，铁木真也就求之不得地把三个惹祸的妇人送走了，并希望还能和主儿乞部重归于好。

这场蒙古历史上最有名的酒宴闹剧，就这样荒唐地结束了。

第十章　冷酷的复仇

斡难河酒宴群殴事件后，主儿乞部自知理亏，便和铁木真保持着距离。其时，外敌札木合大伤元气，也形不成对铁木真的威胁，就这样又过了好一段安稳日子，直到金国皇帝的使者前来。

这天早上，铁木真正在大帐里同博尔术、者勒蔑等大将议事，忽然一个司掌征讨巡查的远箭手进帐禀报："大汗，阿拉坦汗遣使求见。"阿拉坦汗，草原上对金国皇帝的称呼。

蒙古的箭手，根据箭艺高超程度分为三级——近箭手、远箭手、箭筒士，一级比一级厉害。

"嗯？阿拉坦汗派人要见我？"铁木真微微一震。要知道，金国和蒙古之间是世仇，互相之间都有血债。

铁木真想了一想，对博尔术说："这个阿拉坦汗的使者要见——草原上的使者总是受欢迎的，咱们不难为他一个小小的使臣。我们跟他聊聊，争取能让阿拉坦汗同意跟我们做买卖。"

原来，草原上除了牛羊外百物奇缺，不管是小伙子们的钢刀铁镞铜镫、姑娘们的绫罗绸缎胭脂，还是妇女们的金银珠宝首饰乃至针头线脑铁锅，统统没有。游牧民族不出产这些农耕民族大规模生产的东西，或者由于生产力落后出产极少。铁木真的兀鲁思一天比一天庞大，已经聚集了大部分的蒙古氏族，但镇海的商队毕竟只有个人的力量，加之草原如此之大且路途又太过遥远，两三年才能来一次且带来的物品远远满足不了整个兀鲁思越来越庞大的需求。铁木真和那可儿们天天都为这事发愁，大家都知道只有同金国通商，依靠国家的大规模买卖，才能从根本上解决兀鲁思物资匮乏的问题。

博尔术连连点头："大汗说得对，南面的金国富得流油，没事的时候我们都要去抢他们，当然要同他们做买卖。"①

铁木真点点头道："你去安排一下，不要在阿拉坦汗使者面前失了我们蒙古兀鲁思的威风。"

博尔术听令，拱手而出。

金国使者来访时，只见铁木真所在的大古列延外两个千人骑兵队森森列阵，而且旌旗飘扬、胄甲鲜明。从两个骑兵队中间穿过后，使者进入大古列延，见到五百箭筒士、五百带刀者持刀背弓排成一列长长的甬道，人人精神抖擞，眼里满是刀光剑影、杀气腾腾，个个威风凛凛的样子。使者也是识货之人，不禁暗赞一声："好队伍！"

使者进得帐来，只见一个高大魁梧的汉子和一个盛装的中年美妇端坐中间，两侧站着十多个威风凛凛的大汉。

坐在中间的是铁木真和夫人孛儿帖——孛儿帖坐在铁木真的右手边，站在铁木真和孛儿帖两侧的是合撒儿、别勒古台、博尔术、者勒蔑、忽必来、速不台等十多名猛将，威风凛凛，严正肃杀。

铁木真见这位使者身材高大却文质彬彬，皮肤白皙却长髯飘飘，一缕浓密的大黑胡子一直垂到胸前，举止从容，毫无惧色。铁木真不尽暗赞："好一个大胡子，好一个使者，真是好风度！金国不愧号称'上邦大国'。"

此时，铁木真还不知道，这个金国使者乃是中国历史上有数的奇才之一。

这位使者看到铁木真的布置，心中也不停地感叹："都说北方'野人'茹毛饮血、落后原始，不想竟如此严整，真是好威风好杀气！"

这位大胡子使者来到铁木真面前，拜了一拜，说道："我是大金国使者耶律楚材，听说蒙古部又选出了自己的新汗，特地前来祝贺。"

----

① 长城外的历代草原民族对长城内的农耕民族，从古到今都是这样干的：草原民族拿草原上的牛羊换农耕民族的日用品，只要农耕民族不愿意，他们就在秋季南下牧马，然后冲到长城内硬抢。当然，游牧民族也要活命，于他们来说这也是当时的生存之道。

原来，金世宗完颜璟听说北方蒙古又出了个"野人"铁木真，在怯绿连河聚了十万帐，称了成吉思汗，而金国与蒙古部曾交战数十年，他害怕铁木真又来与金国作对，因此派耶律楚材前来打探虚实。

金世宗对耶律楚材说："我国三十年前曾与蒙古忽图剌汗血战一场，大胜之后再无蒙古消息遂失去联络，如今看来蒙古三十年生聚又还阳了。你去查查这个成吉思汗心性如何，与合不勒汗、俺巴孩汗、忽图剌汗的关系，对我国的态度，以及他部落的底细，如有可能还要争取这个什么成吉思汗与我军南北夹击塔塔儿部反贼。"于是，耶律楚材衔命直赴漠北。

铁木真听到耶律楚材的自我介绍，看着这个大胡子使者缓缓道："耶律，乃是大金所灭之前朝大辽国的王者之姓。辽国的开国太祖就叫耶律阿保机，先生既名耶律楚材应为辽国王族之后。如此，先生应是辽国契丹族，而非金之女真族。"

耶律楚材闻言大吃一惊，说道："大汗说得对，我确是前朝辽国东丹王之后。"

原来，耶律一姓是辽国的王族，就像完颜一姓是金国的王族一样。这在长城以内本是常识，但铁木真只是长城以北五千里外苦寒之地的一个部落首领，他居然知道这个就不得不让以学富五车为傲的耶律楚材震惊了。

铁木真知道这些，当然是因为行走天下的镇海告诉他的各地的风土人情。

"这个蛮子心怀天下！"耶律楚材暗暗称奇。

耶律楚材乃辽国东丹王耶律倍八世孙、金国尚书右丞耶律履之子，是天下公认的奇才。在中国历史上，耶律楚材是类似诸葛亮、刘伯温那样的人物，儒释道三家无所不通，甚至还善医卜星相之学。

耶律楚材的父亲耶律履年至花甲始得此子，他在看过新生儿的面相后说了一句很有名的话，即"吾年六十而得此子，吾家千里驹也。他日必成伟器，且当为异国用"。因此，耶律履给这个小儿子起名"耶律楚材"，意为"楚材晋用"。当然，这句话和这个名字也暗含着这位身为辽国王族之后的契丹贵族对金国的反意。

耶律楚材既然被父亲耶律履起了这个带反意的名字，他在一开始读书识字时便被父亲和家族灌输了辽国的历史文化，所以他从小就与金国离心，并想为辽国报仇。当然，耶律楚材知道南宋腐败懦弱，根本靠不住，指望他们帮自己报仇无异于缘木求鱼；西边的西夏国小人少，也无法依靠，只能到北方草原找寻希望。

铁木真和耶律楚材内心里已互生好感，于是两人互相摸底探寻虚实。耶律楚材问道："我家皇上既派我前来祝贺大汗升位，不知道大汗需要什么赏赐？"

铁木真微微一笑："我不需要阿拉坦汗的赏赐，但是希望与阿拉坦汗通商。"

耶律楚材点点头："那大汗需要些什么呢？"

铁木真凝视着耶律楚材："我用上好的战马和毛皮换你们的铁、药材、粮食、茶叶、绸缎、布匹、铜镜、针头线脑、口红胭脂、铁锅铁桶等。"

耶律楚材回答得爽快极了："这个很容易。大汗只要做一件事，我家皇上就会与大汗通商。"

铁木真问道："什么事？"

耶律楚材捋了一把长须，说："大汗，我家皇上正与草原上的塔塔儿部交战，不知道大汗可知晓此事？"

铁木真点点头道："此事略有所闻，只是不知道详情。塔塔儿人不是一直与阿拉坦汗交好吗，为何反目成仇？"

于是，耶律楚材将此事的详情告知了铁木真。

原来，塔塔儿部在蒙古草原东部游牧，往西与蒙古各部接壤，往东则与大兴安岭西麓山脚下的一些半牧半农的部落相邻，而这里面比较著名的有弘吉剌部、合答斤部、山只昆部等部，他们同样非常强悍。这些部落再往东就是大兴安岭中心地带，正是金国女真族的祖居之地，也就是后世清朝所称的"龙兴之地"。

这时，女真族已经建立金国近百年，是当时最强大的国家之一，甚至连南边的南宋都被打得"谈金色变"。

女真族入主中原后，深知北方游牧民族的厉害，为了后方安宁而长期采取"又打又拉、扶持傀儡"的办法统治草原。草原上的塔塔儿部就是这样一个金国的附庸，长期与金国狼狈为奸打压草原各部，哪个部落有兴起之势就起兵和金军联合讨伐，从而让草原各部只能处于弱小的状态，以致不能对金国形成威胁。

合答斤部、山只昆部两部桀骜不驯，长期独来独往，本身又很强大，所以虽然与金国相邻却从不听其号令，相反还不断劫掠骚扰金国边境，强夺金国边民财物。金国人大怒之下，便命其左丞相夹谷清臣率军二十万会同塔塔儿部一起攻击合答斤部、山只昆部两部。

合答斤部、山只昆部两部虽然善战，但与金国相比毕竟众寡悬殊，能出战之骑最多也就万把人，何况还有熟知当地地形人情的塔塔儿部配合金军作战。说起来，合答斤部、山只昆部不久前还与塔塔儿部是战友，他们三部都参加了札木合组织的十三翼联盟共同进攻过铁木真，没想到现在塔塔儿部又帮金国攻击之前的战友。

实际上，各部为称雄草原均是"翻手为云，覆手为雨"，这就是当时草原的现实。

结果，合答斤部、山只昆部这两部人马与金国和塔塔儿部联军刚一交战，就被二十余倍于己的敌军四处包围，被打得人马星散、落荒而逃。

当时，塔塔儿部首领名叫蔑兀真笑里徒，此人阴险狡诈却又贪婪无比。金塔联军攻破了合答斤部和山只昆部两个草原强部百年的老巢，缴获了无数的山货财物和奇珍异宝。蔑兀真笑里徒看着这些宝贝，眼珠子都快要掉出来了，但他万万没想到的是金军连一根草都不分给他，所有缴获的财物被金军统统搬上车径自向南而去。

眼见此景，蔑兀真笑里徒差点儿气晕过去，他这才明白自己在金国人眼里连条狗都不如——毕竟狗还要喂口食呢，而且自己还彻底得罪了合答斤和山只昆两个强部。

蔑兀真笑里徒越想越气，他听着装满财宝的大车轱辘的嘎吱声，看着趾高气扬斜都不斜自己一眼的金军士兵，顿时"怒从心头起，恶向胆边生"，直接干了一件让他身死族灭的蠢事。

蔑兀真笑里徒命令："赶上金军车队，把财宝统统抢回来！"

这时，早就气得七窍生烟的塔塔儿人，顿时嗷嗷叫着冲上前去抢劫金军装满财宝的车队，而押运的金军当然要尽职反抗，于是自然要见血，一见血两边就都红了眼，立刻就真刀真枪干起来了，瞬间就让刚刚的战友成了死敌。

正在中军坐镇的金国丞相夹谷清臣，听说塔塔儿人造反抢了后军赶紧回头查看，只见遍地都是被剥得精光的金军的尸体，不但兵器甲胄都被抢走了，而且连衣服都不剩一件，甚至那些装满财宝的大车也都不知被拖到哪里去了。

怒火中烧的夹谷清臣立刻命令全军回头，剿灭蔑兀真笑里徒所部。

蔑兀真笑里徒自知闯下大祸，干脆一不做二不休地拉出人马跟金国刀对刀、枪对枪地正式宣战打了起来。

当时，草原上没有不善战的部落，而不会打仗的氏族立刻就会被淘汰。蔑兀真笑里徒跟夹谷清臣开战后一打就是一年，来来去去，竟然打了个平手。

无奈之下，金国只好派出了当时金军最善战的统帅、右丞相完颜襄做统帅，又派出大将军完颜安国为主将，立誓一定要踏平塔塔儿部。当然，金军历来视塔塔儿部为守边奴隶、傀儡打手，没想到竟敢叛变主子，那就非杀一儆百不可，否则不足以震慑几百个大大小小野性十足的草原部落。

这时，已经是第二年夏天了。

完颜襄不愧为金国一代名将，他用小部队的诈败将蔑兀真笑里徒五万主力引进了伏击圈，然后逼迫塔塔儿人与三十万金军决战。眼看着金军数量六倍于塔塔儿人，如果正面决战，塔塔儿人当然一败涂地，于是蔑兀真笑里徒拼死突围，带着两万多残军向北狂逃。就这样，金军追击，塔塔儿人就猛跑；金军停止，塔塔儿人也停下来休整。在这个过程中，不管完颜襄怎么引诱，蔑兀真笑里徒也不再上当，而且越往北越是荒凉，三十万金军的补给也越是困难。这时，完颜襄又想出一条妙计，他请朝廷遣使至蒙古部铁木真处，许以高官厚禄欲说动铁木真出兵截断蔑兀真笑里徒北撤的后路，同金军南北夹击聚歼塔塔儿人。

此次，耶律楚材即为此而来。

耶律楚材一番话将金国与塔塔儿人翻脸的原因和经过讲得一清二楚，使铁木真和众将皆茅塞顿开。实际上，最先传来塔塔儿人与金国交恶消息的是镇海，但他毕竟只是一个商人，不可能了解到如此深入的军政内情，只能证实金国与塔塔儿人由友变敌了。现在，在耶律楚材详细说明并互相印证之下，铁木真和蒙古诸将才彻底放心，知道这事不会是一个骗局。

铁木真黄褐色的眼珠深深地凝视着耶律楚材，说道："塔塔儿人固然同我们蒙古部有不共戴天之仇，但金国也与我们蒙古部仇深似海，那我为什么要帮一个仇人去打另一个仇人呢？"

耶律楚材同样静静地凝视着铁木真，只说了一句话："敌人的敌人就不是敌人。"

铁木真与诸将闻言一震，不禁在心里赞叹这句话说得太好了。

铁木真缓缓道："请先生明言。"

耶律楚材敏锐地意识到，铁木真改称自己"先生"了，笑了笑说："若大汗只想在草原偏安一隅，那可以不去打塔塔儿；但你若想称雄大草原，就非打塔塔儿不可。塔塔儿部为草原一大强部，又与大汗的蒙古部是世代血仇，而我家皇上邀请大汗出兵夹击塔塔儿，正是大汗一举击垮塔塔儿这个强敌为大汗的蒙古祖先报仇的最好时机。金兵在草原不可能久留，消灭了蔑兀真笑里徒后金军会求之不得地马上离去，而大汗就可极大地扩充地盘、增强实力，成为新的草原霸主。况且，我家皇上还答应，只要大汗出兵，就赐封大汗为四品招讨使。"

铁木真很认真地听着："先生，四品招讨使是个什么官？"

耶律楚材笑笑："这个官只有四品，不大，但是非常有用。我给大汗讲个故事，很久以前，南边的汉人就像今天的草原一样群雄争霸，几十个部落首领你争我杀打成一团以致天下大乱。统治整个汉地的大汗叫天子，这一代的天子被架空了，部落首领都不要他，把他当成累赘和傀儡。这时，有一个叫曹操的首领，去把天子当宝贝一样抢到了手，结果曹操要抢哪个部落首领的地，要封哪个部落首领的官，都统统用天子的名义来进行，而那些首领也不敢不听。汉人把这个叫作"挟天子以令诸侯"，结果曹操很快就成了力量最强大的首领。我家皇上分封给大汗的官职叫招讨使，就是专门替金国讨伐敌人的官。"

铁木真的眼睛亮起来了："我懂了。现在，在大草原上，金国的阿拉坦汗就是天子，几百个大小部落没谁真听他的，但也不敢不抬着他。先生的意思，就是让我做这个曹操，不管去打谁都戴着阿拉坦汗封的'招讨'帽子，说是阿拉坦汗要我去打的，而他就自然不敢反抗了。这就是披张狼皮装天狗嘛！"

大家一起笑起来，草原上一般称狼为"天狗"。

耶律楚材连连点头："等大汗借我家皇上的名义把草原上的仇敌都消灭后，统一蒙古草原的实力就够了。到时候，大汗这个招讨使再去讨伐金国找我家皇上报仇，也顺便替我们大辽契丹耶律王族报仇！"

铁木真和孛儿帖以及蒙古诸将，还有耶律楚材，大家一起大笑起来。

耶律楚材如此足智多谋，又如此爽快幽默，让铁木真深感欢喜。铁木真说："大胡子，金国那样的庞然大物，我们草原部落能够撼动吗？"

送走了耶律楚材，铁木真召各部首领和众将商议，说道："阿拉坦汗要我们夹击塔塔儿部，这是我们击垮塔塔儿部为蒙古诸位先祖、为我的额赤格也速该报仇的大好时机。金国是我们的世仇，他们的仇我们以后会去报的，但我们现在先抓住时机和他们结盟，消灭另一个敌人塔塔儿部以壮大自己。"

这时，博尔术问道："大汗，我们出动多少人马？"

铁木真斩钉截铁道："这次是打垮塔塔儿部的天赐良机。乃蛮、克烈、篾儿乞、塔塔儿，还有我们蒙古，是草原上传统的五大兀鲁思——五大强部，而篾儿乞部已经被我们打垮了，现在轮到塔塔儿部了。塔塔儿部的实力比篾儿乞部还要大得多，所以我们要全军空营出动。我们现在能召集多少人马？"

老将蒙力克说道："不算主儿乞部，我们可以出动三万人马。"

铁木真挥挥手道："那还不够，马上派舌头去通知我义父脱里汗，请他一起出兵。克烈部的先祖马儿忽思汗也是被塔塔儿人出卖，然后钉死在金国木驴上，这也是克烈部报仇的好机会。另外，告诉我义父脱里汗，塔塔儿人携有大批财宝北逃，我们缴获必多；而且塔塔儿人被金人大败之后仓皇北逃两千里，必定士无斗志、兵疲将沮，我们正可以乘虚而入打他们个措手不及，必获全胜。约定双方会合地点，在乌勒河上游的撒里川。"

为表示对脱里汗的尊重，大家决定派出别勒古台前往黑林克烈部，又决定派出最能说的使者塔孩前往主儿乞部落游说撒察别乞出兵。

铁木真郑重地对塔孩说："你要对撒察别乞说，这是为我们蒙古先祖俺巴孩汗和忽图剌汗报仇的大好时机，而且撒察别乞和泰出的亲祖父斡勒巴儿合黑也死于塔塔儿人的阴谋，他们一定会来的！"

铁木真认为，为先祖报仇是每个蒙古人没齿不忘的信念，他希望用部族大义让主儿乞部放下恩怨共同出征。

铁木真接着分遣众将，答里台、忽察儿、阿勒坛三员老将各带两千本部人马为先锋。其实，这个先锋是答里台、忽察儿、阿勒坛三人硬争下来的，因为这三人最喜劫掠，又知道塔塔儿人这次携大量财宝北逃，自然三人便抢着做先锋了，毕竟先锋抢东西的机会最多。

然后，又令畏答儿率忙忽惕氏三千人马为大军左翼卫，术赤台率兀鲁兀惕氏三千人马为大军右翼卫，合撒儿和别勒古台各率两千人马为大军后卫，而铁木真自己率其余诸将统辖中军。

商议结束，众将各自回帐，开始紧张的备战。

数日后，塔孩从主儿乞部返回，禀报铁木真："撒察别乞和泰出只说知道此事，再无他言。"

十余日后，别勒古台飞驰回营并带回了好消息：脱里汗不但同意出兵两万，还将亲自率队前来。

得到脱里汗同意出兵的消息，铁木真立刻命令第二天誓师出兵。

第二天，草原上大军齐集、刀枪林立，旌旗猎猎，蔽日遮天。豁儿赤大萨满主持出征仪式，宰了牛羊祭过"九斿白纛"大军旗，全军将士高呼："为俺巴孩汗报仇！为也速该巴特尔报仇！"

这时，立马军旗下的铁木真脑海里闪过了被塔塔儿人毒死的父亲也速该高大英俊的形象，想起了少年时那可怕的非人苦难，狠狠一挥手道："出发，消灭塔塔儿人！"

顿时，大军如洪水决堤般向东南方乌勒河谷汹涌而去。

诃额仑夫人、孛儿帖、合答安等留守的妇女儿童站于道旁含泪相送，祈祷亲人们凯旋。

六天后，铁木真率大军来到了撒里川①。撒里川水草丰茂、绿茵如毯，铁木真便在此扎营等候义父脱里汗和主儿乞部前来会合。

七天后，脱里汗果然率了两万大军前来会合。屈指一算，自从铁木真、脱里汗两人共同讨伐篾儿乞部到现在已经好几年没见面了，铁木真见义父脱里汗虽已年近六旬，却依然精神抖擞、气宇轩昂，不禁暗叹前辈英雄果然不同凡响。

当然，脱里汗见铁木真沉稳干练、英气勃勃，雄风不输其父也速该当年，也暗自庆幸当年看对了人，以至今日得一有力盟友。铁木真一口一个"义父"更是叫得脱里汗心花怒放，又端出一大金盘多年里缴获的珠玉奇珍敬献给脱里汗，而脱里汗虽为老人却最是贪财，一见金盘上珍珠碧玉放射着五彩毫光，显见都是价值连城的宝贝，不禁更是开心不已。

跟着脱里汗一起来的还有他的弟弟札合敢不、猛将合答黑和儿子桑昆等人。铁木真与札合敢不和合答黑几番往来已是兄弟一般，相见自是亲热，只有桑昆见了铁木真依旧眼睛长在头顶上，但铁木真也不以为意，打过招呼之后就忙自己的去了。

两军会合后，便在撒里川等待主儿乞部前来会师。但是，一直等了六天也未见主儿乞部一兵一卒前来，铁木真和诸将皆是气炸了肺，却又不好在脱里汗面前发作出来。这时，脱里汗终于等得不耐烦了，提出不再等待主儿乞部，赶紧出发截住塔塔儿人。

于是，大军一起开拔，铁木真率蒙古部在前，脱里汗率克烈部在后，首尾相继。

---

① 撒里川，在怯绿连河（今克鲁伦河）西。《蒙古秘史》作"撒阿里客额儿"（"客额儿"，意为平川），《元史》作"萨里川"，。

三天后，耶律楚材返回金国，铁木真送出百里之外还依依不舍。

大军行出撒里川，便是乌勒河畔一望无际的大草原。又行数日，在先锋前面百余里侦察的几十骑探马侦骑，纷纷与塔塔儿人放出警戒的巡卫遭遇，双方皆立刻飞驰回营报告敌情。

塔塔儿首领蔑兀真笑里徒得报大惊，他的计划就是不断北退以避金军锋芒——金军不可能在草原久留，待金军粮草耗尽退去之后他自然可以返回塔塔儿部重新开始，但没想到现在蒙古人截断了他的后路。

蔑兀真笑里徒立刻命令抢占附近的两个山寨——虎堡和狼寨。

原来，当年金国灭辽国时，辽国一代英雄耶律大石率两百骑奔走漠北会盟十八个部落共反金国。于是，金国便在漠北修建了大批的寨堡抵御耶律大石，而虎堡和狼寨就是金军当年遗留下来的防御工事。蔑兀真笑里徒带着手下一万五千人躲进了较大的虎堡，另外一万人进了狼寨，然后全军紧急伐树加固这两个堡垒。

铁木真得到探马侦骑急报后立即派飞骑急报脱里汗，并立即向塔塔儿部所在方向疾驰。到中午时，铁木真的蒙古部已经在虎堡前列队展开，很快脱里汗也率克烈部赶到。

接着，铁木真和脱里汗率众将巡视战场，只见虎堡和狼寨位于两个相隔五六里许的小山包上——漠北的草原没有风化石尽是薄土，在这种草原上找一块石头的难度不下于找一块黄金，所以当年金军修筑虎堡和狼寨时无法用石头做建筑材料，只能砍伐附近森林的木头建造这两个堡垒。

铁木真和脱里汗看到的是，虎堡稍大，有五里见方，而狼寨稍小，但也有三里见方。同时，堡寨外面用作墙垣的巨木皆已日晒风吹百年后尽皆枯朽，上面覆盖着塔塔儿人刚刚匆匆砍下来的树木，而木墙之内尽是百年历史的干朽木屋。几十名蒙古将领几乎同时叫起来：“大汗，火攻！”

铁木真和脱里汗相视一笑：“对，火攻！”

克烈部猛将合答黑又补充一句：“上风放火，下风列阵。”众人一起点头。

克烈部长居黑林，也是半个森林民族，对如何放火是经验丰富。

铁木真又说道："义父，您打算怎么部署？"

脱里汗捋捋胡须："两个堡寨，我们各攻一个。"

铁木真说道："全听义父安排。"

脱里汗看看铁木真道："虎堡稍大，你带的兵多，就攻虎堡吧。我带的人少，就攻击较小的狼寨。你看这仗怎么打？"

铁木真说道："义父，塔塔儿人被金军大败，千里奔袭逃到此地均已丧胆，将无斗志，兵无战心。今被我军截断后路，只敢躲入两个老旧山寨固守，而这对于他们来说实非上策。现在，我军斗志昂扬，兵力倍于塔塔儿人，要攻下这两个堡寨实在容易。我们先围它三天，让塔塔儿人更加饥饿疲惫，更加惶惶不可终日，而我们这边做好火攻准备。三天后，我们也不等金军前来，只要在上风放火，主力在下风事先做好隔火带列阵等待，一旦塔塔儿人逃出火圈就万箭齐发将其击杀，侥幸逃生者则刀砍斧劈，不要俘虏。"

脱里汗拍掌叫好："我儿好主意！塔塔儿人乃我草原各部百年死敌，相互间仇深似海，留下俘虏不能为我所用就是留下祸根，杀光不要俘虏。照你说的办法打！"

于是，铁木真和脱里汗马上分兵将虎堡和狼寨死死围住。然后，他们开始制作纵火工具，先杀掉十余匹弱马熬出油脂，再让一些将士脱下麻衣内衫，用刀切割成一小条一小条，浸在油脂里直到湿透，然后捞出来晾干后缠绕在箭杆靠箭头的地方，这样一支火箭就制成了。

三天之中，蔑兀真笑里徒也曾数次突围，奈何兵无斗志且又饥又渴，冲下来就给射回去了，只得困守等死。

第四天，就要准备发起总攻之时，脱里汗忽然派使者对铁木真说："听说蔑兀真笑里徒有两样宝贝——一架银光车、一件宝珠裘，找到后可要留给我。"

铁木真自然满口应诺，然后传令："注意搜寻银光车和宝珠裘两样宝贝。"

日当正午，一天最燥热的时候，蒙古军和克烈军用火把点燃一支支火箭上脂油干透的布条，然后对着塔塔儿部据守的虎堡和狼寨直接射过去。霎那间，天空中满是鸦群一般拖着烟迹的火箭，唰唰地落在塔塔儿人据守的虎堡和狼寨中，那些干枯百年的木墙和木屋立刻熊熊燃烧起来。一时之间，虎堡和狼寨上空浓烟滚滚、火光冲天，塔塔儿人的哭叫之声一片又一片……片刻过后，塔塔儿人打开寨门往山下狂冲，早已列阵严整的蒙古军和克烈军立刻射过去飞蝗般的箭雨，随即塔塔儿人成片倒下，一些负伤的战马四处奔跑悲嘶，顷刻间尸横遍野……不过，一股特别凶悍的塔塔儿人护着两个首领冲出了箭雨，博尔术知道这必是蔑兀真笑里徒和他的副手，立刻挺起金狼刀杀上前去，截住了那个身材魁梧的塔塔儿人首领，而此人正是蔑兀真笑里徒。

只见博尔术毫不客气地猛挥金狼刀向下直劈，早已丧魂落魄的蔑兀真笑里徒举盾抵挡，却哪里能抵挡得住博尔术的神力，不得不眼见着盾牌被劈裂，而他自己也被砍倒马下。博尔术用金狼刀头抵住蔑兀真笑里徒的脖颈，喝道："捆起来，送到大汗那里！"

这时，塔塔儿部另一个首领乘乱冲开军阵，逃出了包围圈。术赤台和畏答儿抓住一个面色如土、浑身筛糠的塔塔儿人问那人是谁，这俘虏想保住自己的一条命便连忙道："那就是我们副首领，毒死也速该的札邻不合。"

原来，毒死铁木真父亲也速该的札邻不合，因为心狠手辣已经混成了塔塔儿部的副首领。

术赤台和畏答儿两人再不多言，一矛戳死了这个俘虏，然后对札邻不合狂追而去。

很快，塔塔儿部蔑兀真笑里徒这一支两万多人的残部也被烧的烧、杀的杀，全部被灭。博尔术和者勒蔑巡查了虎堡战场，只见虎堡里尸横遍野，到处都是财物，而且四处还在冒着青烟。然后，博尔术和者勒蔑两人嘀咕了一番，这才驰回大营。

这时，铁木真已经和脱里汗聚在一起，商量如何打扫战场。恰好，速不台拖过一个绑得严严实实的塔塔儿人过来报告："大汗，这就是塔塔儿人首领蔑兀真笑里徒，是博尔术逮到的。"

铁木真怒视蔑兀真笑里徒，而蔑兀真笑里徒自知难逃一死也同样怒视着铁木真。

铁木真冷冷地对蔑兀真笑里徒说："你已经是个死人了。"

然后，铁木真回头对脱里汗道："请义父裁决。"

脱里汗说道："不跟他啰唆，拖出去砍了！"

两个刀斧手马上把蔑兀真笑里徒拖了出去，一会儿工夫就把蔑兀真笑里徒还在滴血的人头提进来复命。

铁木真看看蔑兀真笑里徒的人头，对脱里汗说："义父，这颗人头你就拿去送给金人吧。"

刚刚还阴沉着脸的脱里汗顿时喜笑颜开，他原想占点小便宜围攻塔塔儿人数较少的狼寨，没想到塔塔儿人携带的绝大多数财宝都随蔑兀真笑里徒一起放在虎堡，最后都被铁木真的蒙古军缴获了。此时，脱里汗心中正为财宝的事不痛快，没想到铁木真却把本归蒙古人的蔑兀真笑里徒的人头给了自己以向金人邀赏——这绝对是金人眼里的第一大功，金人封赏必厚。

不过，更让脱里汗开心的是，铁木真最后命令把缴获的所有财物和马匹放在一起任由他挑选。于是，脱里汗立刻毫不客气地挑了一半，虽然蒙古诸将皆有不舍之色，但铁木真环视众将后便无人敢言了。

挑完财物，脱里汗忽然想起了什么，说道："怎么没看到塔塔儿两大至宝——银光车和宝珠裘呢？"

博尔术答道："我们没找到这两样宝物，肯定是被大火烧毁了。"

脱里汗只好作罢。

这时，铁木真又问道："怎么没看到术赤台和畏答儿？"

者勒蔑说："刚才有个塔塔儿人趁乱逃出，术赤台和畏答儿两人追下去了。"

这时，别勒古台牵进来一个小男孩，说这是在虎堡里捡到的一个孩子——这个孩子三岁左右，眉清目秀，眼睛灵动，鼻子上戴着一个金环，身穿一件金丝缎紫貂皮外套。铁木真一见这个孩子便十分欢喜，说道："这孩子肯定是一个血统高贵的好人家的孩子，把他带回去给我额客抚养。"这个孩子被诃额仑夫人认为第六个儿子，后来成为蒙古帝国的柱石之一——他就是蒙古著名的"四养子"之一，被汉人称为"胡丞相"、著名的大断事官（札鲁忽赤）失吉忽秃忽。

众将正说之间，术赤台和畏答儿抬着一个被捆得严严实实的塔塔儿人进来了："大汗，这就是你的杀父仇人、毒杀汗父也速该的札邻不合！"

铁木真噌地用脚踩住了札邻不合的胸膛，只见札邻不合满眼的恶毒仇恨和控制不住的恐惧，而就是此人害死了一家之主的铁木真的父亲也速该，让铁木真全家从天堂掉到地狱并受尽了苦难。铁木真深吸一口气，竭力控制住愤怒，摆摆手道："在乌勒河畔设我额赤格也速该的灵位，祭奠之后处此贼碎骨之刑！"两个刀斧手立即把札邻不合拖了出去。

豁儿赤大萨满开始办理具体祭奠事宜。

乌勒河畔，蒙古军和克烈军巍然列阵，因为也速该当年曾救过脱里汗和克烈部，所以他们也来参加祭奠。

豁儿赤大萨满将也速该的灵位捧上临时搭建的祭台。

合撒儿和别勒古台将蔑兀真笑里徒的人头摆在也速该的灵位前。

铁木真和脱里汗各将三碗马奶酒洒在灵位周围。

接着，当年也速该的第一大将蒙力克命令刀斧手，用战斧斧背从札邻不合的手指开始一寸一寸砸碎他全身的骨头，最后再一斧断头。

五万蒙古部和克烈部将士一起高举刀枪，怒吼三遍："也速该巴特尔，我们替你报仇了！"

看着札邻不合的人头那扭曲的痛苦表情，铁木真感到了复仇的快意，命令道："把这个狗头扔出去喂天狗！"

蔑兀真笑里徒这一支是塔塔儿部最强大的一个氏族，这一支灭亡后其他的塔塔儿各氏族便如惊弓之鸟般四散而逃。这样，蒙古军和克烈军的目的已达到，他们也就不再追击了，便在乌勒河畔静等金军的到来。

又过了三日，金国右丞相完颜襄才率兵姗姗来迟。完颜襄是金国一代名将，出身王族，骁勇善战，与西北少数民族和南宋多次交战均获胜，同北方草原民族也多次交手从无败绩。其实，完颜襄是按兵不动故意来迟，以让塔塔儿部和蒙古部、克烈部这些草原部落自相残杀、互相消耗，然后他坐收渔翁之利。

完颜襄扎下大营后，便遣使前往铁木真和脱里汗处，告知二人第二天早上前往金军大营晋见。

第二天清晨，铁木真留下合撒儿和蒙力克、阿勒坛等几位老将看守大营，自己带着别勒古台、博尔术、者勒蔑、忽必来、速不台、术赤台、畏答儿等重要将领会同脱里汗、桑昆、合答黑等克烈部将士驰向金军大营，而脱里汗将札合敢不留下看守大营。

铁木真和脱里汗一行等在金军大营之外，遥遥一望，只见金军的大帐排列得整整齐齐并延伸向草原的远方。军营里，虽然兵士一队队手持兵器来来往往，却整齐有序毫无半点喧哗，一派威严肃杀的样子；再细看这些女真兵士一个个身材高大、衣甲鲜明，一看便知训练有素。

铁木真、脱里汗等人均是久经沙场的将帅，他们在营外细细观察着金军并都沉默不语，均知这带兵前来的完颜襄肯定是百战名将，而这样的金军肯定是战场上的劲敌。

过了一会儿，一个传令兵带着铁木真、脱里汗一行驰到了金人中军大帐前。众人一起下马，只见两排高大剽悍的刀斧手分左右两行站立，左边执斧，右边持刀，从中军大帐门口一直排到百步开外，又有一员金将喝道："进丞相中军大帐，解刀！"众将一听，皆有不忿之色。

铁木真和脱里汗使个眼色，众将方才解开佩刀交给金人。

于是，传令兵继续带众人穿过刀斧手中间的甬道，进入了中军大帐：只见这大帐金碧辉煌、高大宽敞，四周墙壁上挂满了毛毯，上面绣满了各种美丽的图案，地上也铺着厚厚的羊毛绒毯，走在上面绵软柔和，舒适至极。

一位深目高鼻的老者白髯飘飘，身着一领绣着猛虎的金黄色锦袍，站在帐中看着众人道："给诸将赐座。"

这时，众人皆知这位老者就是金国右丞相完颜襄了。

接着，二十几个白衣美少女，每人各持一个虎墩进帐排成两列，然后站在虎墩之后。顿时，大帐里异香扑鼻，众人心中皆是不禁一荡。

然后，脱里汗带领克烈部众将坐在左边虎墩之上，而铁木真则带领蒙古部诸将坐在右边虎墩之上。

完颜襄看着坐在左侧最前头的脱里汗道："你就是克烈部的脱里汗？"

脱里汗站起身道："在下正是脱里汗。"

然后，脱里汗捧过一个木盒，说："丞相，这就是塔塔儿部首领蔑兀真笑里徒的首级。"

一个金将接过木盒递给完颜襄，完颜襄看也不看便挥挥手道："跳梁小丑，不知死活，拿下去用石灰腌好带回京城，传首边寨。"

完颜襄对脱里汗说："恭喜你立此大功！你公忠体国，特赐封你为克烈部之王，望你百尺竿头更进一步，为我大金北疆之楷模。"

脱里汗一听说被封了王，顿时大喜过望，连连叩首致谢。

从此，草原上就把脱里汗称为"王汗"，而所有的史书也都如是称呼。

完颜襄又看着铁木真道："你就是成吉思汗？"

铁木真答道："是。"

完颜襄仔细看着铁木真，只见铁木真额宽颧高，双目神光闪闪，不禁暗暗心惊，说道："你奉我皇诏，灭除丑类，威震北疆，实为我大金国之肱股，特封你为我大金北疆招讨使。漠北若再有丑类反我大金，你当代朝廷征讨之。"

铁木真想起了耶律楚材对他所说的汉人曹操"挟天子以令诸侯"的故事，不禁微微一笑，然后也学着义父脱里汗一样叩首致谢。

完颜襄又向脱里汗和铁木真两人询问了一番漠北各部的人口、兵员、马匹和牲畜数量，还有各地的山川地理情形。脱里汗和铁木真两人自是胡说八道一通，这些各部要命的秘密怎么会对金人说实话呢。

稍后，完颜襄便命令给各位草原英雄摆酒庆功。那些白衣少女在每人面前摆上一个小几，开始上菜上酒，酒过三巡后众英雄皆已微醺。完颜襄拍掌三击，顿时丝竹响起，又有二十多个薄纱霓裳的美女衣袂飘飘、香风习习地舞进大帐，只见她们和着音乐在众英雄中穿梭舞动，雪嫩的肌肤更是若隐若现……大帐内到处都是草原英雄们发出的沉重喘息声，几个克烈部贵族和将领甚至一把搂住了舞动的美女狂吻起来，而只有铁木真和博尔术依然保持着清醒。完颜襄似笑非笑地看着众人，这正是他要的效果，他要用功名酒色拉拢、麻醉这些草原英雄，让他们为大金国卖命。

就在帐中一片暧昧、淫声靡靡之时，忽听"啪"的一声巨响，众人都吓得一哆嗦。随后，音乐和舞蹈都戛然而止，原来是铁木真拍断了面前的小几，只见铁木真走到完颜襄面前道："丞相，我醉了。这就告辞，来日再见。"

然后，铁木真昂首出帐，蒙古众将毫不犹豫地都跟着出去了。克烈部贵族和众将一起看着脱里汗，脱里汗犹豫片刻后也向完颜襄告辞，诸将这才恋恋不舍地跟着出帐。

完颜襄止住了笑容，看着远去的蒙古部和克烈部众位英雄感到了深深的忧虑："这些北国的'野人'桀骜不驯，却又极其的英勇善战，若任其坐大，必成金国大患。"

于是，完颜襄回朝后力排众议，向金章宗完颜璟提出重修"金长城"，提出"就用步卒穿壕建障"。完颜襄所说的"金代壕障"，也就是金代的长城——它的障墙是由宽三五米以至十几米、高五六米的土石筑成，主墙外附筑马面，相距六十米至两千五百米不等，十至二十公里处设一戍堡，再远一点设一关隘；同时它普遍于墙外挖一道深三五米，宽五六米以至十几米、几十米的壕堑，重要地段双壕双墙并列，这项工程可以有效地阻击北方草原民族南下抢掠。这项工程起于金熙宗朝，完成于金章宗朝明昌、承安年间，但经过数十年后不少地段由于受到风沙的侵袭而被掩埋废弃，所以继续修筑与否常常引起朝臣们的争论和辩驳。完颜襄与脱里汗和铁木真分手后，以征战北方得到的实际经验汇报金章宗完颜璟，提出"必修长城以阻北骑"。在得到金章宗完颜璟的恩准后，完颜襄率领大军开壕筑墙，并亲临现场督视开筑：军卒不足，便大批招募民夫"以佣其事"；军民并役，不到两个月就完工了。与此同时，西南、西北路亦并行施工，或者补修，或者增缮女墙副堤。据记载，仅西北路一段即用工七十五万人之多，可见此次工程之浩大。完颜襄设计督造的这道"壕障"建成后，直至蒙古成吉思汗南征之前，金国北陲始终比较安定。当然，在铁木真南下伐金之时，完颜襄已经去世多年，而铁木真一生都因未能与完颜襄一战而遗憾。

蒙古部众位英雄出得金营，均对刚才经历的场面惊叹不已。忽必来悄悄地问速不台道："刚才大汗为什么要打断我们？"

速不台满面羞惭道："大汗是为我们好，不让我们丢了大草原的脸。"刚才速不台也搂了一位美女的细腰，还捏了她的酥胸。

在金营短短的一个上午，铁木真的震撼是巨大的：金国一个宰相就能有如此的威风、气派、格局和手段，让这些草原最头等的英雄豪杰为之气短叹服，不知道草原外的世界会有多大、多精彩呀！这时，铁木真不禁又想起了耶律楚材在最后跟他分别时说的那句话——"想走出草原，必先统一草原"。

金军不日即向南退走，蒙古、克烈联军也向西北退去。几日后，联军又在来时会合的撒里川分手，依依惜别后脱里汗率克烈部带着大批的战利品行向西南方的黑林方向，而铁木真则率军开往西北桑沽儿河畔。

待脱里汗走远后，博尔术和众将请铁木真去看两样东西，只见一大块黑布罩着一辆大车。

铁木真拉开黑布一看顿时惊呆了，只见一辆和勒勒车一样大小的纯银战车在阳光照耀下发出夺目的光芒。这辆纯银战车做工精美绝伦，可以和勒勒车一样行驶，车上一件由二十七条火红色的整狐制成的大氅上点缀着三十六颗鹅蛋大小的宝珠，宝珠发出寸许莹润的毫光将火狐大氅笼罩在一片珠光宝气之中。

见到如此罕见的宝物，铁木真也不禁叫出了声："银光车，宝珠裘！你们不是说在虎堡烧毁了吗？"

众将不由得微笑了。

博尔术说："如此宝物，当然只能由成吉思汗拥有，怎么能给王汗呢？再说，他拿的也够多了。"

"对了，我们欺骗了大汗，请大汗处我们死罪。"众将说道。

铁木真哼了一声："看到这两件宝物的分上，只好饶你们不死，否则下次谁再来给我找这样的宝贝呢！"

众将顿时大笑，跟着铁木真向桑沽儿河畔驰去。

第十一章　压服主儿乞

与塔塔儿部一战大获全胜，又报了蒙古部和个人的血仇，铁木真率领众将士喜气洋洋地凯旋了。这一日，大家正有说有笑，心想着就要回到桑沽儿河畔的营地了。忽然，前方一人飞骑奔驰而来，大家定睛看时发现原来是留守大营的厨师长失乞儿，就是铁木真在斡难河边宴请主儿乞部时因为上酒出错而被主儿乞妇人扇了耳光的那个人。

只见失乞儿眼含泪水、满面惊慌，见到铁木真后立刻翻身下马，报告道："大汗，主儿乞人袭击了我们的老营，将我们的营地洗劫一空，还剥光了五十多个人的衣服，奸杀了十多名妇女！"

铁木真急道："我额客和孛儿帖她们呢？"

失乞儿回答："她们逃出来了，就坐着勒勒车跟在后面，往这个方向过来了。"

铁木真的眼里顿时迸出了火花，狂怒之火已经烧遍了他的全身，不禁想起一串串旧事来：少年时马匹被这些主儿乞人所盗，一家人险些被他们坑死；"十三翼之战"，违抗军令导致全军溃败；打塔塔儿部拒绝出兵，但他们的首领撒察别乞和泰出两人的亲祖父斡勤巴儿合黑还是死于塔塔儿人的阴谋之手，两人拒绝出兵就是拒绝为祖辈报仇——这在草原民族里属于十恶不赦的滔天大罪。如今，这群罪人不但拒绝参加部落的复仇圣战，还趁铁木真出征之时袭击他的老营，并对老弱妇孺下手。真是罪大恶极！

"是可忍，孰不可忍！"

铁木真认为这个叛逆的主儿乞部已经没有任何存在的价值了。

铁木真狠狠地喘了几口气，平息了一下愤怒的心情，然后传令全军人不卸甲、马不下鞍，立刻奔袭七道岭主儿乞部大营。

蒙古将士对主儿乞人的骄横跋扈早就愤恨难平，一听要去打主儿乞部，无不欢欣鼓舞。于是，铁木真立刻留下两千骑，将从塔塔儿人那里缴获的战利品和后勤辎重交给逃出来的诃额仑夫人和孛儿帖，剩下的三万骑一阵狂飙向主儿乞人的大营——怯绿连河上游的七道岭狂冲而去。

袭击铁木真大营一事确实是主儿乞首领撒察别乞和泰出策划的，一般的主儿乞贵族是绝对没有这个胆子的。铁木真的再三忍让让撒察别乞和泰出以为铁木真软弱无能，害怕威名赫赫的主儿乞人，所以两人决定趁铁木真空营出征去袭击他的大本营，再给铁木真点厉害瞧瞧。于是，撒察别乞和泰出在族中找了三百骑，前去袭击铁木真的大本营，然而"自作孽不可活"——这下终于大祸临头了。

狂奔而来的蒙古铁骑，首先在接近七道岭的地方追上了洗劫铁木真大营的三百主儿乞人，这三百人是主儿乞部落中品质最坏的那部分。撒察别乞和泰出在部落中召集三百人袭击铁木真大营时，绝大部分主儿乞人都知此事太过无耻不愿应征，只有这三百人一心劫掠主动参加。

眼见三万蒙古大军如乌云般铺天盖地席卷而来，这三百人吓得不敢抵抗，只得束手就擒。铁木真也不多言，命令全部砍头，然后将三万大军分左中右三路齐头并进猛攻主儿乞人大本营。

听到铁木真三路大军狂冲而来的消息，撒察别乞不愧是一代枭雄，立即组织起了四千主儿乞军，分别由他自己、泰出和不里孛阔率领并分三路抵抗。

但是，撒察别乞万万没想到的是，他的部下虽然勇悍，但并不是找死的傻子。由于撒察别乞不随铁木真讨伐塔塔儿人，不为惨死在塔塔儿部阴谋下的祖父斡勤巴儿合黑和俺巴孩汗报仇，他已经大失了讲究快意恩仇的主儿乞人的民心，同时也失去了一次大劫掠的好机会，部落民众对此更加不满。最后，当铁木真去参加为蒙古祖先复仇的圣战时，撒察别乞却派人洗劫铁木真的大本营——绝大多数主儿乞人都以此为耻，再看到铁木真大军挟大胜之威猛攻而来且兵力至少十倍于己，于是主儿乞人大多都纷纷放弃抵抗下马弃兵器于地，少数敢抵抗的瞬间就被射成箭靶、刺成漏勺了。

眼见大势已去，撒察别乞和泰出掉转马头，命令族中最勇猛的奴隶木华黎和博尔忽挡住追兵，他们自己则匆忙逃向了后山。

眼见大胜已成，铁木真带着一些那可儿巡视战场，发现绝大多数主儿乞战士束手拜服于地，便命令让他们站起身来。毕竟主儿乞人也是蒙古一个有名的部落，属于同族之人，只要放弃抵抗，铁木真也不愿对他们多加折辱，因此这些战士甚是感激。

铁木真巡视到战场左翼的一条小河边时，看到一群将士正围观两人大战，细看原来是别勒古台正和主儿乞部号称"国之勇士"的不里孛阔酣斗。

原来，不里孛阔率一千主儿乞战士迎面正碰上了别勒古台率领的左翼万骑狂攻而来，于是这一千主儿乞战士都下马罢战了。不过，不里孛阔本是个有头无脑的憨人，眼看逃跑不及，便只想杀一个敌人就算赚一个，竟指着别勒古台叫阵："手下败将，可敢单身前来与我一战？"此前，在斡难河畔宴会时，不里孛阔砍过别勒古台右肩一刀，因为别勒古台是有名的蒙古勇士，所以不里孛阔以砍过他一刀为最大荣耀。

果然，别勒古台勃然大怒，斥退左右，挺一条虎头鹰尾棍，催坐下千里黄彪马直奔不里孛阔并向其兜头便是一棍，而不里孛阔横起三尖两刃刀便来相迎，两人杀成一团难解难分，直到铁木真赶到。

铁木真大喝一声："二弟退下！"别勒古台闻声跳出战圈。

不里孛阔环视左右，只见自己所率千骑都下马匍匐于地，对面铁木真率众将正怒视于己，终于不禁胆寒。

铁木真冷冷道："此时不降，更待何时？"

不里孛阔仰天长叹一声道："是长生天要亡我，非战之罪也。"

于是，不里孛阔扔掉三尖两刃刀滚鞍下马表示投降，但仍挺立不跪。

铁木真也不理不里孛阔，老将蒙力克自会去招降善后。巡视到后山之时，又见一群猛将围着两人酣斗不止，铁木真细看时不禁欢喜不已，原来这两人正是自己念念不忘的主儿乞奴隶木华黎和博尔忽。

原来，木华黎和博尔忽勇冠三军，铁木真早已爱惜不已，奈何机缘不到不能为己所用，只能时时长叹之，但不意今日忽得见之，顿时心花怒放。

铁木真又细细看了一会儿，只见者勒蔑、赤老温、忽必来、速不台、搠阿五员大将围着木华黎和博尔忽酣斗不止，而木华黎和博尔忽一个挥动浑天神矛，一个舞着长柄金瓜锤，一招一式纹丝不乱还守中带攻，丝毫不落下风。铁木真看得更是赞叹不已，于是拍马上前喝了一声："都住手！"

五大猛将闻声立刻退出战圈、放下兵器，而木华黎和博尔忽仍警惕地看着铁木真。

铁木真看着木华黎和博尔忽两人微微一笑："木华黎、博尔忽，你们还不回家吗？"

木华黎和博尔忽听铁木真这样一说，不禁热泪盈眶，直接扔下兵器滚鞍下马，拜伏于地，大声道："从此之后，大汗指刀山，我等将踩之！大汗指火海，我等必蹚之！愿为大汗赴汤蹈火，永效犬马之劳！"

铁木真大喜，扶起木华黎和博尔忽两人道："愿与两位兄弟共饮羊之乳浆，共迎箭之铁镞，不舍不弃，甘苦与共。"

看着木华黎和博尔忽两人守着的一条山径通向远方，铁木真问道："撒察别乞和泰出就是从这儿逃走的吗？"木华黎和博尔忽两人默然不答。后来，木华黎和博尔术、赤老温、博尔忽四人成为蒙古最著名的"四杰"，又称"四骏"，同时木华黎更被铁木真封为"太师国王"，不仅为铁木真打垮了金国，而且几乎征服了整个华北。

木华黎的父亲古温豁阿①也是一位勇士，他很早就带着两个弟弟赤刺温孩亦赤和者卜客，以及儿子木华黎和不合一起投奔了铁木真，后俱成蒙古勇将，被称为"英雄之家"。

此时，博尔忽年方十五，少年英俊又勇不可当。诃额仑夫人看着博尔忽十分喜爱，便也将其收为养子。这样，诃额仑夫人经历次大战后共收下了四个养子——篾儿乞部的曲出、塔塔儿部的失吉忽秃忽、泰赤乌部的阔阔出和

---

① 古温豁阿，也作"古温兀阿"，《元史》作"孔温窟洼"。

主儿乞部的博尔忽，并将这四个孩子视如己出。据《史籍》记载，诃额仑夫人对这四个孩子"白天以目视之，晚上以耳闻之"，精心抚养，个个培育成才，长大后都成为铁木真最得力的助手，也是家庭最忠诚的成员——他们就是蒙古著名的"四养子"。其中，博尔忽既为"蒙古四杰"之一，又身列"蒙古四养子"，可见其之杰出。

铁木真带上木华黎和博尔忽及众将返回大营。在返回之前，铁木真看着博尔术，对那条上山小径使了个眼色。博尔术等铁木真走后，立刻令搠阿带上一千骑沿小径直追下去搜拿主儿乞首领撒察别乞和泰出，而搠阿做了三十年牧羊人最善于野外码踪。

数日之间，铁木真连胜两大蒙古强部，不仅报了祖先血仇，而且灭了辱族之恨。铁木真带着主儿乞贵族和百姓回到了桑沽儿河畔的大营，众将士无不喜气洋洋。

在铁木真率将士回营的第三天下午，搠阿喜气洋洋地回来了，还带回来了被捆得严严实实的主儿乞首领撒察别乞和泰出。原来，搠阿顺马蹄追踪，一点弯路都没走，直接从七道岭追到帖列秃山口，在山脚下的丛林里逮住了跑不动藏起来的撒察别乞和泰出。

见到铁木真，撒察别乞和泰出拼命挣扎，而者勒蔑和赤老温二话不说朝这两人的腿猛踢一脚，痛得他们直接跪倒在地。

铁木真冷冷地看着撒察别乞和泰出两人："你们两个还有什么话说？"

撒察别乞和泰出自知绝无可能幸免，索性放胆大骂道："我们当初推你为汗，不过看你是个黄口小儿，指望你能听我们的。没想到，你却重用那些百姓和奴隶，完全不把我们这些贵族放在眼里，我们当然不会听你这个乳臭未干的小儿的话！"

铁木真微微冷笑道："你们当初选我为汗时，立过什么誓？"当初众人立铁木真为汗时，发誓"若违他命令，甘愿受死"。

撒察别乞和泰出两人倒也痛快，直接喊道："我们的确违背了誓言，杀了我们吧！我们不会向你求饶的，让我们不流血而死吧！"

原来，草原上相信人的灵魂在血液里，不流血而死就可以保存灵魂。通常，处死贵族就用不流血而死的方法，以作为对贵族最后的一种优待。

铁木真怒喝道："你们不但不报自己亲祖父的血仇，竟然还去洗劫我们这些去为祖先报仇的后代的营地，你们算什么贵族？你们不配享用白骨头的不流血而死，拖出去砍头！""白骨头"是蒙古贵族的别称，意指血统纯正，而"黑骨头"指的是百姓和奴隶且多指后者，意指血统杂乱。

撒察别乞和泰出这才感到一丝害怕，开始拼命挣扎，但早有四个勇士将这两人拖出帐外，只见两个刀斧手大刀一挥，须臾间两个人头就被献到了铁木真面前。

铁木真挥挥手道："将这两个狗头吊在古列延寨门上悬挂三天！"

蒙古的贵族们仰头看着撒察别乞和泰出的人头惊呆了，原来铁木真就这样随随便便地砍了蒙古两个威名赫赫的亲王的脑袋，而现在大家心里都知道铁木真要做的这个汗不是一个贵族联盟的首领，而是像金国人和南宋人那样的皇帝。

当然，大家都知道新的时代开始了。

以悍勇著称的主儿乞百姓最崇拜英雄，铁木真在与主儿乞的较量中赢得光明磊落、无可争议，因此主儿乞百姓服气了。于是，主儿乞百姓纷纷找到铁木真，跪下立誓道："大汗，我们愿做你挥舞的利斧，砍掉你所有的敌人的脑袋；我们愿做你射出的利剑，刺穿你所有的仇人的胸膛；我们愿做你忠诚的看门奴隶，若敢违背你的命令，就把我们的五脏掏出来喂狗。"

铁木真知道，主儿乞百姓敢战、善战、勇战之名闻名于草原，这些百姓鲁直憨实，只要真心对他们，他们就会毫不犹豫地为自己拼命。于是，铁木真赶忙善加抚慰，也立誓必善待这些主儿乞百姓，愿与其同甘共苦、共享富贵。自此，主儿乞百姓心归蒙古，誓死效忠铁木真，只有以不里孛阔为首的一些主儿乞贵族还心有不甘，他们像老鼠一样互相串联、嘀嘀咕咕。对此，铁木真深沉机警，不多言语，却把这些主儿乞贵族的行为看在眼里、记在心上。

就在大家还沉浸在胜利的喜悦中时，两匹飞骑驰进了蒙古军的大营，来者是脱里汗的弟弟札合敢不和克烈部猛将合答黑。他们两人带来了一个惊人的消息，连铁木真都惊骇不已，即克烈部在得胜回师的路上遭遇乃蛮部的埋伏，被打得全军溃散，而脱里汗和桑昆在乱军中失踪了。

原来，脱里汗虽是草原的一代老英雄，但残忍嗜杀。当年，脱里汗争夺克烈部汗位时，杀掉了几十个对自己有威胁的兄弟，只留下了一个听话的弟弟札合敢不，但他不知道的是他还有一个名叫额儿客的弟弟从死人堆里爬出来了，并在舅舅的帮助下逃亡到了西方的乃蛮部。

乃蛮部，又名乃蛮族，本是一古代氏族，于十一世纪开始居住在蒙古高原西部，牧地在阿尔泰山之阳，大致位于今新疆北部、蒙古西部，控制了大片的草原，是蒙古草原五大兀鲁思之一。

当时，蒙古高原中部和东部的各地仍混战不断，乃蛮部却已经统一了蒙古高原西部，而且实力非常强大，并对外号称拥有二十万骑兵。当然，乃蛮部实际上没有这么多军队，其总兵力在十万骑左右。乃蛮部拥有如此强大的实力，自然也有自己的宏图霸业，时刻想着东进，而位于蒙古高原中部的克烈部就是挡在乃蛮部东进之路上的一块大石头。

当克烈部的王子额儿客来投靠时，乃蛮部大王亦难赤便很爽快地收下了他，好吃好喝好招待，还待以王子的礼遇，让其辅佐自己的两个儿子塔阳太和不亦鲁黑，就是期待他在时机到来时能为乃蛮部所用。

作为草原的一方霸主，脱里汗固然是一代老英雄，但骄横跋扈且特别爱贪小便宜，对部下残忍嗜杀、刻薄寡恩，动不动就严刑毒打，甚至砍头活埋属下，因此臣民早已与其离心离德。所以，额儿客很轻易地就在克烈部布下了众多的眼线和细作（间谍）。

这次，脱里汗率克烈部主力和铁木真共同讨伐塔塔儿部，但队伍刚一出发就被眼线们飞骑向额儿客报告了。额儿客立即求见乃蛮部大王亦难赤："大王，脱里汗这个奸贼前去征讨塔塔儿部，但路途遥远至少需三十日方能回还，等他回到黑林必大庆欢宴、烂醉如泥。我们不如当夜趁黑偷袭，必大获全胜！"亦难赤汗也是久经沙场，一听此计大叫妙极，知道"可操必胜之券"。

亦难赤汗对克烈部的大量财富和成群的马牛羊早已垂涎三尺，当即点齐四万精兵，由塔阳太和不亦鲁黑两个儿子率领，悄悄地埋伏在黑林百里之外。

果然，脱里汗与铁木真分手之后率军得意扬扬地带着从塔塔儿部抢来的大批财物和牲畜回到了黑林，当夜就杀牛宰羊痛饮欢宴以祝贺胜利，不但将士和百姓个个喝得酩酊大醉，甚至连外围的哨兵也醉得呼呼大睡。

是夜三更时分，正是克烈部众人睡得最沉的时候，乃蛮部四万铁骑冲进了克烈部的大古列延开始杀人放火：睡眼惺忪的克烈部战士刚站起来就被砍倒在地，刺穿胸膛；很多烂醉如泥的战士，直接就被乃蛮部的战马踩死；还有很多反应过来的克烈部战士，慌乱间找不到马、摸不到枪，只能四散而逃；而克烈部的百姓，慌乱中连衣服都顾不上穿，更是赤着身子四处逃命……到处都是被乃蛮部战士用松油火把点燃的蒙古包在熊熊燃烧，刹那间克烈部营地火光冲天。

一片慌乱中，脱里汗和儿子桑昆赤着身子在几十个最忠诚的那可儿护卫下拼死突围，他们靠着地形熟悉终于杀出了包围圈，但那几十个那可儿也全部战死，只剩下各自失散的脱里汗父子两人分头逃走。

大获全胜的乃蛮部希望额儿客留在黑林做大汗，但额儿客深知自己虽为报仇，毕竟是引外敌灭己族。如今，乃蛮部杀了如此之多的克烈人，额儿客自己若留下来必是众矢之的，只要乃蛮部一走自然克烈部人人都会来找他拼命，靠那些眼线和细作怕是保不住命的，因此额儿客赖死赖活一定要跟乃蛮部一起回去。额儿客不愿留在克烈部，乃蛮部就扎不下钉子、生不了根，也就只好大大劫掠一番后留了几支小部队驻扎在克烈部的要害之地，主力便撤军回去了。

于是，侥幸逃生的脱里汗的弟弟札合敢不和猛将合答黑逃到铁木真这里，向铁木真详述了克烈部被打散以及脱里汗失踪的噩耗。

看着灰头土脸的札合敢不和合答黑，铁木真沉默了许久：这件事对他的打击非常重，他的事业是靠义父脱里汗起步的，而且脱里汗于他一家实有救命大恩。要知道，这些年来，脱里汗与他仿佛左右手，两人联合起来的力量在草原上是无敌的——他们两人第一次合作就大破篾儿乞部，第二次合作又击垮了塔塔儿部，两人两次联合行动就毁掉了草原五大兀鲁思中的两个。如今，脱里汗失踪，克烈部覆灭，铁木真仿佛被断掉一臂，而现在他的力量就只够自保不能再出击了。

从震惊中回过神后，铁木真毫不犹豫地召集了五百名勇士，备足粮水前往黑林附近打听脱里汗的准确消息，又留下札合敢不与合答黑善加抚慰。当然，铁木真不得不以防万一：如果脱里汗身死，他就要扶持札合敢不做克烈部的新汗；合答黑是草原闻名的勇将，铁木真希望他能为己所用；至于桑昆不在他的考虑范围之内，多年以来桑昆的敌意他虽不在意但心中多少不快，无论如何他也不会扶持一个敌人。

与此同时，铁木真也隐隐约约地感觉到，就算找回了脱里汗，他对克烈部的统治可能也不会长久，因为他暴虐嗜杀、过于贪图钱财，必然导致统治根基不稳。因此，眼前这个非常落魄的札合敢不，到时候很可能会因为血缘而成为克烈部的新汗。所以，铁木真非常注意尊重札合敢不，竭力地拉拢他。后来，在铁木真一生最关键的一战中，札合敢不果然回报了铁木真，帮他赢得了一生中最重要的一次胜利。

克烈部覆亡、脱里汗失踪的消息很快传了出去，刚被强行压服的主儿乞贵族们又躁动起来，一致认为铁木真失去了最强大的靠山已不再坚不可摧，特别是不里孛阔像老鼠一样到处串来串去、上下联络。不里孛阔虎背熊腰、身强力壮，是草原上著名的大力士，被主儿乞人称为"国之勇士"，而论辈分他还是铁木真的叔叔。不里孛阔是主儿乞部的第三亲王，撒察别乞和泰出被铁木真斩首后，他自然就成了主儿乞部的头号首领，一些失势的主儿乞贵族常到他那里说三道四、指点江山，鼓动他与铁木真对抗。就这样，主儿乞部又开始躁动不安。

铁木真敏锐地意识到，不里孛阔是主儿乞部最后的主心骨，此人不杀则主儿乞部不会平静。

沉思良久，铁木真下了决心，召来弟弟别勒古台径直说道："你去把不里孛阔杀了。"

铁木真之所以单挑二弟别勒古台去杀不里孛阔，那是有一个很重要的原因的，即在斡难河宴会上不里孛阔砍了别勒古台一刀，别勒古台竟然没有还手，而这让铁木真极其愤怒。铁木真认为别勒古台不还手是一种懦弱的表现，损害了家族的荣誉，也磨折了别勒古台的自信，所以他要别勒古台去亲手杀了不里孛阔，找回家族的荣誉和自信。

别勒古台知道大哥的用意，不敢有半句废话："是，大哥。怎么杀？"

铁木真轻声道："我安排你们两个公开搏克，在格斗场上直接杀。"

搏克，是蒙古族传统的体育娱乐活动之一。"搏克"为蒙古语，意为摔跤。草原上，人们把蒙古式摔跤称作"搏克"。搏克是蒙古族三大运动——摔跤、赛马、射箭之首，是蒙古族"男儿三艺"之一，属于蒙古族传统的竞技项目。"搏克"还有结实的意思，即"攻不破、摔不烂、持久永恒"。实际上，搏克绝不是一个单纯的竞技运动，而确确实实是承载蒙古族先进武功文化的结晶，已经有两千多年的历史。

在野蛮的原始氏族社会，蒙古人为了生存，在与野兽和同类的搏斗中发展了搏克。当时，搏克以"生死"为取胜标准，所以搏克的老底子是十分残酷的杀人竞技。蒙古族兴起，搏克开始用于政治、军事以及经济和文化娱乐，胜负标准从"生死"逐步演变，即"双肩着地"和"躯干着地"即为负。

别勒古台听铁木真说要让他和不里孛阔台两人公开搏克，不禁心中一震——"我这大哥真狠哪"，连忙说道："听大哥安排！"

于是，铁木真、别勒古台兄弟两人商议一番。

别勒古台走的时候，铁木真又叮嘱一句："兄弟，他不死，你就得死。"

别勒古台知道大哥是为自己好，格斗场上不里孛阔若知道自己想要他的命，肯定会不顾一切拼死反抗并要自己的命。

这一天，铁木真邀请各部的首领和重要将领一起来参加盛大的酒宴，好几百人在一起痛饮美酒，觥筹交错，热闹非凡。铁木真安排不里孛阔坐在左手第一张桌子上，他在酒宴之中时不时地眯着眼冷冷地瞅着不里孛阔。不里孛阔本来就心里有鬼，不禁被铁木真看得心中发虚，时时提醒自己千万不要做错事给铁木真抓着把柄——撒察别乞和泰出两个大哥的死已经让他知道了铁木真手段的厉害。

但是，怕什么就来什么。在酒宴最高潮的时候，铁木真站起身环视左右，大家顿时安静了下来。铁木真说："不里字阔乃是公认的'国之勇士'，我们让别勒古台与其一搏为我们助兴吧！"

当时，蒙古战士生性好战，最喜争斗，一听说两大勇士要对搏，不禁欣然叫好。大家都知道，不里字阔和别勒古台仇怨非浅——不里字阔用刀砍伤过别勒古台的右肩，而铁木真单点这两人对决，肯定会有好戏看。

稀里糊涂的不里字阔自然不敢违命，于是和别勒古台一起下场更衣。

过了一会儿，别勒古台、不里字阔两人更衣完毕，走上酒桌中间围起来的搏斗场。

搏克运动的比赛形式古朴而庄重。按蒙古族传统要求，别勒古台和不里字阔上身穿牛皮或帆布制成的"卓得戈"（紧身半袖坎肩）裸臂盖背——"卓得戈"边缘镶有铜钉或银钉，后背中间有圆形的银镜——腰间系用红、蓝、黄三色绸子做的"策日布格"（围裙），下身穿用三十二尺或十六尺白布做成的肥大"班泽勒"（跤裤），在"班泽勒"外套一条绣有各种动物或花卉图案的套裤，脚蹬蒙古靴。

别勒古台和不里字阔两人互相支棱着两胳膊左右跳老鹰步，像雄鹰一样翱翔，这叫走架——"鼓胆勇，长气势"。

旁边围观的诸首领和众将领为两人喝彩，齐声高喊："国之勇士，国之勇士！别勒古台，别勒古台！"

表面上威风凛凛的不里字阔心中打鼓，他知道以自己的力气至少能跟别勒古台打个平手，但那样会更加得罪铁木真，以后日子更不好过；是否该给点面子给铁木真，自己小输一场让他们家找回面子呢？

这时，不里字阔还在那里偷乜铁木真，心里正思虑是输是赢。但是，奔着不里字阔性命来的别勒古台却已经两眼血红，"嗨"的一声搭上了不里字阔的双手，顺势一扳立刻将思想复杂的不里字阔脸朝下扳倒在地。接着，别勒古台没有任何犹豫地立即扑上去，用膝盖顶住了不里字阔的腰椎，两手扼住了不里字阔的喉咙。

做完这一切，别勒古台侧头看了一眼铁木真，只见铁木真狠狠一点头，然后别勒古台立刻大喝一声："开！"膝盖和双手同时发力，顿时折断了不里孛阔的腰椎。

此时，不里孛阔才明白，铁木真兄弟是冲着要他的命来的。不里孛阔躺在地上喃喃地说道："我是'国之勇士'，如果真斗，我绝不会输给别勒古台。我是害怕铁木真的威严才输的。"说完后气绝身亡。

气舒神展的别勒古台把不里孛阔的尸体拖出场外弃于草地，然后扬长而去。

见此情景，围观众人个个骇得面色发白。

铁木真端起酒碗说道："不里孛阔不是'国之勇士'吗？怎么这么不经打，看来徒有虚名。我们大家接着喝酒。"

众人强颜欢笑，一直陪铁木真喝到夜半方散，这才浑身冷汗地离去。

从此，大家都知道，铁木真不再是一个部落联盟的首领，而是一个对自己操有生杀大权的大汗。

不里孛阔等三大主儿乞亲王都被铁木真用铁血手段除去，剩下的主儿乞部首领和将领都暗自收敛，不敢再放肆。就这样，主儿乞部这个以蛮横勇悍驰名草原的强部对铁木真低下了高傲的头颅，就此彻底融进了铁木真的蒙古部，并成为他最忠勇的力量之一。

消除了内部的隐患，铁木真便和蒙古诸将精练士卒，以防万一。当年，"十三翼之战"时被札木合奇袭，铁木真全靠使者舍命报信才逃过大难。同时，脱里汗大胜之师竟让乃蛮部偷袭并瞬间击灭，更让蒙古军引以为戒、后怕不已，半点都不敢大意。现在，铁木真失去脱里汗那只臂膀孤掌难鸣、无力出击，但草原又波诡云谲、瞬息万变，于是铁木真便在阔阔淖儿到桑沽儿河源头一线日夜练兵。

练习场上，箭筒士们教近箭手、远箭手各种射技，带刀者教百姓竖劈横斩各种刀技，将领们传授各种侦察、分割、突袭包围技巧，一年下来蒙古军战技大增。

这时，铁木真派出寻找脱里汗的勇士们终于传来了好消息——"王汗找到了"。

这一年，脱里汗可真是受了大罪。

那晚，脱里汗侥幸向西逃出了乃蛮部的包围圈，只剩胯下一匹随手抓到的老马，而儿子桑昆与其失散逃向了西北方。当时，脱里汗又不敢往东走投奔铁木真，偷袭他的乃蛮部正卡在要道，而且东边还有几十个大大小小的草原部落——不少部落都与他有仇，所以他只好往西南方向奔去，沿路靠乞讨甚至抢劫牧人的牛羊为生。

就这样，脱里汗辗转了个把月后逃到了西夏，向西夏国王求救。西夏是中国历史上由党项人在中国西北部建立的一个政权，自称"大夏国""西朝"。因其在西方，宋人称其为"西夏"。西夏前期和辽国、北宋并峙，后期与金国、南宋并立。西夏的西北方正是乃蛮部，乃蛮部与西夏甚是友好，一听脱里汗是被乃蛮部袭击逐出，于是西夏皇帝害怕惹事赶紧要脱里汗离开，并将之驱逐出境。

走投无路的脱里汗只好继续亡命西逃进入了西辽国土，好在当地的畏兀儿等部以热情好客著称，东家给把葡萄干，西家请顿手抓肉，再加上沿路乞讨，最后不但没有饿死，竟然还创造了奇迹——脱里汗沿着天山南部横穿了今天中国新疆的广袤土地，一直逃到了今新疆以西的楚河流域，并找到了西辽皇帝直鲁古。

西辽和宋朝渊源极深，它是金灭辽时辽国的契丹贵族、一代英杰耶律大石西进后在中亚建立的国家。

但是，脱里汗来得不巧，当时西辽内部也正在动荡。直鲁古为此焦头烂额，根本顾不上脱里汗，不过是交代让其吃饱肚子，就再也不去理他了。脱里汗虽然暂无饿死之忧，但是寄人篱下被一帮西辽小奴呼来喝去，又想起以前雄霸草原时叱咤风云且奴仆云集、锦衣玉食的生活便越想越难过，不禁常常老泪纵横。

眼前的日子越是痛苦，脱里汗就忍不住越想重归草原报仇雪恨，于是他抓住一切机会打听草原的消息。

这一天，脱里汗又站在城门翘首东望，只见远方缓缓行来一支庞大的驼队。脱里汗知道这是往来草原的商队，连忙迎上去打探消息，原来这是中亚名城布哈拉的一位巨商札八儿火者的骆驼队。札八儿火者是镇海的好友——"札八儿"是名字，"火者"为宗教职衔，系圣裔称谓——又名阿剌浅，西域回回人，雄勇善骑射，通汉语及诸国语言，往来大漠南北贩易牲畜。

札八儿火者听说这邋里邋遢的老头儿就是克烈部的脱里汗，他不禁大吃一惊——克烈部是草原五大兀鲁思之一，脱里汗是威震漠北的老英雄，而常年行走草原的他札八儿火者怎会不知呢。

于是，札八儿火者将草原上的情形告诉了脱里汗：乃蛮部的老王亦难赤汗突然去世，他的大儿子塔阳太自称太阳汗，与他的二儿子不亦鲁黑兄弟正内斗，留在克烈部镇守的一点乃蛮军已经全部撤走，如今克烈部已成了无主之地。

听到这些消息，脱里汗喜出望外，赶紧谢过札八儿火者，便径自去找西辽皇帝直鲁古。札八儿火者自然回布哈拉城，他前面还有一千来里路要走。

直鲁古听说脱里汗执意要回去，也乐得摆脱这个累赘，于是赠了五头母羊和一头公骆驼送他返回克烈部。脱里汗万里迢迢骑着一匹半瞎的老马，渴了挤点羊奶，饿了刺点公骆驼血，靠着重回克烈部的信念，一直走到了甘肃河套地区与漠北怯绿连河上游之间的古泄兀儿海子，终于苦尽甘来、绝处逢生——碰到了铁木真派来寻找他的使者塔孩和速客该。塔孩和速客该两个使者，一个留下照顾脱里汗，另一个则昼夜飞骑报告铁木真，而铁木真当时正驻扎在怯绿连河和桑沽儿河源头附近的布尔吉，距此有千里之遥。塔孩五匹马轮流换乘，四天时间就驰过了这段距离，把喜讯带给了铁木真。铁木真立刻点出两千勇士，带着脱里汗的弟弟札合敢不和猛将合答黑前往古泄兀儿海子迎接脱里汗。

铁木真注意到，听到脱里汗回来的消息后合答黑欣喜若狂，但札合敢不却面色阴沉。铁木真知道，脱里汗手段狠毒，兄弟杀了一堆，作为唯一没杀的弟弟札合敢不"伴兄如伴虎"——心中实在害怕，而且脱里汗回来后札合敢不的克烈部汗位就没有了，但是铁木真也无法可想，只好如此。

看到铁木真时，脱里汗百感交集，"哇"地一下哭出声。铁木真不敢相信自己的眼睛，这个身披一件破羊皮、脸颊枯干、风尘满面、眼睛深陷并号啕痛哭的瘦小老头儿就是曾经威风凛凛的草原老英雄脱里汗，不禁心中一酸，赶忙跳下马来扶着脱里汗叫了一声"义父"。

脱里汗这下哭得更厉害了，铁木真也不知道说什么好，只好等他哭完后设盛宴招待他，并让札合敢不合答黑陪着他。看到弟弟札合敢不，脱里汗勉强笑了笑，他知道这次带来大祸的就是另一个没杀死的亲兄弟——额儿客，而札合敢不看到这位心狠手辣的大哥不禁在恐惧中又带点厌恶，却不敢有半点流露。

脱里汗看到猛将合答黑，两人不禁同时又抱头痛哭一场，双方都知道对方的感情是真挚的。

在当晚的酒宴上，脱里汗首先端起一碗马奶酒双手举起，敬献给铁木真："大汗，多谢你救了我的命。"

铁木真知道脱里汗说的是真心话，他也动情了，同样端起一碗酒双目含泪地说道："义父，当年我家只有九人九马，连妻子都被人抢了去，是你无私出兵帮我抢回妻子，救了我全家，也才有了今日的蒙古部。父汗，千万不要说'谢'字。"然后抢先一饮而尽。

脱里汗流着泪水一口喝干了碗中的马奶酒。

从此，铁木真和脱里汗之间的关系发生了明显的变化：铁木真虽然仍一如既往地称脱里汗为"义父"或"父汗"，自称是"王汗的臣子"，但他实际上已经和脱里汗平起平坐了。

在古泄兀儿海子休息了几天，脱里汗恢复了元气，铁木真便带他重返黑林。到达黑林时，这里竟又聚集了克烈部上万百姓，他们黑压压一片跪在地上迎接脱里汗。原来，这全是一年多来铁木真帮脱里汗召集的百姓，脱里汗激动得哽咽不止。"草随风转兵随将"，那夜被偷袭打散的两万多克烈部精锐得知脱里汗归来，很快就归来了十之五六。铁木真又令蒙古部送来一万匹马、五万只羊、五千头牛和一大批蒙古包、勒勒车、铁锅、奶桶之类的生活物资，以帮助克烈部恢复元气。这年冬季移营时，铁木真又带上脱里汗和克烈部，一起去怯绿连河源头过冬。

翌年秋天，当年侥幸逃脱的篾儿乞部首领脱黑脱阿又流窜回故地招兵买马，想再起风云。当然，铁木真是绝不会给死敌篾儿乞人一丝一毫的机会的，当即起兵三万人，同时脱里汗出兵一万五千人，联合远征两千里以痛击篾儿乞人，但脱黑脱阿再次溜掉逃向了贝加尔湖东岸。铁木真追之不及，大胜之后回师。

这次大战端掉了篾儿乞人的老巢，缴获极多，还解救了脱里汗的独子——为活命在篾儿乞部隐姓埋名做奴隶的桑昆。铁木真把夺来的蒙古包、勒勒车、粮食、马群、牛羊，乃至上万俘虏和桑昆全部送给了脱里汗。这样，克烈部元气终于恢复，于是脱里汗重登汗位。

这是南宋庆元四年（金承安三年，1198）的事，这时也是铁木真和脱里汗感情最真挚的时候。

这一年，铁木真三十一岁，他和妻子孛儿帖已经有了四个儿子、三个女儿，而母亲诃额仑夫人已近六旬，身体倒还很好。

铁木真的大儿子术赤十岁，他经常和八岁半的二弟察合台打架，两人头破血流更是常事。同时，他们俩一打架，三弟窝阔台就拉架，四弟拖雷和大女儿火真别吉、二女儿扯扯亦坚就在一边哭，而三女儿阿剌海别吉就迈着两条小短腿跑去找母亲孛儿帖甚至父亲铁木真过来劝架。

铁木真出征时，四个儿子全部骑着小矮马从军，跟着诸多蒙古名将学习排兵布阵、行军打仗；聪明伶俐的三女儿阿剌海别吉则被铁木真带在中军帐中陪他解闷，这也是铁木真最疼爱的一个孩子；而大女儿火真别吉和二女儿扯扯亦坚一般都陪在母亲孛儿帖身边。

这时，孛儿帖的肚子又大了，她怀的是四女儿秃满仑，后来她又生了一个女儿阿儿答鲁黑。

当然，铁木真此时已经有了合答安和很多别的女人了。

这里是草原。

第十二章　草原夜惊魂

　　草原上的野花开了又谢、谢了又开，牧草青了又黄黄了又青，如是三四年间，铁木真和脱里汗结成了牢固的军事同盟。在草原争霸战中，铁木真和脱里汗两人率蒙古、克烈部联军东征西讨、南征北战，先后与泰赤乌部、篾儿乞部、山只昆部、合答斤部交手，奈何各部都被铁木真和脱里汗打成了草原上的土拨鼠——见洞就钻，只求拼命保存主力，一旦与联军交手便撤，以回避决战。所以，铁木真和脱里汗虽然屡屡获胜，却始终无法取得决定性的胜利。

　　这年夏末，铁木真和脱里汗率军避暑，来到了克烈部的哈剌和林。哈剌和林位于杭爱山南麓、阿鲁浑河上游右岸的额尔德尼召近旁，所在地区不但是克烈部的中心地带，也是蒙古高原的中心地带。不久之后，哈剌和林就成了蒙古帝国的首都，也成了十三世纪时全世界的中心。

　　这里森林繁密，盛夏时遍野开花、清凉宜人，铁木真和脱里汗面对阿鲁浑河的无边美景再次盟誓：

　　　　蒙古部和克烈部并肩作战，永不分离！
　　　　王汗和铁木真永为义父义子，永不相弃！
　　　　若违誓言，必被上帝和长生天厌弃严惩！

　　两人誓毕，又共饮了一碗阿鲁浑河水。

　　这时，脱里汗看着滔滔的阿鲁浑河，对铁木真狠狠地说："我想去征讨乃蛮部。那一年，我与我儿大败塔塔儿人，刚回去庆贺，乃蛮部趁我不备突袭我的营地，害我四处流浪，若不是我儿还记得父汗，我已丧命。如此深仇大恨不报，枉为草原男子。马上秋天将至，又是征战时间，我欲征讨乃蛮部。我儿可愿同往？"

铁木真细思片刻，草原五大兀鲁思之篾儿乞部、塔塔儿部都已被自己和脱里汗的联军打垮，还敢与之敌对者只有乃蛮部，而只要再打败乃蛮部，五大兀鲁思就只剩自己的蒙古部和义父脱里汗的克烈部了，到时候整个草原就将为自己和义父脱里汗所有。

其实，铁木真早就为此一直通过镇海那样的商队关注着乃蛮部。乃蛮部位于蒙古高原最西部，以杭爱山和阿尔泰山为中心，东接克烈部，南邻畏兀儿部，扼守着蒙古进入中亚的要冲。乃蛮人说突厥语，文字使用畏兀儿文，比尚无文字的蒙古部和克烈部的文化要先进得多，其文明也更先进。乃蛮部历史悠久，源出唐代的黠戛斯人，甚至有说其是汉朝名将李陵的后人。铁木真知道，乃蛮部是一个强大的部落，如能跟脱里汗联合一起除掉他们，自己又会少一个草原争霸的劲敌，而且乃蛮部多年未遭兵灾，地广民富，牲畜众多，正可以大大地劫掠一番。

更重要的是，铁木真探得乃蛮部已发生内乱，乃蛮部大王亦难赤汗死后，他的长子塔阳太继承汗位称太阳汗，但与其弟不亦鲁黑祸起萧墙。原来，亦难赤汗有一宠妃，此妹名唤古儿别速。古儿别速肤白胜雪，发如金丝，眼如寒星，鼻如春山，齿如编贝，唇似烈焰，身材纤长，实在是一位罕见的绝代丽人。此女聪明机警，在乃蛮部威望很高，但也生性风流，她在亦难赤汗尚在年迈之时已难耐春闺空席之怨，就与两个王子分别勾搭上了。当亦难赤汗一死，两个王子为争这个小母更是闹得不可开交。塔阳太身为长子，顺理成章地继承了乃蛮部的汗位，并赢得了古儿别速。于是，弟弟不亦鲁黑一怒之下拖走了一半的人马，占领了北部阿尔泰山一带山区，自己称汗号"古出古惕乃蛮"，又称"北乃蛮"，而塔阳太这位太阳汗则仅占领了南部平原的富庶之地，称为"南乃蛮"。就这样，塔阳太和不亦鲁黑兄弟两人互相敌对、分庭抗礼，而乃蛮部实际上已经一分为二。

当听到脱里汗要征伐乃蛮部，铁木真当即应诺与义父一起出兵共讨乃蛮部，接着两人召集众将一起议事，商量出兵事宜。

中军大帐中，铁木真和脱里汗坐上首，坐左侧的全是蒙古部将领，右侧是克烈部将领。

脱里汗说："太阳汗继承了老王亦难赤汗所有的财产，而且他又在平地，利于我铁骑作战。我们先打太阳汗。"在贪财的脱里汗心里，这次打乃蛮部就是去抢劫。

这时，木华黎站起来了。自投奔铁木真这三四年以来，木华黎在战阵中表现出了极高的军事才华，举凡天文地理、情报哨探、行军布阵、肉搏厮杀、后勤辎重等样样皆精，已成为铁木真一只有力的臂膀。原来，木华黎家族曾与一位为避权奸之害流落草原的汉族名将结为安答，这位汉族名将为报救命之恩而将汉家兵法悉数传给安答，从此木华黎家族便代代习练汉家兵学直到木华黎。

其时，木华黎已相当于蒙古大军的军师，众人皆以"军师"称之。蒙力克这时年事已高，不耐征战之苦，铁木真每到出征之时便留他在大营协助母亲诃额仑夫人和孛儿帖坐镇中军，而让木华黎代替他的位置随军征战。木华黎这时已经相当于蒙古军的"总参谋长"，博尔术相当于蒙古军的"副总司令"，两人乃是铁木真的左膀右臂。

木华黎说道："我觉得应该先打太阳汗的弟弟不亦鲁黑。乃蛮部几百年都是草原的强部之一，实力雄厚，地广人众，而太阳汗继承了亦难赤汗大部分的军力和财产，乃蛮百姓皆认太阳汗是正统，必然众心归之，内部团结。太阳汗虽与其弟不亦鲁黑交恶，却并未兵戎相见，若我们先打他是择强而攻，太阳汗必集举国之力拼命抵抗，这样我们胜算不大。我们不如先去打较弱的不亦鲁黑，太阳汗因与其交恶绝对不会相救，如此不亦鲁黑就是一支孤军，绝对挡不住我蒙古、克烈部联军一击。这样，我们正好削弱乃蛮部的实力，以后时机到时我们就可以集中全力痛击太阳汗。"

木华黎说完后全场一片叫好，甚至连脱里汗也不禁点头称许，都一致认为这个作战方案可行。

木华黎的境遇尽显蒙古军力量所在，他在主儿乞部只是一个奴隶，但到了铁木真手下仅仅四年就成了全军"军师"。可见，铁木真用人绝不是只看出身，而是真正的唯才是举、量才而用，于是"人尽其才"便成了蒙古军天下无敌的最大法宝之一。

秋天到来的时候，战马已膘肥体壮，铁木真因有过被主儿乞人偷袭大营的教训，便让蒙力克和两万骑兵留守大本营，他自己则率三万蒙古部精骑和脱里汗的两万克烈部骑兵并每人备马三匹，组成了五万远征联军直扑阿尔泰山。

不亦鲁黑的游牧地，位于科布多河的上游，阿尔泰山的东北坡。

铁木真和脱里汗远征近四千里，首先向西行军率部翻越了巍峨的杭爱山，进入了科布多河附近的湖泊地带。科布多河风景秀美，牧场和碎石滩相互间杂，两岸白桦摇曳，河谷深处高大的杨树投下阴凉的树荫……

见铁木真和脱里汗联军来攻，不亦鲁黑率两万骑兵仓促迎敌，但是多年未经征战的两万北乃蛮部军队怎么打得过连年出征的五万蒙古、克烈部联军？在科布多河畔，两军展开会战，北乃蛮部军队瞬间就被联军打得七零八落。不亦鲁黑意识到自己完全不是蒙古、克烈部联军的对手，只得放弃了这片地区逃进了阿尔泰山，只留下一位名叫也迪的猛将带一千人断后，以守住翻越阿尔泰山的山口。也迪确有必死之心，却时运不济在蒙古、克烈部联军前锋追到时被活擒——原来，也迪奋勇向前时不料马肚带忽然断裂，将他摔下马去，从而被联军活擒了。

这段山口宽达一千米，平时被积雪覆盖，只有每年的七月到十月的三个月时间里积雪才会化去，人马才能通行。于是，蒙古、克烈部联军从这个山口开始翻越雄伟的阿尔泰山。阿尔泰山极为险峻，由玄武岩和斑岩构成，大山中间山石嶙峋、参差不齐，悬崖陡峭、壁立千仞，还有几十座冰川，道路极其凶险难行。不亦鲁黑本以为阿尔泰山这道天险能够阻挡住蒙古、克烈部联军，却不料蒙古军中多的是码踪的高手，毫不困难地沿着他和北乃蛮军的足迹追了上来。

北乃蛮军刚刚出山，下到今新疆北部的乌伦古湖湖边想休整，后面的蒙古、克烈部联军已经冲出了山口衔尾急追而来，只得逼迫其展开决战。北乃蛮军还未来得及布阵，蒙古、克烈部联军已射过来飞蝗般的箭雨，北乃蛮军一片片倒下，鲜血很快就染红了乌伦古湖。接着，蒙古、克烈部联军重甲铁骑冲锋，踏碎了北乃蛮军最后的抵抗，以致北乃蛮军全军覆没在这个咸水湖边，而不亦鲁黑仅以身免，亡命逃进今西伯利亚叶尼赛河上游的唐努山。至此，蒙古、克烈部联军大获全胜。

这一战，蒙古、克烈部联军长驱直进近四千里，几乎横穿了乃蛮部全境，而战事的进程和木华黎估算的一模一样，太阳汗果然没有派出一兵一卒支援其弟不亦鲁黑，坐看兄弟直接覆亡。

但是，乃蛮部也是有真正的将帅的。在太阳汗帐下，一位名叫可克的名将就计划在蒙古、克烈部联军归途中给铁木真和脱里汗致命一击，而且可克还拉到了铁木真的安答札木合。

可克是乃蛮部老将，不但骁勇绝伦，而且足智多谋，在军中威望极高。

可克对太阳汗说："铁木真和王汗（脱里汗）远征四千里，翻山越岭，昼夜兼程，虽然得胜，但也一定是兵疲马困。他们去的时候兵锋正盛，我们宜避其锋芒；他们回来时锐气已泄，又要押送大批抢来的财物，我们正好击其惰归。他们回来时一定会经过拜达河谷，大汗给我三万精兵，待他们通过拜达河谷时我们突然杀出去，可操必胜之券。"

一众文臣武将听了可克的话，都连声叫好。

太阳汗看着宠妃古儿别速，只见美艳的古儿别速玉首轻点，当即也跟着点头。其实，太阳汗这个人虽然懦弱，但在大事上并不糊涂。

可克兴致更高，接着又说："铁木真和王汗两人若是一心，这仗也很难打。如果我们能离间他们，让他们互相猜疑、各自为战，把握就更大。草原尽人皆知札达兰部的札木合和铁木真虽为安答，但关系极恶，甚至在'十三翼之战'中刀枪相见，但札木合和王汗的关系却很好，渊源极深。我们可遣使前往札达兰部答允札木合，把铁木真和王汗的地盘给他，让他游说离间王汗和铁木真，使蒙古与克烈部互相猜疑。然后，我军当即乘乱分别攻之，即可大胜蒙古与克烈部两部。当蒙古与克烈部被破后，札达兰部就孤掌难鸣了，札木合亦成我牢笼困兽，到时候我乃蛮部自然就成为草原唯一的王者了。"

乃蛮部众人顿时大声称赞可克好计谋，于是分头准备。

派往札达兰部的乃蛮部使者简直感觉太幸运了，因为札木合一听到有机会去打铁木真顿时两眼放光，兴奋极了。在札木合看来，"十三翼之战"后这几年铁木真的事业蒸蒸日上，他的札达兰部落却江河日下、逃亡众多，对铁木真自然更是嫉恨不已，心胸也越来越狭窄。这时，曾经的英雄札木合已经被愤怒和妒火烧成了一个小人，听到乃蛮部让其去离间铁木真和脱里汗，立刻与乃蛮部一拍即合，毕竟他只要能给铁木真找麻烦就什么都愿意干，更何况只是挑拨离间的陷害了。

果如乃蛮部老将可克所料，铁木真和脱里汗消灭不亦鲁黑部后便迅速撤军，其中脱里汗的克烈部在前，押运着大批远征抢来的财物牲畜，而铁木真的蒙古部断后压阵，两军间隔二十里，直奔拜达河谷而来。

拜达河谷是个十字路口，往东就到了克烈部地界，往北可以越过群山直通铁木真的大营，往南就是乃蛮部。

当克烈部走到拜达河谷，他们看到可克率领的乃蛮部大军已严阵以待。

脱里汗不愧是百战老将，见状立刻收缩队形将抢来的财物护在中间，布好防御阵势，同时立即派人飞骑传告铁木真。

铁木真得讯后立刻率三万铁骑飞驰赶到离脱里汗五里处扎营布阵，与脱里汗形成掎角之势，准备明日与可克率领的乃蛮部大军决战。

就在蒙古、克烈部联军紧张备战的时候，札木合单人匹马驰进了脱里汗军中。

脱里汗和札木合的关系是非常好的，以前的合作也非常愉快，如铁木真还寂寂无名时脱里汗和札木合就帮他抢回了妻子、打垮了篾儿乞部。这些年来，双方使者你来我往，从未断线。所以，脱里汗见了札木合非常高兴，说："好兄弟，那年我们一起打垮篾儿乞人后就再未见面了。这么多年了，见到你高兴啊！来啊，摆酒！"

但是，札木合一开口就把脱里汗吓了一跳："王汗，你慢点高兴，你的性命已危在旦夕，克烈部马上要全族覆灭了。"

脱里汗瞪大了眼睛："你开玩笑吧，札木合兄弟。怎么回事？"

从这一刻起，札木合就从一位英雄沦落为了草原上最著名的阴谋家。

札木合郑重其事地对脱里汗说："乃蛮王太阳汗前些日子亲口告诉我，他和铁木真约好要在拜达河谷前后夹击克烈部。以前，铁木真帮你不过是时机未到，他还需要你给他遮风挡雨而已；现在，他羽翼丰满，就要对你下手了。你看，蒙古军是不是一直走在你后面？你再看，铁木真扎营的位置是不是正在你的尾后，而你的右前方是一直蓄精养锐的乃蛮军，两军是不是对你形成夹击之势？"

札木合接着挑拨道："直到现在，蒙古军还没有跟上你呢。王汗，无论冬夏，我都是栖息在北方的白翎雀，偎依在你的怀抱，而我的安答铁木真却是一只告天雀或者野天鹅，冬天一到便飞往南方充满阳光的土地，他一定是返回到南乃蛮部去他们那里投降了！"

其实，克烈部是有明白人的。当时，有一位克烈人名叫古罕，他直截了当地质问札木合："你怎么可以说出这种诬蔑你安答的话来？"

但是，札木合说得有鼻子有眼，脱里汗不禁就有五分信了。于是，脱里汗问札木合道："你怎么跑到太阳汗那里去了？"

札木合笑笑："因为太阳汗也希望我参战。他允诺只要我和铁木真一起攻打你，就把你的黑林许给我。"

脱里汗这下脸色都变了，狠狠地骂了一句后问道："札木合兄弟，我该怎么办？"

札木合缓缓道："我札达兰部大军若在此，我和王汗大可联手与铁木真和乃蛮部一战，但我与太阳汗见面只带了几个那可儿过来。我一直等在此地给你报信，也没法调集人马，无力相助王汗。现在，王汗的万全之计就是立即点起兵将拔营启程，尽快返回克烈部，越快离开这个被前后夹击的凶险之境越好。王汗只要行动迅速，乃蛮部和铁木真必然来不及反应，等明早他们发现王汗只留下一座空营时早已经走远了，那时他们就只能望王汗空营而兴叹了。"

脱里汗一拍大腿道："这个计谋好！"

脱里汗时已年老，不但耳根子软，而且草原喋血几十年疑心极重。札木合是草原上成名已久的年轻英雄，两人交往已久，还曾联合出兵征讨篾儿乞部，所以脱里汗是很信任他的。札木合一番挑拨，显得处处为脱里汗着想，于是脱里汗不由得深信不疑。同时，脱里汗极其贪财，想着若是带着财物拔营而走，就能把蒙古部劫掠的那份财货也据为己有——打不亦鲁黑的缴获非常大，本来商议蒙古军、克烈军两军平分——这会是非常大的一笔财产，而克烈部占为己有吃独食的这个想法对脱里汗的诱惑也是很大的。

　　于是，脱里汗立即密令克烈部全军马上押运财物拔营启程，向东方的黑林大营兼程进发。

　　为迷惑铁木真和乃蛮部，脱里汗还命令克烈部将士在之前拜达河谷的营地虚设大批篝火之后才离开。

　　这时是初夜时分。

　　当脱里汗一走，铁木真就成了孤军，处境凶险万分。但是，"天不亡蒙古"，中夜时博尔术和木华黎两人都早早地起床了，毕竟大战在即，需要筹划白日的恶战。于是，他们两人带了几名箭筒士，一边查看战场，一边打算与脱里汗联络。

　　深秋的夜风已经凉意浓浓，博尔术和木华黎两人顺着拜达河谷拐了个弯，来到了脱里汗的大营。

　　博尔术和木华黎两人惊觉有异，只见十几头野狼的绿眼在脱里汗的大营里游动闪光，时而还凄厉地嗥叫一声，于是两人同时叫了一声"空营"。

　　然后，博尔术和木华黎两人立刻打马前奔驰入脱里汗营地，只见一堆堆快要烧尽的篝火边空无一人，只余遍地的狼藉，连半个人影也没有。看到这样的情景，他们脑袋"嗡"的一声，顿觉浑身冰凉，知道蒙古军已被脱里汗出卖，孤军悬于恶地，全军凶险万分。

　　博尔术和木华黎两人不顾一切地打马狂奔而回，并立刻叫醒了铁木真。

　　铁木真知道定有重大异变，但仍很沉稳地问道："什么事？"

　　博尔术低声道："大汗，王汗已经拔营启程并去向不明，只留下一座空营。我军已成孤军，凶险万分。"

铁木真闻讯也大吃一惊，这意味着蒙古军不但孤立无援，还深陷乃蛮部重地，而更关键的是脱里汗已经不可相信。铁木真不知道脱里汗这个盟友到底想干什么，甚至乘虚偷袭自己的大营都不是不可能，所以现在最重要的是要立即赶回大营以确保根本，然后再做他图。

木华黎上前一步："大汗，我们必须立刻脱离险境，马上全军启程向东北方走山路赶回我们的老营。"

铁木真点点头："立刻叫醒全军将士，传令只许携带兵器、干粮和战马，其他所有的累赘物品全部扔掉，牛羊牲畜和所有的财物一件都不许带。半个时辰后全军开拔，昼夜兼程赶回我们的老营才许下马！"

博尔术和木华黎立刻出帐传令，很快三万蒙古铁骑每人只带上三五匹马和刀枪弓箭、盾牌干粮，轻装向东北方大营疾驰，其余一切赘物乃至营帐、牲畜都丢得一干二净。

这时已是后半夜了，铁蹄声踏碎了黎明……

天色大亮时，铁木真已率蒙古军驰出了百里之远，正在朝着大营的方向不断加速狂奔。

可克带着乃蛮军众将查看铁木真和脱里汗遗留下的营地时，他一边看一边大笑，没想到两路强敌竟被一个小小的离间计惊得分路逃走，而众人对其更是佩服得五体投地。

可克笑过之后忽敛色道："我军虽胜，但胜得还不够彻底。敌军现在方寸已乱，我军穷追必可获大胜。"

一将言道："大帅，铁木真后走，必跑不多远，我们应该去追铁木真。"

可克连连摇头："错，我们应该追的是王汗。我仔细看过铁木真的营地，他扔掉了所有的赘物却未丢一件兵器，同时营地里牛羊牲畜遍地，马匹却一匹未留全部骑走。铁木真军必不停换马而乘，轻骑北逃其速必快，我们追之不及；就算追上，他们更可随时轻装与我军死战。所以，不能追铁木真。

"然而，王汗营地却片物不留。我仔细看过，王汗营地到处是大车车轮印辙，入土皆留痕，表明都是重载——肯定都是在我部抢来的财物，而且营内牛羊粪尿遍地更说明牲畜众多。王汗带着这么多牲畜和大车财物，不但跑不快、走不远，而且累赘这么多也打不了仗。王汗贪财是草原上有名的，向来舍命不舍财，而这次我们就要他舍财又舍命。传令，全军向东追击王汗！"

于是，乃蛮军士气大振，向东直追而去。

这时，脱里汗正为行军速度太慢焦躁不已，猛将合答黑已两次提醒他赶紧放弃财物以轻装赶回黑林大营为上策，但他每次都贪婪地看着那些慢慢踱步的牲畜和缓慢移动的大车不舍地说："抢到它们不容易啊！"直到听到西边传来的铺天盖地的乃蛮军的马蹄声，脱里汗还在命令儿子桑昆带一万骑断后，以掩护前军带财货撤走。

桑昆本就是个绣花枕头，如何是乃蛮大将可克的对手，所率万骑很快就被乃蛮军打得七零八落。不过，乃蛮军却不罢手，仍然继续向前攻击。接着，脱里汗前军也很快被击溃，札合敢不和猛将合答黑保护着脱里汗狂奔向黑林大营，而所有劫来的财物、牲畜全部落入了乃蛮军之手。这时，札木合早已不见了身影，而脱里汗方知上当。

可克和乃蛮军真是心花怒放，铁木真丢弃的辎重财物和从脱里汗处抢到的财物、牲畜当真不少，光牛羊就有上百万头。不过，可克却不想就此善罢甘休。

可克率军略做休整，安排将劫下的财物运回乃蛮部，然后继续穷追脱里汗。六天后，乃蛮部越过边界进入了克烈部地界，开始在克烈部到处烧杀抢掠。

这时，铁木真已率蒙古军昼夜兼程返回了桑沽儿河大营。

其时，脱里汗的克烈部已经被打得溃不成军，根本无法组织起有效的抵抗。乃蛮部也是游牧民族，对抢掠一样拿手，只见可克指挥兵士到处牵牲畜、抓百姓、烧帐篷、赶马群，甚至连桑昆的妻儿都被掠去。与此同时，脱里汗手中的两个重要人质——篾儿乞部首领脱黑脱阿的两个儿子也乘乱逃脱，向北沿薛凉格河顺流而下直奔贝加尔湖畔找到了父亲脱黑脱阿，然后继续跟铁木真对抗。

克烈部顿时哭声震天，百姓到处逃命，还愿跟随着脱里汗的人已寥寥可数。

脱里汗困守黑林，不但兵微将寡、走投无路，而且眼看着部落将亡，甚至连自己的老命也难保。这时，贴身保护脱里汗的猛将合答黑说："王汗，现在唯一的办法就是向铁木真求救。"

脱里汗虽然危在旦夕，但听了这话还是红了老脸，说道："我实在没脸再去向这个义子求救。"

一直跟在身边的弟弟札合敢不自告奋勇前去，说："大哥，我去找铁木真。铁木真英雄仗义、豪爽大度，绝不会对我们见死不救。"

脱里汗低着头说道："除此之外，我们也没路可走了。那你就去吧，告诉铁木真是札木合在中间挑拨离间。札木合说铁木真和乃蛮部勾结在一起，要灭我克烈部，所以我才匆忙带军走的。你跟铁木真说，请他派他麾下的'蒙古四杰'来救义父。"

札合敢不牵了十匹马昼夜换骑奔驰，两天赶了一千里路来到了桑沽儿河边铁木真的大营。

满面阴沉的铁木真和蒙古众将沉默着听完了札合敢不带来的脱里汗求救口信，并说明是札木合挑拨所致。蒙古众将顿时鼓噪起来，一个个痛骂道："王汗求着我们帮他打乃蛮部，却把我们送进虎口后自己带着财宝跑了。现在，他还有脸要我们去救他！"

铁木真注意到，众将怒骂脱里汗的时候木华黎沉默着未发声。然后，铁木真从座椅上缓缓站起来，顿时大帐内鸦雀无声。

铁木真说道："札合敢不，你先出去休息一下。我会派'四杰'各领兵五千，与你同去营救克烈部。"蒙古众将皆不敢作声。

札合敢不大喜过望，出帐而去。

札合敢不走后，铁木真笑了笑，然后看着木华黎道："木华黎，你说我为什么要救我义父，并帮克烈部呢？"

木华黎说道："大汗英明！我们帮了克烈部，王汗就会成为横在中间帮我们抵御乃蛮部的盾牌。如果王汗完蛋了，乃蛮部吞并克烈部后就会成为比我们强大得多的可怕敌人，而且会直接跟我们的地界接壤，并随时会攻击我们。总之，王汗可以成为我们的盟友，而乃蛮部只会是我们的敌人，所以我们必须帮王汗顶住乃蛮部。"

铁木真大笑道："木华黎，说得好！"蒙古众将无不以敬佩的眼光看着木华黎。

于是，铁木真点起上次出征时留守大营的两万精骑，由博尔术、木华黎、博尔忽、赤老温等"蒙古四杰"各率五千兵马，带着札合敢不前去克烈部大营黑林救援脱里汗，而他自己则带刚刚千里远征归来的三万疲兵在大营休整。

博尔术等"蒙古四杰"带领的两万精骑，前一段留守大营，正蓄锐日久、精猛无比，他们一路奔驰赶到了黑林。此时，前方脱里汗和桑昆父子正带着最后一批克烈部士兵做最后的抵抗，克烈部两名大将帖勤和亦秃儿肯均已在脱里汗身边战死，而一个白胡子老将正指点着乃蛮军对脱里汗父子做最后的攻击。冲在最前面的赤老温见状，手提一条蟠龙浑铁棍冲过去兜头就是一棍。那白胡子老将正是乃蛮军大帅可克，他慌忙举刀抵挡，却哪里挡得住赤老温的天生神力。当赤老温的蟠龙浑铁棍落下，可克手一软，顿时被这劈头一棍打得脑浆迸裂，死于马下。实际上，可克虽然长于韬略，但毕竟年事已高、血气不足，亲身肉搏厮杀更非所长，故一棍就被赤老温砸死了。

这时，乃蛮部的另一将军一枪刺穿了脱里汗坐骑的肚腹，脱里汗掉下马来。那乃蛮部将军正要对脱里汗刺去，忽觉后心一凉，原来是博尔术赶到了，只见他挺起金狼刀就一刀刺穿了这位乃蛮将军的后心，救下了脱里汗。

乃蛮军见大帅可克战死，顿时乱作一团。这时，两万蒙古精骑全军杀到并投入战场，顿时把乃蛮军杀得溃不成军。原来，可克以为战局胜负已定，已将两万乃蛮部骑兵分成数十小队前往克烈部各地烧杀劫掠，自己只留了一万骑兵随身剿灭脱里汗的黑林大营。乃蛮军的战斗力本就不如蒙古军，现在人数也只有蒙古军的一半，大帅可克战死后更加军无斗志，但逃又逃不掉，顷刻间就被蒙古兵杀得尸横遍野。

博尔术眼见胜局已定，率五千精骑留在黑林守卫脱里汗，让博尔忽、木华黎和赤老温三将各率五千铁骑往克烈部各地荡平分成小股烧杀劫掠的乃蛮军。乃蛮军在旬日之前已分成数十队，正在克烈部各地劫掠的两万骑兵来不及收拢，皆被蒙古军以多打少全部歼灭。随后，一万五千骑蒙古将士这才回到黑林与博尔术会合，准备撤回桑沽儿河的铁木真大营。

脱里汗老泪纵横，拿出了一套镶满宝石的纯金酒具送给救了自己性命的博尔术。博尔术坚辞不收，但脱里汗紧紧地拉着博尔术说不收就不许走，如此拉扯良久后博尔术只好收下了这套宝物。

"蒙古四杰"率领两万精骑回到大营，铁木真欢喜无比：草原五大兀鲁思——篾儿乞部被他、札木合和脱里汗联手灭掉，只剩残余；塔塔儿部被他和脱里汗联手灭掉了主力；乃蛮部分裂后，不亦鲁黑王子的两万人马被他和脱里汗歼灭；现在"四杰"又击杀了乃蛮部太阳汗手下最能打的大帅可克和三万乃蛮部精骑，乃蛮部也已元气大伤，脱里汗的克烈部更是两次全军覆没且早已失血过多；只有他的蒙古部蒸蒸日上，已经成为草原上最强大的力量了。

博尔术向铁木真复命，报告了救援脱里汗的经过。对此，铁木真赞赏有加。这时，博尔术拿出了脱里汗送的那套黄金宝石酒具——一个纯金宝石大酒壶和十二个纯金大酒杯，顿时铁木真的大帐里金光缭绕、宝气流转。

博尔术扑通跪倒在铁木真面前，讲述了脱里汗如何逼他收下这些贵重礼物，然后自责道："我生是大汗的人，死是大汗的鬼。我自己不留在身边服侍大汗，却跑去别人那里领赏，这太不应该了，请大汗责罚！"

博尔术的忠诚令铁木真极为感动，当即命令博尔术收下这份礼物。见此情景，蒙古众将无不动容。

博尔术出帐之后，他又将这套宝贝一人一件地赏给了此次出征打得最英勇的十三位蒙古将士。

第二年春天，铁木真应脱里汗的再三邀请，率一万骑来到黑林大营做客。

这时候，铁木真在草原上的地位已经高于脱里汗了。脱里汗救了一次铁木真的命，但铁木真却救了脱里汗两次命，还不算铁木真的父亲也速该也救过他一次。

铁木真和脱里汗带着蒙古部和克烈部的诸将坐在松树下欢饮，真可谓是"骆驼见了柳，蒙古人见了酒"，分外亲热。酒酣耳热之际，脱里汗突然扔掉酒碗放声大哭起来，铁木真和众将皆愕然。脱里汗边哭边诉说道："我的好安答也速该巴特尔，曾为我夺回失去的土地与百姓。他的长子好儿子铁木真，今又拯救我将要破碎的家园与妻儿。父子二人与我肝胆相照，危难之际见真情。当我以后身靠万里青山、头枕大地草木安详地归天之后，谁来主管我的营帐啊？我是有亲兄弟一群，却都是些无能无德之辈；我只有一个独生儿子桑昆，不仅品行不正又刁钻且常惹麻烦，没有深谋远虑，虽有若无。现在趁我健在，就让铁木真做我儿子桑昆的兄长吧。这样，我就有了两个儿子，将来我死也放心了！"

铁木真听了极为感动，虽然他救了脱里汗两次，但没有脱里汗最开始帮他，恐怕他一家早就成了草原上的枯骨。

于是，铁木真和脱里汗在土兀剌河畔的密林里，正式举行了结为父子的仪式。

以前，铁木真叫脱里汗义父，只是由于父亲也速该和脱里汗成了安答的原因，没有举行过正式的仪式。这次仪式过后，脱里汗就正式认铁木真为长子，而铁木真也就正式叫脱里汗"父汗"了。

大家都很高兴，只有桑昆气得咬牙切齿，他认为父亲丢了自己的面子。其实，这是脱里汗拉拢铁木真的一种策略，但桑昆丝毫也不懂得，以致最终丧失了父亲脱里汗和自己的生命。

结为父子后，脱里汗和铁木真一起发誓加强盟约：

"在讨伐敌人的时候，我们要一起去战斗；在猎杀狡兽的时候，我们要并肩去捕捉。如果有人毒蛇般地离间我们相互之间的友情，我们一定要彼此不疏远，同心协力地清除其毒害。如果有人毒蛇般地挑拨我们之间的亲密情谊，我们要彼此不生怀疑，相互说明而澄清其原委。"这就是明显表示要吸取札木合挑拨离间的教训。

如此，脱里汗、铁木真两人相盟相约，建立了更加亲密的关系。

但是，铁木真知道自己和脱里汗曾经也是有盟约的，如果再有巨大的利益驱使，今后未必不会再次发生脱里汗变心的事情。

其实，划破了的伤口，就算长好了总还是会有一道痕迹的。

当然，铁木真也知道，他一统草原的梦想需要脱里汗这样一个强大的盟友支持，所以他仍然尽一切努力来维持这个盟约。

铁木真选择和脱里汗恢复结盟，帮助脱里汗重整旗鼓，极大地展现了他作为一个政治家和军事家的远见卓识。原来，这年秋天铁木真又遭到了札木合组织起来的草原十二部联盟大进攻，而他的义父脱里汗这次给了他诚挚的帮助。

第十三章　风雨阔亦田

这天早上，铁木真检查了箭筒士的射术，又观看了带刀者演练的刀法。其时，铁木真的箭筒士和带刀者已经各有四百勇士。这八百勇士个个武艺精熟、剽悍无比且深通韬略，人数虽少，却已是全军的核心——相当于"草原军校"，他们是后来铁木真的禁卫部队，也就是名震世界的蒙古"怯薛军"的早期雏形。

中午时候，铁木真来到母亲诃额仑夫人的营帐请安，此时诃额仑夫人在经历多年的风霜苦难后头发都已经全白了。

见到儿子前来，诃额仑夫人自是高兴，而铁木真也很开心。铁木真告诉母亲诃额仑夫人："额客，我们现在已经有十万帐百姓，随时可以征招五万五千骑大军，草原上已经没有一个部落比我们蒙古更强大了！"

诃额仑夫人笑着点头道："我知道你总在打胜仗，但是……"接着，诃额仑夫人敛容正色道："你应该做的是，实现以前蒙古历代诸汗和你额赤格也速该最大的心愿——一统草原，让天下都成为我们蒙古人的牧场，带领所有的蒙古人过上好日子。"

铁木真说道："是的，额客，我记住了。"

诃额仑夫人看着铁木真，忽又叹口气道："孩子，你很久没去孛儿帖那儿了吧？"

铁木真脸一红："额客，我一会儿就去孛儿帖那儿。"

原来，这时铁木真早已妻妾众多、夜不虚席，的确已经很久没去孛儿帖那里了。

孛儿帖的蒙古包前热闹非凡，一群孩子在嬉戏打闹。看到铁木真过来，四个男孩子立刻站得笔直，不敢出声，而四个小姑娘却扑上来叫"额赤格"。原来，铁木真对儿子很严厉，对女儿却宠溺非常。所以，术赤、察合台、窝阔台和拖雷四个儿子都怕铁木真，但火真别吉、扯扯亦坚、阿剌海别吉、秃满仑四个女儿都和父亲很亲热。

铁木真把四个儿子脑袋都拍了拍，又把四个女儿都抱了抱，并用胡子挨个扎了脸蛋，然后说："都去玩吧，我找额客有事。"八个孩子顿时一溜烟跑没了影。

走进孛儿帖的毡房，铁木真看见孛儿帖正抱着幼女阿儿答鲁黑喂奶，嘴里还哼着低低的童谣儿歌。这么些年来，铁木真每每见的是"岁岁盘马弯弓，月月杀伐疆场"，忽见这幅母亲乳女的温馨场景和满屋的奶香，忽然一阵恍惚起来……这一刻，铁木真完全忘了自己是蒙古铁骑的无敌统帅，而只觉得自己就是一个丈夫和父亲。

铁木真摇了摇头，低声叫了一声："孛儿帖，我来了。"

闭着眼睛给孩子喂奶的孛儿帖一惊，睁开眼看到铁木真十分惊喜，说："你怎么来了？"

然后，孛儿帖又醋意浓浓地说："大汗美女众多，夜夜不空，怎么舍得今天跑到我这儿来了？"

其时，孛儿帖正当盛年，铁木真又是草原第一英雄，她当然渴望夜夜都枕在丈夫的胳膊上入眠。不过，孛儿帖也知道，这个男人不可能只属于她，也不可能只属于任何一个女人。

铁木真讷讷地说："孛儿帖，在我心里，你永远最重，谁也替不了你。"

孛儿帖与铁木真多年夫妻患难与共，焉能不知铁木真的心意，于是放下手中熟睡的女儿，伸手捂住了铁木真的嘴，说："我不要你再说，我知道你的心意。"然后，孛儿帖抱着铁木真将脸庞贴在了铁木真胸膛上，而铁木真也紧紧地将孛儿帖搂在了怀中。这一夜，铁木真便留宿在孛儿帖的毡帐，两人小别胜新婚，难舍难分。

当孛儿帖幸福地在铁木真怀里沉沉睡去后，铁木真却陷入了沉思：在这草原弱肉强食的兼并大战中，只有干掉最后一个对手，才能跟妻子真正的幸福长久；如果自己被敌人打败，那自己的一切便都归了别人甚至包括妻子孛儿帖，而且这样的事已经发生了一次。于是，铁木真用手摸了摸孛儿帖的脸庞，并暗暗发誓永不让这样的惨剧再发生——自己一定要做草原上最强的王者。

铁木真知道，他打败了乃蛮部救了克烈部和脱里汗后，有了克烈部这个盟友自己就已经是草原上最强大的一支力量，但是一统草原的路还很远；虽然看上去自己的霸权几乎要扩展到蒙古高原的北部，但还有众多的蒙古部落不服从自己管辖并视自己为死敌，远远没有形成一致支持他的团结局面。当然，铁木真也知道，一统草原的路必然浸满鲜血。

在沉沉的思考中，铁木真慢慢睡着了……

不过，铁木真不知道的是，在他熟睡的时候，他的死敌、安答札木合正在摇唇鼓舌地拉拢草原上不服从他以及与他有仇的十多个部落，组成一个强大的联盟来攻击他。

札木合曾经一番唇舌就鼓动起草原一番腥风血雨，当他再次听闻脱里汗又与铁木真重归于好，不禁又气又恨。

据史书记载，札木合不仅反复无常、极其善变，而且阴险狡诈、野心勃勃，却又缺乏实现野心的恒心和毅力。不过，作为铁木真一生最大的死敌，没有任何人怀疑札木合的组织才能和军事才华。这时，札木合也已人到中年，他和铁木真作对除了意气之争，更主要的是谁来做蒙古的主宰——草原的主人。

札木合知道，若论单打独斗，草原上没有任何一个部落是铁木真蒙古部的对手，所以他只能再重建一个真正的"部落联盟"才能与铁木真对抗。不过，札木合万万没有想到的是，他组织的反铁木真联盟建立得竟然非常顺利，毕竟铁木真这么些年来在草原上东征西杀，有过仇怨的老对头实在太多了，甚至有一些还是上一辈传下来的血仇。例如，斡难河下游的泰赤乌人，他们差点杀掉了少年铁木真；薛凉格河下游的篾儿乞人，他们与铁木真家族有两代夺妻之恨；怯绿连河下游的塔塔儿人，他们毒杀了铁木真的父亲也速该；还有贝加尔湖西岸的森林狩猎部落斡亦剌惕人，他们跟篾儿乞人是世代盟友，所以跟铁木真敌对。另外，还有上面这些大部落附属的小部落，如合答斤部、撒勒只兀惕部、朵儿边部、亦乞列思部、豁罗剌思部，还有捕鱼儿海边的弘吉剌部，甚至刚被铁木真和脱里汗联手在阿尔泰山打败的乃蛮部不亦鲁黑。铁木真两次大败乃蛮部，歼灭其大批精兵强将，太阳汗恐惧之下拨出五千精兵交给曾经反叛自己的弟弟不亦鲁黑，让他带兵参加这个反铁木真的草原十二部联盟。

这个联盟成立的最大原因，不只因为那十二部与铁木真有世仇，更因为铁木真的强势快速崛起和战无不胜让这些部落产生了极大的恐惧，共同的压力让他们抱团反对铁木真。但是，这些部落分散在蒙古草原上东西四五千里、南北三四千里的地域范围里，札木合竟然在靠马匹联络的时代能把他们组织起来并形成一个强大的军事政治联盟，不得不说他确实具有极其强大的组织能力和军事才华。

不过，札木合不幸遇到了铁木真，所以他只能屈居草原第二了。

蒙古鸡儿年（南宋嘉泰元年、金泰和元年，1201），蒙古东部生活在大兴安岭山坡上的塔塔儿人，在西伯利亚泰加森林狩猎的斡亦剌惕人，居住在阿尔泰大山里的乃蛮人，以及来自蒙古地区四面八方十二个部落的十万人马，在兀勒灰河的源头处会合组成了一支浩浩荡荡的大军开往额尔古涅河河谷，并在额尔古涅河与根河的交汇处共同推举札木合为"古儿汗"。

"古尔汗"是蒙古历史上的大汗之称，意为"众汗之汗"，即所有部落之汗。

这次立汗，联盟的大萨满按传统规矩举办了宗教仪式。札木合称汗后，大萨满牵来一匹纯白色的种马和一匹良种的牝马，然后两名大力士宰杀了这两匹献祭的马。接着，联盟的十二名首领以札木合为首，一人饮下一碗马血酒，然后碎碗为誓：

"凡我同盟，如果谁有背叛之心泄露此谋，此人就会如岸崩塌、如林伐倒，定会被碎尸万段！"

这十二名首领边发誓边用力地蹬踏河岸并将河边的岸土踏入河中，又各自抽出腰刀砍倒了一片岸边的小树，以此为见证。

之后，十二名首领各自回去准备突袭铁木真。

不过，这十二名首领没有想到的是，他们"泄露机密者死"的誓言还没落地，一个豁罗剌思部名叫豁里歹的士兵就跑去通知了铁木真。

原来，铁木真乐善好施、仁义待人的好名声早就传遍了草原，特别是铁木真不看出身、只看能力的用人方式对蒙古各部落底层百姓的吸引力极大。当时，蒙古许多很有能力却因出身低贱不能在部落里伸展的壮士，都希望像博尔术、木华黎那样从百姓、奴隶奋斗成统帅出人头地，而豁里歹就是这样一个倾慕铁木真而又胸怀大志的奴隶士兵。

豁里歹知道马上要去攻打铁木真的消息后，第一个念头就是去告诉铁木真，于是他偷偷逃出了军营。但是，豁里歹只找到一匹老弱的瘦马——好马都在军营里，他也顾不得那么多就骑上马往铁木真那里跑，而这一路真是险象环生。

豁里歹骑马没走出多远，就碰到了泰赤乌人。泰赤乌人当即就把豁里歹拦了下来，因为他前往的方向正是铁木真的大营所在。泰赤乌人问豁里歹是干什么的，豁里歹说是走亲戚的。泰赤乌人二话不说，就给了豁里歹一鞭子，说："豁罗剌思部在北边，你往南边走什么亲戚？你是去给铁木真通风报信的吧？"

泰赤乌人跟铁木真是有血海深仇的，他们是最恨铁木真的部落之一，如果铁木真崛起自己绝无侥幸之理。所以，泰赤乌人根本不跟豁里歹啰唆就直接把他打了一顿，然后关进了笼子只露出一个脑袋在外面。

豁里歹在笼子里焦急万分。到了晚间四周没人的时候，突然溜过来一个人问豁里歹："你是去找铁木真的吧？"

豁里歹顿时大喊："我冤枉啊！"

这人气得伸手打了豁里歹一个大嘴巴："不要叫！我叫哈剌蔑里乞台，也是豁罗剌思部的。你少跟我装，你有什么亲戚在铁木真那里？"

豁里歹不叫了。

哈剌蔑里乞台这才低声说："草原上心向铁木真的人到处都是，不止你一个。"

豁里歹定定神："你想干什么？"

哈剌蔑里乞台看看四周，见四下无人，便轻轻地说："我儿子也在军中，所以我没法走掉。但是，我放你走，你见了铁木真后要把我的名字告诉他，让他记得我！"

豁里歹欣喜若狂，连忙道："一定一定！我向长生天发誓，一定把你的名字告诉铁木真。"

哈剌蔑里乞台点点头，然后大叫："我要杀了你这个奸细！"

营帐那边顿时有人应声："拖远点杀，免得血污了营盘不吉利。到营盘外面杀，杀了就扔那儿喂天狗。"当时，在战事四起的蒙古，杀个人与杀只鸡的性质差不多。

哈剌蔑里乞台挑了一匹上好的白马，押着豁里歹走出了军营。待到看不见军营时，哈剌蔑里乞台割断了豁里歹的绑绳，将白马送给他，并让他快走。

豁里歹死里逃生欣喜若狂，向哈剌蔑里乞台发誓一定向铁木真叙述他的功绩，然后打马离去。

其时，十二个部落已齐聚，这一带已是大军云集。豁里歹走出不远，又碰到札木合的一支骑兵，然后他掉头飞奔而去。幸亏豁里歹骑的是一匹堪称神骏的好马，最后终于甩开对方，直奔铁木真的营盘。

第三天，豁里歹终于找到了铁木真。

铁木真得到豁里歹送过来的情报，才得知十二个部落要联盟剿灭自己，顿觉浑身发软，因为他的大军还在游牧狩猎，根本就没有收拢。铁木真看着豁里歹，真诚地说："好兄弟，我不会忘记你的。还有救了你的哈剌蔑里乞台，我记住他了。"

铁木真立刻赏赐豁里歹一百户百姓、两千头羊和五百匹马，而豁里歹也立刻从一个奴隶变成了一个贵族。后来，铁木真在乱军中找到了哈剌蔑里乞台，也给了他同样的封赏。

在王朝历史上，从未有君主像铁木真一样对情报人员封赏如此厚重。后来，铁木真对立下决定性功劳的情报人员的封赏，甚至直接是一个国家。在铁木真一生中，有三次关系到他生死存亡的危机，其中第一次是"十三翼之战"，第二次就是这次阔亦田之战，而这两次都是因为情报人员冒死通风报信才让他做好了紧急迎敌的准备。当然，铁木真之所以渡过危机，固然是因为他仁德仗义收取了草原民心，却也跟他对情报人员的重赏是分不开的。

低沉的暮色中，牛角号的呜呜声和咚咚的战鼓声互相接力，很快响彻了草原……一骑骑传令兵向四面八方飞驰，蒙古各部的勋贵大将立刻向铁木真的中军大帐策马奔来。

一顿饭的工夫，众将就到齐了。

铁木真向众将讲明了豁里歹带来的情况，十二个部落联盟组成的联军即将前来进攻，然后笑笑道："'十三翼之战'，札木合召集了十三个部落，我们也没怕过。这次还少一个部落，我们却比那个时候更强，所以我们一定会胜利。不过，最怕的就是被他们偷袭，札木合最善于偷袭。当然，只要我们有了准备，我们肯定能赢。他们虽然有十万人，我们只有五万人，但是我们蒙古军从来都是以少击多、以寡胜众，何况他们这十万人全是我军以前的手下败将。如此，我军何惧之有！"铁木真几句话就说得众将信心大增。

铁木真接着说："我们立刻派塔孩前往黑林，请王汗出兵助阵。"

塔孩是蒙古部第一铁嘴，最关键时刻的使者都由他来担当。

塔孩接令马上起身，备好干粮和饮水，带了十匹铁蹄马，立刻在夜色中向黑林飞奔而去。

铁木真看向木华黎："木华黎，马上安排大量探马侦骑前去打探十二部联军动静。你看这仗应该怎么打？"

木华黎立刻站起身："大汗，我们今夜就去抢占阿兰寨，准备战场。"原来，木华黎从小习武，长大后更处处留心，对蒙古各地的地形精熟无比。

木华黎继续说道："我们和札木合联军距离的中间点是阔亦田，那是一片平坦的草原。阔亦田以南二十里的地方是阿兰寨，阿兰寨是一列从东向西横亘的小山丘，原来是金国所建界壕的一个据点，虽然金国已经放弃不用，但是边墙犹在、工事尚存。我们必须立刻抢占阿兰寨，只要占了阿兰寨这个要点，我们就进可以与札木合联军会战于阔亦田草原，退可据守阿兰寨拖垮敌军。"大家顿时对木华黎所提战法一片叫好。

铁木真环视众将："今夜谁去夺占阿兰寨？"

只见一将直接跳进大帐中央，高喊一声："我去！"

众人看时，原来是速不台。速不台在多年的征战中常胜不败，此时已声震草原，是公认的蒙古名将。

众人点头，都认为人选不差。

铁木真问道："你想带多少人马？"

速不台说道："一万足矣。"

铁木真说："我给你两万，还把者勒蔑和忽必来二狗一起带去由你统一指挥。你们三狗占了阿兰寨后立刻挖深扩宽金人留下的界壕，让匹马不能跃过，还要伐木建砦（寨）、垒石筑墙。你们三狗一定要死守阿兰寨。"原来，蒙古人视狗为忠勇象征，夸人为"狗"乃是最大赞扬。此时，速不台、者勒蔑和忽必来早已是草原闻名遐迩的"蒙古三大忠狗"，而速不台更是公认的"蒙古猛狗"。

众将听闻铁木真竟然调两万铁骑给速不台，不禁相顾失色，暗赞铁木真魄力之大。

速不台更是喜出望外，他一直自信用兵是多多益善，但以往一次最多只带过五千骑，而这次能带两万骑顿时欣喜若狂，便更加感恩铁木真的信任了。速不台知道，者勒蔑、忽必来的资格都比他老，特别是者勒蔑屡建奇功不说，更是从襁褓里就送给铁木真的伴当（朋友），而铁木真让他统率者勒蔑和忽必来，那就是正式肯定了他"蒙古猛狗"的地位。

当然，众将更是暗叹铁木真用人真是任人唯贤啊。

于是，铁木真站起身来分遣众将，速不台率者勒蔑、忽必来带两万铁骑连夜前去抢占阿兰寨，其余三万铁骑为主力立刻做好出征准备，等待脱里汗前来会合。

当夜，速不台、者勒蔑、忽必来三将各备马两匹，率两万骑借着月色向阿兰寨疾驰。当马力疲乏时，他们就换乘另一匹，一直赶到第二天傍晚，奔驰了四百里路，终于抢在十二部联军之前赶到了阿兰寨。

速不台等三将马上查看了阿兰寨的山势地形，顿时欢喜非常。原来，这山寨东西走向，正好截住南北去路，而山前的界壕深两人许，宽有三牛相接，匹马不能跃过。这界壕本就是当年金人为防北方骑兵南下所挖，虽已废弃多年，但此地人迹罕至，界壕并没有毁坏，稍加整理即可堪用。这阿兰寨山虽不高大，却颇为险峻，只有三四条小路可以向上攀行；山上还有金人遗留下的一人多高的边墙和七八座寨堡，因久已无人使得边墙寨堡大致也还维持着原状。同时，阿兰寨山后还有一条溪流，水源无虑。

速不台等三将顿时额手称庆，不禁对木华黎钦佩得五体投地，更感叹木华黎为蒙古军找了个好战场——这真是天造地设的好地势。速不台等三将自信占据阿兰寨后，挡住札木合十万联军一年都没问题。

于是，速不台等三将急令众军连夜整修壕沟和边墙寨堡，又伐树为砦（寨）阻塞道路。速不台亲领一万骑占据阿兰寨，扼住了几条上山小路；者勒蔑和忽必来各领五千骑，依势于山左、山右各立一寨，以挡住札木合所有来路。一天后，一切就绪，速不台马上令报讯飞骑急报铁木真："一切就绪，没有大汗之命，札木合休想越阿兰寨一步！"战后，以阔亦田大战观之，这真是一场充满了神奇传说的大会战。

战役开始时，速不台、者勒蔑和忽必来首先率两万铁骑抢占了战场要点阿兰寨，然后整修工事，等待札木合率军来攻。

速不台抢占阿兰寨的消息迅速传到了十二部联军那里，顿时十二部联军一片混乱。要知道，十二部联军本来是准备偷袭铁木真，但速不台的行动让他们知道消息已经被泄露了。现在，铁木真已经有了准备，再要打铁木真就是强攻了，因此十二部联军才乱作一团。

原来，这十二部联军几乎全是铁木真的手下败将，曾经都被铁木真打得很惨，如脱黑脱阿的儿子忽图的篾儿乞军、不亦鲁黑的乃蛮军，他们甚至都曾被打得全军覆没，心理上自然都对铁木真有挥之不去的深深恐惧。如今，眼见计划泄露偷袭不成，十二部联军各部首领为是否改成强攻吵成了一团。

札木合虽然多谋但寡断，不管做什么事或计划时都雄心壮志，但实行时却瞻前顾后、犹豫不决。其时，联军首领札木合看着不亦鲁黑、忽图，还有斡亦剌惕部首领忽都合别乞、泰赤乌部首领塔里忽台，以及一群小部落首领吵成一团，却拿不出一个可行的主意，不禁心乱如麻、不知所措。就这样，他们在无谓的争吵中浪费了整整五天宝贵的时间。然而，这时脱里汗已经率领两万精骑赶到了铁木真大营和蒙古军会合了。脱里汗这次来得毫不犹豫，他知道若不帮铁木真而任由其被札木合打败，自己将被夹在乃蛮部和草原东部联军之间根本就没有反抗之力，下一个覆亡的绝对就是自己。

铁木真见脱里汗率克烈部全军前来相助，也非常高兴。现在，铁木真在阿兰寨有两万人马，营地里还有三万五千铁骑，于是他留下两千人马守卫大营，自己率三万三千铁骑和脱里汗的两万骑兵，没有丝毫犹豫地直接向阿兰寨进发，准备主动突击札木合率领的十二部联军。

十二部联军各部首领吵到第六天的时候，他们终于认清了一个事实，如果再不行动，他们集结的十万大军就得散伙。原来，他们从草原的东西南北奔驰几千里来到这里，路上就已经把牛羊肉干吃了大半，现在又在这里集结了十多天，虽然整天无所事事，但牛羊马肉和马奶、羊奶却得照样吃喝不误，而十万人的消耗之大是可想而知的。如今，如果偷袭不成、强攻不敢，大军一直举棋不定，势必军心士气将低下至极。

这时，札木合等联军首领也终于看到了阿兰寨的极端重要性，他们和铁木真谁抢到阿兰寨谁占主动——毕竟阿兰寨是战场上的制高点，占据阿兰寨则进可攻退可守，如此就可立于不败之地。于是，十二部联军决定先强攻阿兰寨，由不亦鲁黑率乃蛮军和斡亦剌惕部首领忽都合别乞率所部共两万人为前锋前去攻击阿兰寨，而"古儿汗"札木合和其他首领率八万主力随后跟进。

铁木真此时也尽起大军，以阿勒坛、答里台、忽察儿三名老将各率三千骑为主力前锋，其余合撒儿、别勒古台、博尔术、木华黎等诸蒙古名将各率千骑与铁木真共组中军。

脱里汗也令儿子桑昆、弟弟札合敢不、大将别乞为前锋，猛将合答黑和脱里汗自己率领克烈部中军与铁木真的蒙古军分左右两队，向阿兰寨疾进。

大战即将展开。

这天早上，不亦鲁黑和忽都合别乞率联军前锋来到阿兰寨山前，面对金人所挖的两人深、三牛宽的界壕一筹莫展，不但马匹跃不过去，而且找不到东西填壕。原来，金人将建界壕所挖之土全搬到山上建了边墙寨堡，所以十二部联军挤在壕边寸步难行。这时，只听山上一声鼓响，速不台亲自将大旗摇了三下，顿时阿兰寨山上一片杀声，躲在边墙后的蒙古军拉弓松弦箭如雨下，将挤在界壕边的十二部联军将士一片片射倒，剩下的联军将士赶紧掉转马头飞奔出蒙古军射程之外。

不亦鲁黑和忽都合别乞脸色铁青，喝令"不许后退"并抽出腰刀砍死几个跑得飞快的士兵，然后下令用人马的尸体填壕。

于是，十二部联军先锋军举着盾牌遮挡箭雨摸到壕边，将死伤马匹以及将士尸首往界壕里填塞。临近中午时，十二部联军终于用人马尸体填出了四条过壕通道。这时，从北方涌过来一大片铺天盖地的不断翻滚着的乌云，云中隐隐有闪电，还有低沉的隆隆雷声传出，空气也变得闷热压抑。

因为草原地势平坦，雷电伤人很多，所以有"蒙古人怕雷"的说法。看着黑压压的不断翻滚着的云层，正在交战的两军都不禁有些发愣。这时，札木合率领的十二部联军主力到达阔亦田战场，见状立刻命令忽都合别乞率领一万斡亦剌惕军，塔里忽台率领一万泰赤乌军，与不亦鲁黑的乃蛮军、忽图的篾儿乞军兵分四路，踩着四条用人马尸体垫起来的过壕血桥向阿兰寨上的四条山间小路仰攻而上。札木合知道，如果不攻下阿兰寨，战场局势就是一步死棋，所以命令不惜一切代价立刻拿下阿兰寨。

此时，铁木真和脱里汗也已赶到战场，开始爬上阿兰寨山顶，并立起了"九斿白纛"大军旗督战。

"大汗来了！"蒙古军顿时士气大振。

防守上山小道的蒙古军将士，更是箭如雨下地将仰攻的十二部联军射得人仰马翻，纷纷掉落山涧并很快将之铺满了。阿兰寨山势险峻，除了这几条小道无路可通，十二部联军只能冒着蒙古军的箭雨硬着头皮往前拱。

眼见这样强攻毫无取胜的可能，不亦鲁黑和忽都合别乞二人找到札木合道："古儿汗，请让我们赶快祈雨！大雨会遮蔽蒙古军箭手的眼睛，让他们无法瞄准我军，他们的箭矢射出就会无力。这样，我军就可以利用人数优势，靠近战把阿兰寨攻下来。"原来，不亦鲁黑是族中大牧首，忽都合别乞是族中的大萨满，两人都精通各种巫术——自然包括祈雨这种必备技能。

病急乱投医的札木合喜出望外，立刻就同意了。

于是，不亦鲁黑和忽都合别乞取出携带的狼粪点燃，一道黑烟立即直冲上云霄和乌云相连。古时作战，大军皆备狼粪，狼粪举烟可为大军联络信号，甚至连汉人在长城烽火台用的都是狼粪，故称烽火报警为"狼烟四起"。然后，他们又取出一盆透明的净水，将一些名叫札达的小石子浸泡在水中，然后轻声念诵神秘的咒语。札达石是在母骆驼和公山羊腹腔里长成的结石，有圆形的，也有扁形的，而颜色有黄绿色的，也有淡白色的。骆驼和羊的腹腔里只要长了这种石头就会变得消瘦，但当时据说这种石子用于祈雨效果会尤其灵验。

铁木真看到十二部联军中一道黑烟直冲天际，连忙询问随军前来的蒙古大萨满豁儿赤和通天巫阔阔出："札木合这是在干什么？"

豁儿赤和阔阔出立刻同时回答："他们在祈雨。"

铁木真笑笑："如果下雨，山路会更难爬。我们也来祈雨，祈求长生天保佑。你们两个会祈雨吗？"

豁儿赤和阔阔出两人异口同声："当然会，做萨满的哪能不会祈雨！"

于是，阿兰寨山顶上，蒙古军阵中也冒出一股粗大的黑烟直升天际。

忽然，战场上空黑云间咔嚓一声巨大的霹雳，轰得两军将士听不清楚任何声音，然后是一道炫目的白色电光刺得两军将士睁不开眼。接着，暴雨瓢泼而下，瞬间就将两军将士浇得透湿。

札木合见求雨成功，更是狂喜大喊："杀！往上冲！往上冲！"十二部联军四路将士军心大振，一起往山上攀登。

蒙古军依托边墙放箭阻击，但大雨如注，击打得箭手无法睁眼瞄准，只好抽出腰刀准备肉搏。就在这关键时刻，倾盆大雨将阿兰寨山上的泥土和岩石冲松动了，瞬间水流成溪径直往下奔泻，几条山道顿时一片泥泞。此时，正在登山的十二部联军人仰马翻，滑倒了一大群，许多的人马甚至摔入山涧摔死摔伤一大片。正当在这最关键的时刻，又是一声惊天巨雷，从南面向北吹来一丝清风，瞬间风势越来越大，一会儿就变成了狂风源源不绝，直接将暴雨迎面击打在十二部联军的脸上。

山上的铁木真的蒙古军和脱里汗的克烈军顿时狂欢起来，迅速背雨而立，然后弯弓搭箭将一轮轮箭雨射向正在仰攻的十二部联军。其时，只听见联军将士发出的无数惨叫，原来大雨击在他们脸面上连眼睛都无法睁开，哪里看得到射过来的弓箭。就这样，无数的联军将士或被射中脸颊，或被射中身躯，甚至座下战马也纷纷中箭发出阵阵悲鸣，直接倒在泥泞之中……

十二部联军相顾失色。与此同时，有传言说，这场大雨原本是十二部联军求来，却反打联军，想必是上帝和长生天都厌弃了他们。于是，在传言之下，十二部联军军心大沮、士气尽丧，四万前锋再也顾不上攻山，直接拨转马头往回跑，而不亦鲁黑、忽图等四大前锋根本阻拦不住，只好跟着后撤。

立在山头的铁木真见十二部联军阵脚混乱，知道战机已到，立刻命令击鼓并摇动"九斿白纛"大军旗，喝令："全军出击，发动总攻。"

脱里汗也高声传令："克烈部将士，出击！"

阿兰寨山头和山边两侧顿时发出惊天动地的喊杀声，七万多蒙古、克烈部联军将士驱动坐骑，挥舞着兵刃，高喊着杀进十二部联军后退的阵营中。

顿时，十二部联军前锋被杀得惨不忍睹。

在蒙古、克烈部联军的逼迫下，侥幸活命的十二部联军前锋更加疯狂地往后逃，很快就被追赶到阔亦田草原——这里是札木合中军所在。

札木合见状，策马找到泰赤乌首领胖子塔里忽台，他们两个是铁木真最坚决的死敌。

塔里忽台见到札木合前来，高声道："他们再退就要冲溃中军，我们就全完了！"

札木合喊道："大首领，为今之计只能你我各带一万人冲上去与铁木真死战到底，方有一线生机！"

塔里忽台二话不说，传令道："泰赤乌勇士，跟我上！"然后挥动军旗，带着本部人马冲上战场。

札木合也回身带着札达兰本部人马冲了上去。

札木合和塔里忽台率军迎着溃退的前锋冲上去，并对十二部联军的先锋大将们吼道："你们还想往哪里逃，再退我们统统都要死在这里了！"先锋大将面有愧色。

札木合怒喝："还不拼死向前，与铁木真决一死战！"

十二部联军先锋大将们再鼓勇气，喝住正在溃退的前锋，反身对着追击而来的蒙古、克烈部联军冲了上去。

札木合和塔里忽台也催军前冲，与蒙古、克烈部联军展开血战。就这样，阔亦田立刻变成了修罗场。

在瓢泼大雨中，铁木真的蒙古军和脱里汗的克烈军，与札木合率领的十二部联军展开了一场硬碰硬的血战：到处都是血腥的味道，喷涌的鲜血染红了泥水，而马蹄下的尸体被一遍遍踩来踩去……

两军你杀过来、我杀过去，或上千人列队群殴，或数百人打成一团，或三五人拼死肉搏。

蒙古军的猛将亲贵们如合撒儿、别勒古台、合赤温、铁木格、孛秃、沉白、按陈、赤老温、博尔术、木华黎、博尔忽、速不台、畏答儿等都身先士卒、奋勇向前，而这些猛将无一不是以一当百。在他们带动下，蒙古、克烈部联军将士舍命狂冲，一队队向十二部联军连续突击，终于将十二部联军的阵势击垮。就在这时，从阿尔泰山赶了四五千里路前来参战的不亦鲁黑率先崩溃了，眼见蒙古、克烈部联军的舍命狂攻再也无法抵挡，知道只要再打下去所剩无几的乃蛮军将全军覆没，而自己可能再也无法返回乃蛮部且非得死在这里不可。于是，不亦鲁黑也不跟谁打招呼，直接率乃蛮部残军退出战场向阿尔泰山奔逃而去。

乃蛮部的不亦鲁黑一逃，札木合联盟立刻崩溃了。所谓"兵败如山倒"，剩下的各部都知大势已去保命要紧，纷纷退出战场逃往各自的部落：忽图率篾儿乞部残军退往薛凉格河上游，胖子塔里忽台率泰赤乌败军往斡难河下游奔去，忽都合别乞率斡亦剌惕人逃进了贝加尔湖附近的森林……

不过，"古儿汗"札木合在奔逃时又干了一件愚蠢的事，他在逃往额尔古涅河下游的营地时看到弘吉剌部等小部落所带财物甚多，竟见财起意命令所部洗劫了这些小盟友的财物——这真是让人不可思议，简直是不可理喻的愚蠢。从此，草原上不再有任何部落承认札木合这个"古儿汗"，而札木合也永远地失去了称汗必需的威望和东山再起重整旗鼓的机会。

就这样，阔亦田大战在风雨中以铁木真和脱里汗的蒙古、克烈部联军的大胜落下了帷幕。

第十四章　复仇泰赤乌

　　暴雨终于停了，铁木真和脱里汗同样浑身湿透，两人骑马巡视了阔亦田战场。

　　战场上，遍地的尸体横七竖八地胡乱倒在那里，还有一些缺胳膊少腿的伤兵在呻吟……到处是断刀残剑和斜插在地面上的箭矢以及散落的旗帜，鲜血把整个阔亦田战场的泥水染得片片殷红，一队队战俘正在列队，而他们已经成了奴隶。

　　过了一会儿，木华黎驱马前来报告："阔亦田大战杀敌两万人，俘敌四万人，还有几万人向四面八方逃跑了，探马侦骑正循迹四处追踪。己方联军阵亡五千人，伤五千人。"

　　铁木真和脱里汗互相商量了一下，决定蒙古军分得四万战俘中的一万五千人，而克烈部由于前段时间被乃蛮部打得很惨并大伤了元气，分得二万五千名战俘。

　　当时，草原上，赢了当贵族，输了做奴隶，这是战争的规则之一。大家都自觉遵守规矩，不会反抗，而下次跟新主人出战的时候还有机会翻盘。于是，铁木真派两千骑带着伤兵和一万五千战俘赶回大营，而其他的事情母亲诃额仑夫人、妻子孛儿帖和老将蒙力克自会安排。

　　欣喜若狂的脱里汗也照此办理，派三千骑押运二万五千名战俘回黑林大营。

　　接着，铁木真、脱里汗两人商量着下一步的行动计划。铁木真说："札木合的十二部联盟虽然被我们打垮，但还是逃走了不少。如果我们给他们喘息余地，他们缓过气来肯定还会重新集结，一有机会就会卷土重来。所以，我们必须彻底消灭他们，不给他们任何重新崛起的机会。"脱里汗连连称是。

于是，铁木真又说道："父汗，你去追击札木合，我去打胖子塔里忽台的泰赤乌部。"

原来，胖子塔里忽台和泰赤乌部是铁木真的死仇，所以铁木真对其恨之入骨。如今，算总账的机会来了，铁木真便毫不犹豫地要去报仇。不过，铁木真要打札木合却会很尴尬，虽然札木合的确是他的第一大敌，但是札木合对他也有大恩，况且他还曾拐走札木合的大批人马，所以铁木真觉得很难面对这位安答，最好让脱里汗去追击他。

脱里汗自是高兴，谁都知道这是"痛打落水狗"的机会，而且肯定可以抢到大量的俘虏、牲畜和财物。

于是，两军便在阔亦田分手，脱里汗朝着东北方的额尔古涅河下游去追歼札木合，而铁木真朝着西北方斡难河下游去追歼胖子塔里忽台。

铁木真沿着胖子塔里忽台所率泰赤乌军留下的踪迹衔尾直追，沿路遇到不少正在逃跑的溃军，便知道路线不错。这时，蒙古大军已进山区，铁木真策骑在前正转过一个山嘴，忽见一名泰赤乌将领手握弓箭立在山路之上挡住去路，还未等铁木真反应过来就扬手一箭，只见那一箭快若流星般直插铁木真胸前。铁木真大惊之下猛提座下黄口白马缰绳，这匹黄口白马顿时前蹄腾空人立而起，替铁木真挡下了这一箭，而那一箭直透白马胸骨射进心脏，白马连"哼"一声都没来得及就直接倒在地上死去了，并将铁木真掼在地上。

众将大惊，连忙下马将铁木真扶起身来。再看那将领仍是单骑立马于军前，手持弯弓，丝毫无退意，只见阳光射在他甲胄之上更是金光闪闪、烁彩流转，仿佛天神一般。见此，众人心中不禁暗叫一声："好威风！好杀气！"

铁木真更是十分欢喜，有心再探探底细，大叫道："前面壮士，我遣一将与你比试箭术，你赢了我让你走，而你输了就到我铁木真这里来。如何？"

那人哈哈一笑："铁木真，你尽管派人放马过来！"

在草原上，这叫单骑搦战，守规矩的部落只能单骑应战，谁都不敢坏规矩。

铁木真还未言语，身边"嘚嘚"的马蹄声响起，一将直冲了过去……众将定睛看时，原来是博尔术策骑上前应战。

战马跑出十来步，忽然人立而起，只见博尔术弯弓搭箭、轻舒猿臂，弓弦响处一支三棱透甲锥，对着那泰赤乌将领闪射而去，却见那人毫不慌张地用长弓轻敲在这支箭上，那飞箭来势马上一缓。然后，那人伸右臂一把抓住了这支三棱透甲锥，然后搭在弓上直接对着博尔术回射过去，真是电光火石一般。蒙古众将一起惊叫，博尔术拼命一带马头，那本来射向博尔术胸腔的一箭射进了战马的右眼且直贯入脑，而那战马也未及"哼"一声便倒地死去。

蒙古群英顿时大怒，一起摘弓便欲乱箭射死这嚣张之人。铁木真举起右手："大家且慢！"然后策马上前。

那泰赤乌人紧抓弓箭，警惕地看着铁木真。铁木真说道："我说话算数，这就放你走。你能把名字告诉我吗？"

那人毫不犹豫地说："我叫只儿豁阿歹。"然后打马回身便走，铁木真望着这猛将的背影嗟叹不止。

这时，木华黎上前道："大汗，我知道这只儿豁阿歹，他是泰赤乌部最有名的一个奴隶。他平时做奴隶，上阵为勇士，骁勇善战，冲阵无敌，每战必舍命向前。他还是泰赤乌部公认的第一神箭手，箭不虚发，开弓御敌必应弦而倒，很多人甚至说他是草原第一神射手。"

铁木真深深点头："我也听说过，我记住这个只儿豁阿歹了。"

铁木真带着五万人马继续一路追击胖子塔里忽台而去。半月之后，铁木真便来到了斡难河下游泰赤乌部的驻牧之地，这时已近初冬。

泰赤乌部是由八九个小氏族联合而成。这时，泰赤乌部普通百姓已经一片慌乱，都在传说铁木真将要血洗泰赤乌部以报少年戴枷之仇，他们都开始收拾行李准备逃难。

这时，胖子塔里忽台对另一位首领阿兀出道："我们不能再退，再退就只能退到泰加大森林和林中百姓做伴当（朋友）了。况且严冬将至，越往北越冷，再退的话不用铁木真打我们，我们自己都会冻饿而死。"

阿兀出连连点头："我们泰赤乌部也是蒙古子孙，未必就比乞颜部差，未必就一定打不过铁木真。"

塔里忽台一击掌："你说得太好了！我们举全部之力可得一万兵力，然后带着百姓西渡斡难河，到西岸的险峻山地上安营扎寨、伐木为砦（寨）、砍荆塞路，坐等铁木真来攻。铁木真劳师袭远必不能持久，强攻不下最后也只能撤退，那时我们再衔尾直追，说不定还能狠狠咬他一口。"

于是，塔里忽台和阿兀出召集泰赤乌众将，然后将计划和盘道出，而众将皆以为善。这时，忽然站出一将高声道："铁木真打仗喜欢亲临前线，恳请众位首领拨给我两百名弓箭手让我择要地埋伏，然后乘其不备用弓箭偷袭。我们只要一举射死铁木真，乞颜部大军群龙无首必作鸟兽散，然后我军乘势击之，必大获全胜！"

众人一看，原来是族中第一神箭手只儿豁阿歹，都觉得他所说甚是。于是，塔里忽台立刻拨了两百名弓箭手给只儿豁阿歹，让他自去择地埋伏。

铁木真追到斡难河下游泰赤乌大营时，只见遍地狼藉，而百姓、牛羊牲畜、毡房、勒勒车一件也不见。于是，铁木真立刻派出探马侦骑，前往东、西、北各个方向搜索。很快，派往西面的探马回来了，报告说泰赤乌人正在斡难河西面的山岗上结寨据守。铁木真立刻命令全军西渡斡难河。

此时已是初冬，斡难河水正值水枯季节，夏秋时节的大河只剩一条小溪流那么宽，所以蒙古军不费吹灰之力就渡过了这条蒙古著名的大河。

过河之后，探马侦骑在前领路，蒙古军大队人马很快到达西面群山脚下，只见山头泰赤乌部已然旌旗林立，山腰处立木为寨，寨外树枝纵横交错，形状如鹿角一样——这就是专门别马腿以阻挡骑兵的鹿砦（寨）。

蒙古军在山脚列阵完毕后，铁木真和众将在阵前巡视山上泰赤乌人的阵地，都觉山势陡峭，泰赤乌人防守严密，很难进攻。

这时，铁木真的叔叔答里台主动请缨，要求试攻一次。铁木真正想试探一下泰赤乌人的底细，于是欣然同意。

答里台带了五千先锋军，呐喊着扑向泰赤乌人的山寨。泰赤乌人顿时箭如雨下，将五千蒙古先锋军射倒一片。不过，蒙古先锋军悍不畏死，一直冲到鹿砦（寨）前，然后下马一边举盾挡箭一边搬开鹿砦（寨），开辟了进攻的通路。

铁木真和众将骑在马上紧张地观战，不觉跟着先锋军前移。其时，铁木真的一举一动早已被树林中的一双鹰眼盯得死死的，这人就是只儿豁阿歹。

原来，只儿豁阿歹带着两百名弓箭手埋伏在一片树林里，就等着铁木真上钩。只儿豁阿歹已经见过铁木真一次，他在铁木真观战时一眼就认出来了，然后就等着铁木真进入弓箭的射程。

待铁木真走近后，只儿豁阿歹立刻命令两百名弓箭手放箭，只见这两百名弓箭手射出的箭矢在离铁木真还有二三十丈时就纷纷力竭落地，因此铁木真与众将浑不在意。就在这时，只儿豁阿歹将两张长弓并在一起，搭上一只特制的长箭，"嗨"的一声同时拉开两张三石硬弓，然后对准铁木真"嗖"地就是一箭。

众将看到一阵阵乱箭中突然冲出一支寒光闪闪的利矢，闪电般直冲铁木真而去，顿时人人惊得脸色煞白。

铁木真眼见这利矢直取自己咽喉，本能地拼命一扭脖颈，只见那支箭顿时划开他的颈边大动脉而血溅三尺。然后，铁木真眼前一黑，栽下马来。

见铁木真坠马，众将立刻围了上去。定睛看时，铁木真已昏迷不醒，颈上伤口血流如注。者勒蔑从身上衣服撕下一片布死死包住伤口，然后扛起铁木真就往后面的军帐里跑。博尔术立刻命令木华黎掌控战场，各大将严密掌控各部并严令不得泄露铁木真受伤的消息。

木华黎命令答里台收拢前锋攻击部队回归本阵，共同结阵围困泰赤乌人。

这时已是黄昏。

者勒蔑将铁木真放在军帐的地面上，解开那块捆扎伤口的包布，却看到血虽不再流，但伤口的瘀血正不断地壅积。者勒蔑知道，若不及时吸出这些瘀血，铁木真很快就会窒息而死。于是，者勒蔑不断地用嘴在铁木真脖子上吸出瘀血并吐掉，又不断用丝布冷敷铁木真滚烫的额头……一直到半夜，铁木真终于在昏睡中说了一句话："口渴啊，太渴了！血干了，给我喝口水。"

一个侍卫端了一碗凉水过来，者勒蔑一脚把他踢倒在地："蠢货，流了这么多血，烧成这个样子，怎么能喝凉水？去弄点酸马奶来。"

侍卫们在林中到处寻找，但一滴酸马奶也没找到。者勒蔑急得团团乱转，他知道铁木真身负重伤大量失血，所以才觉得口渴。这时，只要给铁木真一些酸马奶喝，就既能解渴又能补充养分，还不会在五脏六腑中留下暗伤。

者勒蔑想了想，命令侍卫们看好铁木真，千万不能给他喝冷水，并让他们烧点热水等他回来。然后，者勒蔑将身上的衣服脱得只剩一条短裤，便出帐向泰赤乌人的营地摸过去。

者勒蔑像狐狸一样溜进了泰赤乌人的营地。经过一天的战斗，泰赤乌人已经筋疲力尽，都沉沉地进了梦乡。偶尔有泰赤乌人看见者勒蔑，见他只身着短裤便以为他是出来小解的同族人，也就不以为异。者勒蔑在泰赤乌人营地转来转去也没找到酸马奶，就在他焦急万分的时候，突然看到一部大车上有一个木桶，便摸过去揭开了桶盖，顿时一股清香扑面而来，原来是一桶干乳酪。

者勒蔑真是大喜过望，扛起这桶干乳酪又摸回了蒙古军的营地。回到营地时，侍卫已经烧好了热水，者勒蔑用热水调好了干乳酪，一点点喂入铁木真口中。铁木真脖颈重伤，吞咽之际疼痛难忍，只能停停歇歇，分三次才喝完了这碗奶酪。铁木真这才喘了喘气，说道："我的眼睛终于能看见东西了。"

然后，者勒蔑又喂铁木真吃了一碗。铁木真这才有点精神，又道："我眼已明，我心已定，不碍事了。"

铁木真慢慢坐起身，看到身边地上到处是一摊摊的绛紫色瘀血，问者勒蔑道："这是什么？这些血怎么离我这么近？"

者勒蔑说："这是我给大汗吸出来的瘀血，因为不能离开大汗，所以不能吐远，只能吐在面前。"

铁木真看着者勒蔑，惊道："你怎么不穿衣服？"

于是，者勒蔑把自己潜进泰赤乌营地偷干乳酪的事情告诉了铁木真。

铁木真立刻问道："我既然好了些，你为什么还要冒险去泰赤乌人的营地呢？如果被抓住，你怎么办呢？"

者勒蔑知道铁木真非常警惕，便毫不犹豫地说："我之所以光着身子，就是防备被他们抓住。他们要是抓住了我，我就说我是来投靠他们的奴隶，结果被抓住要脱光衣服杀头，然后我寻机逃出来的。这样，他们必定相信，会给我衣服马匹，然后我再找个机会溜回来。我之所以这样做，是因为大汗实在伤得太重，口又渴得厉害。我不敢喂你凉水，所以才潜进泰赤乌人的营地为你偷乳酪。”

铁木真久久无语，忽然滴下眼泪来，这是者勒蔑相伴铁木真二十多年第一次见到铁木真流泪。

铁木真良久后说道：“三次了，你救我命三次了。当年仇敌把我逼进不儿罕山，你舍命救过我一次；黄昏，你替我吸出瘀血，又救我一次；半夜，你舍命潜进泰赤乌人营地为我偷取乳酪让我解渴清醒，又救了我一次。我永远也不会忘记你的三次救命之恩。”这就是蒙古历史上著名的铁木真“三恩”故事。

者勒蔑也不多言，说：“大汗好了就好。”

铁木真点点头：“你去把博尔术、木华黎和众将都叫过来。”

众将来时见到铁木真颈缠丝布裹伤，脸上一片焦黄，却仍站得笔直，都不禁对其佩服得五体投地。

铁木真见众将到齐也不多言，直接说道：“我们不能强攻，这里地势险要，强攻伤亡太大，只能迂回攻击。博尔术率一万五千骑绕到山的西面，木华黎率一万五千骑绕到山的东面，我带两万骑在正面，然后同时夹击会攻泰赤乌人，可操必胜之券。”

众将点头。

铁木真接着说道：“博尔术和木华黎现在就开始迂回，到中午时就能够就位，到时候我这边生起三堆狼烟，等见到狼烟起时就三面同时进攻！”

众将听令而去。

果然，正午之时，铁木真列队布阵完毕，便命令生起狼烟。士卒架起三座柴堆点着火后并加入狼粪，顿时三道黑粗的狼烟直升。然后，只听见泰赤乌人营地左右两侧瞬间响起惊天动地的喊杀声、马蹄声，铁木真知道是博尔术和木华黎迂回泰赤乌人侧面成功，便发起了攻击。

眼见泰赤乌人营地里的旗帜开始混乱，铁木真立刻命令击鼓吹号全线总攻，于是两万蒙古铁骑立刻从正面攻了上去。泰赤乌人再也经受不住铁木真的三面夹击，终于彻底崩溃。

战场上，到处是拖儿带女奔跑的泰赤乌百姓，四处都是喊爹叫娘的号哭声，惨不忍睹。

铁木真知道，泰赤乌部和乞颜部一样都是蒙古正宗之后，百姓无罪，于是下令"不得伤害无辜百姓，先安置收留"。

这时，赤老温前来报告逮住了泰赤乌部二首领阿兀出一家老小及其亲信数百人，以及那两个恶毒的老妇人——当年出主意强夺乞颜部的斡儿伯和莎合台——在乱军中被万马踏死了。

铁木真毫不犹豫地说："全家斩首，不留一人。死后烈火焚之，灰飞烟灭，永绝后患。"

然后，铁木真又令将所有泰赤乌贵族全部贬为百姓，只留维持生计的马牛羊等牲畜和财产，其余财货全部充作军用。特别是当年刺死想保护铁木真家的察剌合老人的脱朵，铁木真亲自将他送给察剌合老人之子蒙力克，而老将蒙力克亲率脱栾、阔阔出等七子将其剁成了肉酱。

这样，铁木真直接以武力消灭了泰赤乌部的贵族，然后又传令"既往不咎，绝不株连"，使得自认绝无幸免可能的泰赤乌百姓不禁欢天喜地。这样，铁木真直接将泰赤乌部百姓收作自己的百姓合并进了乞颜部，极大地扩充了自己直属的乞颜部的力量。

就这样，铁木真家族的死敌泰赤乌部覆亡了。不过，泰赤乌部首领胖子塔里忽台逃掉了。

为了永绝后患，铁木真便命令大军在泰赤乌部的营地住下，一为过冬，二为搜寻塔里忽台。

其实，比起塔里忽台来，铁木真更想找到另一个人，那就是泰赤乌部的勇将奴隶只儿豁阿歹。但是，铁木真问遍泰赤乌人，都说最后那天只看到只儿豁阿歹破围而出掩护塔里忽台逃走，然后自己冲进了山林。对此，铁木真嗟叹不已。

转眼已是隆冬，这日外面寒风刺骨、大雪纷飞，铁木真和众将在大军帐中吃着烤全羊、喝着马奶酒，欢声笑语。这时，一名箭筒士进来报告："大汗，有个泰赤乌人一定要见您。"

铁木真放下羊肉："他见我什么事？"

那箭筒士说："那人报名说叫只儿豁阿歹。"

铁木真顿时大笑，原来一场大雪把只儿豁阿歹从山上逼下来了。

铁木真拍拍手："大家列队，给这小子点颜色瞧瞧。"

众将站成两列，一个个都凶神恶煞地盯着进帐的只儿豁阿歹，只见他身材高大、头发蓬乱、胡子拉碴，身上破衣烂衫，只穿着一条单裤，但背着一张众人从未见过的草原上最大的长弓——比普通的弓要长两尺。

只儿豁阿歹从寒冷的雪地走进温暖的帐篷，禁不住浑身哆嗦。铁木真恶狠狠地问只儿豁阿歹道："你发什么抖啊？"

只儿豁阿歹毫不畏惧，高声答道："我是冻得发抖，可不是害怕！"

铁木真哼了一声，又问道："你到我这儿来干什么啊？"

只儿豁阿歹大声说："大雪纷飞，山上实在找不到吃的了，而且我穿得又少，再不下山就要冻死在山上了。所以，我只好前来投降。"

铁木真哈哈大笑："别人投降都是仰慕圣德、祈求归顺，只有你是饿得投降。"

只儿豁阿歹大声说："那是当然，'好马不配两鞍，忠臣不事二主'。我的旧主子没了，我做不成忠臣了，但我又不愿带着一身的好本事冻饿而死，所以才来投降的。"

铁木真敛住笑容，摸了摸还缠在脖子伤口上的绸布，恶狠狠地问道："我这脖子上的一箭是谁射的？"

只儿豁阿歹一挺身子，说："就是我射的！"

铁木真冷冷地看着只儿豁阿歹，说："那你还来送死，你就不怕我杀了你？"

只儿豁阿歹朗声答道："大汗若杀我，我的血也只不过污了巴掌大一块地方；大汗若不杀我，我定为大汗披坚执锐、驰骋疆场，我将永为大汗前驱，横断深水、冲碎坚石！"

铁木真心知得了一员赤诚忠勇的猛将，不禁心中大喜。然后，铁木真从炉火上抄起一只烤得冒油的羊腿递给只儿豁阿歹，说："吃肉！"

只儿豁阿歹也不客气，接过烤羊腿三两口吃尽了。

铁木真又递过一桶马奶酒。只儿豁阿歹将酒桶举在嘴边"咕嘟咕嘟"一口气饮尽了，然后放下酒桶右手抚胸，向铁木真作了一个长揖："多谢大汗！"

铁木真只觉畅快之至，笑道："以后不要再叫只儿豁阿歹这个奴隶名字了，我给你起个名字叫者别吧。你先在我的侍卫队里做个十夫长，做我蒙古军最锋锐的一支利箭！"[①]

只儿豁阿歹不禁大喜，连忙说道："多谢大汗赐名。"

从此，蒙古军又多了一员赫赫有名的猛将，即使在名将如云的蒙古军中者别也是出类拔萃的。后来，者别为铁木真打败了花剌子模人、波斯人、格鲁吉亚人、斡罗斯人，从北亚打到中亚，从中亚打到欧洲，所向无敌，名列"蒙古四狗"第三。

斡难河面上的冰块一点点融化了，牧场上有了一点点嫩嫩的青色，天气渐渐暖和了，草原的春天到了。

整个冬天，铁木真都率军驻扎在原来泰赤乌部的营地上，并忙了整整一个冬天。要知道，打赢泰赤乌部很容易，收复泰赤乌部百姓的人心就要下功夫了。铁木真自然不能轻易地把整个部落一迁了之，毕竟斡难河下游这么一大片肥美的草场就是最大的财富，把人迁走就等于把财富拱手让给了别的部落。

铁木真想了很久，最后决定让岳父锁儿罕失剌和妻子合答安以及妻弟沉白一家搬过来设立一个宫帐，也就是在孛儿帖斡儿朵后再设立一个斡儿朵，以管理泰赤乌部和这一带游牧的其他部落。锁儿罕失剌一家原就是泰赤乌部的酿酒奴隶，对泰赤乌部知根知底；合答安温柔贤惠，素孚众望；沉白与他的大哥赤老温一样勇悍沉雄，也是蒙古名将，足可守土一方。因此，铁木真

---

① 者别，蒙古语意为"利箭"。数百年后，作家金庸先生将只儿豁阿歹写进了小说《射雕英雄传》，就是书中大侠郭靖的箭术师傅。

认为让岳父锁儿罕失剌一家替自己管理泰赤乌部，实在是长生天给自己的最好选择。

斡儿朵下辖人员包括管理宫帐的卫士和奴仆，称为媵者，负责协助合答安管理泰赤乌等属地诸部。除了这些日常办事的人，媵者中还包括属民，以及土地财产和继承而来的人员，这就是斡儿朵和媵者制度。这个斡儿朵和媵者制度，是蒙古时代的统治核心，以极少的人员、极高的效率协助铁木真统治整个蒙古高原六百万平方公里的土地。

后来，铁木真一共设立了五大斡儿朵，由数十个皇后、几百个妃嫔负责管理。但是，只有孛儿帖大皇后的大斡儿朵被称为"黄金斡儿朵"，而"黄金斡儿朵"也是蒙古大汗的汗庭所在。

于是，铁木真便让自己的妻弟赤老温和沉白两兄弟带兵五百人前往桑沽儿河畔大营，搬取岳父锁儿罕失剌一家和妻子合答安的物品。

合答安和孛儿帖感情极好，闻说姐妹就要分手不禁抱头痛哭一场，又去拜别了婆婆诃额仑夫人，然后一家人才跟着赤老温和沉白上路前往斡难河畔的泰赤乌部营地。

铁木真正等待岳父锁儿罕失剌一家前来，忽报又有三个泰赤乌人前来归顺，还带来了泰赤乌部原大首领胖子塔里忽台的消息。

铁木真传令三人来相见，原来这三人是父子——父亲叫失儿古，二子一名阿黑、一名纳牙阿。

铁木真见这纳牙阿生得双目有神、面容刚毅、虎背熊腰，便有三分欢喜，索性让纳牙阿讲讲来历。

纳牙阿便不慌不忙，娓娓道来。

原来，失儿古一家本是塔里忽台的百姓，但是塔里忽台多次酒后无故当众鞭挞失儿古。于是，失儿古一家只好逃到北边森林里求生，而全家也恨透了塔里忽台。

一天，纳牙阿打猎时忽然发现塔里忽台只带了儿子和那可儿十来人逃到了森林，于是父子三人趁塔里忽台一行不备，突然出手擒住了胖子塔里忽台。但是，塔里忽台实在太胖，不能骑马，于是父子三人只好找来一辆勒勒车把他装在车上往山外拖。就在这时，塔里忽台的儿子和那可儿找来了。说时迟那时快，纳牙阿抽出钢刀压住塔里忽台脖颈，怒喝："你们上前一步，我就砍下塔里忽台的脑袋！"

塔里忽台吓得浑身哆嗦，一边哀求纳牙阿饶命，一边要自己的儿子和那可儿回去："他的刀子剁下来我就是一具尸首，你们要一具尸首何用？你们快回去。就算落到铁木真的手里，我还可以多活几天；你们现在上来，我马上就要死！"

于是，塔里忽台的儿子和那可儿只好退去。

纳牙阿父子三人押着塔里忽台向山外奔去。就在要出山时，纳牙阿突然让父亲失儿古停下来，说："额赤格，草原上到处传说铁木真是个重情重义的真英雄，我们若把塔里忽台交给他，他必然认为我们是卖主求荣的无耻小人，甚至可能会杀了我们，不如我们放了塔里忽台再去见他。这样，他必然认为我们有情有义，不愿伤害旧主，一定会接纳我们。"

父亲失儿古和大哥阿黑都觉得纳牙阿说得对，于是他们在狠狠揍了塔里忽台一顿后，又在他肥硕的屁股上狠狠踢了几脚，然后让他走了。

纳牙阿把这些事都告诉了铁木真。铁木真静静地听完，然后看着纳牙阿说："你做得很对。你们要是押着塔里忽台前来领功，我一定把你们全杀了，而且会当着塔里忽台的面先杀你们后杀他。你们若能出卖旧主人，当然也能出卖我这个新主人，如此不忠不义之人，我留之何用。"

纳牙阿父子三人不禁汗流遍身，若不是放了塔里忽台，差一点就是灭门之祸了。

原来，铁木真崛起草原后最看重的就是忠诚，因为他打破了草原旧的秩序和等级，建立了新的尊卑级别，而最大的依靠就是部下的忠诚，所以他处处鼓励忠诚、打击不义。纳牙阿的忠诚缜密、果敢勇武让铁木真深为欣赏，他将纳牙阿留在身边和者别一样做了近身侍卫。当纳牙阿通过忠诚考验后，铁木真封他做了中军万户长，有什么微妙机密之事都交给他做。当时，铁木真总共封了博尔术、木华黎、豁儿赤和纳牙阿四个万户长，可见铁木真对纳牙阿的信任之深。后来，纳牙阿活到一百二十岁才去世。

当然，铁木真虽然重忠诚，但并不迂腐。铁木真得知塔里忽台的线索后，他立即按纳牙阿所说的方位派出人马搜索，很快就抓到了塔里忽台。当博尔术押着塔里忽台入营向铁木真报告时，铁木真正和已经赶到营地的合答安聊天，他听到博尔术报告抓到塔里忽台的消息后头都没回一下，只说了五个字——"砍掉喂天狗"，然后又跟合答安谈笑风生去了。

杀掉塔里忽台后，铁木真就解决了改造泰赤乌部百姓的最大隐患。这年夏秋两季，铁木真都在帮助岳父锁儿罕失剌一家和妻子合答安如何接掌管理泰赤乌部百姓，毕竟泰赤乌部是蒙古诸部中人数和实力仅次于乞颜部的强部，所以铁木真花了大量心血和气力重塑了泰赤乌部。不过，铁木真的心血也没有白费，后来他与脱里汗决战时沉白从新泰赤乌部拉出了近两万人马，为决胜克烈部起了关键性的作用。

此时，脱里汗也派使者前来通知铁木真，他率部穷追札木合部在额尔古涅河下游与札木合交战，最后札木合不敌率札达兰全部投降，而他已经接受其投降并收留了札木合。

铁木真闻讯久久没有说话，草原上谁都知道札木合是他的死敌，而脱里汗作为盟友应该把札木合送交他处置才对。

铁木真不知道的是，为了是否接纳札木合投降，克烈部内部有过一番大争吵。脱里汗贪图札木合人马众多，想收为己用以扩张自己的实力，但他的弟弟札合敢不、猛将合答黑都劝他把札木合交给铁木真处理，他们认为铁木真是克烈部经过考验的真正的盟友，而札木合只是一个反复无常的小人，为了这样一个小人得罪铁木真是因小失大、极为不当。脱里汗本来也觉得他们说得有理，但没想到他的儿子桑昆直接反对札合敢不等人的意见，其中一个原因在于桑昆不仅昏聩无能、骄奢淫逸而且极为嫉恨铁木真。桑昆说："札木合也是草原上成名的人物，如果我们收留札木合，草原上必说我们胸襟宽阔、能容人物，这样投奔我们的人就会更多，我们就会更加壮大；如果我们把札木合交给铁木真，以后谁还敢跟我们来往。况且现在铁木真势大，如果我们把札木合交给他，会让他的实力更加膨胀，那我们以后就只能听他的了。"

脱里汗只有桑昆这一个亲生儿子，他在细想之后还是觉得应该听桑昆的，于是不听族中智勇之士的苦劝而收留了札木合。

果然，铁木真听到脱里汗收留札木合的消息后，虽然表面没说什么，但心里也开始感到这位义父做事欠妥。

深秋时节到了，铁木真帮岳父锁儿罕失剌一家理顺了泰赤乌部的内部事务，给沉白留下了五千精骑镇守，便率大军返回千里之外的不儿罕山脚下的大营。临行前，铁木真和合答安自然是万分不舍。后来，合答安这个泰赤乌行宫，成为铁木真的第三斡儿朵。

第二天早上，铁木真跨上战马告别了岳父锁儿罕失剌、满面泪水的合答安和依依不舍的沉白，带着大军和泰赤乌部剩下的旧贵族踏上了归途。

第十五章　覆灭塔塔儿

等回到不儿罕山脚下三河源头的大营，阔别一年多的将士们和欢天喜地的亲人们团聚了。铁木真满意地看到，孛儿帖在母亲诃额仑夫人和老将蒙力克的辅佐下，把大营管理得井井有条、人畜兴旺，大古列延里到处都是梳着三搭头的小孩子在奔来跑去，长得肥肥壮壮的马牛羊不停地叫着。营地里到处人欢马腾的景象，留守的兵士也军容严整、时刻警惕，牧人在打理畜群、劈柴生火，妇女在提炉煮饭、照料小孩，匠人在叮叮当当地造兵器、钉马掌，兽医在看护各类牲畜，看不到一个闲着的人，好一派红红火火的景象。

看到风姿绰约的孛儿帖带着几个女儿站在毡房门口，铁木真跳下马来大步过去将孛儿帖抱入怀中，紧紧相拥。过了好一会儿后，铁木真松开了孛儿帖，又去抱四个女儿，而孛儿帖则一个个抱着四个随父出征的儿子和三女儿阿剌海别吉。阿剌海别吉抱住母亲孛儿帖后一下就哇地哭出了声，惹得孛儿帖也不禁掉下了眼泪。这是蒙古"黄金家族"的使命与责任，他们做了铁木真的儿女，就必须接受永远都在征途上的命运。

这个冬天，是蒙古将士过得最愉快的一个冬天。在多年的征战后，铁木真已经率部荡平了草原上数百个大小部落，现在蒙古草原的东部几乎被铁木真统一，稍大一点的敌对势力只有塔塔儿残部和还未归顺的弘吉剌部。这时，蒙古草原的中部是盟友脱里汗克烈部的地盘，草原的西部被乃蛮部盘踞，但是近年来蒙古军两次大败乃蛮部以致其损兵折将难为大患。所以，蒙古军将士都觉得再无强敌、大局已定、霸业将成，于是大家可以安心地歇冬了。

这一天，大帐外大雪纷飞，帐内暖意融融，铁木真请来了母亲诃额仑夫人和妻子孛儿帖、老将蒙力克、叔叔答里台、堂兄忽察儿，以及亲王阿勒坛、合撒儿和几位弟弟，还有妻弟按陈（孛儿帖的弟弟）、妹夫孛秃、"四骏"、"四狗"、"四养子"、术赤台和畏答儿等人。这是蒙古"黄金家族"和蒙古军队的核心。

此时，老迈的厨师长失乞儿正拿着一大块羊肉用刀一片片涮在锅中，这样做出来的羊肉转瞬即熟、鲜嫩无比。其实，这种涮羊肉的吃法是铁木真发明的。一次冬季征战中，蒙古军在大雪中连续追击两天全歼了一个强悍的部落，但当时已经断粮几天了，将士饥饿难耐。于是，铁木真命令直接将羊肉切成薄片涮在开水里，既熟得快，又能解将士的饥饿感。将士们尝过这种羊肉，都说是无上的美味。后来，这种吃法就一直传了下来，而这就是如今享誉中华的美食——涮羊肉。

大帐里，大家一边吃着涮羊肉，一边喝着马奶酒，不觉酒意渐浓，说话也就越来越随便，气氛也就活跃起来了。

铁木真看到厨师长失乞儿虽然年岁已老，但片起肉来仍是手疾眼快，不禁想起了当年失乞儿上错了酒被主儿乞部首领撒察别乞的三位母亲打耳光丢面子的事。铁木真对失乞儿笑道："老人家，那三个母老虎还敢打你耳光吗？"

原来，灭了主儿乞部之后，铁木真想起失乞儿在宴会上当众哭诉父亲也速该活着时从未有人敢欺负他，他也觉得很丢面子，所以一不做二不休地把那三个捉到的恶妇人一起赐给了失乞儿。当然，铁木真这样安排也是想给主儿乞人以最大的震慑，警告他们看清并接受新的秩序。

失乞儿知道今天是欢乐的时候，便毫不犹豫地道："打！三个妇人比以前打得更狠。"

铁木真奇怪，问道："为什么？"

失乞儿笑道："以前斟错了酒，三个主人打仆人还要留情三分，打坏了没人服侍。现在，菜做咸了三个妇人一齐打汉子，那就一点情面都不讲了。"顿时，蒙古包里哄堂大笑。

笑过之后，铁木真告诉大家一件事："我父汗脱里汗派舌头约我们明年再去攻打乃蛮部，大家怎么看？"

　　蒙古包里顿时嘈杂起来，虽然蒙古部和克烈部彼此是盟友，但是脱里汗此人贪婪成性，每次联合作战都是劫财在前、冲锋在后，屡屡背信弃义甚至悄悄撤军，差点把大家统统坑死在乃蛮战场，而且他刚刚又招降了铁木真的死敌札木合。因此，蒙古将士对脱里汗并无多少好感，都知道脱里汗只是利用铁木真而已。

　　大家酒酣正热，铁木真又向来从善如流，甚至鼓励大家多说真话，于是都趁着酒劲把脱里汗骂了一通。

　　不过，木华黎却坐在一边，笑而不言。

　　铁木真便道："木华黎，你怎么看？"

　　木华黎敛容正色："大汗，我们不能帮王汗打乃蛮部。"

　　铁木真道："那你说道说道。"

　　木华黎站起身来，蒙古包里顿时静了下来。

　　木华黎说："王汗克烈部在草原中间，乃蛮部在它的西面，我们在它的东面。我们已经两次大败乃蛮部，如果再次和王汗联合起来攻击乃蛮部，乃蛮部必定被灭。但是，由于地理位置的原因，乃蛮部的地盘必定落入克烈部，而我们什么好处都得不到，那王汗兼并乃蛮部后实力至少是我们的两倍，而且西面还有更加广阔的发展余地。我们虽然和王汗是盟友，但到那时则必定会受制于王汗。所以，这次我们不能帮克烈部攻打乃蛮部。"

　　铁木真深深点头："那你说我们今年往哪里发展？"

　　木华黎道："我们在草原的东面，太阳升起的地方就是我们的后方。我们东面的呼伦贝尔大草原草肥水美，是草原上最好的牧场之一，但现在呼伦贝尔大草原还被塔塔儿的残部盘踞，还有与我们为敌的弘吉剌部也在那里，所以我们应该往东发展——剿灭塔塔儿部，逼降弘吉剌部，将肥美辽阔的呼伦贝尔大草原收归我蒙古部，以壮大自己的地盘和实力再做他图。"

　　铁木真站起身，大声道："木华黎说得好！塔塔儿人与我们蒙古部仇深似海，把我们前去送亲的俺巴孩汗送给金国人求赏，还毒死了我额赤格也速该，只有彻底覆灭该部才算报仇成功。我们虽然覆灭了泰赤乌部，但那只能算报了我铁木真个人的私仇，只有彻底剿灭塔塔儿部才能算报了我们蒙古部的先祖和部族的公仇。"

帐内众将一起叫好。这时，孛儿帖站起来说道："大家对弘吉剌部可要手下留情，那可是我的娘家！"

铁木真笑道："夫人放心，可不敢惊吓到老额赤格、老额客！"

帐内众人一起大笑，于是当日众人皆痛饮尽欢方才散去。

其实，铁木真不知道的是，向克烈部建议联合铁木真一起攻打乃蛮部的人正是他的死敌札木合安答。

在被脱里汗追到额尔古涅河下游时，札木合知道自己已经到了穷途末路，再往前逃就进了金国人的地盘，那更是死路一条。札木合和脱里汗有二十年的旧交，在他那里混口饭吃应该还是做得到的，而脱里汗也果然不顾札合敢不和合答黑这些人的苦劝，只为了捞得实惠就听信了儿子桑昆之言收留了他。

就这样，札木合瞬间从"众汗之汗"——"古儿汗"坠落成脱里汗的一个臣属。当然，这种事在草原上很常见。脱里汗知道札木合阴险狡诈，并不怎么和他打交道，但是札木合与头脑简单却又嫉妒痛恨铁木真的桑昆一拍即合——那就是一齐整垮铁木真，所以札木合成天与桑昆泡在一起商量如何搞死铁木真的计策。札木合发现，桑昆是个十足的草包，只要说是跟铁木真过不去的点子就好摆布极了，而且只要给桑昆出主意，最终脱里汗一定会照办，不管这主意有多荒唐且脱里汗自己有多不情愿。换句话说，脱里汗这个父亲的鼻子是被儿子桑昆牵着走的，只要控制了愚蠢的桑昆，就能左右老朽的脱里汗。

所以，札木合很快打定了主意，通过控制桑昆来操纵脱里汗和整个克烈部与铁木真为敌，以此来向安答铁木真报仇雪恨。

联合铁木真攻打乃蛮部的主意就是札木合出的，但结果使者回来禀告——铁木真说"后方不稳，塔塔儿部作乱，他们要对付塔塔儿部，无法一起攻打乃蛮部"。

札木合见铁木真不上当，知道自己的诡计已经被铁木真看穿，于是他又给桑昆出了个主意——建议向北出击，沿薛凉格河顺流直下，再次扫荡篾儿乞人的残部以壮大克烈部的实力，为将来同铁木真翻脸做准备。

桑昆听到札木合这个计策，马上就去找父亲脱里汗。这次，脱里汗一点没有犹豫就马上同意了，他知道攻打已经衰败的篾儿乞人是必胜之局，而且损失小、缴获大。

果然，在开春之后，脱里汗为了独吞战利品便没有通知铁木真，带着桑昆、札木合径自率军北上进攻篾儿乞人残部，而早已被打得晕头转向的篾儿乞人一战即溃，首领脱黑脱阿匹马单骑逃进了大森林，大儿子土古思被打死，最终克烈部大获全胜。这样，出主意攻打篾儿乞人的札木合在克烈部说话更响了，而札合敢不、合答黑等主张与铁木真友好的人的话语权则日渐式微。

这一仗，脱里汗缴获极多，但他人老且吝啬，竟连一匹良马都舍不得送给铁木真，只派了一个使者通知铁木真他打败了篾儿乞人。

这是蒙古狗儿年（南宋嘉泰二年、金泰和二年，1202）春天的事。

听完脱里汗的使者带来的克烈部大破篾儿乞人的消息后，铁木真表示祝贺，命令杀羊宰牛热情地款待了使者，还让一个美妇给风尘仆仆的使者解乏。这是草原上最盛情的招待。

送走脱里汗的使者后，铁木真沉思良久，召来了老将蒙力克、几个兄弟以及"四骏"、"四狗"、术赤台、畏答儿等数十位重要将领，直截了当地下令准备出征荡平塔塔儿部。

塔塔儿部虽然是铁木真家族的死敌，但是从种族上来说他们其实是彼此敌对的兄弟。与铁木真家族一样，他们其实也属于纯蒙古种族，只是分散在许多附属的部落，世代在怯绿连河下游两侧游牧，从美丽的阔连湖和捕鱼儿海一直延伸到蒙古地区与东北地区的分界山脉——绵长青葱的大兴安岭，而大兴安岭在过去就是金国人的龙兴地盘。当年，铁木真在脱里汗和金国人的帮助下打败过塔塔儿人的主要部落蔑兀真笑里徒所部，杀了他们的首领蔑兀真笑里徒祭了父亲也速该；后来塔塔儿人又加入了反铁木真的札木合率领的十二部联盟，又在阔亦田之战中被铁木真打败；现在他们的余部组成了四个部落——阿勒赤·塔塔儿部、阿鲁孩·塔塔儿部、察罕·塔塔儿部、都塔兀惕·塔塔儿部，史称"四部塔塔儿"。如今，铁木真决定彻底荡平塔塔儿部，并与其决一死战。在这一时期，铁木真发动的实际上是蒙古民族内部各部落的统一兼并战争。

塔塔儿部的末日到了。

众将各自接令后离开，但木华黎留了下来。铁木真问木华黎道："木华黎，你还有什么事？"

木华黎第一次在铁木真面前有些嗫嚅："大汗，这事不知当讲不当讲？"

铁木真微微叹气："木华黎，如果你们都不敢跟我讲真话，那我就该完了，我完了你们也就完了。有什么事你尽管说。"

木华黎鼓起勇气："大汗，军中对阿勒坛、忽察儿、答里台三人和所部极为不满，怨言很大。"

铁木真警惕了，他马上明白木华黎为什么犹豫，因为这三人都是蒙古部的大贵族——答里台是他的叔叔、忽察儿是他的堂兄、阿勒坛是蒙古的亲王，而且这三人又是蒙古军的元老，屡立战功，威信很高，权力很大。

铁木真放缓声调："木华黎，你把事情说清楚一点。"

木华黎点点头："大汗，我军年年征战，缴获很大，特别是去年与十二部联军、泰赤乌部交战时战利品极多，而阿勒坛、忽察儿、答里台三人战后带头抢夺财物、妇女，三部之人受其影响，也大多任意劫掠战利品隐瞒不交。这三部常打前锋，打扫战场的机会比起其他各部要多得多，所以其他各部怨言很大，都说这三人是大汗的亲戚，大汗偏袒，处置不公。何况两军对阵刀枪如林、你死我活，如果士兵一心抢劫财物必不能全力对敌甚至队形混乱，倘若敌军强大杀个回马枪，我军必然溃败。这件事请大汗加以约束，并请大汗颁令禁止。"

铁木真听后，知道问题很严重，他的"十骑一队设十户长，然后以十进位设百户长、千户长"的千户制只在乞颜本部军中执行，而那些陆续投来的老贵族和各个小部落没有这样的编制，仍然让他们各自为伍，战时一部一队由各部首领自己统领。其实，铁木真如此做的原因很简单，就是投鼠忌器，如果千户制统一实行，势必就要削夺各部首领兵权，那肯定会起乱子的，而现在草原正是风云变幻的乱世，若内部出问题，转胜为败也就是一瞬间的事。所以，对于草原生存极重要的战利品，谁抢得多一般就归了谁，没办法公平发放。

铁木真在大帐内来回踱步，木华黎肃立在一旁。

铁木真叹了口气，缓缓道："木华黎，过去的事就算了，我们不便追究。现在，你向全军颁一道军令下去——今后凡战胜之时各部不许贪财，战利品集中起来由大汗均分。还有，我观诸部作战不敌时，常有拼命溃退者往往将后军冲乱，所以你再颁一道军令——如果战斗中人马后退，只能退至立军旗一线，然后即须反身力战，退过军旗者立斩不饶！"①

木华黎满心欢喜地出去了。

不儿罕山脚下的三河源头，五万蒙古铁骑在草原上巍然列阵，只见军旗招展、甲胄鲜明、刀枪闪亮、士气如虹……

从铁木真为救孛儿帖立起"九斿白纛"大军旗建军时开始，蒙古军打遍了草原，马不停蹄地征战了二十多年，装备和战斗力已经得到了极大的提升。

众所周知，蒙古铁骑凭借弯刀烈马、强弓利箭纵横欧亚大陆，建立了版图空前的蒙古帝国。在这支打得中亚人魂飞魄散、被称为"上帝之鞭"的强大的蒙古军队里，排除铁木真兄弟以及博尔术、木华黎等军事统帅所具备的超凡领导能力、敏锐洞察力和准确判断力，大批中级将领的良好军事素养和战术执行能力等优势因素外，普通士兵精良的武器装备也是其凯歌天下的重要原因。

艳阳高照，铁木真率众将骑马巡视大军。铁木真满意地看到，五万铁骑每人都有了一副自己的盔甲，轻骑兵装备的是能防流矢的牛皮甲，重骑兵装

① 从此以后，蒙古军战败不敢退过军旗一线，这个传统一直传至明清至民国。蒙古人作战时，统帅往往在军旗下置一军凳自己坐于其上，两侧站立刀斧手，无令后退过军旗者，不管将领、士卒，刀斧手过一个砍一个。可以说，后世的各国督战队都是从蒙古军那里学的。

备的是能有效防御刀砍矛刺的重型圈甲，连战马也只露出两只眼睛披上了防御力很强的马甲。

铁木真很激动，想当年篾儿乞人前来夜袭时连父亲也速该留下的唯一一副盔甲都被抢走了，为夺回孛儿帖建军之时全家只好紧急杀牛赶制了一副还满是牛血腥气的粗糙至极的皮甲出征。

铁木真又看到，每名战士盔甲之外都身背两张良弓，而这就是蒙古军实力的象征。

制作一张蒙古良弓，需时至少两年，一百多道工序。制工时，以优质木材为弓体主干，仅此一道工序就需放置一年以上时间使其彻底干燥，之后铺上处理好的牛角与牛筋，再用上好的鱼鳔胶将这三者牢固黏合在一起，最后缠上丝线并涂上漆，这样一张无坚不摧的蒙古骑兵良弓才算打造完毕。[①]

出征之日，蒙古军每骑佩弓两张，箭三百二十四支，其中一百零八支随身携带，二百一十六支散箭存放在随军开进的后勤勒勒车上（类似现在的弹药车）。

每个战士携箭三百二十四支，这是木华黎（祖上为唐代汉族名将世家）从家族祖传兵学中为蒙古军借鉴而来的——最能打的唐代汉族军队单兵备箭

[①] 欧洲史料记载了蒙古骑兵的战法、杀伤敌人的距离以及敌人中箭后的惨烈状态，并在战场上获得了几把蒙古弓的样品。测试后判断，蒙古弓弓力有一百六十六磅，即八十一公斤。满弓再配上特制穿甲箭头，在一定距离上可以轻易贯穿欧洲骑士身上重达几十公斤的板甲和锁子甲。这样的蒙古弓绝非"天方夜谭"，而是历史上真实存在的大杀器。要知道，现代男子射箭运动员使用的运动弓拉力（将弓拉满的力）最高只有四十五公斤，而蒙古士兵的平均拉力达到八十公斤，远超现在射箭运动员的平均水平。由此可见，普通士兵的体力与装备是蒙古铁骑横行沙场的重要原因，而曾经打遍欧亚的蒙古骑兵取得这样的成功，他们手中的弓箭发挥了极其重要的作用。后来，欧洲骑士不得不痛苦地承认，蒙古骑兵使用的复合弓短小精悍适合马上使用，而且威力惊人，强过同时期欧洲使用的十字弓。蒙古骑兵一般携带两张弓、三种箭矢。其中，一种箭矢是穿重甲的三棱透甲锥，箭头为两寸长的三棱箭头，可贯穿三层重铠甲；另一种箭矢是杀伤轻骑兵和步兵的柳叶穿心箭，箭头如柳叶一样细长，上刻血槽，为箭头入体后大量放血所用，这也是关内农耕民族最常用的箭头；还有一种箭矢是用动物骨头制成的狼啸箭，射出去能发出尖锐的哨响，用作通信联络，这种哨箭每个蒙古骑兵配备三支。同时，欧洲史料还记载，蒙古铁骑极其擅长被古罗马人称为"安息人射箭法"的战法，即一边骑马，一边向后倒射追兵。蒙古骑兵可以一边运动，一边向前方正射、向后方倒射、向左右侧射、（**转下页**）

数量就是三百二十四支。①

铁木真停下战马，亲自清点了一个战士弓袋里弓箭的数量，又让其取出装杂物的羊皮囊检查了里面弓弦的数量——三十六支箭、三根弓弦，然后看着骑兵的眼睛点头表示满意。

蒙古铁骑单兵除弓箭上弦之外，还另携三根弓弦、三个箭袋，其中一个箭袋斜挎左肩背后，两个箭袋扣在马鞍后部左右，而每个箭袋装三十六支箭，即单兵出征每人随身携带一百零八支箭，另有二百一十六支散箭存放在勒勒车上或驮马上统一供应。当时，一支箭有二两重即一百克，一百零八支箭重十点八千克即二十一斤六两，相当于近三支现代突击步枪的重量。

弓弦是骑兵作战极为重要的装备，没有弓弦，再好的良弓也是废物。不过，弓弦射击到一定次数肯定会断裂，所以蒙古军骑兵每人配备三根弓弦出征。②

铁木真又检查了两个骑兵的弯刀和长矛，只见弯刀寒光闪闪，长矛矛头精光四射，俱是锋锐逼人，十分满意。

（接上页）向上仰射、向下俯射，基本上是 360° 环射无死角。当然，开弓可是重体力活，农耕民族一名普通农民士兵能连射八支箭的就是优秀士兵，连射十二支箭的就是老军士长，而连射二十支箭就是极限，如果不休息再拉手就差不多脱力废掉了，即使有箭也都射不出去了。闻名世界的英格兰长弓手有过统计，最优秀的弓手也只能一轮连射二十支箭，然后就需要长时间的休息才能恢复体力。然而，抱着弓箭吃肉喝奶饮酒长大的蒙古士兵一次能连射一百支箭，不可谓不超乎寻常了。

① 唐代，一个军团一万二千五百人，配同样数量的弓，每弓配弦三条，共附弦三万七千五百条，箭三百七十五万支，再另配弩二千五百张，附弦七千五百条，箭二十五万支。

② 古代的好弓弦一般都用最好的生牛筋经多道工艺制成，次等的用生牛皮制造。宋代名著《天工开物》说一头牛只有三十两重的筋可以用来制作弓弦，非常珍贵。因此，古代战士非常珍惜弓弦，都用可以防水的羊皮囊盛放弓弦随身珍藏。弓箭，特别是弓弦不怕寒冷但最怕高温，尤其怕潮湿，高温时使用弓箭容易脱胶，遇水则会弓力大减，而且极伤弓箭，甚至直接毁损珍贵的弓箭。所以，古代作战很少雨战，像阔亦田大战那样的雨天作战是万不得已、极为罕见的——阔亦田大战打到后来也全是短兵相接、肉搏格斗，因为弓箭已经无法在大雨中使用。中国当代制弓世家名匠说，"造弓箭，现代的任何材料工艺都比不上中国古代的材料工艺，但唯有弓弦例外，现代最次的尼龙线也比古代最好的牛筋弦好很多倍"。可见，古人制作弓箭的智慧和艰难。其实，很多人还有一个误解，以为弓箭是靠弓弦的弹力发射，这是大错特错的。（转下页）

蒙古军左腰间都斜挎一把近身肉搏格斗用的蒙古弯刀，这是蒙古军的标准装备。骑兵作战，弯刀弧度劈砍，比剑刺直砍杀伤力大得多，故蒙古军不常用剑，最喜弯刀。后来，除了日本刀、大马士革乌兹钢刀、高加索马刀、德国大砍刀，全世界最好的弯刀几乎全落到蒙古人手中，甚至连东南亚最好的缅刀和陨铁所制的世界名刀——马来刀剑在蒙古宫廷里也很多。

此外，每个蒙古骑兵还装备有一件冲锋陷阵用的长兵器，一般是长矛或战斧，也有用大刀、铁骨朵和狼牙棒的。这项蒙古军不做硬性规定，随将士各人所好配备。这些沉重的长兵器在行军和不用时挂在马鞍的钩子上，以节省战士的体力。这种钩子叫得胜钩，是汉族人发明的；还有引爆骑兵作战大革命的马镫，也是世界公认的由汉族人发明的。后来，马镫传到游牧民族，让游牧骑兵战斗力大增。①

（接上页）实际上，弓箭是靠整个弓体的形变张力射出去的，弓弦则要形变弹性越小越好。（现在，中国还有极少的制弓世家名匠能用传统工艺制作蒙古弓、河湟弓、清弓等优秀的古弓，但已接近失传，亟待保护。）与此同时，蒙古军近箭手发箭射程可达四百米，远箭手可射到四百五十米，比现代突击步枪的有效射程还远五十米。箭筒士可射到五百五十米，者别和合撒儿的儿子、蒙古著名神射手移相哥等极少数称雄世界的射箭神级人物可射到八百米，达到现代中口径狙击步枪的有效射程。后来，蒙古军征服中亚回师蒙古草原时，归途中欢欣若狂的将士们举行射箭大赛，由铁木真亲自主持，结果蒙古名将、铁木真的侄子移相哥在六百五十米处一箭中的夺冠。铁木真命令勒石刻碑记下移相哥的事迹，此碑于 20 世纪初被偶然发现，这就是闻名世界的"成吉思汗石碑"，现存于俄罗斯。释读了碑文后，后世才相信当时蒙古勇士惊世骇俗的战力——蒙古军可以普遍保证弓箭射击精度的精确射程是二百米，比大部分现代冲锋枪的有效射程远一百米。

① 汉族人没有发明马镫之前，牧人和骑兵只能用两腿费力地夹住马肚放牧和行军冲锋，只能一只手勒缰绳控制马匹，另一只手单手劳动和作战。那时，骑马是一件极累的重体力活。格斗冲阵时，只有最勇猛的将士才能仅用双腿强力夹马，使用双手挥舞长兵器冲锋，而一般的将士只能用长刀、阔剑之类的单手兵器作战。汉族人在西晋时期发明马镫后，牧民和骑兵两腿就有了着力点，不用累得半死夹马肚了，更重要的是有了马镫后骑兵就解放了双手，可以轻松自如地边骑马边双手使用弓箭和挥舞各种沉重的长兵器作战。从此，骑兵的战斗力瞬间强劲，立刻取得了对步兵作战的绝对优势。后来，西方人认为马镫的发明是中国人对世界最重要的贡献之一，甚至阿拉伯人和欧洲人直接称马镫为"中国鞋"。马鞍也是中国古代北方少数民族发明的，又经赵武灵王"胡服骑射"改进成至今仍在使用的高桥马鞍，而蒙古人也创造了奶粉、奶酪、黄油、酸奶、冰激凌、长筒马靴、帽檐、涮羊肉、套马杆和妇女化妆用的胭脂等大批物品。

这时，铁木真带蒙古军出征时，每名将士从开始时的每人仅有一匹战马已发展到可携带五匹战马。后世，人们总是否认蒙古军带不了那么多战马出战，因为单兵无法控制，殊不知蒙古军人人长于马背，放下武器人人都是最好的牧人，套马杆在手就能随便轻轻松松地管理几百匹马（套马杆也是蒙古军擒捉敌人的重要武器），何况出征时带区区五匹马。后来，铁木真率蒙古军出征中亚，每人已备马十匹。①

检查完军队，铁木真和众将策骑驰到"九斿白纛"大军旗下，下令立旗！

掌旗手——当年在不儿罕山救过铁木真全家的放羊奴隶，如今的蒙古猛将——搠阿将军旗高高举起，"九斿白纛"的白色马尾旌旗立刻在草原的烈风中高高飘扬。

蒙古军全体五万将士立刻高呼三声"呼哈！呼哈！呼哈"，以表示对长生天的敬意，祈祷长生天保佑出师必胜。

铁木真手一挥："出发！"

大军出征！

从大军出发的三河源头到东方的呼伦贝尔大草原有近三千里路，这条路铁木真已经走了三次，第一次是童年时跟着父亲也速该去弘吉剌部和孛儿帖

---

　　①这时，蒙古高原总人口在四十万帐、二百万人左右，铁木真已拥有其中的十万帐、五十万人，占四分之一，并随时可以征集五万精骑出战。也就是说，每十名蒙古人生产劳动供养一名蒙古战士征战四方，整个部落已被铁木真打造成"全民皆兵"的战争机器雏形。蒙古部1：10的军民比并不意味着蒙古军的动员效率低，恰恰相反的是这已是当时世界最高的战争动员效率。以同时代生产力远超蒙古的宋朝为例，他们是一亿人口养一百万兵，每百人养一个兵还感觉吃力，而且宋军基本以步兵为主，制造一个步兵的武器装备所耗劳动成本远低于一个蒙古军骑兵的装备成本。由于古代手工劳动生产率的低下，导致当时蒙古军的兵器成本远远超出常人想象。以五百年后生产力大大发展的清朝为例，同样以骑射为本的清军使用的箭支成本是这样的：按照《大清会典事例》记载，"雍正时期，青鹤翎做的箭，一等的每五支一两八钱银子，二等的一两六钱银子，三等的一两四钱银子；蝉鹅翎做的箭，一等的每五支一两七钱银子，二等的一两五钱银子，三等的一两三钱银子……芝麻雕战箭，每百支八两银子；雁翎做的箭，每百支五两银子"。以最便宜的箭来说，清军一个弓箭手一次演练都要花费五钱银子，是火绳枪子弹花费火药成本的一百多倍，成本高得吓人。所以，蒙古军箭支的成本，（**转下页**）

定娃娃亲，第二次是青年时带着弟弟别勒古台去将孛儿帖娶回来，第三次是和义父脱里汗联合伐灭了塔塔儿部最强的蔑兀真笑里徒部。

铁木真知道，大军要远征三十多天才能到达呼伦贝尔大草原。

望向草原上正在行进的蒙古大军，军队的队形保持得很好，两骑并列的队伍前不见头、后不见尾，两名将士左右各一侧是分别跟随前进的四匹马。就是说，蒙古军行军队列每一横列是十匹马和两名将士，这个宽度已经很可观了，而关内农耕民族的步兵行军队列通常也只有四人一列。蒙古大军骑乘的蒙古马是全世界最优秀的马种，它是蒙古铁骑得以纵横天下最忠诚的伙伴，是最大的功臣之一。

蒙古马是世界上最古老的良马品种之一。蒙古马的体格不算高大，平均肩高120～135厘米、体重267～370公斤，但它们身躯粗壮，四肢坚实有力，体质粗糙结实，头大额宽，胸廓深长，腿短，关节、肌腱发达，被毛浓密，毛色复杂。

蒙古马在草原区骑乘一天可跑50～100公里，能连续十多天。[1]实际上，著名的纯血马虽然速度快，但奔跑距离极短，而蒙古马几十公里的长距离比

（接上页）肯定比五百年后生产力大大发展的清朝只会高不会低。这还仅仅是箭支的成本，还要生产一个蒙古骑兵从盔甲到弓箭、战刀、长矛、战马和马具的全套装备以及至少几十天的远征作战口粮，所耗费的劳动成本已是十人能供应的极限，何况这十人还包括不能生产劳动的老人和孩子。今天，蒙古人当时征服世界似乎看似轻松辉煌，但其中的艰难是现代人难以想象的，如制弓中的撕筋工艺——牛筋是制作弓体十分重要的材料——要选用牛背上靠脊骨最好的那条筋，取出后吊在毡帐内风干到八成，然后用粗湿布包裹，由老工匠用适当力度砸松，砸完之后将牛筋劈成一缕一缕，然后由妇女慢工细活地按需要撕成一丝一丝——称作撕筋。至于撕筋工艺之细，古谚有云"好汉一天撕不了四两筋"。可以说，这其中任何一道工艺稍有不慎即前功尽弃，将会导致珍贵的牛筋就此废掉，而制一张闻名世界的蒙古骑兵复合弓需要一百多道这样的工艺。所以，铁木真能用不到二百万人、十五万铁骑征服欧亚大陆，其组织、指挥、管理能力让世界所有研究过他的各国军人和历史学家至今佩服不已（如美国名将麦克阿瑟曾说，他"只服上帝和成吉思汗"）。

　　[1]蒙古马短距离骑乘速度的纪录为1.6公里是2分8秒，15.5公里是24分12秒。内蒙古有名谚云："千里疾风万里霞，追不上百岔的铁蹄马。"1949年后，第一次蒙古马耐力赛比赛距离100公里，比赛从早晨5点开始，冠军马三个小时就完成了比赛。1950年，蒙古马中的铁蹄马在当年那达慕大会上59公里的路程58分钟就跑到了终点。

赛跑下来，也很少有肺出血的情况。

蒙古马不畏寒冷，生命力极强，能够在艰苦恶劣的条件下生存。众所周知，蒙古马精壮又皮厚毛粗，耐受力极强，饿了就啃啃草，累了就喝喝水，眯起眼睛晒会儿太阳就能恢复体力，打个饱嗝就能继续跑啊跑。

蒙古马生命力强，但又是很高贵、很讲究的马种。在水草丰沛的时节，蒙古马必饮清澈之水，必食新鲜之草，通常只吃新鲜的草尖，而且不同季节吃不同的草。草原上的蒙古马总是保持一身光洁，可能也正是这种能屈能伸的生存智慧让蒙古马成为最著名的军马种类之一。

蒙古骑兵的马是有分工的，打仗有战马，行军有走马，驮东西有驮马。例如，汉族名将三国时期的关羽的赤兔马，平时是不舍得骑的，一般的情况就骑普通的马，只有打仗时才请出赤兔马。所以，蒙古骑兵一般每人都会带上三四匹马，最多的时候带十匹马，绝不可能一人只带一匹马。

众所周知，古代中国北方少数民族骑射功夫厉害，但常人不知的是马并不是天生就能载着骑手纵横驰骋的。通常，马在两岁左右就要开始上鞍调教，教它学会对骑手的指令做出正确的反应，教它适应背上驮着人或物行走、奔跑。同时，大多数公马在很小的时候就会被阉割，阉割之后的马叫骟马，公马叫儿马。相比儿马而言，骟马的工作性能更稳定，胆子更大，所以俗语说"儿马上不得战场"。如果是一匹未经训练的普通骑乘马，非常容易受到惊吓，可能危及骑手的安全，而骑手也往往可能会因为奔跑的惯性被摔下马。因此，并不是所有马都是可以用来骑的，而且能骑的马也不是都能适合骑射的合格战马。合格的战马除了必须具备强壮的体格之外，还需要克服天生的胆怯弱点，必须要胆大而机警。在复杂的战场厮杀环境下，战马甚至要做到受伤都继续坚持战斗。

蒙古铁骑行军时是不用战马的，他们骑的是走马。这种走马专门用作行军，在长途奔袭中会采用一种特殊的"走马"步伐，可以日夜前行并保持相同的速度。蒙古马由于耐力超强，常常承担诸如驿站传输等特殊任务，而任何恶劣气候和环境都阻挡不住蒙古走马每天五十公里一往无前的步伐。蒙古骑兵为爱惜马力，出战时通常备两匹走马，每天轮流换乘。

二十天后，蒙古大军行程逾半，庞大的行军队列终于被塔塔儿人派出的眼线发现。这些眼线是一些塔塔儿部牧民，他们边放牧边警戒，看到蒙古军大队人马后立刻骑上几匹快马便回营报信。他们报告四位首领说，"铁木真大军多得像天上的乌云一样铺天盖地，恶得像地上的狼群一样杀气腾腾，猛得像狂风一样席卷而来"。

四位首领久久没有作声，他们早就知道铁木真找他们算账的那一天肯定会到来。当年，塔塔儿部用诡计擒住乞颜部俺巴孩汗送给金国人"骑木驴"，后来又用毒鸩药死了铁木真的父亲也速该，让铁木真一家从天堂掉进地狱，并且差点在暴风雪中饿死断根。在草原上，这种世代的死仇是不可能化解的，况且俺巴孩汗骑上木驴时已经发下血誓，传令蒙古人磨刀磨秃十指、拉弓拉断指头也要替他报仇。此时，塔塔儿人知道铁木真来算总账的日子到了。

这场战斗没有任何悬念，决定性的一战在蒙古鸡儿年（南宋嘉泰二年、金泰和二年，1202）的春末打响。战场位于哈拉哈河汇入捕鱼儿海的河口附近，五万蒙古军与两万塔塔儿军沉默对峙于阵前。

实际上，这两万人军力已是塔塔儿军所能调集的最大力量，他们甚至无法撤走其他任何地方的力量来支援，因为他们背后就是金国人，而他们此前抢劫"老东家"金国人的财物已经愚蠢地和金国人结了仇。当然，塔塔儿人就算打赢了这一仗，也还会有下一仗，他们仍将位于铁木真和金国人两面夹击之中。要知道，战术上的胜利是弥补不了战略上的失败的。

七万大军对阵，草原上却只听得到猎猎的风声；没有一匹战马躁动鸣叫，它们也都是身经百战的老兵。

五万衣甲鲜明的蒙古大军，冷冷地看着对面两万衣衫破烂的塔塔儿人。

此时，铁木真和蒙古众将嘴角都挂着一丝残酷的笑意，因为在绝对实力面前所有的策略、战术、战法都无济于事。

就这样，两军冷冷地对峙了一个时辰。

空气越来越凝涩，终于要挤压得爆炸了。这时，一只苍鹰忽然飞过战场，"嘎嘎"地大叫了一声，就此打破了战场的沉寂。

站在最前面的塔塔儿部最勇猛的一个勇士终于忍不住了，他用浑身血气嘶哑着高喊了一声："为了塔塔儿，杀！"然后策马举刀对着蒙古军狂冲了过来。

两万塔塔儿人仿佛被电击雷打一般，他们同时高举兵器喊杀着跟着勇士策马冲了出去。

八万只马蹄疯狂地击打着地面，冲锋的塔塔儿勇士们的喊杀声响彻天际……

大地在颤抖，仿佛空气在燃烧。

蒙古军将士们纹丝不动地看着那位勇士带着塔塔儿人越冲越近，只听铁木真低声说了句："射了他。"

话音刚落，者别一扬手一支三尺长的劲箭便"嗖"地飙了出去，而那个正狂喊着冲锋的塔塔儿勇士狰狞的表情突然凝固了，一支利箭洞穿了他的咽喉，箭头一直从后颈穿了出去。塔塔儿勇士用不可置信的眼神看着胸前箭尾的鹰羽，然后慢慢摊开双臂松开兵器并一头栽倒马下，随即被万马踏成了肉泥。

这时，铁木真断喝了一声："开始。"

木华黎立刻大喊一声："起鼓！"

蒙古军架在大车上的大军鼓立刻爆发出急促的鼓点，然后天空中立即响起"嗖嗖"的鸣响，那是一波波遮天蔽日的利箭划开空气的声音，而狂喊着冲锋的塔塔儿骑兵立刻被一堵堵箭墙堵死在原地。

随着蒙古人一阵阵箭雨，一批批塔塔儿战士人仰马翻，身上被戳满了箭矢，纷纷倒在草地上挣扎着死去。最后，塔塔儿人失去冲锋的意志后溃退了，开始拨转马头准备逃跑。

此时，铁木真又高喊一声："出击！"

蒙古军短而急促的鼓点变得雄浑有力，将士们立刻呐喊冲锋。

答里台、阿勒坛、忽察儿三名老将各率三千先锋军冲在最前面，这三支军队久为蒙古军前锋，虽是真能抢，但也是真能打。他们先是用箭追射一片片放倒塔塔儿人，然后冲进塔塔儿人溃退的队列开始用蒙古弯刀劈砍，于是战斗便变成了一场大屠杀，开始有大批失去战斗意志的塔塔儿人扔掉兵器投降。据古罗马人统计，古代冷兵器交战，交战时双方伤亡只有十分之一，十分之九都是在一方溃退后被追杀时发生的。

三支蒙古军前锋，像三支利箭一样很快钻透了塔塔儿人的阵形。这时，他们本该回马兜住正在大溃退的塔塔儿人，配合后面的主力迅速将其全歼，但万万没有想到的是他们竟擅自脱离战场，冲进了战场后面不远处的塔塔儿人大营。当其他的蒙古军队还在战场上奋战的时候，答里台、阿勒坛、忽察儿已经率部开始疯狂地抢劫塔塔儿人的牧畜、财宝，当然还有女人。

看着塔塔儿战俘一队一队被押下战场，蒙古军大胜已成。不过，横刀立马于战场的铁木真心中却充满了狂怒，他亲眼看到答里台、阿勒坛和忽察儿率前锋三部擅自脱离战场冲向了塔塔儿人大营抢劫。现在，各部首领纷纷回来报告，说三部前锋在塔塔儿大营围了一个大圈子，将塔塔儿人的牲畜、财物、俘虏和女人都往里面赶，并不准其他各部靠近。

要知道在此次大战之前，铁木真颁布了两条军令：一、不许擅自后退。二、不许任意抢劫。这两条军令是铁木真称汗以来第一次立法。在此之前，蒙古各部的习惯是：参战各部的战利品，除了献给首领的一部分之外，其他统统都可以自己留存。所以，铁木真这两条军令，针对的就是在旧的贵族联盟时代，各部在战争中各自抢夺财物和各自指挥本部人马任意进退的弊病。

实际上，这两条军令规定了蒙古军在战斗中必须服从统一指挥，号令严明，同进同退，而战利品则应该由大汗来论功行赏统一分配。可以说，铁木真的第一次立法限制了旧贵族的自由散漫和胡作非为，加强了大汗的权力，极大地增强了军队的战斗力。

答里台、阿勒坛和忽察儿已经严重违反了军纪，而这三个人是蒙古血统最高贵的三个老贵族——答里台是铁木真的叔叔，忽察儿是铁木真的堂兄，阿勒坛是忽图剌汗之子，而忽图剌汗和铁木真的祖父巴阿坛是兄弟，也就是说阿勒坛是蒙古唯一的一位亲王。正因为答里台、阿勒坛和忽察儿三人血统高贵，他们自以为可以不受军令约束，而铁木真却认为恰恰相反，正因为他们是自己的血缘近亲，更应该带头遵纪守法，否则别人都会上行下效。铁木真知道，这次不治治他们三人是不行了，否则这军队没法约束了。

铁木真叫来者别和忽必来，说："你们去把答里台、忽察儿、阿勒坛三人抢到的东西统统没收，送到我这里来。"

者别和忽必来双骑并进，直入答里台、忽察儿、阿勒坛三人的军帐。此时，答里台、忽察儿、阿勒坛三人正各自搂着几个美丽的塔塔儿女子胡天胡地、饮酒狂欢，见到者别和忽必来后三人放下怀中的女子，喝道："你们两个黑骨头进来干什么？"者别和忽必来都出身奴隶。

忽必来冷冷道："大汗传令，把所有抢到的牲畜、财物和女人统统交出来，由大汗论功行赏、统一分配给各部。"

阿勒坛亲王哈哈大笑："你们算什么东西？滚！"

见此情景，者别一言不发，摘下身背的长弓闪电般地从箭袋中抽出三支穿心箭扣在弦上，说："大汗要我怎么做，我就怎么做；大汗之令就是死，我都要完成。你们三人不交东西，立刻就得死在这里！"说完立刻拉满弓，紧绷的三只箭头直指三人。

忽必来也"锵"的一声拔出了弯刀："不服抽刀来斗！"

答里台、忽察儿、阿勒坛三人看着者别和忽必来两双狼一样坚毅冰冷的眼睛，不禁浑身汗毛倒竖，他们知道只要再敢答错一个字立刻就得当场毙命——死在眼前这两个奴隶手下。

铁木真的叔叔答里台比较圆滑，是个不吃眼前亏的人，他立刻说："我们交，我们交，你们现在就可把牲畜、财物都带走。"

者别冷冰冰地说："所有的俘虏，还有女人，我们也要带回去。"

答里台望着者别弓箭上那蓝黝黝的羽箭箭头，连连点头："行，行，你说了算。"

忽必来接着冷冷地说了一句："还有这几个，我们也要带走交给大汗统一分配。"他用刀指了指帐内那几个女人。

答里台、忽察儿、阿勒坛三人的脸"唰"地铁青，但是看着者别的箭、忽必来的刀，答里台对那几个女人吼了一句："跟他们滚！"

者别和忽必来这才收起刀箭带着那七八个女子到帐外，然后清点牲畜、财物和人口。

从此，铁木真通过打击不法旧贵族，在蒙古军中建立了极其严明的军纪。不过，答里台、阿勒坛、忽察儿三人原本愿意跟着晚辈铁木真打仗的唯一目的就是抢劫，但现在抢到的财物被铁木真拿走统一分配，以后也不再有独自抢劫的机会，而且认为铁木真冒犯了他们的尊严让他们出丑，特别是在奴隶面前让他们出丑，要知道他们贵族是最讲究脸面的。所以，在这件事后，答里台、忽察儿、阿勒坛三人的心中充满了对铁木真的仇恨，便开始不断地在蒙古包内煽动挑唆，组成了反对铁木真的旧贵族联盟。为此，铁木真将面临极大的挑战。

第十六章　丽姝姐妹花

第二天，清点完牲畜和俘虏后，铁木真和众将一起商量怎么分配这些战利品，负责看守俘虏的者勒蔑进来报告："大汗，清点出几十个塔塔儿部贵族，怎么处理？"

铁木真头都没抬，挥挥手："统统砍了。"

者勒蔑接令而去，一会儿却又跑回来："大汗，有个叫也客扯连的贵族拼命高叫不要杀他，说大汗只要放了他，他有世之罕见的奇珍异宝献给大汗。"

"哦。"铁木真抬起了头，"什么奇珍异宝，能换他一命？"

者勒蔑笑着说："也客扯连说宝贝是他的女儿也速干。他说也速干是塔塔儿部最有名的美人，部落无人不知、无人不晓，而且还没嫁人。大汗见了，一定欢喜！"

铁木真来了兴趣，心知也客扯连有信心能拿女儿来换自己的性命，这女儿的美貌一定非同小可。于是，铁木真对者勒蔑挥挥手："你押着也客扯连去看看。如果虚言，一刀砍了；如果真是不一般的美女，就把也速干带回来见我。"

众将一起偷偷微笑，草原上谁都知道大汗最爱英雄和美女。此时，铁木真正当盛年，霸业已显，不再像早年那样为了一家生存劳苦奔波，而且天赋异禀、精力极旺，自然贪爱美女。同时，铁木真身为蒙古部首领，更多地繁衍后代也是他必须完成的使命之一。所以，每下一地，每败一敌，众将都会拣最有姿色的美女送给铁木真。到这时，铁木真出征时除了带上最疼爱的三女儿阿剌海别吉，是不带其他女人的。蒙古军出征，动辄经年征战，纵横驰骋几千里，没几个女人受得了这种辛劳。现在，铁木真灭了塔塔儿部，正缺个女人料理帐内杂务，而且战场上的俘虏献上自己的女儿乞命这种事还真是第一次看到。

众将皆知，想必这也速干一定是美貌非常，如此也客扯连才敢拿她来换命。

当也速干被带到大帐时，众将全都惊呆了，万万没有想到也速干竟比想象的还要美。

此时，大帐内的所有人包括铁木真都心中暗叹："这样的美女，不要说一个也客扯连，就算拿一万个塔塔儿贵族的小命换她也值得！"

草原的女子多半身材健硕、脸圆宽颊，而也速干却纤腰长腿、身材纤长、蛾眉挺鼻、瓜子玉面，一双黑漆的亮眼，姿容秀丽至极，浑身艳光四射，完全不像塔塔儿人，倒像是关内南宋的江南汉家美女。

这一年，也速干刚刚十七岁。

看着这美丽至极的塔塔儿少女，众将皆是魂不守舍，而铁木真则仿佛又回到了生机勃勃的青年时代。

铁木真对者勒蔑道："把也客扯连放了。"

众将识趣，一起跟着者勒蔑走出了中军大帐。

大帐里只剩下铁木真和也速干。

也速干心头鹿撞，不敢抬头。

铁木真走到也速干面前："看着我。"

也速干慌乱地抬眼看着铁木真，一双眼里满是慌乱、害怕，还有掩藏不住的倾慕。也速干知道，眼前这个高大魁梧的汉子虽然是塔塔儿部最可怕的死敌，但也是草原上的神——草原上所有的毡房里，牧人年年都在传诵铁木真新的传奇，而草原上所有的少女都爱听一个贫穷的幼小孩子怎样奋斗成威震草原的成吉思汗的故事，她们都想嫁给这位心中憧憬的英雄。

铁木真这时已阅女无数，但看到美丽的也速干仍然觉得惊艳无比，他握住也速干洁白的玉手。也速干贵族少女的矜持让她不由自主地试图抽回自己的手却哪里能抽得出，一阵少女的惊慌掠过心头，却发现自己已被铁木真横抱在手……

明亮的蒙古包已经昏暗下来，铁木真在也速干身边沉沉睡去，而也速干却已经不由自主地爱上这个部落的仇人和这个霸道的草原英雄，不禁流下了眼泪。也速干的泪滴在了铁木真脸上，铁木真立刻像头警惕的狼一样惊醒了，他坐起身来把也速干搂在怀中，柔声道："你已是我永远不会伤害的人了，我会把草原给你的，为什么要哭呢？"也速干不由自主地抱住了铁木真，将头埋进了铁木真的怀抱……

众将都是百战宿将，博尔术、木华黎各自分遣众将，安排善后事宜，清查俘虏，收拢马匹，料理牲畜，布置得井井有条。

第四天清晨，铁木真走出帐外，命令安顿好也速干，然后说："击鼓聚将，到大帐议事。"

中军帐内一片寂静。

这一仗，蒙古军在战场上抓获了八千名俘虏，在塔塔儿部大营里又抓了三四万塔塔儿老幼妇孺，这里面还有两万多男丁，而如何处理这四五万塔塔儿人让蒙古诸将非常头疼。

为此，两派将领吵成一团：一部分将领主张放过这些人，让他们做奴隶为己所用；另一部分将领主张全部杀光，灭掉塔塔儿人永绝后患。最后，大家都在等着铁木真拿主意。

铁木真缓缓站起身道："塔塔儿人与我们仇深似海，他们害死了俺巴孩汗和我额赤格也速该，而我们在战场上杀了他们无数的人，两部的血仇不可能消解了。因此，所有的塔塔儿男子，高过车轴的一律杀光。"①

博尔术和木华黎都难过地低下了头，他们两人都主张留下俘虏。

铁木真的弟弟别勒古台是个非常憨厚善良的人，他也主张留下俘虏。于是，别勒古台忍不住问了一句："那女人呢？"

---

① 蒙古大车的车轴一般高 1.2 米，这是现代八岁儿童的标准身高。也就是说，铁木真只准备留下塔塔儿部八岁以下的儿童，其他的男子则全部杀光。

铁木真抬起头叹了口气，缓缓地说："所有的女人，从小姑娘到老妇一个不杀，都分给大家吧。"

众将深深地长出了一口气。

铁木真又说："呼伦贝尔草原在我们的东边，这里是我们的后方，让塔塔儿人占据这里就是在我们的背后插上了一把利刃。所以，我们必须清除塔塔儿部，这样我们才有一个稳定的后方。"在那个部落征战的时代，铁木真的目光确实是深远的。就在铁木真族灭塔塔儿部的第二年，脱里汗克烈部突然偷袭了铁木真，猝不及防的铁木真于合兰真沙陀大战后一直溃退了三千里，直到退到呼伦贝尔才站稳脚跟，而那时如果塔塔儿部若还在，铁木真肯定会被前后夹击"包了饺子"。

铁木真说的这个族灭塔塔儿部的理由，连博尔术、木华黎和别勒古台也无可辩驳。

于是，众将开始商量如何对塔塔儿男子进行屠杀。

这次屠杀是铁木真和蒙古军第一次做这种事，而以前的俘虏都做了奴隶。第二年千里溃退逃到呼伦贝尔草原后，铁木真和蒙古诸将更是切身感受到了前一年族灭塔塔儿部的好处，因此后来他们就经常对征服的部落进行斩草除根式的大屠杀。

商量好后，大家就各自回营，准备第二天屠杀塔塔儿部那些高过车轴的男子。

别勒古台回去的路上，正好碰到了也速干的父亲也客扯连。大家都知道也速干以后肯定会得到铁木真的宠爱，而也客扯连也会"女贵父荣"，所以没人愿意管束也客扯连，就任他到处行走。看到别勒古台满脸凝重，也客扯连问道："你们商议什么，用了这么久时间？"

别勒古台看着也客扯连，左右看了看，低声说道："我们决定杀光你们部落所有高过车轴的男子。"别勒古台是有意泄露的。

也客扯连的脸一下子变得煞白，瞬间整个人呆住了，等他回过神来时别勒古台已经匆匆而去。

也客扯连赶紧奔回塔塔儿部营地，把蒙古军马上要进行大屠杀的消息传了出去。

塔塔儿人的营地一时间炸了锅，但跑是肯定跑不出去的——营地已经被蒙古军包围在中间——大家商量的唯一结果就是跟蒙古军拼了，争取临死前拉个蒙古兵做垫背的，杀两个算赚一个。

第二天，蒙古军开始按计划大屠杀，没想到已经束手就擒的塔塔儿男子从怀里掏出了短刀跟蒙古军拼命，猝不及防的蒙古军倒下了一大片。于是，蒙古军对塔塔儿男子的大屠杀变成了短兵格斗：蒙古军顾不得只杀高过车轴的男子的规定而见人就杀，两万塔塔儿男子也拼死反击，一些老人孩子更是抱着蒙古兵用手撕、用嘴咬，从早上一直血拼到中午，直到他们所有的男人都死光了。

当蒙古军的伤亡情况被报给铁木真时，铁木真十分生气，没想到塔塔儿人临死前的反抗竟然损失掉了近两千蒙古兵，而前日在战场上总共才死了五百蒙古兵。

铁木真知道，这肯定是有人走漏了大屠杀的消息，他命令一定要找到这个可恶的多嘴多舌者，并要拿他的人头祭奠死去的两千名将士。

很快，也客扯连被揪出来了。

大帐里，铁木真和众将一起恶狠狠地盯着被强摁跪在地上的也客扯连。

也客扯连大叫：“是我说的。你们这些杀人魔，你们杀了我好了！”

不过，铁木真知道也客扯连并没有参加决定屠杀的会议，把消息泄露给他的一定另有其人，而且这个人肯定参加了军帐内只有高级将领才能参加的会议，所以这个人无论如何都得揪出来，不然他将会是蒙古大军中最可怕的隐患。

然而，不管众将领如何威胁恐吓，也客扯连就是不说告诉他消息的人。于是，刀斧手开始准备皮鞭之类的刑具，也客扯连吓得浑身哆嗦、满头大汗，却仍然坚持只语不漏。这时，别勒古台终于站出来了，他说道：“大哥，消息是我走漏的。”

别勒古台话一出口，蒙古众将皆是沉默不语。别勒古台心地善良、憨厚朴实，与众人皆是无数次同生共死的兄弟，大家都为他捏了把汗。

铁木真恶狠狠地盯着别勒古台，而别勒古台即使身经百战、勇冠三军，也被铁木真看得浑身汗毛倒竖。

许久许久，铁木真对弟弟别勒古台说道："以后每次饮酒，你只能在帐外巡查。待我们喝过三盅酒之后，你才许进来。"

别勒古台顿时脸若死灰，这意味着他被赶出了家族的核心圈子，而这比杀了他还难受。

铁木真又看着叔叔答里台："你到处乱窜，煽动造反，以为我不知道吗？你也和别勒古台一样惩罚。"

铁木真同时惩罚别勒古台和答里台，这是敲山震虎，既是警告亲王阿勒坛和堂兄忽察儿，也是表示他不会徇私枉法，即使是自己的亲叔叔和亲兄弟做错事也要给予惩罚——这就在蒙古军中树起了榜样。

现在，就剩下也客扯连还没有处理了。铁木真对也客扯连当然没有什么情感可言，但他对也客扯连的女儿也速干却已经有了感情，而他若杀了这个也客扯连，势必就会失去美丽的姑娘也速干。

就在铁木真还在犹豫的时候，门口闪进一道白影，直接扑过来伏在也客扯连的身上，向铁木真哭诉道："你要杀了我额赤格，先把我杀了！"

铁木真正不知如何是好，纳牙阿出来解围，而他这时已是铁木真身边的中军侍卫。

"大汗，我先把他们带下去。"纳牙阿说。

铁木真如释重负地点点头。

等他们走后，铁木真说："塔塔儿部已经覆灭了。但是，我们这一趟东征的事情还没做完。"

接着，铁木真想起了什么，然后指着大帐门口怒吼道："答里台、别勒古台，你们出去！不许你们再参议军机。"

于是，铁木真的叔叔答里台和弟弟别勒古台就这样被灰头土脸地撵出了中军大帐。

等答里台、别勒古台两人出去后，铁木真道："这一带还有弘吉剌部和另外七八个小部落在此游牧定居，我们既然来了，就干脆把他们统统降服。特别是弘吉刺部是草原上著名的美女之乡，虽然我岳父德薛禅就是弘吉刺部孛思忽儿氏的首领，但他所在的部落只不过是弘吉刺部下面一个小氏族，做不得弘吉刺部的主。弘吉刺部在'十三翼之战'、阔亦田之战屡次与我为敌，这次我们就杀到弘吉刺部家门口，逼他们要么决战要么投降，然后我们把我岳父德薛禅扶成弘吉刺部大首领，并收降另外七八个小部落。之后，我们在这美丽的呼伦贝尔大草原放牧避暑，帮助我岳父德薛禅巩固根基，到了深秋我们再回三河源头过冬。"

众将无不叹服铁木真的作战计划。

当晚，也速干被传到铁木真的帐内，她是真的爱上了这个神一样的男人，但也真的怕了他的凶狠手段。铁木真发现这美丽的少女也速干浑身都在发抖，叹道："你为什么要怕我？我不是告诉过你，永远不会伤害你吗？"

也速干轻声道："那你能放过我额赤格吗？"

铁木真知道怎么做才能得到也速干的心，他终于点了头："好吧，我不杀他。等我收降了弘吉刺部，我就给他一些奴隶，让他留在弘吉刺部。"

也速干也知道这是最好的结局了，然后对铁木真说："我还有件事想求大汗。"

铁木真苦笑道："那你就说啊。"

也速干说道："我还有个姐姐叫也遂，只比我大两岁，今年十九岁。姐姐长得比我要美得多，是塔塔儿公认的第一美女。在大汗带兵打过来的时候，她的未婚夫把她带走了，你要能找到她，我愿意和我姐姐一起服侍你。"原来，也速干知道塔塔儿部已经族灭人亡，姐姐也遂逃出去也是无源之水、无根之木，在野外肯定活不了多久，不如让她和自己一起至少也有条生路。

铁木真一听眼睛都亮了，心想："也速干已经美得明艳不可方物，她姐姐比她更美，那会美成什么样呢？"

铁木真沉吟一会儿，说："去找她是应该的，她是你姐姐，我不能放任不管。但是，我原来是要让你做三夫人的，你姐姐也遂要是来了，她比你大，你就只能做四夫人。你可要想好了？"

也速干轻轻捶了一下铁木真的胸膛："我怎么会嫉妒我的姐姐，只要你常常记得我，我就满足了。"然后，两人不禁又贪欢一夜。

第二天，铁木真立刻遍出探马侦骑寻找也速干的姐姐也遂的下落，同时派出使者前往东边的弘吉刺部传话——要么拔刀应战，要么举族归入蒙古部。

弘吉刺部首领们商议之后，很快下了决心投降，他们早就知道这是自找的苦头。铁木真是弘吉刺部的女婿，从未找过弘吉刺部的麻烦，但弘吉刺部几次三番与铁木真为敌，参加反铁木真的同盟，无非还是看不清草原大势，想跟着札木合捞一把。现在，铁木真打上门来，有仇报仇、有怨报怨也是天经地义的事，而弘吉刺部自然也无话可说。同时，特别是铁木真在塔塔儿部大屠杀的事已经传开，这更令弘吉刺部害怕了。多年来，弘吉刺部一直向草原各部输送美女，各部也没人想去得罪"岳父之邦"，所以弘吉刺部打的仗很少，战斗力在草原上属于下等，当然无论如何都不会是铁木真的对手，于是就一门心思投降了。

附近的七八个小部落也闻风而伏，一起归顺了铁木真的蒙古部。

铁木真收服弘吉刺部和附近诸部，得人口两万余帐、十万余众，可征兵一万人，于是请岳父德薛禅为弘吉刺部大首领。对此，弘吉刺部当然无人敢说半个"不"字，而且德薛禅原本心胸、智慧早已闻名草原，可谓德高望重、众人钦服。铁木真又点精骑五千人交给孛儿帖的弟弟按陈留驻，辅佐其父德薛禅统管弘吉刺部。这时，按陈已跟着姐夫铁木真征战十多年，早已是威震草原的蒙古大将，虽然分开不舍，但亦只好听令。随后，铁木真又派人前往三河源头的大营将这五千将士的家眷搬来，这是下了决心扎根呼伦贝尔草原这块草肥水美的宝地了。第二年，铁木真与脱里汗一战大败后，就是靠这块宝地和战略远见东山再起的。

处理好这次东征的事务后已是盛夏，铁木真便令各部在呼伦贝尔大草原分散驻牧避暑，这也是为岳父德薛禅和妻弟按陈壮大声威，替他们统领弘吉刺部打牢基础，并又令部下给脱里汗送去一千匹好马通报其征服了塔塔儿部。

　　这时，探马侦骑又传来了好消息，也速干的姐姐也遂找到了。

　　原来，也遂和她的未婚夫一直躲在大兴安岭的山林里，终于被一队蒙古骑兵发现。也遂见势不妙，她急忙推走了她的未婚夫，自己朝另外一个方向跑去引开了蒙古兵，最后她自己却被围住了。那些蒙古兵一看到也遂的脸，立刻知道她就是大汗铁木真要找的女人，赶紧将她送到了铁木真的大帐。

　　铁木真看着也遂，简直不敢相信自己的眼睛，只见又一个俏生生的大美人立在眼前，和也速干一样清丽脱俗，却还多了几分成熟妩媚和勃勃英气。

　　也速干看到姐姐也遂，一下子扑过来抱住了姐姐，姐妹俩哭成一团，真是梨花带雨、人比花俏。

　　等到姐妹俩哭够了，也速干对铁木真说：“大汗，我的姐姐既然找回来了，就让她做你的第三位夫人吧，我不要什么名分。”

　　铁木真左看右看，只见两姐妹一个俏生生如空谷幽兰，一个美艳如天女下凡，实在是一个也舍不得让其受委屈。于是，铁木真说：“你们两姐妹我都要了，一个做三夫人，一个做四夫人，我都一样疼爱。”从此，这对塔塔儿姐妹花就跟了铁木真，成了蒙古有名的两位姐妹皇后。

　　这时虽是盛夏，呼伦贝尔草原的气候却非常凉爽宜人。铁木真报了部落世代的血仇心情畅快至极，更得到这一对俏生生的姐妹花左拥右抱，于是白天打猎游玩、饮酒作乐，夜间享尽艳福，日子过得开心至极。

　　这日，侥幸逃出生天的也遂未婚夫忍不住相思之苦，便跑到铁木真大营里寻找也遂。当时，铁木真和众将正在饮宴作乐，忽然发现也遂东张西望、心神不宁。铁木真心知有异，立即令木华黎清查围观人群，搜出一个说不清来历的青年男子，一审正是也遂的未婚夫。铁木真心中不悦，立刻喝令将其斩了，而也遂噤若寒蝉，不敢多发一言。

　　不觉已是深秋，这时铁木真的岳父德薛禅老人和妻弟按陈已将弘吉刺部和附近几个小部落治理得井井有条，于是铁木真留给按陈五千精骑镇守弘吉刺部，并又密令纳牙阿安置好也客扯连——给了他几十个奴隶和一些牲畜让其继续做小贵族。然后，铁木真则带着两个俏生生的美人和四万多蒙古军回到了三河源头的大营过冬。

第十七章　双雄大决裂

初冬的草原，空气凛冽而又寒冷，几十匹彪壮的战马四蹄如飞地奔驰在枯黄的草地上，口鼻间不断呼出一团团白气。铁木真带着上百名蒙古名将纵情驰骋打马奔上一个山丘，然后在山顶上停了下来，只见蒙古"四骏""四狗""四弟""四子""四养子"一起簇拥着铁木真。

众人极目远望，只见广阔无垠的草原上一群群牛羊缓缓移动，一缕缕炊烟袅袅升起，蓝色的天空中几只苍鹰在飞旋。见此美景，铁木真胸怀舒畅，高声说道："我们多年征战荡平群雄，如今草原上上千个大小部落，就剩下西面的乃蛮部、中部的克烈部和东面的我们蒙古部三个部落，而剿灭塔塔儿、收服弘吉剌后我们已经统一了草原东部。我想起幼年之时，终日奔波，求取一饱而不可得，全家几乎饿死，今日却草原三分有其一，人生若此已足畅怀。"

听得铁木真此言，众将皆是满怀豪情，只有木华黎说道："大汗乃长生天天命所归，我等能追随大汗南征北战，实乃三生有幸。唯草原三分，不可持久，大汗宜速做准备。"

铁木真笑道："王汗乃我义父，他救过我一次，我父子两代却救过他三次，想他不会负我。现在，我们的敌人只有乃蛮部，但王汗隔在我们与乃蛮部中间，草原终于安静了。我们多年征战，特别是从阔亦田之战开始年年东讨西杀，士卒劳顿未曾安歇，如今当趁此空闲好生休兵养马，歇息一段时日再做打算。"木华黎想了想，也就不再多言。

铁木真回帐后却一直还在想着木华黎说的话，也再次想到了他和义父脱里汗之间的纠葛：他和义父脱里汗之间恩怨难分，他的父亲也速该救了脱里汗的命并帮其重夺大位，而他自己青年时代穷困潦倒，连妻子孛儿帖都被人抢走，是义父脱里汗帮自己夺回妻子并重振家业，从而重新崛起于草原。之后，脱里汗两度走投无路，都是自己帮他夺回克烈部汗位，而两人之间变成了实际的盟友关系。不过，他自己这位义父脱里汗虽机智勇敢，但是极度自私自利。这么多年来，他只要打仗缴获就会分给义父脱里汗很多战利品，有时候甚至送的是一大半，但脱里汗从未送来他的缴获；而且脱里汗耳朵根子很软，经常听信小人谗言而毁掉大计——他是因这一点吃过大亏的，如那次攻打乃蛮部，脱里汗就听信札木合的谗言，竟将他扔在战场上自己连夜悄悄退走，差点让蒙古军全军覆没。

但是，铁木真细想之后仍然觉得必须维持和脱里汗的联盟关系。铁木真认为，这种关系对于蒙古部多年来的发展至关重要——如果不是脱里汗挡在中间顶住了乃蛮部的压力，让他没有后顾之忧，他是不可能全军远征三千里扫平塔塔儿部而拿下整个草原东部的。因此，铁木真觉得这个联盟无论如何要继续维持下去。

就在铁木真还在大帐中细细沉思的时候，孛儿帖端着一盆马奶子进来了。看到铁木真在那里呆坐不动，孛儿帖拿着勺子敲了两下马奶盆，娇嗔地说道："大汗，你就不要想那么多了！你该想想咱们家的孩子了，术赤都二十多岁了，咱们最小的女儿也十五岁了。你该操心一下孩子们的大事了。"

孛儿帖的话一下子提醒了铁木真，他猛地拍了一下桌子喊出了声："结亲，我们和王汗家结亲。"

孛儿帖疑惑地说："结什么亲？"

铁木真笑了笑："待会再说吧，你先去把孩子们都叫来，今天我们一起吃饭。"

铁木真和孛儿帖坐在长条桌的上首，桌子两侧一边坐着四个儿子，一边坐着五个女儿。其中，五个女儿按大小顺序排座，而四个儿子的第一个位置是长子术赤，第二个位置却是老三窝阔台，第三个位置坐着老四拖雷，老二察合台坐得离术赤最远。铁木真看看他们的排座，心里不禁叹了口气：术赤和察合台两兄弟从小不和，他这个做父亲的也不是万能的。

晚餐很简单，马奶酒和手把羊肉。

孩子们都很崇拜父亲铁木真，几碗马奶酒一喝气氛就活跃起来了，五个女儿叽叽喳喳地开始跟父亲母亲闲扯开心，而儿子们则沉默一些。此时，铁木真的儿子们都已是蒙古的青年战将，见过的人头也不知道有多少，他们都很成熟了，尤其是术赤从小在部落里就被传言是篾儿乞人的孩子，他不禁自伤身世，总是沉默寡言。铁木真看着术赤一碗碗地喝酒，他也不知说什么好，虽然他从未怀疑过术赤的出身。铁木真以为，他跟术赤这个儿子会有两个男子汉之间的默契，而他也不可能去找儿子术赤澄清什么，如果那样做效果会适得其反，不但会伤害术赤、伤害自己，甚至会伤害妻子孛儿帖。

酒喝到高兴，铁木真说道："孩子们，你们都长大了，儿子要娶亲，女儿要嫁人。以后，额赤格也要为这些事操心了。"

铁木真这话一说出口，四个儿子一起笑起来，五个女儿则叽叽喳喳地说不要出嫁，要一直陪着父亲、母亲。是夜，家宴尽欢而散。

孩子们走后，铁木真对孛儿帖说道："我想跟王汗家联姻换亲。王汗有个女儿，是桑昆的妹妹，叫察兀儿，我想让术赤娶了她；作为换亲，桑昆有个儿子秃撒合，我想让咱们的大女儿火真别吉嫁给他。这样一来，我们和王汗两家就合成了一家，一家人之间就不会再有刀兵之忧，草原也就安宁了。"

孛儿帖点头称是，笑道："这才像个当爹的。"

第二天，铁木真把这件事告诉了众人，果然连同木华黎在内都一起叫好。于是，铁木真派出部落口才第一的使者塔孩前往克烈部提亲。

塔孩快马加鞭疾驰了二十余日，来到克烈部觐见脱里汗和桑昆。塔孩也是脱里汗和桑昆的老熟人了，他直接说明了铁木真求亲的来意。脱里汗满脸笑容正要说什么，但桑昆抢先开了口："铁木真不过是个草原上的孤儿，连妻子都被人抢走，全靠我额赤格帮他才抢回来，而他竟然想高攀我们这种贵胄，真是不知天高地厚！我的妹妹嫁到他家，只能守在门后面对着正面，而她的女儿嫁到我家却是坐在正面看着门后，'癞蛤蟆想吃天鹅肉'，亏他想得出来。"

原来，桑昆的意思是说，术赤身份不明，将来肯定不能继承铁木真的家业，自己的妹妹嫁过去只能是个臣仆的妻子，但克烈部只有自己这一支，自己的儿子肯定要继承王位，而铁木真的女儿嫁过来肯定要做王后——这就是桑昆所说的"正面门后"的意思。

脱里汗坐着未发一言。

塔孩听完气得脸色铁青，说了一句："不知我们汗父也速该巴特尔救过谁，不知我们大汗几次三番救过谁，不知草原上能有谁比我们成吉思汗血统更高贵。告辞！"塔孩连饭也不吃便打马奔回。[①]

塔孩奔回三河源头的大营，向铁木真报告了出使求亲的情况，并原原本本地将桑昆说的话转告给了铁木真。铁木真想与克烈部和亲，本意是"两好合一好"——亲上加亲，巩固与克烈部的联盟关系，却不想受此大辱，心中的愤怒可想而知。据《蒙古秘史》记载，从这时起，铁木真开始对脱里汗和桑昆起了反感之心。

就在这时，蒙古内部发生了一件大事，铁木真的叔叔答里台、堂兄忽察儿和亲王阿勒坛三人趁游牧之机拉走了各自的部落，投奔了脱里汗的克烈部。

原来，攻打塔塔儿部时，答里台、忽察儿、阿勒坛三人擅自脱离战场去抢劫塔塔儿部大营的财物，结果被铁木真勒令收缴。这三个老贵族因此对铁木真极度不满，起了叛离之心。攻打塔塔儿部回来后，他们三人不敢直接找脱里汗和桑昆，害怕事情暴露，于是偷偷派人去找札木合联系说明反意。札木合一听自然狂喜，毕竟只要对铁木真不利的事，他都会用最大的热忱去努力做。札木合在克烈部虽然是降将的身份，但他称霸草原之心始终不死，于是他得到消息后便又去找桑昆拨弄唇舌，挑拨离间。

札木合对桑昆说道："也不知道王汗是中了什么邪，就你一个儿子挺好的，却偏偏要去收铁木真做什么长子，还到处说你不成器。草原上都说，王汗是要把克烈部的大位传给铁木真。"

桑昆是个头脑很简单且很愚蠢的人，被札木合戳到要害后当即痛骂起来：

---

① 蒙古使臣的高傲自信在世界外交史上是有名的，甚至很多使臣因高傲而被杀。

"他铁木真也不看看自己是个什么东西，一个连妻子都被抢走的废物。当年，如果不是我们家帮他，他现在最多是个奴隶。我父汗已经年迈老糊涂了，一直被他花言巧语、小恩小惠蒙蔽。上次他还来找我们求亲，被我毫不犹豫地呵斥走了使臣。"

札木合马上迎合："是啊，他来换亲，这是看上了你们克烈部的家当啊。"

札木合见火候已到，便挑拨道："铁木真近年东征西杀连胜各部，势力日涨，已有一统草原之势，若不尽早铲除，必成心腹大患。现在，有一个大好的机会，铁木真手下的三员大将答里台、忽察儿、阿勒坛来找我联系，愿意脱离铁木真投奔我们。这三人是蒙古老将，他们的离开相当于铁木真自断一臂。我再联合一些跟铁木真有仇的部落，只要你愿意攻打铁木真，我就带这些部落从旁协助你。"

桑昆果然大喜过望，拍手叫好，立即派人前去与答里台等三人联系。

于是，这一年深冬，趁大雪出行不便、消息闭塞，答里台、忽察儿、阿勒坛带着各自所部，从铁木真手下叛逃到了克烈部。这对铁木真是极为沉重的一次打击，这三部人马是老乞颜部的三支骨干，战时都是他们打前锋，战斗力极强。这三个乞颜部老贵族名将叛逃到了克烈部后，形成了以桑昆、札木合为首的一个草原老贵族集团，视铁木真带领的以平民和奴隶为主的新蒙古部集团为死敌。

不过，铁木真这次却陷入一生中少有的一次思维盲区，他坚信克烈部绝对不会进攻他，相信他救过多次的义父脱里汗绝对不会背弃与他的同盟，所以他一直没有集结他的军队。因此，铁木真认为草原上没有什么敌人后，便将五六万军队分散在两三百万平方公里的草场上放牧。

其实，铁木真不知道的是，他的义父脱里汗此时已经背叛了他这个义子，终究是同意了儿子桑昆攻击他的作战计划。

原来，在准备接应答里台、忽察儿、阿勒坛叛逃时，桑昆便率四万克烈军离开黑林秘密北上到了温都尔山北面，待机进攻铁木真。为征得脱里汗同意，桑昆先后三次派人说服脱里汗。脱里汗听说桑昆要攻打铁木真大惊失色，毕竟多年交道打下来他对铁木真已建立了很深的信任关系，说："铁木真多次救过我们，不是他的帮助，我们克烈部没有今天。我们去打他，上帝不会保佑我们的，长生天也会惩罚我们的。"

脱里汗敏锐地意识到这肯定是札木合的主意，他劝诫桑昆道："札木合阴险狡诈，一贯挑拨离间，专擅花言巧语，不是个好人，我儿不能听他的啊！"

如是，桑昆派使者顶风冒雪劝了父亲脱里汗三次，脱里汗拒绝了三次，第四次桑昆终于忍不住亲自到黑林劝说。当时，天下大雪，桑昆连身上的雪花都来不及拍打，便冲进脱里汗的大帐，用札木合告诉他的一套言语叫道："父汗，你为什么这么固执，那铁木真不把我们放在眼里呢。草原上，谁不知他骂你老朽无能，说你只是个毫无见识的老屠夫，还骂我没有到过女人撒尿以外的地方。父汗，我们再等下去，他会吃掉我们克烈部全族的，我们的牧场百姓都会被他抢走的。父汗，你年事已高，如果等铁木真打上门，我们克烈部祖宗创下的基业就全落在他手里了，而他如今不是已经想通过换亲来巧取豪夺我们家的财产吗？现在，我们只要趁铁木真不备干掉他，我们就将立刻成为草原上的霸主。"桑昆越说越激动，竟然把自己感动得呜呜大哭了起来。

脱里汗呆若木鸡，只会来来回回重复两句话："铁木真对我们有大恩，这样做上帝会惩罚我们的，这样做上帝会惩罚我们的。"

桑昆怒极，一脚踢翻椅凳，掀开帐帘欲扬长而去。

就在这时，桑昆背后传来一个苍老的声音，只听脱里汗说："你们好自为之吧！我管不了你们了，我只有你这个儿子，你想怎么样就怎么样吧。"

桑昆顿时大喜过望，因为没有父亲脱里汗点头，他是指挥不动克烈军的。当然，不管脱里汗以后怎么后悔，同意克烈军攻打铁木真的实际上就是他本人。

桑昆赶到温都尔山以北的军中，召集札木合、答里台、忽察儿、阿勒坛等议事攻打铁木真，但众人都说大雪封路，无法进攻。

这时，桑昆想出了一个坏主意，说："去年铁木真派遣使者到我们家提出和我们家换亲，我没同意，'癞蛤蟆想吃天鹅肉'。不如这样，来年开春的时候，我派人去通知铁木真，就说同意跟他换亲，让他亲自前来商议此事，一起吃布浑察儿（指定亲的宴席）。这样，铁木真必然会来，他来了之后我们立刻擒住他，那整个蒙古部就会群龙无首，不战而降！"

众人听了都拍手叫好。

最后，铁木真果然上当了。

第二年早春，铁木真带着术赤、察合台、窝阔台和拖雷四个儿子，另外带了五十名侍卫、十车贵重礼物前往克烈部提亲。这一日艳阳高照、春风习习，铁木真等人心情爽朗，忽见前面有几顶蒙古包的顶上正冒着袅袅炊烟，原来这是蒙力克老人游牧的地方——蒙古皆是"聚则为军，散则为民"，战争时聚，游牧时散——蒙力克老人现在的身份就是一个老牧民。

蒙力克老人见到铁木真一行，连忙招呼他们进帐喝水吃饭。

铁木真一行坐下后，蒙力克老人问他们去哪里，然后铁木真就把一行前往克烈部去换亲的目的告诉了他。

蒙力克老人经的事多，立刻说："这事你不能去。你想想，桑昆之前还拒绝你的提亲，现在怎么又突然同意了，还主动请你去赴定亲宴？现在，札木合、答里台、忽察儿、阿勒坛，你的这些敌人都聚集在克烈部那里，你怎么还能就带这么一点人前往克烈部呢？"

最后，蒙力克老人还说出了决定性的一句话："你不能忘了你额赤格也速该巴特尔的教训啊！"

所谓"响鼓不用重锤敲"，蒙力克老人说出的这句话让铁木真立刻如雷轰顶，知道险些上当。

铁木真问道："那您说这事怎么处理？"

蒙力克老人说："你就派个使者过去跟桑昆说，春天马瘦不能骑行，等秋天马肥了再来，然后你这十车礼物还是送给他，以表诚意。这样，我再让阔阔出给你问问。"阔阔出就是阔亦田大战祈雨的那位通天巫，铁木真的儿时玩伴，蒙古的大萨满之一，他是蒙力克第四个儿子，因此铁木真等蒙古人都很信服他。

于是，阔阔出穿起神袍、系上神铃、打起神鼓，在帐中跳了起来。跳了一阵，阔阔出突然直挺挺倒在地上，说了起来："长生天啊，有刀有枪啊！

来啊，刀斧手上来，抓住铁木真！一个也不能放过！"

原来，蒙力克老人一家游牧的地点离克烈部很近，克烈军的异动已有耳闻，故用阔阔出跳神的法子提醒铁木真。

这时，铁木真更不待有疑，当即说："蒙力克额赤格，谢谢相救！就按您说的做，我这就回营。"

于是，铁木真派了一个使者前去克烈部，并告诉使者放心，如果桑昆真有什么阴谋，他们想要的是他铁木真的脑袋，使者绝对没事。

那使者押运了十车礼物送往桑昆军中，一路细观形势，只见克烈部大军云集。使者见到桑昆后，呈上了礼物。桑昆等人立知阴谋败露，铁木真已经警觉，于是只好假戏真做，大摆宴席招待了使者。使者走后，桑昆说道："事不宜迟，跟铁木真已经翻脸了，趁他还来不及收拢蒙古军立即进攻。"于是桑昆一伙决定马上攻打铁木真。

那使者离了险地，快马加鞭赶回铁木真处，报告克烈部大军正在集结。铁木真立即下达紧急战令，命令各部马上集中，可是无论如何也来不及集合全军了。

这时，决定铁木真命运的一份情报送到了。在铁木真一生中，一共有三份情报起了决定性的作用：第一份是"十三翼之战"前妹夫孛秃的父亲捏坤派人送来札木合即将攻打的情报，第二份是阔亦田之战前牧民豁里歹送来情报，第三份就是这份克烈军即将攻击铁木真的情报。

送情报的是阿勒坛的弟弟阿勒客连的两个奴隶巴歹和乞失里黑。巴歹和乞失里黑两人虽然被迫跟着主人投奔克烈部，但他们心里一直向着蒙古部，对铁木真更是敬慕多年。这天，克烈部召开作战会议，会议是晚上开的，商议第二天一大早就全军进攻突袭铁木真。阿勒客连开完作战会议回来告诉妻子明天要去打铁木真，不料隔墙有耳被巴歹听到了，巴歹连忙告诉了好友乞失里黑。乞失里黑急忙去核实情况，看到阿勒客连的儿子正在大青石上磨箭头，还要他把牧场上最好的两匹枣红马和大白马准备好明天要出远门。

乞失里黑立刻回来和巴歹商议："铁木真是个仁慈宽厚、重情重义的好大汗，他是草原的希望，我们不能看着他被这些阴险小人祸害了。"

巴歹说："我们去给铁木真大汗报个信，他不会亏待我们的。"

于是，巴歹和乞失里黑两人偷偷牵上那匹枣红马和大白马，到了营帐外便一阵狂驰找到了蒙古军大营和铁木真。

听到巴歹和乞失里黑带来的消息，铁木真大吃一惊，他做梦也没想到克烈部来得这么快。震惊过后，铁木真当机立断，命令身边的侍卫叫醒所有的人，派出大批使者通知分散在草原上的各部立即全部往东去呼伦贝尔草原集合。全体人马集合完毕，铁木真命令扔掉一切有碍行军的东西，只带食物和武器轻骑向东疾驰赶往温都尔山后山隐蔽起来，只留下者勒蔑带一队人马作为后卫哨探敌情。

清晨，者勒蔑果然看到昨夜驻扎的大营上空冒起滚滚黑烟，原来桑昆率军突袭而来却只见铁木真大营遍地狼藉、空无一人，知消息已经走漏，气急败坏之下便放了一把火烧了铁木真的营地。

者勒蔑遥望到敌军动静，便追上大队向铁木真报告巴歹和乞失里黑两人所说为真。于是，铁木真重赏了巴歹和乞失里黑，后来甚至把"草原第一至宝"——脱里汗的大金帐都赐给了他们，并在建立蒙古汗国后将巴歹封为"蒙古八十八功臣"的第五十五位功臣、乞失里黑被封为第五十六位功臣，而且两人都被封为千户长、答剌罕①。铁木真一生所封的答剌罕，也不过只有锁儿罕失剌、博尔术、博尔忽等六七个人。

巴歹和乞失里黑跪在铁木真面前感激涕零地号啕大哭，发誓此生永为大汗效命。

当然，铁木真对情报工作的重视，对情报人员的赏赐之重，一生如此。

第二天近午时分，铁木真率军东行，到达了合兰真沙陀地带（今内蒙古

---

① 答剌罕，不是官名，是封号。这个封号享有许多的特权，宴饮乐节待遇如宗王，允许侍卫佩带箭筒，围猎时捕获的猎物归自己所有，出征时抢掠的财物归自己独有，有罪不罚，免除赋税，不必获得许可可以随时入宫禁，并可以自由选择牧地等。同时，这个封号是可以世袭的，子子孙孙都可以享有这些特权。

乌珠穆沁旗北境）。这时，铁木真手下只集结了一万五千人马，其中畏答儿的忙忽惕氏、术赤台的兀鲁兀惕氏两部百姓为蒙古军中最为善战者，他们各有五千人，因常年备战故召之即来，另有贴身近卫军两千人和零散赶来的游骑三千人。

时当春季，草原牧民正赶着牲畜四处游牧。此时，蒙古部人畜甚众，不能挤在一起，而是各自寻找牧场分散放牧；又以为草原上不再有敌人，根本没料到几十年的盟友克烈部会拔刀相向，所以各部四处星散、分布甚广，彼此之间相隔很远。为此，铁木真与众将叫苦不迭，只能派出几百骑分别通知各部，特别是三河源头的大营赶紧移牧前往呼伦贝尔草原集结，这是他们现在所知唯一安全的地方。至于不儿罕山和三河源头的大营，由于多年结盟来来往往，克烈部和他们一样熟悉，自然不能去。

铁木真和蒙古军因连日行军又饿又累，只得在一处红柳林扎营埋锅造饭。这时，铁木真心中极为惴惴不安，近三十年征战不知见过多少枪林箭雨却从未如此忐忑，他看到众将很多都在摩挲刀柄，知道大家和他心里一样不安。克烈部此来必是倾尽全力，以求毕其功于一役，人数至少会有四万人，而自己的兵力实在太少。其实，铁木真直到此刻心里都还没做好与克烈部交战的准备，要与从父亲也速该开始算已四十多年的盟友翻脸成仇，他和蒙古部众将心里真的很难接受。不过，铁木真不知道的是，不但桑昆铁了心要跟他死战，连他的义父脱里汗也亲临前线做总指挥攻打他。原来，在犹豫彷徨之后，脱里汗也认为这次是做草原霸主的最佳时机，也觉得现在只要趁其不备就能消灭铁木真，这样草原就是他脱里汗家的了，于是撕下脸面亲自拔刀上阵。这次，脱里汗手下一共带来五万五千人，其中四万是克烈部本部人马，另外一万五千人是札木合、答里台、忽察儿、阿勒坛和几个小部落组成的反铁木真联军。

铁木真饭毕刚要令中军拔营启程，忽见后方蹄声动地、烟尘大起，后卫赶来报告追兵已至。

铁木真召集众将道：“我们不能再跑、再退，克烈军衔尾追来，会把我们整个后方冲垮。我们一定要在这里、要在合兰真沙陀打场硬仗，把克烈军的士气打下去，打得他们不敢再追我们。然后，我们再从容转移！"众将称是，大军列阵。

铁木真自率两千近卫军为中军，畏答儿率五千忙忽惕氏勇士为左翼，术赤台率五千兀鲁兀惕氏勇士为右翼，者勒蔑、速不台、者别、忽必来率三千游骑为后卫。其时，蒙古军抢占了一面山坡布阵，居高临下，占了地利。

追来的克烈军前锋见蒙古军军容威整，不敢贸然进攻，于是退下等待克烈军主力增援。不过，等到脱里汗、桑昆、札木合率克烈军主力跟上来时已是红日西沉、时近黄昏，于是双方约定明日决战。

据史载，脱里汗、札木合的克烈军与铁木真的蒙古军即将在合兰真沙陀进行的这次战略决战，是铁木真一生中最艰难的一次战役。

这次，脱里汗是倾巢而来。当夜，脱里汗制订作战计划，利用兵力优势对铁木真军发起狂攻，主攻分为四个梯队，首先是以克烈部最善战的只儿斤人作为先锋——第一梯队，其次是由阿赤黑失仑指挥土绵土别干人的军队作为第二梯队，再次是斡栾董合亦惕人的勇士们作为第三梯队，最后是豁里失列门率领的脱里汗精锐护卫军组成的第四梯队。这四个梯队连续冲击把铁木真军压缩到包围圈，最后由脱里汗、桑昆亲率大中军全线攻击，而大中军分四路从四个方向会攻包围，像鱼鳞一样密密层层连续进攻打歼灭战，以将铁木真全军消灭在合兰真沙陀。

脱里汗制订完作战计划后，忽然对札木合说："札木合兄弟，你来替我指挥这场战斗吧！我老了，上不得战场了。"

札木合知道这是脱里汗在试探他的野心，聪明地推辞了，而脱里汗也就不再谦让。

札木合也是草原不一般的人物，带部下出帐后直截了当地说："王汗干掉了铁木真，下一个就要干掉我们一统天下，他没把我们当自己人看。我往昔和铁木真安答作战，几乎没有打赢过，而他却叫我来指挥，岂不是还不如我！如此看来，王汗是打不赢我安答铁木真的。我们走到一边看热闹，让王汗去跟我安答铁木真拼消耗去。"

于是，札木合鼓动一番，答里台、忽察儿、阿勒坛三人本就三心二意，干脆一起直接率部退出了战场连夜向西而去，毕竟草原到处是牧场，哪儿都能找到放羊的地方。走的时候，札木合又干了一件更绝的事，他派人将脱里汗的所有作战计划和自己退出战场的消息全部密告了铁木真。

札木合的使者找到铁木真时，铁木真正与众将商议明日如何作战。听到札木合转来的自己已经退出战场的密告和脱里汗的作战计划，铁木真大喜过望，但博尔术谨慎地疑惑道："大汗，札木合是反复无常的无耻小人，他的话不能听信。"

铁木真沉吟片刻："不，他这次说的话是真的。札木合此人见风使舵，谁有希望就倒向谁。现在，札木合是看出了王汗父子的老朽昏庸，知道王汗不可长久，桑昆是个不足为虑的饭桶，所以和答里台他们率部而去。我猜，过不了多久札木合、答里台这批人就会和王汗父子决裂。这件事札木合不会撒谎，他是想坐山观虎斗，让我们和王汗两败俱伤。所以，这次札木合说的是真话。"

铁木真说到这里，看着术赤台道："术赤台，明天你打先锋如何？"

术赤台知道，明日先锋一阵最难最重，但刚一思忖却只听畏答儿已抢先说道："大汗，我打先锋！我们忙忽惕氏的豹花战旗，一定会插在克烈人的尸体上！我如果战死，我的妻儿自有大汗照应！"

术赤台一听急了："大汗说的我做先锋！"

畏答儿和术赤台两人是生死与共的战友兄弟，但也是互相较劲的竞争对手。

铁木真见二将争锋，大喜道："明天这样打，我们先不要冲锋，畏答儿带忙忽惕氏首先出阵以攻为守，全力抵挡克烈部的第一梯队和第二梯队。这一阵是最难的，尤其克烈部第一梯队是只儿斤人——只儿斤人号称克烈部的'军中之军'，以勇悍无畏名震草原，而克烈部第二梯队是阿赤黑失仑指挥土绵土别干人的军队，虽然土绵土别干人战斗力逊于只儿斤人，但阿赤黑失仑是克烈部仅次于合答黑的第二名将，所以畏答儿面对的是真正的血战，就是以勇胜勇，要挡住克烈部这第一拨和第二拨狂攻。然后，我将突然投入术赤台率兀鲁兀惕氏攻击王汗的第三梯队——克烈部第三梯队的部族擅长横排

'一'字形进攻，术赤台集中一点突击肯定能够冲破他们的防线。一旦突破，我就将投入'四狗'率领的三千精骑不遗余力地向前攻击克烈部第四梯队——王汗的铁卫队，只要破了王汗的铁卫队，克烈人必然士气大减，方能反败为胜打成平手。最后，我将亲自上阵，投入最后两千近卫军直破王汗中军！"

最后，铁木真说："克烈部多年征战，战斗力比当年大为增强，也是称雄草原的雄师之一，但我蒙古铁骑草原最强。这次，我军与克烈部兵力悬殊太大，全歼克烈部是不可能，但是将他们击退、击溃是完全做得到的。"

众将听完铁木真的激励，顿时群情振奋，各自领命而去。

第二天一早，铁木真率军山坡列阵，占了地利。克烈军军容威整，太阳刚一升起就听杀声大作，只见乌云一般的只儿斤勇士呐喊着策骑向蒙古军狂卷而来。

畏答儿下令："射！"

五千忙忽惕氏勇士弯弓劲射，将一批只儿斤勇士放倒了，但只儿斤勇士毫不畏惧，向前猛扑。忙忽惕氏勇士只来得及射出四五箭，只儿斤勇士就已经扑到跟前。畏答儿"锵"的一声抽出弯刀，大喊一声："忙忽惕氏勇士，跟我杀！"然后率先策骑直冲敌阵。

顿时，喊杀声和马蹄声地动山摇，五千忙忽惕氏勇士跟着畏答儿杀进只儿斤勇士的阵形开始肉搏。

这是一场惊天动地的大血战，忙忽惕氏和只儿斤氏——两个部落公认是草原上最善战的部落，将士们个个久经沙场，杀人如麻，悍勇无比——抡刀挥枪，血红着双眼，视死如归地与对手搏斗，只杀得昏天暗地……战场上，到处是嘶哑的喊杀声和垂死的惨叫声，战马的嘶鸣更是随处可闻。

战阵之中，畏答儿早已忘了生死，一口白刃奔狼刀舞得雪花一般，将一个又一个只儿斤勇士劈下马来。举着忙忽惕氏豹花战旗的勇士紧跟畏答儿之后，一批最勇猛的忙忽惕战士簇拥其左右，组成了一个无坚不摧的冲锋刀刃。渐渐地，在畏答儿无畏地冲杀中，只儿斤勇士的勇敢遭到了忙忽惕氏勇士无畏地狠狠打击，士气开始低落消沉。

畏答儿见状，反身抢过旗手手中的豹花军旗高举，呐喊着杀上了只儿斤勇士占据的一个山岗，并将军旗插在了坡顶。顿时，忙忽惕氏勇士更加士气大振，狂呼冲锋。

眼见得第一梯队的只儿斤勇士挡不住忙忽惕氏勇士的猛攻，阵形开始混乱溃散，克烈部第二梯队名将阿赤黑失仑立刻指挥土绵土别干人加入战场，战斗顿时陷入白热化的胶着状态。忙忽惕氏勇士自小出入战阵弄惯刀枪，自然知晓仗打到这种时候谁狠谁赢，后退就是军败身死，于是个个舍命向前，硬是以一军之力死死顶住了克烈军最勇悍的只儿斤人和土绵土别干人的猛攻。就在这时，克烈部名将阿赤黑失仑趁畏答儿正在向前冲杀，斜刺里杀出一枪穿透其重铠，刺进了畏答儿的后腰，顿时畏答儿落马。

不待阿赤黑失仑再刺，一群忙忽惕氏勇士舍命冲过来死死围住了畏答儿，并将他抬下了战场。克烈人见战场上敌人最猛的勇士倒下了，立刻投入了第三梯队冲击。眼看忙忽惕氏勇士再也挡不住四倍于自己的敌人的猛攻，这时只听到蒙古军阵中传来大军鼓的雷鸣暴响和惊天动地的喊杀声，铁木真命令术赤台率五千名兀鲁兀惕氏勇士投入战场。

在兀鲁兀惕氏的大玄黑军旗下，术赤台挥舞着虎头金瓜锤一马当先冲杀在前。虎头金瓜锤这种兵器专破重铠，极其沉重，非天赋异禀的超勇猛将不能使用，所以古言有云"锤锐之将，不可力敌"。

五千兀鲁兀惕氏勇士观战半晌正热血翻腾、锐气正盛，遂列成一个锥形阵紧跟首领术赤台向前突击。术赤台的虎头金瓜锤左扫右荡、上劈下砸，舞得像狂风一般，所到之处克烈部士兵仿佛秋风下的落叶纷纷落下马来，无人能挡其锋锐。果然如铁木真战前所料，术赤台率部打通了克烈军的三层防线。铁木真见状，立刻让"蒙古四狗"者勒蔑、速不台、者别、忽必来率三千名精骑加入突击，更是一阵好厮杀。就在这时，合兰真沙陀一战的转折点到了，只见打破克烈军三层防线的术赤台冲到了克烈军第四梯队——脱里汗两千铁卫队的阵前。术赤台眼力极佳，一眼就看到了桑昆正在不远处的克烈军旗下指手画脚地大声呼喝，于是放下虎头金瓜锤张弓搭箭，直接对准桑昆的脑袋就是一箭，只听一声弦响后一支柳叶穿心箭飞一般直透桑昆的脸颊。桑昆立刻落马，周围护卫赶紧围上来，但桑昆伤得极重，血污满身地被抬了下去。脱里汗的两千铁卫队见状大乱，而站在最后大中军压阵的脱里汗见前面四个梯队都已混乱，只得命令投入最后一万大中军进攻。铁木真遥见脱里汗中军大旗移动，毫不犹豫地投入了自己最后的两千名中军，只见博尔术、木华黎带着术赤、察合台、窝阔台、拖雷以及"四弟""四养子"各领一部近卫军冲进了战场，顿时蒙古军和克烈军杀得天翻地覆。

这时，脱里汗已经魂飞胆丧，他手中所有的预备队都用光了，但战局还是未见起色。当脱里汗看到昏迷的桑昆满脸鲜血被抬下来，不禁破口大骂道："叫你们不要打，非要跟铁木真斗，现在连我的儿子都中了箭——腮帮子上被钉了个钉子。撤吧，趁现在还能打个平手！"

克烈部众将从未见过这样的血仗和这样不要命的敌人，胆气已丧，都同意撤军。

于是，脱里汗命部下吹响撤军牛角号。时天已过午，战场上烟云森森、雾气笼罩，克烈部诸军在呛鼻的血腥味中打马拼命后撤，而蒙古军虽然占领了战场，却用尽了最后一丝力气，无法追击。铁木真立马"九斿白纛"大军旗下，心里叹息道："只要再有五千人马，我就能大破克烈军。"但是，铁木真环顾四周，只剩了最后五十个侍卫和旗手、鼓手、号手，只得叹息不止。

就此，合兰真沙陀战略大决战落下帷幕。

据史书记载，这次著名的合兰真沙陀之战，是铁木真一生经历的最艰苦的战斗。从此，铁木真和草原上与他争雄的脱里汗、札木合势力进入了战略相持阶段。

在中国战争史上，合兰真沙陀之战占有重要地位。在合兰真沙陀之战中，脱里汗采用骑兵偷袭鱼鳞阵进攻的战术和铁木真占据有利地形趁敌立足未稳主动进攻的攻势防御战术，在蒙古各部统一战争中都是破例的，对后来蒙古骑兵战术的发展有着深远的影响。

第十八章　绝地大反攻

克烈军退出战场后，铁木真不敢马上撤退，担心脱里汗看出破绽杀个回马枪，遂命令多插旌旗制造假象。待暮色降临后，铁木真才命令蒙古军开始向东方后撤。

当走出一段距离摆脱了全军覆没的危险之后，铁木真当即下令各军结阵而宿，休整一夜。血战终日的蒙古军将士将战马缰绳紧系于手，刀戈枕于脑下随时准备翻身再战，然后倒在草地上就熟睡了过去。铁木真不知伤亡情况彻夜难眠，待次日天刚蒙蒙亮便起身命众将点视军马。这场合兰真沙陀血战，有五六千蒙古将士伤亡，全军折损近半。对此，铁木真心如刀绞，这一仗拼的全是蒙古军的精英老骨头，好在除了畏答儿重伤外主要将领都在，唯有三子窝阔台和"四杰"中的博尔术、博尔忽以及二弟合撒儿四人不见踪影。铁木真心里不安，要知道弟弟合撒儿是他的左膀右臂；博尔术自少年相随同生共死，是他最好的兄弟和战友；博尔忽既是"四杰"又是"四养子"之一，是他的弟弟，也是少年英雄；而"四子"之中长子术赤自伤身世、脾气阴郁，次子察合台心机太重、刻薄寡情，四子拖雷机警深沉但沉默寡言，唯有三子窝阔台心胸宽阔、最能容人，连孛儿帖也多次赞窝阔台的性格最像父亲，如果丢了窝阔台他都不知道怎么见孛儿帖。铁木真急得团团乱转，自言自语地说："他们勇冠全军、同生共死，必不肯相离，他们一定会在一起的。"

然后，铁木真下令全军准备再战，预防克烈军前来追袭。于是，蒙古军全军背箭持戈，盘腿持缰坐于马旁，就地等待合撒儿、窝阔台等四人归来。

天色渐渐大亮，太阳升起来了，只见远方一溜烟尘扬起来。铁木真细看，只见一人骑着一匹没有鞍子的光背马向营地奔过来，细看时原来是博尔术。铁木真高兴得跳起来，狠狠地捶了博尔术两拳，劈头就说："长生天保佑你，我就知道你没事的，但窝阔台、博尔忽他们现在在哪里呢？"

于是，博尔术讲了他们几个人的作战经过：当脱里汗中军投入战场发起进攻时，他和博尔忽一左一右保护着窝阔台冲进了敌阵，开始肉搏混战。起先三人还在一起，但后来一支流矢将博尔术的战马射倒了。危急之际，脱里汗的人马也战到了极限，大都围集到受伤的桑昆和脱里汗周围，其他地方的敌军也开始后撤。博尔术从地上爬起来，发现一匹克烈军的驮马在战场上乱跑，背上的驮子已经散乱，于是他冲上去勒住缰绳、扔掉驮子，然后骑着这匹光背马循着蒙古军踪迹找来了。不过，当时博尔术战马中箭后，他与博尔忽、窝阔台就被冲散了，因此他也不知道他们两人的下落。

铁木真抱着一线希望不停地向长生天祈祷，继续耐心等待着。

一会儿之后，又有一匹马向营地冲过来，远看马上只有一个人奋拉着头，近看时又发现马腹下有四只脚垂着。等马儿来到跟前，大家才发现是窝阔台和博尔忽一前一后叠骑在马上，而且窝阔台还在昏迷状态，博尔忽嘴角尽是血痕。

原来，昨日在战场上窝阔台被一支流矢射中脖颈，当场跌下马来。幸亏博尔忽赶到将窝阔台扛下战场，退到一个僻静的山脚用嘴吸出了瘀血，然后抱着窝阔台歇息了一夜，直到天亮后才将窝阔台扶上马鞍，而自己则坐在马尾骑马前来寻找大队。

窝阔台勉强睁开双眼，对着铁木真喊了一声后又昏迷过去了。铁木真见此情景心痛如绞、双目含泪，马上命人点了一堆火，然后抽出短刀将刀尖烧红后对着窝阔台颈上的箭疮烙了下去，昏迷中的窝阔台顿时惨叫一声。[1]随后，铁木真派人寻找马奶给窝阔台他们吃，他们在喝下马奶后都沉沉睡去了。

这时，蒙古军担心敌军追袭，大家都心神不定，不断起身向后眺望。

---

[1] 火烙是古代蒙古人治疗刀箭金创外伤的一种传统疗法，可以清除感染，高温消毒后可防止瘀血化脓。

铁木真为了多争取点时间让窝阔台等人稍事休息，也想再等一会儿弟弟合撒儿，遂坚持暂不开拔。然后，铁木真不断地鼓励将士们准备战斗："敌来则吾战之。"

随后，博尔忽告诉铁木真一个极重要的情报："在我们打马离开战场时，我们发现西面尘土飞扬、旌旗杂乱，在一个山坡上眺望发现克烈军已经顺着温都尔山南面向红柳林方向撤退了。"将士们这才稍稍安心。

又等了半个晌午，还是没有等来合撒儿的影子。为了防止克烈军再来追袭，铁木真只好下令继续向东撤退。

出发前，铁木真对众将说："这次失败是我的过失，如果早听了木华黎的话及早准备，并整军经武以防止王汗背盟，我军当不至于有此损失。"

木华黎和众将哭泣说："定当与大汗同生共死，决与背盟奸徒王汗、桑昆血战到底！"

于是，蒙古军沿着兀鲁回河（今内蒙古乌拉盖尔河）和失连真河而上，千里撤军走了近大半个月，终于到达了蒙古草原东部的呼伦贝尔草原南部，即答兰捏木儿格思休整。

在铁木真撤退的路上，不断有散落在草原上放牧的游骑得到消息赶来会合，其中有合答安（与铁木真第二位妻子同名）、答勒都儿罕等人。合答安本是塔儿忽惕部人，早在当年铁木真离开札木合单独立营时，他们兄弟五人就一起投奔了铁木真。后来，铁木真和脱里汗一起设营，合答安等一些部众又跟随了脱里汗游牧逐水草而居。

这次，脱里汗父子偷袭铁木真，合答安对他们父子背信弃义的小人行径十分不满，于是前来追随铁木真，并告诉了脱里汗撤退的原因。蒙古军这才知道，发动战争的罪魁祸首——脱里汗的独子桑昆已被术赤台利矢重伤，不但脸上腮骨射穿，连牙齿都被射落两颗。同时，克烈军在合兰真沙陀之战中受到极大重创，不仅札木合、答里台等人退出了战场，而且克烈本部四万人马也是伤亡近半，可谓元气大伤。得到这个重要情报后，铁木真才摆脱了忐忑不安的状态，知道惨烈的合兰真沙陀之战达到了击退脱里汗战略进攻的目的，整个部落的军心也逐渐安定下来。

不久，后面又追来两个深目高鼻的回回人投奔铁木真，他们骑着白骆驼跑得飞快，指名要见铁木真。铁木真见到这两个异乡人挺好奇，问他们是谁，原来他们就是曾救过脱里汗的中亚名城布哈拉的两位巨商札八儿火者[①]和答失蛮哈只卜。

札八儿火者带给铁木真一个消息，从更西边来的突厥人首领花剌子模王者摩诃末一路向东横扫，占领了他们的家乡布哈拉[②]。

这个消息虽然是西边很远地方发生的事，铁木真自己又在败退途中，但他还是很详细地询问了突厥人摩诃末向东方进攻的事情经过。最后，铁木真好奇地问札八儿火者和答失蛮哈只卜道："我们相隔万里、素不相识，你们是怎么前来寻我的？"

札八儿火者说道："我们是巨商镇海的好友，从小就相识。镇海告诉我们，铁木真是当世第一英雄，混不下去了就到草原东面找铁木真。"

铁木真不禁哈哈大笑，说道："镇海现在就在我的军中，我这就叫他来见你们。"原来，镇海坚决不再行商多时，他早已留在铁木真中军襄赞军务了。

镇海听令赶来见到札八儿火者和答失蛮哈只卜二人，不禁欢呼雀跃。镇海向铁木真引荐说："这两人不但是西域巨商，也是当世英雄，大汗正可用之。"

铁木真拍掌道："既是如此，我们剩一只羊，两只后腿是你们的；我们剩一匹马，马屁股给你们坐！"意思是，从此同甘共苦。

于是，札八儿火者和答失蛮哈只卜加入蒙古军，后来成为蒙古军名将，尤其是札八儿火者更有"赛义德"之称。据《元史》记载，札八儿火者身材高大，很有神的气质，脑门很宽，胡须也很美，而且骁勇善战，每战身披重甲、挥舞长矛，冲锋驰突如飞，常骑骆驼前进，众不能抵挡。后来，蒙古军

---

① 札八儿火者是伊斯兰教创教圣人穆罕默德圣裔后代，故称"火者"。火者，波斯语，尊称，意为显贵或富有者。

② 今天，布哈拉是有一百所大学、三百六十五座清真寺的中亚大城市。

进军金国中都（今北京）时，铁木真竟感叹道："我能来到这里，火者出力甚多。"

铁木真到达答兰捏木儿格思后没有停留，还想离克烈部更远一些，于是沿着哈拉哈河继续向东北撤退。铁木真一边撤退一边收集部众，这时清点人数发现还有一万余人，其中三千人带伤。于是，铁木真为了方便就食分散打猎便分兵两路，自己亲自率领五千人沿哈拉哈河西岸而行，让畏答儿和术赤台率领兀鲁兀惕氏、忙忽惕氏的五千人沿哈拉哈河东岸向前走。这时，畏答儿后腰的刺伤刚刚愈合，铁木真一再叮嘱畏答儿注意休息，千万不要劳累，特别是不能打猎追逐野兽，否则扯动伤口以后就不好治了。

蒙古军这次匆忙集结与脱里汗作战，自然食物准备不足。此时，蒙古军中食物已经全尽，所携母马太过辛劳也不产奶了。为了解决饮食问题，蒙古将士们只能边撤退边狩猎。据史载，畏答儿此时"金疮未曾痊可"，但畏答儿身为一军主帅，不愿将士辛劳而自己却坐享其成，于是多次参加狩猎。一次，狩猎时追逐一只野豹，野豹走投无路反身猛扑，畏答儿一箭射透野豹咽喉，但他的座下战马却吓得人立而起，于是他猛拉缰绳结果引起"金疮崩发，腰上顿时血流如汪，口中也鲜血狂喷"。畏答儿对赶来的将士叫道："自追随大汗，赴汤蹈火、出生入死百余战，纵横疆场、草原扬名皆大汗所赐，大丈夫虽死无憾！"言毕，血尽而亡。

铁木真得到消息，立刻渡河来寻，并抚尸痛哭："我跟你说什么来着，你怎么弃我而去了呢！"哭毕，铁木真亲自抬尸将畏答儿埋葬在哈拉哈河之北的鄂尔多山半山。[①]

下山后，铁木真对术赤台说："以后平定天下，畏答儿与你同享富贵，你的福禄畏答儿亦有一份。"后来，铁木真统一蒙古后大封功臣，追赠畏答儿为"第二十一千户"，子孙袭职，世世不绝。[②]

---

① 鄂尔多山有座喀儿喀王墓，当年畏答儿即埋葬在此地，其地至今犹存。
② 在整个元朝时期，畏答儿的后代一直沿袭着郡王的封号。

铁木真满目含泪，不断回望畏答儿埋骨的鄂尔多山，直到终于看不见那青苍苍的山岭。随后，铁木真率军队继续北撤，终于到达了捕鱼儿海。

到达捕鱼儿海后，铁木真在这一带扎下营盘，打算利用呼伦贝尔草原的优越地理位置休整集结部队，准备反攻脱里汗、桑昆父子。就在各军刚驻下时，忽见前面迎面来了一队人马，铁木真立即命令做好战斗准备，但看清来军之时不禁大喜过望，原来是前一年扫平塔塔儿部时留下来镇守的铁木真的妻弟——也就是孛儿帖的弟弟按陈率军来迎。当时，铁木真给了按陈五千人马，但按陈这一年又收得弘吉剌部和其他一些小部落一万精骑。听闻铁木真往东撤退过来，按陈便率全军一万五千铁骑赶着大批牛羊来迎。铁木真和按陈会师后，蒙古军又恢复到两万五千人马，这才吃上饱饭并开始恢复元气。不过，在哈拉哈河流入捕鱼儿海的入口处，有弘吉剌部的帖凡格、阿蔑勒等氏族在此游牧——弘吉剌部历史古老，支派众多，分布地域广阔，按陈还来不及全部收服——这两个弘吉剌部的氏族对一路撤退的蒙古军会是友好还是敌对，这是蒙古军能否在此地立足的关键所在，但铁木真对此并不清楚。蒙古乞颜部原本与弘吉剌部有姻亲关系，铁木真的母亲诃额仑夫人和妻子孛儿帖都出身于弘吉剌部。为了在这里站住脚，铁木真派术赤台率领兀鲁兀惕氏和忙忽惕氏两部五千骑去降服弘吉剌部的这两个氏族。因忙忽惕氏族长畏答儿已去世，畏答儿的妻儿又陷留在三河源头大营，所以铁木真只好让术赤台暂时统领忙忽惕氏。

术赤台临行前，铁木真叮嘱道："弘吉剌百姓自古以来就很淡然，很少参加草原各部的争战，只以女儿之美色、外甥之俊貌与他族结亲，跟这样的氏族打仗是不明智的。你们去后，如若他们不反抗，你就好生对待他们，招降他们；但是如果他们与你为敌，你也不要客气，就征服他们。"

于是，术赤台按照铁木真的安排，对这些弘吉剌人先礼后兵。术赤台先派遣一个使者到弘吉剌部，对他们说："以前的也速该巴特尔就是弘吉剌人的女婿，现在我们铁木真大汗又是弘吉剌人的女婿，草原无人不知。我们两部一直互称兄弟和姻亲，你们照草原的老规矩享有母舅的权利，而我们很想同你们友好，做你们的同盟者和亲戚。不过，如果你们要与我们为敌，我们也就只好与你们敌对。"

弘吉剌人自有自己的生存之道，他们对草原争霸毫无兴趣，于是表示希望友好，便全部归附了术赤台。铁木真大喜过望，便迁到名为董哥泽（在今贝尔湖东）的地方安营扎寨、休养士卒，以消除作战跋涉几千里的劳累。

铁木真在呼伦贝尔草原董哥泽立足以后，马上就开始与博尔术、木华黎等众将筹划反攻。大家一致认为，现在最重要的是拆散脱里汗与札木合、答里台、忽察儿和阿勒坛的联盟。在合兰真沙陀血战前夜，札木合、答里台等人率众离去，还送来脱里汗进攻部署的绝密计划，这让铁木真和众将看到了脱里汗和札木合等人的联盟之间有巨大的可利用裂痕。

于是，铁木真假意派出两名使者向脱里汗求和，实际上是去离间脱里汗阵营各派势力之间的关系。这两个使者也是草原上的名嘴，一个是札剌亦儿氏的阿儿孩合撒儿，另一个是速客虔氏的速客该，他们两个人能言善辩闻名草原，而且对铁木真忠诚无比。

铁木真将自己的意图告诉他们，把一套大家商议好的说辞让两人背得滚瓜烂熟，然后让他们挨个去见脱里汗、札木合、阿勒坛、桑昆等人大大地控诉一番。铁木真对两名使者说："你们要当面堂堂正正地指出他们的背盟行为，争取王汗能够同意跟我们和解，制造他们内部的分裂。这样，能为我们尽量减少目前的压力，争取宝贵的时间休整，以图来日大举。"

铁木真的两位使者又往回走了三四千里，首先到黑林去见了脱里汗，向其转述了铁木真的话。他们说："现在我们驻扎在董哥泽，那里草儿又密又深且非常苗壮，喂肥了我们的战马。"这是铁木真在告诉脱里汗，蒙古军的元气现在已经恢复，不惧怕他的进攻。

然后，两位使者话锋一转，开始质问脱里汗。他们说："我们大汗让我们问问父汗，不知父汗为何如此雷霆大怒？你为何如此恐吓自己的义子义妇？你为何不让你的儿子、儿媳酣睡？你为何把他们当敌人，为何怒摇他们那风雨飘摇的床铺，为何吹散他们那袅袅上升的炊烟？你为何三更半夜大动干戈，使他们不能安居、毁炉破灶，使之无家可归呢？"

铁木真的这一连串诘问本来就问得有理，而两位使者更是口舌伶俐、能说会道传达得恰如其分。脱里汗自然无言以对，不禁羞红了老脸。此时，两位使者知道，他们不能再穷追猛打，否则脱里汗会恼羞成怒。于是，两位使者将话头一转，接着又说道：

"我们可汗说了，父汗忠厚淳朴，从来不搞阴谋诡计。这次我们没有做错，父汗却进攻我们，莫不是有人离间挑唆？他让我们提醒父汗，一定不要忘记在黑林对上帝和长生天立下的父子之盟，也不要忘记当时立下的誓言。我们当初在黑林说好，若有人毒蛇般地挑拨我们两部亲密的情谊，要彼此不生疑，双方要说清其原委。

"我们当初立誓彼此决不分离。当有人在我们之间说一些有意无意的坏话时，在我们没有碰头商量加以证实以前，我们不要信以为真，我们不要变心。如今，父汗您既没有用口舌来证明，也没有认真思考。现在，父汗您为什么不等我们相互澄清就迈起了疏远之步？我们没有碰头商量，也没有将有人故意在我们中间制造的话调查一下，你就信以为真拿它作为根据离开了我们。"

两位使者的责问击中了要害，脱里汗确实是受桑昆、札木合等人的挑拨，直接违反了与铁木真在黑林的父子之盟，于是他自知理亏得更加面红耳赤了。

使者接着说道："请父汗认真核查一下，您的儿子我从来都没说过我所分得的东西太少，想要多一些，或者嫌它不好，想要好一些。父汗啊，我虽寡少，但胜似人多势众地支持过您；虽然弱薄，但胜似强健地辅佐过您。父汗啊，大车有两根车辕，当其中有一根折断，黄牛就不能再拉车前行了，而铁木真就好比您两根车辕中的一根啊！大车有两个车轮，如果一侧车轮坏了，大车则不能独轮前行，而铁木真就好比是您的大车上的两个轮子中的一个啊！"

当时，使者传递这种口信都是将其编成歌谣唱出，以防遗忘。铁木真的两位使者对脱里汗详细列举了当年铁木真父子两代人对其的救命之恩、复国之德、相帮之情，共列举了他们对脱里汗的五大恩德。

铁木真这两位使者满脸泪水地唱得义正词严、无可辩驳，脱里汗听得满头大汗、额面通红，一句话也说不出来。等使者唱完了，脱里汗才叹息地说道："唉，是我背弃了我儿铁木真，也毁了我家族的名声；是我背离了我儿铁木真，也闯下了败我家业之祸端。我太糊涂了！我以怨报德，与我儿分离，实在不合与人交往的道德。我们本来有同心合力、共同对敌、永不分离的盟约和誓言，如今我却制造了纠纷，我心中难受极了。"

脱里汗一边说一边拿出一个桦皮小木盒，用一把小刀刺破了自己的小指头，让一滴滴鲜血流在小木盒中。然后，脱里汗将这个小木盒交给了铁木真的使者，说："从今以后，若我再对我儿铁木真怀有恶意，就让我的血也这样流淌，让我死无葬身之地吧。请把这个小木盒交给我儿。"使者见说服了脱里汗，信心大增。

离开脱里汗的金帐后，两位使者立刻去见札木合，而反复无常的札木合这时又回到了脱里汗身边。札木合手上捏着一个反铁木真的小联盟，有一两万人马的实力，再加上脱里汗、桑昆父子在合兰真沙陀之战中伤亡惨重、实力大减，也不敢拿他怎么样。

两位使者对札木合只提到了铁木真儿时和他结为安答时的生活琐事，实际上饱含了讽刺和谴责："你心怀不轨，用卑鄙的手段离间了父汗和我。昔日，我们住在父汗家的时候，谁起得早，谁就能用父汗的青盏[1]饮黑马乳。因为我起得早，总是能用那青盏饮黑马乳，你是否因此而嫉妒？如今，在父汗身边的就只剩你自己了，请尽情地享用，看你能饮多少。"

蒙古族以马乳为主食，刚挤出的马乳味酸且膻、色白而浊，但撞马乳七八天后就因发酵而色清味美、甘甜可口，成为只有贵族和贵客才能饮用的高级食品。这种发酵马乳色泽略呈青色——蒙古族以"黑"为"青"，因此又被称为"黑马乳"。当年，也速该帮助脱里汗夺回克烈部王位时，还是孩童的铁木真、札木合曾在脱里汗处一起生活过半年。当时，每天早起，札木合总是抢先去饮黑马乳，有时铁木真先起去饮用他就嫉妒不满。铁木真让使者重

---

[1] 青盏，指一种黑色的腹大口小的瓦器。

提这件事，就是暗示札木合从小就是个爱占便宜、不知礼让的人，但又能让札木合怀念一下儿时的手足之情。铁木真让使者最后再转告札木合："你这样恶毒挑拨我与父汗的关系，使我和父汗分崩离析，无非是要多饮几口黑马乳吧！现在，我走了，你可以痛快大饮、饮个够了，但不知你的肚量有多大呢？"

两位使者对札木合夹枪带棒地讽刺挖苦又略表一番故人之情后，便去见阿勒坛和忽察儿并转述了铁木真的话。铁木真的话虽说得相当不客气，但句句诛心："你们俩想杀我、弃我而去，你们是想造反起事，还是想借刀杀人？当年称汗之时，我对你忽察儿说'你是捏坤太石的儿子，你来称汗吧'，你自己推辞了；我又对你阿勒坛说'你是忽图剌汗的儿子，你曾帮他掌管料理过事务，现在你来做大汗吧'，你也坚决不干。当时，你们坚持对我说：'你来做大汗！'还有撒察别乞和泰出二人，我也力劝他们称汗，但他们一起推辞了。我只好照着你们说的称汗，并说：'我一旦做了大汗，杀敌我将冲锋在最前！长生天保佑，将天下顽敌尽征服，夺来无数牛羊、妇女、儿童给你们！草原上的野兽，我将用火烧来供你们射；山地的野兽，我将赶来供你们猎！'"

阿勒坛、忽察儿面无表情地听着，两位使者回顾了历史后开始诛心挑拨："如今你们投奔了父汗，我并不反对。事已至此，只希望你们好好诚待父汗，千万不要再朝三暮四惹人非议，不要让人家指责是我让你们这样干的，不要到你们无处可去的时候才想到我。我的父汗性情喜怒无常，如果像我这样的人都让他感到厌烦了，你们不久也会使他厌烦的。"

然后，两位使者说了一句很重的话，意在用血缘深情打动阿勒坛、忽察儿这两位乞颜部的老贵族："三河源头是我们蒙古乞颜部祖先兴起的圣地，你们千万不要让任何人抢占而去。"听完两位使者的话，阿勒坛和忽察儿铁青着脸一言不发地离去了，而两位使者知道已经达到了目的。

此时，铁木真家的世袭奴隶脱斡邻勒也在脱里汗处，手下有近千兵马，也算是一个小实力派，所以铁木真也让使者去见见他。

见面后，两位使者先叙述了脱斡邻勒的家史，提醒他不要忘记他的祖先曾是铁木真高祖的"守国之奴"、曾祖的"私门之仆"。然后，铁木真抬举脱斡邻勒让使者称他为"铁木真的弟弟"，并指责他不该不知好歹地与铁木真作对。接着，两位使者又大大地挑拨了一番脱斡邻勒与阿勒坛和忽察儿的关系："你妄想抢谁的部众？你妄想抢夺谁的兀鲁思？如果你也抢夺我的兀鲁思，阿勒坛和忽察儿是绝不会将它给你的，也不会允许你享用它的，因为他们是绝不会让他人掌管我的家国和百姓的！"

最后，重头戏来了，铁木真的使者来到脱里汗的儿子桑昆的营地。两位使者很谨慎，知道跟桑昆讲不了理，只拉了一下感情，希望桑昆派使者和谈："我本是着衣而生的孩子，而你却是裸身而生的孩子，但父汗对我们却同样的慈爱。为此，桑昆你嫉妒不已，拼命离间我和父汗，终于从父汗身边赶走了我。如今，你已独享父汗，希望你好好照顾他，别让他忧心劳神。你要记住曾经的诺言，在父汗还健在的时候，不要为取其汗位而折磨他老人家。"

铁木真还让使者转告口信，希望义父脱里汗、桑昆、札木合、阿勒坛、忽察儿等都分别派出两名使者同他进行谈判，消除彼此的误会，和平解决争端。

不过，脱里汗、桑昆父子俩对铁木真的谈判要求做出了完全不同的答复。脱里汗说："确实理在铁木真一边，上帝知道我们对他不公平。但是，让我的儿子桑昆说话吧！"脱里汗是个老滑头，明知自己理亏，但又不肯站出来，便将事情交给了儿子桑昆处理。

桑昆压根不想与铁木真和解，便对两位使者吼叫道："少说废话，我正要派遣使者向铁木真宣战！如果他赢了，我们的兀鲁思就是他的；如果我们赢了，他的兀鲁思就是我们的！"

说完这些话，桑昆当场虚张声势地立即向两位将领必勒格别乞、脱朵延下令道："传令，我们出征！把大旗举起来，把战鼓敲起来，将马儿牵来，向铁木真进军！"

桑昆身边的克烈部少壮派将领都要求攻打铁木真，如克烈部第二名将阿赤黑失伦甚至叫道："蒙古部落有很大一部分人由阿勒坛、忽察儿、札木合领导，都站在克烈部这边。至于那些和铁木真一起的蒙古人，他们现在的处境十分穷困，甚至不能做到人手一马；他们连帐篷都没有，只能在森林的老树下面度日。如果他们不敢来攻打我们，我们就去攻打他们，打败他们就如同捡马粪一样容易！"

脱里汗虽然不同意桑昆的做法，但又说服不了桑昆，便没有答应铁木真的请求派人前去和谈，只是先打发铁木真的两位使者回去复命。这时，两位使者之一的速客该发现，他的家眷都在脱里汗处，只能被迫留了下来，但他在同另一位使者阿儿孩合撒儿分手时让其转告铁木真——"速客该者温的心永远在大汗身边"。

使者速客该的家眷和之后铁木真的弟弟合撒儿的家眷都被困在脱里汗克烈部的情况表明，当时虽然大部分蒙古将士跟着铁木真走了，但铁木真的蒙古部众的家属很大一部分都被脱里汗扣住了。同时，阿赤黑失伦所说铁木真的情况，也说明铁木真当时的处境非常窘迫，毕竟将士的家属拖家带口没办法说走就走，而移牧其实也是一件很麻烦的事，牛羊等牲畜的移动是十分缓慢的。

铁木真的使者走后，脱里汗总觉得愧疚难当，无法面对铁木真父子两代四五次的救命之恩，所谓"人老明理，有愧于心"。于是，脱里汗不顾儿子桑昆和札木合等人的坚决反对，决定接受铁木真的和谈提议。

这样，脱里汗阵营立刻出现了公开分裂。

札木合、阿勒坛、忽察儿与铁木真矛盾很深，不同意与铁木真讲和；而铁木真的叔叔答里台、家奴脱斡邻勒、塔孩忽剌海等人，原来就是铁木真的同族和亲属，这时在脱里汗与铁木真之间摇摆不定，因为他们虽然对铁木真不满，但也对脱里汗不满。被迫留下来的铁木真的使者速客该，敏锐地发现了脱里汗阵营内部越来越大的裂隙，于是乘机摇唇鼓舌地在底下大肆活动，暗中与札木合、阿勒坛、忽察儿等人四处串联准备把脱里汗和桑昆父子杀掉，然后形成一个新的阵营。

札木合等人宰了一匹公马血盟："我们去突袭王汗，自己做自己的汗，既不与王汗搅在一起，也不与铁木真合在一处，把他们扔一边，不理他们。"结果，他们另立"小朝廷"的计划动静太大，被脱里汗发现了。于是，脱里汗调集所有力量突袭镇压，直接将他们洗劫一空。札木合、阿勒坛、忽察儿以及塔塔儿部的忽秃帖木儿等人，只好带了剩下的残兵败将趁夜亡命狂奔，一路西行投奔了乃蛮部的太阳汗。

这次，铁木真的叔父答里台比较明智，带着三五个小部落又重新投奔到了铁木真帐下，给他们带路的就是"超额完成任务"的使者速客该，同时他还带回了自己的家眷。

铁木真见到叔叔答里台后暴跳如雷，非杀掉他不可，因博尔术、木华黎等众将苦劝，这才原谅了这位亲叔叔。最终，铁木真叔侄两人之间还是和好如初，彼此之间不再有什么误会。这件事让铁木真也进行了深刻反思，即使是至亲做错事惩罚也要有个度，要懂得给人留面子、下台阶，不然会众叛亲离。于是，铁木真借这个机会取消了不许弟弟别勒古台进帐饮酒议事的处罚。

铁木真派出的使者虽然没有与脱里汗达成讲和协议，但使者的说辞却直击要害，发挥了巨大的威力。这其实是铁木真的蒙古部向脱里汗的克烈部发动的攻心战，拥有大量部落的脱里汗联盟本来内部各派之间就存在着许多利益冲突和尖锐矛盾，当铁木真分化瓦解的政治攻势一到，脱里汗联盟瞬间就四分五裂了，甚至脱里汗与其独子桑昆之间的矛盾也日益加深。

这次派使者求和是铁木真政治和外交上的一次巨大胜利，铁木真赢得了政治上的主动权，不仅从脱里汗阵营拉回了叔叔答里台和一些小部落，赶走了札木合、阿勒坛、忽察儿等一批死心与他为敌的旧贵族，更赢得了整军备战的时间。

脱里汗联盟的人马逃的逃、走的走，但铁木真这边的实力却在悄然增强。这时，铁木真的第二位妻子合答安带着第二斡儿朵在弟弟沉白的护送下，经过两个多月的跋涉来到呼伦贝尔草原与铁木真会合。当年，铁木真留给沉白五千人马，后来沉白又征召泰赤乌等部落一万精骑，这次共带来了一万五千人马。同时，铁木真的母亲诃额仑夫人和妻子孛儿帖以及老将蒙力克也带着大营和紧急召集的两万人马迁移了过来。这样，铁木真又有了五万多将士。但是，情况依然非常严峻，因为跋涉三千里过来的都是将士，一般的百姓和各类牲畜、物资几乎全丢在了原来的老牧场，毕竟几十万百姓是无法赶着牛羊等牲畜在两个月跑三千里的，而没有这些百姓提供的后勤支持，蒙古军将士要吃饱饭都很难。

蒙古猪儿年（南宋嘉泰三年、金泰和三年，1203）夏，为了防备脱里汗、桑昆父子再次突然袭击，也因为按陈从弘吉剌部带来的牛羊吃光了，旧营地的野兽也已被捕完了，于是铁木真只能被迫拔营向北边的班朱尼河（今内蒙古呼伦河西南）边转移。为了方便捕到野兽充饥，铁木真只能将五万多将士分成上百支小分队分散行进，边行军边狩猎。这样，当铁木真北进时，绝大部分的将士都离开和他分道行走了。这时，铁木真的处境还是非常艰难，一路上各部因为饥饿和分散狩猎导致队伍失散减员非常严重，于是只好将主要将领都派出去收拢部队，或充当后卫收容掉队的将士。当终于看到班朱尼河的碧波时，铁木真身边的各级首领只有十七人了。

当铁木真一行十八人刚到班朱尼河边时，忽然看到西边远处有单人独骑行来，他们一起警惕地握住了刀剑。当那人越来越近时，铁木真扔下战刀狂喜地喊叫着奔了过去，来人正是在合兰真沙陀战场上失散的二弟合撒儿。

原来，在合兰真沙陀之战中，合撒儿冲得太猛，撤退时落在后面与大队失散了。之后，合撒儿在草原上东游西荡了好几个月，身上只剩下一柄短刀，须发披面如野人一般地一路上吃着死兽草根过活，这才最终与铁木真一行会合。

铁木真兄弟两人在班朱尼河相聚自然是欢喜不已，他想请皮包骨头的合撒儿吃点东西，但军中什么都没有了——前些天猎获的野兽也都吃完了，他自己和另外十七个将士也两天没吃东西了。漠野苍茫，到哪里去找吃的呢？

忽然，草原上如有神助般地奔来了一匹野马。合撒儿从大哥铁木真那里要过弓箭，跳起身来策马追了出去，然后弯弓搭箭射中了那匹飞奔的野马左胸，野马当即倒地身亡。众人不禁一起喝彩，感叹合撒儿果真是乞颜部第一神箭手。

这样，大家一起剥下野马皮并将班朱尼河边的湿泥涂在马皮上当锅，再剁碎马肉扔进皮锅里，接着击石取火用河水煮野马肉，同时又将烧红的石头扔进皮锅里才勉强煮熟了马肉，然后以刀为箸扎肉取食。

就在此时，花剌子模商人阿三（哈散哈只）也行商来到了班朱尼河。阿三骑着一匹高大的骆驼，带着几十个伙计，驱赶着好几千只羯羊，从汪古部顺额尔古涅河而来，打算用羊群换取毛皮和黄金。早在蒙古汗国建立之前，一批以镇海等为代表的商人已进入蒙古高原，用中亚纺织品、粮食等换取蒙古人手中的貂皮等珍贵物产，而阿三即为其中的商人之一。铁木真邀请阿三吃野马肉、同饮班朱尼河水，而阿三也早闻铁木真之名，为其艰苦创业的英雄气势所感动。于是，阿三当即决定弃商从军，毫不犹豫地将几千只肥羊送给了铁木真劳军，使吃尽了苦头的蒙古军得到了丰盛的食物，从而帮助铁木真重新壮大以夺取天下。后来，阿三成为蒙古历史上有名的功臣，尤其在铁木真西征中亚时阿三父子的引路策反更是发挥了重大作用，从而留名史册。

吃完野马肉之后，铁木真环顾左右相随的十来人，大呼："谁助我完成大业？"

十九人齐声相应："愿与大汗誓死相从。"

铁木真双手捧起浑浊的河水一饮而尽，然后捶胸举手对天发誓说："我克定大业之日，一定与兄弟们同甘共苦，若违此誓，有如河水奔流不回。"

其他十九名首领深受感动，一起饮河水立誓永远跟着铁木真打天下。后来，铁木真与十九位将领共饮班朱尼河水盟誓同生共死，成了蒙古历史上著名的一段佳话。班朱尼河又名黑河，因此这段故事又称"饮黑河水"。

在蒙古帝国建立过程中，铁木真与十九名将领在班朱尼河盟誓是非常关键的一起事件，这件事对以后蒙古民族的心理形成具有极为重大的意义。后来，饮过班朱尼河水的十九名将领都成了蒙古的功臣，受到铁木真及其子孙的崇敬并得到优渥的待遇。其中，这十九名将领于历史记载中有姓名的有：铁木真的弟弟合撒儿、术赤台、塔海拔都、速不台、速不台的父亲哈班、速不台的哥哥忽鲁浑、阿术鲁、镇海、绍古儿、哈散纳、札八儿火者、阿三（哈散哈只）、玉速阿剌、答失蛮哈只卜、耶律阿海及其弟秃花、雪里坚那颜，等等。

在惨烈的合兰真沙陀之战后，铁木真从脱里汗、桑昆、札木合及忽察儿、阿勒坛这些旧贵族不断背叛的沉痛教训中发现旧贵族根本靠不住，要想统一草原必须建立一种超越种族、血缘和信仰的新关系。

班朱尼河盟誓的这十九名将领和铁木真来自九个不同的部落，其中只有铁木真和他的弟弟合撒儿来自蒙古部孛儿只斤氏，速不台及速不台的父亲哈班、哥哥忽鲁浑属于兀良哈部人，其他人则包括西域回回人、畏兀儿人、篾儿乞人、契丹人及客列亦惕人等。尽管铁木真是一个崇拜长生天和不儿罕山的虔诚萨满教徒，但在这十九人中有基督徒、穆斯林和佛教徒，他们的信仰各不相同，团结在一起只是因为他们誓言效忠于铁木真，并且也宣誓忠诚于彼此。

班朱尼河盟誓建立了一种生死与共的手足情谊，这种关系超越了血缘、种族和宗教。对此，蒙元史学者、人类学家杰克·威泽弗德曾如此评价班朱尼河盟誓对于蒙古帝国的意义："它接近于形成一种建立在个人选择和彼此忠诚基础之上的、现代公民的权利和义务关系。这一关系在铁木真部众中成为一种新型共同体的象征，这最终将作为蒙古帝国内部统一的基础，并处于支配地位。"[①]

班朱尼河立誓，对于铁木真重振军心和让诸多蒙古猛将为他舍生忘死、赴汤蹈火起了重大作用。

铁木真和十九个生死兄弟在班朱尼河盟誓后不久，落在后面的大队人马就赶到了。大家看到合撒儿回来了，不禁大喜过望。很快，五万多人马就聚集在了小小的班朱尼河畔，而下一步怎么办呢？

这次，大家的意见空前一致，就是"大反攻，打出去，突袭王汗"。大家都很清楚，目前的窘境不可能维持长久，五万多蒙古军没有四五十万百姓做支撑是连吃喝都解决不了的，所以必须打出去且越快越好。

那怎样打出去呢？大家一起陷入了沉思。

这时，木华黎看到蓬头垢面的合撒儿突然想到了一个主意，就是让合撒

---

①[美]杰克·威泽弗德：《成吉思汗与今日世界之形成》，温海清、姚建根译，重庆出版社，2006年，第64页。

儿诈降。此时，合撒儿的妻子和三个儿子也古、也松格、秃忽都在脱里汗手里，以合撒儿的名义派两位使者过去告诉脱里汗自己要率部投降，继续麻痹脱里汗让其放松警惕。同时，大队则跟在两个使者身后，待使者打探消息后返回，他们再根据带回的情况突袭脱里汗。

大家一致认为此计可行，于是一起计划好了细节，决定派合撒儿的老部下合里兀答儿和察兀儿做使者将脱里汗引进圈套。合里兀答儿和察兀儿两人不仅胆大心细、口齿伶俐，而且绝对忠诚。当铁木真告诉合里兀答儿和察兀儿，如果蒙古军一旦被发现，他们二人肯定要掉脑袋时，他们二人也依然没有丝毫惧色。当时，蒙古将士从上到下都恨透了脱里汗、桑昆父子和克烈部，因为草原男儿最重信义且最反感反复无常的小人，但脱里汗却背盟突袭蒙古部，使得蒙古部上下对他们父子和克烈部都恨之入骨。当合里兀答儿和察兀儿听说是去给脱里汗做圈套准备大反攻时，他们不禁喜出望外，最后他们也舍生忘死地将脱里汗推进了铁木真的陷阱。

出征前，铁木真来到母亲诃额仑夫人的帐中问安，母子俩相对无言，因为他们都知道"不消灭最后一个敌人，你就没有安生日子过"。这就是草原。

沉默良久后，铁木真对母亲诃额仑夫人说："额客，又要动刀兵了。"

诃额仑夫人点头："长生天会保佑我们的。"

铁木真点点头："看那两个舌头的了。"

果然，合里兀答儿和察兀儿这两位精选出来的使者没有让铁木真失望。

在脱里汗面前，两位使者转达了合撒儿带过来的要诈降的话："我的父汗啊，我到处寻找我的哥哥铁木真，我走遍深山大泽却不见我哥哥的影子，我喊破了我的嗓子却不见我哥哥的回音。在漆黑的深夜，我只能以苍穹为被、以大地为枕，望着星空度过黑夜。我的父汗啊，我的妻子和孩子还在您的手上，倘若您能够保证我的安全，我马上就带着两千人马回到您的身边。"

使者的这些话纯粹是为了蒙蔽脱里汗搞战略欺骗，因为铁木真已经告诉他们，在他们走后大军马上就杀出来，然后在怯绿连河的阿勒垓等待时机——那里是克烈部和蒙古部交界的地方，而他们完成使命后就去那里和大军会合并将脱里汗的动向告之。

果然，脱里汗听到合撒儿要来投靠的消息，不禁喜出望外：草原上，谁都知道合撒儿是蒙古著名的英雄、乞颜部第一神箭手、铁木真的左膀右臂，若能得他和部下相助，克烈部的实力又会大为增强，而在合兰真沙陀之战中他已经明白了两千蒙古将士的战斗力意味着什么。这时，脱里汗根本不讲什么道义，他拿出了一筒装满马血的牛角作为对合撒儿承诺的信物，然后他派使者亦秃儿干为代表去与合撒儿盟誓，并请合撒儿到自己的大金帐共进宴席。原来，当年脱里汗和铁木真见过金国丞相完颜襄的金顶大帐后，他便念念不忘完颜襄的奢华排场，回来后自己也制了一顶大金帐——此帐以黄金为柱，金箔贴帐，镶以无数珠玉宝石，面积阔大，是草原公认的第一宝物。

　　于是，合里兀答儿、察兀儿带着脱里汗派出的亦秃儿干向阿勒垓驰去。等他们到达阿勒垓时，铁木真闻名草原的"九斿白纛"已经挺立山顶，蒙古大军旌旗招展密如云集。铁木真空营出征，尽起能战之兵，一共带来了六万人马。亦秃儿干知道上当回马就跑，想回去报信，但察兀儿快手如飞地一箭将亦秃儿干的乘马射倒，然后和合里兀答儿一起擒住了亦秃儿干并将他交到了铁木真手里。铁木真只说了一声交给合撒儿处理，而合撒儿倒也痛快，直接将亦秃儿干拖到"九斿白纛"之下一刀就把他的脑袋剁下来了——这叫斩将祭旗，亦秃儿干也是克烈部的一员名将，拿他祭旗被认为是长生天保佑的吉祥兆头。

　　铁木真问合里兀答儿、察兀儿两人道："王汗那里怎么样？"

　　两人答道："大汗，他们没有任何准备。王汗的大营就在温都尔山南面山脚下，他还交给我们一筒装满马血的牛角作为给合撒儿二哥盟誓的信物，还要二哥带人马去他的金帐喝酒归顺。"两人说完将装满马血的牛角筒交给了铁木真。

　　铁木真接过牛角筒，认认真真地看了一下，然后慢慢地倾斜将筒里的马血倾倒在草原上，又取出了盛有脱里汗誓言永不再与他为敌的装满鲜血的桦皮盒和牛角筒一起扔向了草原的远方。

　　直到此刻，脱里汗还在拉拢铁木真的兄弟，分化他的阵营。铁木真看到脱里汗装满马血的牛角筒之后，知道既然脱里汗最后一次毁约在先，那他终于也不再有任何顾忌了。

众将心惊地看到，铁木真正在微笑，但那笑容在秋风中却显得无比的冷酷。

铁木真敛住笑容，手挥向前："传令，全军将士昼夜兼程，直扑王汗大本营！"

一路上，蒙古军全速前进，前哨则见人就杀，以防消息走漏。第二天午夜的时候，铁木真已经站在了温都尔山的山顶，放眼远眺，只见山脚下许许多多的营帐露出了点点星火，围绕着中间的一个黄金色的大帐。显然，脱里汗还在通宵夜饮。

铁木真再次微笑了，他抓住了脱里汗最虚弱的时候。

铁木真看着博尔术和木华黎道："传令，全军换马！"此时，月色和点点的星光照在铁木真脸上，仿佛是一块铁铸的雕塑。

博尔术和木华黎二将立刻传令全军换马，然后蒙古军将士立刻将骑乘而来的走马换成了战马。

接着，铁木真传令："今夜之战乃决定我蒙古未来之战，全军将士有进无退、不胜不归。冲锋！"

按照战前的计划，术赤台和猛将阿儿孩率六千忙忽惕氏勇士和兀鲁兀惕氏勇士为先锋。其中，阿儿孩是蒙古一个部落的首领，"十三翼之战"时曾率所部为一翼与札木合会战。其余博尔术、木华黎、博尔忽、赤老温——"蒙古四杰"，合撒儿、别勒古台、合赤温、铁木格——"蒙古四弟"，术赤、察合台、窝阔台、拖雷——"蒙古四子"，他们各率两千精骑，共计三万铁骑如同十四支利箭一起杀向脱里汗的营帐。

顿时，草原的夜色中响起了惊天动地的喊杀声和惨叫声，在外围放哨的克烈军被纷纷砍倒在地。

一个浑身是血且跌跌撞撞的侍卫冲进了脱里汗的金帐，而这个时候脱里汗正喝着马奶酒欣赏一群歌姬跳舞。这侍卫大叫了一声："王汗，铁木真杀来了！"然后倒地而死。

醉醺醺的脱里汗立刻清醒了，跑到营帐外面一看，喊杀声、战马的嘶鸣声、垂死的惨叫声响成一片，而夜空中火把四处飞舞——蒙古军正到处放火焚烧克烈部的营帐，闪闪的刀光划破了夜色。脱里汗心里一凉，知道铁木真必倾全力而来，这次自己是凶多吉少了。不过，脱里汗也不愧为草原一代老英雄，他立刻下令道："铁木真没有多少人，不要怕！各部分头抵抗，一边打一边向我的大金帐靠拢。"

　　那边术赤台正率领六千忙忽惕氏勇士和兀鲁兀惕氏勇士直杀过来，刀锋直指脱里汗的大金帐。脱里汗的侍卫队眼看抵敌不住，这时克烈部的第一勇将合答黑带领脱里汗最善战的只儿斤勇士赶到，与术赤台所部杀成一团。合兰真沙陀之战时，只儿斤勇士曾被忙忽惕氏勇士杀退，全部落深以为耻。现在，只儿斤勇士在战场上又碰到了忙忽惕氏勇士，顿时红了眼睛直接扑上去就拼命，双方兵对兵、将对将，刀来枪往、戈矛横飞一场好杀，好一场血战。最后，只儿斤勇士成功挡住了术赤台率领的六千前锋的攻击，将蒙古军成功地挡在了脱里汗的大金帐之外。不过，蒙古军却也半步不退，不断地冲击只儿斤勇士的防线，双方就围着脱里汗的大金帐展开了肉搏。

　　据史书记载，蒙古部和克烈部最后这场惊天动地的大血战竟持续了三天三夜。原来，这一带聚集有克烈部大部分的百姓，有近三十万人之多，而克烈部都知道脱里汗背盟卑鄙无耻并错在己方，所以铁木真此来为报血仇必定是你死我活，不会丝毫留情。为了整个克烈部的利益，克烈部百姓纷纷自动参战，结果克烈部的兵力不断得到补充，更是死战不退。

　　第一天，铁木真往战场上增援了一万人马，两军鏖战杀作一团。到第二天中午时，在一个小山丘上观战的铁木真叫下了木华黎，浑身血污的木华黎从战场上退下来听令。铁木真对木华黎说："我观战场，札合敢不所带人马有一万多人，你去告诉他只要他撤出战场，他想干什么都行。"札合敢不是脱里汗四十个弟弟中的一个，也是在脱里汗屠刀下唯一幸存的一个，他和铁木真私交极好，曾经投奔过铁木真，也与铁木真结过安答，算是铁木真的好友，同时他与木华黎也甚是相熟。

　　于是，木华黎接令驱马直奔札合敢不阵前，而此时札合敢不所部正与博尔忽和赤老温所部恶斗。札合敢不看到木华黎单骑前来，知道肯定有要事，遂命令不要放箭，问道："军师前来何事？"

木华黎开门见山："札合敢不大哥，你的铁木真安答要你退出战场，只要撤了你以后就是克烈部的汗。"札合敢不心里对大哥脱里汗本就一直不满，却对铁木真甚是敬佩。当年，乃蛮部打散克烈部后，札合敢不和脱里汗东西反向而行，他投奔过铁木真很长一段时间，并就此结下了深厚友谊还拜了安答。

札合敢不眼见战场形势虽然暂时胶着，但已方的损失极重，全靠一些自发参战的牧民不断投入战局支撑，最终失败却已成定局。于是，札合敢不思忖片刻后，决定不再为大哥脱里汗殉葬，告诉木华黎："我答应你，马上就撤。"然后，札合敢不迅速率部退出了战场。

木华黎复命铁木真，说道："大汗，我答应让札合敢不做克烈部的汗，他已经撤军了。"

铁木真简单地说了一句："干得好，你再带一万人马上去增援各方。"

不过，虽然札合敢不退出了战场，木华黎又带着一万人马冲进战场增援，但仍未能解决战斗。克烈军继续拼死抵抗，半步不退，与蒙古军对拼消耗。

铁木真虽不露声色，但内心无比焦虑：这次突袭已经集中了所有能集中的力量，所有的蒙古猛将都投入了战斗，如果失败他将再也无法集结起这样一支队伍，而他和蒙古部也就都失败了。

就这样，残酷的战斗进行了三天三夜。蒙古军和克烈军曾是多年的盟友，对彼此的打法和精兵强将都了如指掌，可谓"知己知彼"。双方的将士在血战三个昼夜后都已筋疲力尽，只是凭着本能分成上百个小圈子肉搏厮杀，有的甚至是父子、兄弟站在不同的阵营对战。

这时，铁木真已经投入了最后的一万人马，身边仅仅剩下者别和一百名箭筒士。眼见前方战场杀声动地、狼烟四起，铁木真决定投入最后的力量，他对者别说："你把最后的一百名箭筒士带上去，但记住你们绝对不要卷入肉搏战！你们要是卷入肉搏战，我们就输了！你们要在战圈外用箭射，一次集中攻击一个战圈，拿下一个圈子后再杀向下一个圈子。"

然后，铁木真解下一个箭袋，将满满一袋利箭递给者别道："就看你的了！"

早就不断请战的者别闻言大喜，接过箭袋道："大汗放心，等着我的好消息！"

最终，者别和一百名箭筒士成了"压死骆驼的最后一根稻草"。者别他们冲上战场后，首先看到者勒蔑带着两百多名将士和克烈部第二名将阿赤黑失伦带领的人马厮杀得难解难分——阿赤黑失伦就是扬言打蒙古人就像捡马粪一样容易的脱里汗之子桑昆的亲信，克烈部少壮派将领——只见阿赤黑失伦正一刀劈向者勒蔑，但他的手忽然停滞在半空中，因一支利箭已经穿透了阿赤黑失伦的咽喉，箭羽尚在颤抖中。就这样，这位克烈部名将阿赤黑失伦翻身栽下马去，眼睛瞪得大大的，似乎还不敢相信这个结果。

者勒蔑回头看，原来是者别亲手放的这一箭放倒了阿赤黑失伦，又看见战圈外一百名箭筒士神箭手不停地拉弓放箭。片刻工夫后，正在与两百多名蒙古将士肉搏的克烈部将士，纷纷被利箭射下马去。于是，这两百多名蒙古将士就空出来冲到下一个战圈帮战友肉搏，同时者别带来的箭筒士神箭手跟在后面不断地施放冷箭，很快就把第二个圈子里的克烈部将士也消灭干净了。

就这样，者别带着一百名箭筒士神箭手很快就消灭了十来个战圈里的克烈部将士，使得三千多名正在肉搏鏖战的蒙古将士解脱出来，然后开始帮着一个又一个小战圈里的战友解决敌人。面对不断加强的重压，抵抗了三天三夜的克烈部将士终于被压垮了，他们纷纷开始放弃抵抗，并向以前的盟友投降。

这时，铁木真正在山坡上立马等待，他已等待了三天三夜。为此，铁木真将所有的精骑都派上了战场，连鼓手和号手也冲上去了，他身边只剩下唯一一个旗手高举着"九旄白纛"大军旗，而大军旗上铁木真幼年编织的九条白旄正在草原的劲风中高高飘扬。

当者别冲上去时还是早晨，但此时太阳已在铁木真焦急的等待中早就升上了中天。这时，前方终于驰来一骑冲到铁木真面前勒住战马，报告道："大汗，博尔术大帅要我报告，克烈军垮了！我军正在全面追杀受降！"

铁木真顿觉一阵眩晕，差点栽下马去。

接着，一骑又一骑负责传令的游骑驰向铁木真，带来上百名蒙古将领全面获胜的好消息。最后的一个游骑带来了木华黎的报告："整个战场上，只剩下克烈部第一名将合答黑带领的千余只儿斤氏余部死守在脱里汗的大金帐前。"

铁木真深深吸了一口气，说了一声："我们走！"便带着旗手和几十名传令游骑驰向战场。

战场上，最后的千余名浑身血污的只儿斤勇士围成一个圆圈护住了脱里汗的大金帐，他们外面是将其围得死死的一层又一层且越来越多的蒙古将士——蒙古铁骑在解决各自的战斗后，都在赶往这最后的战场增援。

克烈部第一猛将合答黑被七八处刀伤箭创，挂着刀柄站在只儿斤勇士最前面，用尽全身余力撑住自己不倒下。

木华黎和蒙古军众将都用英雄相惜的眼神看着合答黑和最后剩下的这些只儿斤勇士。

这时，蒙古军的包围圈闪出一个缺口——铁木真来了。铁木真走到合答黑面前，看着这个自己二十多年的莫逆之交——当年铁木真第一次到克烈部找义父脱里汗认亲，就是合答黑陪同接待的。

铁木真、合答黑两人互相对视一眼，然后铁木真问了一句话："王汗和桑昆在哪里？"

合答黑用尽浑身力气，缓缓地说："你们打过来当夜，我就派人把他们送出去了。他们已经走了三天三夜了。"

铁木真气坏了："他们走了三天三夜，你为什么还要抵抗？"

合答黑说："我怎么能够抛弃我的主人呢？我坚持数日抵抗，就是为了拖住你们，好让他们走远些。"

铁木真看着合答黑刚毅的眼神，知道他是忠义之士，叹口气说："我的大将忙忽惕氏首领畏答儿在合兰真沙陀之战中重伤而死，留下孤儿寡母。你在这些只儿斤勇士中挑两百名勇士，然后带上全家去忙忽惕氏为畏答儿的妻儿效力，而且你们的子孙后代必须永远为畏答儿的子孙效力并代代相传。"

合答黑毕竟不是傻子，待铁木真说完后便扔下了战刀道："谢谢大汗放我一条生路，我将永远忠诚地为您效力。"原来，畏答儿死后遗下孤儿寡母，领导力削弱，忙忽惕氏的战力大为下降。铁木真将克烈部最善战的将领和最英勇的只儿斤勇士送给忙忽惕氏，就是在给忙忽惕氏补充血液。接着，铁木真又赏赐给忙忽惕氏一大批精选的俘虏。果然，畏答儿的遗孀和儿子在克烈部第一名将合答黑的精心辅助下，很快便让忙忽惕氏恢复了战斗力。

看着合答黑放下了武器，最后的千余名只儿斤勇士也弃刀于地放弃抵抗。铁木真又让最会出使且口才最好的功臣塔孩挑了一百名只儿斤勇士做百姓，剩下的千余名只儿斤勇士都被蒙古各位亲王和众将分走了，毕竟忠诚尽职的勇士谁都喜欢。

就这样，脱里汗克烈部的第一精锐、"军中之军"只儿斤氏消失了。从此，英勇顽强的只儿斤勇士便融进了蒙古各部之中。

铁木真大获全胜后开始犒赏三军，第一个奖赏的是向他密报脱里汗即将攻打他的消息的两个牧民——巴歹和乞失里黑。首先，铁木真赏给巴歹和乞失里黑的是"草原第一至宝"——脱里汗的黄金大帐，以及金帐里所有的金银器皿等，甚至还包括金帐里所有的仆人。

接着，铁木真又赏给巴歹和乞失里黑"答剌罕"的头衔和许多特权，如允许他们随时可以拥有一个带弓箭的护卫，允许他们在王室宴会饮酒时有专属自己的酒壶，允许他们在打猎时和战争中保留自己所获的猎物和战利品——这种特权甚至一般的贵族都不能拥有，当年答里台、忽察儿、阿勒坛三人和铁木真翻脸就是因为被迫上交战利品。

最后，铁木真又说道："感恩长生天的庇护，感谢巴歹和乞失里黑的帮助，我才能站在这里欢庆胜利。我的子孙后代将和我一样，永远不会忘记他们的功劳！"铁木真与两个牧民的故事很快就传遍了大草原，所有的百姓都期盼有那两个牧民的好运，瞬间整个草原都布满了铁木真的眼线。

比起塔塔儿人，克烈人是很幸运的，因为铁木真是个重情重义的人，一直感念双方几十年结盟的旧情，他没有忘记当年克烈部帮他抢回了妻子。所以，铁木真没有为难克烈人，只是在政治上分化他们，将克烈部最善战的只儿斤人、斡栾董合亦惕人、土绵土别干人以家庭为单位分给了蒙古各位亲王和众将，让他们与蒙古人逐步融合。后来，很多克烈人的英才都在蒙古军和汗庭中担任了重要职务，克烈部也被列为"蒙古七十二种"之一。

铁木真第二个要处理的是脱里汗的弟弟札合敢不的问题。札合敢不听从铁木真劝告退出战斗在此役中立了大功，如果他率领的一万余人马不退出战斗，这仗打成什么样还真是未知数。

札合敢不来见铁木真时，还带来了自己鲜花一样的三个女儿。铁木真知其心意，当即纳了札合敢不的长女亦巴合别乞为妃，然后将次女旭真嫁与长子术赤为正妻，三女莎儿合黑塔妮配给了幼子拖雷为正妻。后来，莎儿合黑塔妮成为蒙古历史上赫赫有名的"大汗之母"，改变了蒙古历史的走向——她所生的四个儿子蒙哥、忽必烈、旭烈兀、阿里不哥都做了大汗，个个留名蒙古史册。

不过，铁木真家族虽然娶了札合敢不的三个女儿，又让札合敢不继续统率所部自成一统，但战后札合敢不又想重振克烈部威名，便开始策划反对铁木真。可是，这时草原上的一切都瞒不过铁木真了，一个又一个百姓都偷偷溜进铁木真的大帐举报札合敢不想造反。于是，铁木真便命令术赤台设计擒住了札合敢不，然后让妻弟按陈把札合敢不带到呼伦贝尔草原去与另一个大嘴巴的岳父——塔塔儿姐妹花也速干、也遂的父亲也客扯连做伴去了。

做完这件事后，铁木真在新妻亦巴合别乞帐中安寝时突然做了个噩梦，梦到一只猎鹰用利爪掐住了自己的咽喉。铁木真惊醒后，发现熟睡的亦巴合别乞正将一只纤纤玉手搭在自己咽喉处。于是，铁木真认为这是长生天的警告，早上起来后他对亦巴合别乞说："你很好，我很喜欢你。但是，我刚做了个噩梦，梦里长生天说要我把你让给别人，你不要记恨我。"

在亦巴合别乞还没有从震惊中回过神来时，铁木真已命人把当班值守的首领叫过来，一看原来是猛将术赤台值夜，便对术赤台说："我把亦巴合别乞公主派给你做正妻。"

术赤台和亦巴合别乞都惊呆了。

铁木真说道："我是很认真的。公主品行并无不端，貌如天仙，贞节如初。"术赤台只得谢恩。

然后，铁木真又将亦巴合别乞所有的陪嫁——毡房、衣物、用具、马群、牛群、羊群都作为礼物送给了术赤台，自己又另加上了一份非常丰厚的馈赠，只留下了亦巴合别乞陪嫁的一半侍从和一个手艺很好的厨师。

亦巴合别乞一直哭泣不止，但当夜她做了一个美梦，梦见自己和一个年轻英俊的骑士并骑而行走向光明的天边，于是便接受了这件婚事。这是铁木真第一次也是最后一次将自己的女人赏赐给部下。

婚后，术赤台和亦巴合别乞公主生活得很幸福。

第十九章　决胜杭爱山

在铁木真庆祝胜利时，脱里汗、桑昆父子开始受罪了。起先，脱里汗、桑昆父子两人还在一起，身边还有几十个随从，但这些人都知道与蒙古之战其罪在己，脱里汗、桑昆父子俩已经彻底完了，绝对没有任何前途了，便觉得该为自己找点出路了。同时，一行人吃穿无着，猎到什么吃什么，没打到野物就饿肚子，饥一餐饱一餐，而且只能天当被子地当床，躺在戈壁野外数星星。随着境况越来越糟，几十个随从不愿再做流浪汉，也过不了没有任何前途的荒野生活，于是就渐渐找机会溜走散去了，只有一对马夫夫妻还跟着脱里汗、桑昆父子。

脱里汗怎么也没料到自己威风一世而晚年境况竟如此凄惨，他想起以前的锦衣玉食便对儿子桑昆越看越气，见到他就忍不住痛骂："你这个脸上流脓的人离我远点！"于是，父子两人终于失散各奔前程，而孤家寡人的脱里汗只好去走札木合等草原旧贵族的老路——投奔乃蛮部太阳汗。

这一天，脱里汗终于穿越了整个蒙古中部，他骑着一匹瘦马来到了克烈部与乃蛮部之间的边界河流涅坤河。涅坤河从杭爱山奔腾而下，河流湍急，然后注入戈壁滩边缘的一个小湖。饥渴难耐的脱里汗看到这个湖边长满了柳树和骆驼刺的小湖，跌跌撞撞地就冲到湖边用手掬着水喝起来。不过，脱里汗不知道的是，就在这人迹罕至的野湖边缘有一个乃蛮部边境哨卡，里面有十来个值守哨兵，带队的是个小队长。

脱里汗在湖边痛痛快快地喝完水，抬头一看身边已经围上了十几个乃蛮兵，并用大刀长矛指着他。乃蛮小队长问道："你是什么人？从哪里来？"

脱里汗忙说：“我是克烈部的王汗，我来求见你们的太阳汗。”

看着这个胡子拉碴、满面风霜、衣衫褴褛且披着一件破羊皮的老头居然自称是克烈部的老英雄脱里汗，十几个乃蛮兵不禁哈哈大笑起来。乃蛮小队长一边笑一边说：“你要是王汗，那我就是太阳汗了。”说完起手一刀将脱里汗的头颅砍了下来。就这样，一代草原老英雄脱里汗因见利忘义、背恩负德而就此惨死。

桑昆比他父亲脱里汗多活了两年，实际上也就是多受了两年活罪。桑昆与父亲脱里汗分开后，他带着自己的马夫阔客夫夫妇往东南逃跑——那里是一片大戈壁滩，地上只有沙子和碎石。桑昆自己也不知道要到什么地方去，只是从一个有水源的地方漫无目的地走到另一个有水源的地方，一路靠着打猎过活，活下去的所有目的就是吃。终于，桑昆的马夫阔客夫再也无法忍受这种流浪生活了，便趁着桑昆捕猎一群野马时带着妻子骑着桑昆的马逃跑了。其实，阔客夫的妻子本是个很刚烈的女人，她劝阔客夫不要扔下桑昆，但阔客夫抽出刀对着妻子道：“你不走，我就把你杀了！”这个女人无奈只好留下一只桑昆吃饭的金碗给他，然后跟丈夫阔客夫一起投奔了铁木真。

阔客夫夫妻俩见到铁木真后详细叙说抛弃桑昆的经过表功，想在铁木真这里捞到一官半职。不料，铁木真听完却勃然大怒：“你竟然把你的主人抛弃在荒野！”于是立刻命人把阔客夫拖出去斩首，却重赏了给桑昆留下金碗的阔客夫的妻子，并给了这个女人自由。

桑昆的马被骑走以后，他艰难地到达了西夏国的边界，然后在那里当起了强盗以打劫为生。可惜，那里地处偏远，往来人员很少，抢劫的机会不多，还是很难填饱肚子。于是，桑昆继续向西逃窜，最后一直跑到了今新疆库车绿洲，在畏兀儿人的居住地当起了土匪，但最后激起公愤终于被当地人群起而攻之用石块砸死了。

就这样，脱里汗、桑昆父子因为忘恩负义而惨死，曾经威震草原的克烈部就此覆亡。脱里汗曾东征西杀，兼并过草原上许多大大小小的独立部落，也是统一蒙古的一位功臣，但他的功业现在却被铁木真完整地继承了。如今铁木真三分草原中有其二，蒙古高原的中部、东部都已尽落其手，只有西部的乃蛮部还有与铁木真一较之力。

乃蛮部哨卡小队长杀死脱里汗后在其尸体上缴获了他的佩刀。看到这把刀后，乃蛮兵大吃一惊，只见这把刀金光闪闪、珠光宝气，竟是以黄金为鞘、玉石为柄，刀身上下饰满珍贵的宝石——脱里汗一向贪图奢华，贴身佩刀自然华丽。乃蛮兵不敢怠慢，立刻将此事汇报给了上司，还呈上了脱里汗的佩刀。情况很快就被传到了太阳汗那里，太阳汗召来了札木合、阿勒坛等逃过来的蒙古旧贵族，告诉他们有一个老头在边境上自称是脱里汗并被哨卡杀掉的事情，让他们过来认认这把刀。札木合、阿勒坛等一见到这把刀，立刻叫道："这是王汗的刀。"

这时，太阳汗的宠妃古儿别速说话了。古儿别速不仅是乃蛮部中公认的"第一美人"，而且冰雪聪明，在乃蛮部中相当有威信。实际上，古儿别速原是太阳汗的父亲亦难赤汗的宠妃，亦难赤汗死后太阳汗抢到她让其做了自己的妃子，并为此还跟同样垂涎古儿别速的弟弟不亦鲁黑翻了脸。在古代，游牧民族有"父死子继"的传统习惯，继子娶继母也是正常的事。

古儿别速说："王汗是草原著名的老英雄，这事得搞清楚才行，所以必须把他的头交上来看看。如果是王汗，我们要隆重地祭奠一下他，这才能彰显我乃蛮部的恢宏气度。"

古儿别速其实是想找个戏乐的机会好好玩玩，但此语一出乃蛮部的臣属都觉得有理，而太阳汗更是忙不迭地命令去取脱里汗的头。待脱里汗的头取来后，札木合、阿勒坛等马上都认出就是"王汗"，顿感兔死狐悲，不免悲戚一番。

确认脱里汗的身份后，太阳汗命令将其的首级置于供桌之上，摆上马牛羊三牲，置上酒水、鲜花进行祭奠。

随后，祭祀仪式开始，乐师奏起哀乐，宫女跳起悲舞……这时，太阳汗和众臣属却开始欢饮畅谈，他们果然是把脱里汗的祭奠仪式当成了取乐的机会。

等到酒喝得差不多了，太阳汗最后一个上去祭奠，他往脱里汗首级前的酒杯中倒上了深红色的葡萄美酒。也许是在醉眼昏花之中，太阳汗忽然看到脱里汗的首级须眉俱动，甚至咧起嘴角对他冷笑了一下。顿时，太阳汗吓得肝胆俱裂地扔掉了酒壶，还把脱里汗的首级打落在地用脚猛踩……

众人见状一片死寂，太阳汗亵渎脱里汗首级的疯狂行为让大家沉浸在了极度的恐惧之中——这是可怕的不祥之兆。

乃蛮部的大将豁里速别赤对太阳汗胡闹早已不满，便直接站出来说："你听到我们国中的狗叫声了吗？最近，我们国中的狗整夜凄厉地狂吠。你怎么能亵渎王汗的亡灵呢？他是草原上最著名的老英雄。你亵渎这样的英雄的灵魂，我们都会遭报应的！你听听那可怕的狗叫声，你这样胡闹，我们乃蛮部会灭亡的！"说完拂袖而去。

原来，太阳汗才智不高，性格优柔寡断又懦弱，在乃蛮部中威信并不高。为此，太阳汗的父亲亦难赤汗临死前曾忧心忡忡地说道："我妻子古儿别速还年轻，但我已经老了，我的儿子还是个孩子，他将来能保护我的子民吗？"

亦难赤汗死后，太阳汗即位，但才一个月不到的时间大将豁里速别赤就和众将齐声悲叹："我们的太阳汗除了放鹰和打猎，什么也不会！"太阳汗在祭祀典礼上踩踏脱里汗首级的疯狂行径更是证明了这一点。

太阳汗即位后，他终日醇酒美人地欢乐享受，毫无战略眼光。当年，铁木真和脱里汗联合攻打太阳汗的弟弟不亦鲁黑汗时，太阳汗还拍手叫好，认为弟弟不亦鲁黑汗被消灭了就少了一个竞争对手，全然不懂唇亡齿寒的道理。当脱里汗的克烈部被铁木真歼灭时，太阳汗依然保存实力不作为，甚至幸灾乐祸。如今，脱里汗灭亡了，太阳汗才发现自己的乃蛮部已经门户大开，铁木真随时可以杀过来，再加上祭奠脱里汗时发生的可怕事件，以及大将豁里速别赤说的那一句"国中群狗夜吠，弄不好乃蛮要灭亡"的不吉之言，更让他深怀恐惧。

回到宫中后，太阳汗果然听到几只野狗在宫墙外凄厉地狂叫，不免噤若寒蝉。于是，太阳汗对古儿别速说："天上可以有一个太阳、一个月亮，地上却只能有一个汗！现在，东边过来的蒙古人把王汗赶走了，占了他的百姓和土地。听说那个蒙古人的汗叫铁木真，我和铁木真之间只能留一个汗！"

古儿别速一听大喜，想到要跟铁木真打仗就乐了——这样就又有好玩的事了，说："那些蒙古人愚昧无知，身上散发着一股歹气息——又臊又腥，穿的都是破衣服。他们住得离我们这么远，真是我们的运气。如果我们要去他们那儿找姑娘，那些姑娘必须出身名门。不过，就算那些姑娘被捉过来，也只配去挤马奶、羊奶，可能挤奶之前还得先教会她们如何洗手。"

古儿别速的话代表了乃蛮人对蒙古人发自内心的深深蔑视，因为乃蛮人在同畏兀儿人的交往、学习中已经逐渐变得比蒙古人更文明、更先进了，而且乃蛮部以前就是草原的霸主。所以，乃蛮部是铁木真称霸漠北的最后一道障碍，但这个障碍实在太巨大了。

乃蛮部很早就名传各国，辽史称其为"粘八葛"，金史称其"粘拔恩"。乃蛮部初居谦河一带（今叶尼塞河上游），后逐步南迁于阿尔泰山一带。当铁木真兴起时，乃蛮部东邻克烈部，西至也儿的石河（今额尔齐斯河），北抵吉利吉思（今叶尼塞河上游），南接畏兀儿部，地域达到了历史峰值。乃蛮部的特殊不只是地域大，而是它虽然同为蒙古高原上的游牧民族，但它的文化远远领先克烈部、蒙古部等部。

当时，克烈部、蒙古部诸部除了有语言能沟通、会游牧、能生产以及军事上先进之外，社会生活与原始部落没有多少区别。但是，乃蛮部已经建立起了国家机构，有严格的军事机构、财政机构、民政机构和宗教机构，可以说已经是一个早期国家了。从文化上说，乃蛮人领先蒙古人一代，所以乃蛮人认为自己是文明人、蒙古人是野蛮人。

听说太阳汗要出兵讨伐蒙古人，大将豁里速别赤进谏道："太阳汗，我们万不可轻易与蒙古交战。要知道，蒙古将领足智多谋，士兵骁勇善战。前些年，连我们乃蛮部第一名将可克大帅都战死疆场，所以我们不能轻启战端。"

太阳汗听罢，轻蔑地说："蒙古人有什么可担忧的，我听说东边的蒙古人屈指可数，他们只是虚张声势地拿弓箭吓跑了老迈不中用的王汗。王汗因为胆怯才弃众出走被我们误杀在边境，如果他果断迎战，怎么会输给那个铁木真呢！那个蒙古'野人'铁木真还想做皇帝不成？天上的太阳和月亮尚不能同放光明，地上更不能有两个大汗来治理百姓。我这就联合汪古部，一起出兵讨伐铁木真！"

豁里速别赤急了："太阳汗，我审问过一些从东边逃过来的克烈人，他们都说王汗是被蒙古人真刀真枪打败的，是铁木真亲自率领几万铁骑赶跑了王汗。蒙古军连年征战，久经沙场，是真正的百战雄师；还有他们刚刚打败了克烈部，收服了几十万克烈部百姓，更是实力大增、士气正旺，但我乃蛮军已多年未上战场，早已疏于实战，而打仗的事不是想当然就能准备好的。太阳汗，你要三思而行啊！"

这时，太阳汗已极不耐烦豁里速别赤的谏言，直接搂着古儿别速走向了后宫，只留下一句："你们等着我去把蒙古人的弓箭统统夺过来给你们看。"

豁里速别赤看着太阳汗的背影，对众将沉痛地说："诸位将军，我们准备一起为国捐躯吧。"

果然，太阳汗第二天就派了一位名叫月忽难的使者前往汪古部，游说阿剌兀思汗一起左右夹攻铁木真。

汪古部历史悠久，也是一个很古老的部落，居住在阴山长城一带。在蒙古语中，"汪古"就是长城的意思。唐代时，汪古部为雁门沙陀，因其与中原内地接触紧密，受中原文化影响很深，又被称为"白鞑靼"，也被称为"熟鞑靼"。金国一代，汪古部实际上是金国看守北方的边防军，被列为金国用北方部落组成的乣军之一，为金国守卫着边防线上的边堡界壕，以监视北方游牧民族。

月忽难来到汪古部见到了汪古部大汗阿剌兀思，自是一番说辞，如两族世代姻亲，都说突厥话，又同信景教，是草原上关系最亲密的两个兄弟之邦，等等。待拉拢一番后，月忽难便单刀直入，说乃蛮部即将夺过铁木真和蒙古人的弓箭，请汪古部从侧后出兵配合乃蛮军左右夹击铁木真。

月忽难说得口若悬河，不料阿剌兀思汗却暗笑不止。原来，早在铁木真青年时，他就通过行商草原的镇海与汪古部建立了稳固的联系，双方年年互赠礼物，使者常来常往，关系极是友好。

阿剌兀思汗是个极精明而有远见的汉子，他了解铁木真在草原上崛起的全过程，深知铁木真的雄才大略和智勇双全，也知道乃蛮部太阳汗是个庸碌无能之辈，其汗庭之内女人专擅朝政，整个部落毫无希望。所以，阿剌兀思汗很容易就做出了取舍，他不等月忽难把话说完就命令部下将其捆起来横在马上，然后派人送给了铁木真。

这时，汪古部和蒙古部相互之间来往已经非常方便了，其北面就紧邻蒙古草原的最南面，以前与克烈部相接，现在直接与铁木真的蒙古部为邻了。

汪古部的使者见到铁木真后，按照阿剌兀思汗的命令把太阳汗的计划全数告知："要小心，太阳汗要来攻打你了。他说要抢走你全部的弓箭，还要我来做右翼夹攻你，我坚决拒绝了。我连他的使者也一起送来给你，你要小心。"

铁木真十分感动，命令精选五百匹良马、一万头肥羊送给阿剌兀思汗。后来，铁木真又和阿剌兀思汗结为安答，还将自己最心爱的最聪明的三女儿阿剌海别吉许给了阿剌兀思汗的长子不颜昔班，让蒙古部和汪古部两部结为姻亲。

当时，铁木真正率部在漠北草原一带打猎，其实是在放松休息。在得到乃蛮部要攻击蒙古部的消息后，铁木真却罕见地犹豫了，他没有想过要在此时跟乃蛮部打这一仗。实际上，跟脱里汗的最后对决，铁木真已经耗尽了精力和心血，他自己需要休息，他的将领和士兵也需要休息，还有新收得的三四十万克烈部百姓更需要安抚，而且时值春天战马经过一冬的熬膘后非常瘦弱。

当天晚上，铁木真在帐篷里享受着塔塔儿姐妹花的侍候，看着灯光下两姐妹动人的剪影，微微叹了口气："这太好了，要是永远都这样该有多好。"

两姐妹顿时笑起来："我们巴不得永远如此。可是，那样大汗就不是蒙古战神了。"这句话像电流一样激活了铁木真。

就这样，铁木真又充满了去战斗、去征服的激情和欲望。

在第二天召开的大会上，年长的将领和贵族都反对出战，毕竟大家都很疲惫，而且马匹也很疲惫。大部分的将领认为，春季马儿太瘦小，既跑不动又驮不起，无法作战，应该等到秋高马肥时再去远征，就是必须再等几个月才是征战的时节。

但是，年青一代的少壮派将领不愿意。在消灭了脱里汗收服了克烈部后，蒙古部的青年将领们正斗志昂扬、雄心万丈。

铁木真的幼弟铁木格站起来——这时的铁木格早已是一员猛将——大声说："马瘦就不打仗？这算什么借口！男子汉大丈夫，听到敌人要来欺凌自己，怎么能够坐以待毙呢？"

铁木真的三弟别勒古台也站起来说："我们堂堂蒙古男儿视弓箭如生命，无知的乃蛮部太阳汗竟敢说要抢夺我们的弓箭，如果我们不消灭这种狂徒，活在人世间有何用？我愿双手紧握弓箭、头枕箭袋与其血战，就算战死疆场，热血男儿又有何惧？乃蛮部丑类太阳汗，仗着人多地域广，仗着草肥牛马壮，竟敢欺我而疯狂言。我们正好趁太阳汗这么狂妄无知策马前去攻击，必能夺取他们的弓箭，杀得他们片甲不留，把他们的牛马羊群统统带回我们的蒙古部放牧。难道我们的马瘦，乃蛮人的马就肥了不成？这是天赐良机，绝不可失！大哥只要下令，我们马上跨上战马去杀敌！"

两个弟弟的豪气深深地感染了铁木真，他猛一拍掌："说得好，这才是我蒙古男儿说的话！有这样的勇气出战，没有战胜不了的敌人！据说太阳汗的宠妃古儿别速嘲笑我们蒙古人身上有歹气息——衣服肮脏，我们去把她抓来，让她好好闻闻我身上的气味！"

众将顿时哈哈大笑，于是分头前去准备。不过，木华黎留了下来，因为铁木真有很重要的事同他商量，这就是统一整编蒙古军队。为此，铁木真、木华黎两人已经酝酿一段时间了，他们商量的就是后来威震万邦的蒙古军基本军制的雏形。

铁木真说："木华黎，以前我们蒙古人作战都是以部族为单位组军，以血缘家族为维系纽带，以将官首领的勇武、经验和智慧为凭借，虽然这很有效，但是弊端也很多，比如部族首领一旦战死，部落立即星散。"

铁木真说到这里叹了口气："当年我额赤格也速该突然去世，我们蒙古

第一强部乞颜部就立刻星散四方，我们一家差点全部饿死。"

木华黎点头称是："大汗，我们现在已经征服了大半个草原，将士的数量和归附百姓的数量急剧增多，应该想办法统一管理，不然战时会发生混乱。"

铁木真说："你说得对。以后，我们把这些氏族血缘组军传统都废除了，然后改以千户制，具体方法是把所有部族打散，每十户设一个十户长，每百户设一个百户长，每千户设一个千户长，由下至上，层层隶属。我的乞颜部本部人马很早就推行千户制，以后就全军推广吧。"

于是，蒙古军开到哈拉哈河畔开始了大整军。这时，反对铁木真的旧贵族已经所剩无几，整军开展得非常顺利。

铁木真点数自己的人马，每一千人组成一个千户，每一千户下设十个百户，每个百户下设十个十户，又委任了千户长、百户长、十户长。这样，每一级指挥官只需指挥十人，这极大地提高了指挥效率。同时，铁木真通过这种制度将比较大的部族分而化之，打破了各部族之间的界限。在这种指挥系统之下，士兵无法对原先的部族首领效忠，只能对其所在的户长效忠，并最终表现为只对铁木真效忠。当然，这种"十进制"的指挥系统并不是铁木真首创，如西周时期就存在千夫长和百夫长军职并载于史册，契丹人和女真人也都采用了这种指挥系统，但将这种简洁高效的指挥体系的威力发挥到最大的，毫无疑问是铁木真和蒙古军。

接着，铁木真又设立了六名扯儿必[1]，由朵歹、朵豁勒忽、斡格来、脱栾、不察阑、速亦客秃担任。这六名扯儿必陪伴铁木真左右，参赞军机，管理民政，安定后方，而这就是后来元朝内府宰相的前身。

编组了千户、百户、十户之后，铁木真又正式设立了后来名震世界的怯薛军，其类似于中原王朝护卫皇驾最精锐的御林军。怯薛军下面设置八十名宿卫、七十名散班、四百名箭筒士，其中宿卫负责巡夜，散班负责白天执勤。然后，又令阿儿孩合撒儿选拔一千名千户长、百户长和百姓子弟，有技

---

[1] 扯儿必，蒙古汗国、元朝时期官职名，意为宰相，实际上是侍从官，职责相当于侍中。

能且身体、模样好的勇士组成怯薛军主力。

为此，铁木真下令给阿儿孩合撒儿："选取一千名勇士，作战时站在我的面前厮杀，平时做我的轮番护卫中的侍卫！"一句话，怯薛军战时做先锋，平时做护卫。

接着，铁木真又规定了怯薛军严格的执勤制度，并下令："箭筒士、侍卫、轮番护卫、司膳、门卫、管战马的人，白天进入值班，日落前交班给宿卫，然后骑自己的战马出去住宿。夜间，宿卫卧在帐庐周围值宿，应守门的可轮流站立守门。在第二天早晨咱们喝汤时，箭筒士、侍卫向宿卫告知后接班。箭筒士、侍卫、司膳、门卫都要在自己的岗位上执事，就位而坐。值班三夜三天后，依例更替。"

在编组了千户，委派了扯儿必，任命了八十名宿卫、七十名散班、四百名箭筒士侍卫轮流值班，让阿儿孩合撒儿选拔了一千名勇士后，铁木真就要拿太阳汗试刀了，以检验完成整编之后的新蒙古军的威力。

蒙古鼠儿年（南宋嘉泰四年、金泰和四年，1204）孟夏四月十六日红圆月日，在"九斿白纛"大军旗下，蒙古军用九匹白色公马断头祭旗，然后宣誓出征。这一路在地图上的直线距离近三千里，实际上曲折往返近七千里，这是蒙古军统一草原后无数次远征的第一次。

沿路有汪古部派来的一队人马做向导，者别、忽必来两名猛将率五千骑为先锋，铁木真率五万大军随后而来。蒙古将士每人各带三五匹马，沿路边放牧边打猎，走过了整个夏季后终于到达了乃蛮部边境的撒里川。

撒里川属于盐碱沙地，到处长着矮草，再过去是一小片丘陵地带。在撒里川，已经能看见历史上著名的名山杭爱山的山梁了。杭爱山，古称燕然山，就是东汉时期痛击匈奴后刻石记事的著名武功——"燕然勒石"的所在。[①]

这次蒙古部与乃蛮部的决战，将在杭爱山山脚下展开。

蒙古军的探马侦骑走到这里，已经发现了杭爱山上乃蛮军的哨所，于是

---

① 燕然勒石于 2020 年在今蒙古国杭爱山被发现。

双方的前卫互相追逐厮杀起来，最后乃蛮军哨兵从蒙古军前卫那里捉去了一匹瘦弱的、带破鞍的青白色马匹。

乃蛮军哨兵捉去那匹马之后，说道："蒙古人的马真是瘦弱啊！"然后赶紧向太阳汗呈报此事，并上交了缴获的马匹。

这时，太阳汗带着宠妃古儿别速、儿子屈出律，以及大将豁里速别赤带着八万人马从阿尔泰山沿路停停走走几个月，也到达了杭爱山脉。同时，与太阳汗一行同来的还有铁木真所有的宿敌——札达兰部首领札木合、篾儿乞部首领脱黑脱阿、阿邻太石领导的克烈部残部、蒙古部的亲王阿勒坛和铁木真的堂兄忽察儿，还有朵儿边人、塔塔儿人、合答斤人，可以说二十多年间被铁木真击败的所有敌人都聚集于此了。

太阳汗看到送来的蒙古瘦马欣喜若狂，对众将说："蒙古人的马瘦得皮包骨头，连马鞍都驮不起，这怎么能打仗？他们一定不是我们的对手！我们马上急速进军，痛击铁木真！"

众将皆认为有理，于是纵情狂欢，等待后面的大队跟上来后一起出击。

这时，铁木真主力已经到达，在阿鲁浑河畔扎下大帐。蒙古众将对一匹瘦马被乃蛮军俘去虽认为是小事，但觉得暴露了大军虚实，皆有不悦。于是，铁木真聚集众将，商议如何作战。

一位叫朵歹的高级将领站了出来，他是铁木真任命的六大扯儿必之一，以机警多谋闻名全军。朵歹向铁木真建议说："大汗，我们不必过分担忧。那匹被乃蛮军捉去的瘦马是一匹走马，而我们这一路上非常小心地不让战马受累，尽量不骑战马，所以我们的战马并不瘦。瘦马被捉去，正好可以麻痹乃蛮人。不过，咱们的兵力少于乃蛮部，不仅少而且一路上走了三千里，人马都已经很疲倦了，亟待休息养精蓄锐。如今，我们不如在这片草原扎营停驻下来，先养几天马，让人马都吃饱了好恢复气力，同时对敌使出疑兵之计——咱们在这草原上散开安营，让每个将士都点燃五堆火，用火光来虚张声势惊吓敌人。乃蛮部人多势众，以逸待劳，自觉占据优势，但是他们的太阳汗是个没有出过家门的娇生惯养者，愚蠢而又怯弱。所以，我们先虚张声势吓住他们，让太阳汗不敢轻举妄动，再用增火疑兵之计使他们惊疑恐惧，如此之间就有了两三天时间，这样我们的战马也就吃饱了。咱们的战马吃饱后，就去攻击乃蛮军前卫，紧追他们不放且一直把他们赶到中军里，然后趁着他们慌乱之际冲杀进乃蛮军的阵形与之决战！"

铁木真和众将击掌叫好，同意朵歹的建议，便下令："传令全军士兵，每人最少燃起五堆火来。"

于是，蒙古军在撒里川上散开扎营，入夜后每个人燃起五堆篝火。

夜间，杭爱山山峰上的乃蛮军哨兵看见撒里川上绵延几十里到处是火光，无数的骑兵在里面穿梭往来，惊疑道："不是说蒙古人少吗？他们点燃的火，比天上的星星还多啊！"

于是，乃蛮军哨兵赶紧报告给太阳汗。这时，太阳汗正在杭爱山下的合池儿河驻营，接到前哨报告："蒙古人的军队布满了撒里川草原，从篝火上判断，至少有二十万人！"

太阳汗赶紧爬上山峰眺望，看到那方圆几十里的壮观火堆正如满天繁星闪闪烁烁，顿时吓得手足瘫软，久久不能移动。

这样，白天看到蒙古瘦马还信心满满的太阳汗胆怯了，便在太阳一露头时就派人去对他儿子屈出律说："蒙古人的马匹确实消瘦，但我亲自看到蒙古人点燃的篝火比星星还多。蒙古人很多，从篝火数量判断，至少有二十万人，如果我们与他们作战，恐怕难以取胜。听说蒙古人勇猛刚强，如果互相交战，枪扎在他们眼上眼也不眨一眨，刀刺在他们腮上流出黑血也不躲避。与如此刚硬的蒙古人还能交战吗？

"不如我们这样打吧：既然蒙古人的马瘦，我们就先率军退过阿尔泰山向西撤退，整顿好军队后再像逗狗那样逗引他们，把他们一直引诱到阿尔泰山下。这样，我们的肥马消腹后更加矫健，蒙古人的瘦马却会更加疲乏，然后我们就反身来迎面猛攻，给他们来个迎头痛击！"严格地说，如果认真执行，这也不失为一个好计划，但谁都能看出这是太阳汗看到蒙古军强大的阵容后胆怯心虚，失去了战斗勇气。

果然，屈出律听到父亲太阳汗传的信后十分生气，顿时毫不顾忌地破口大骂道："他一会儿说蒙古人马瘦可欺，一会儿说蒙古人勇猛刚强，这恐怕是妇人堆里打滚的太阳汗胆怯了，竟说出这样的话来。蒙古人从哪里来那么多？天上掉下来的吗？大部分蒙古人不都跟着札木合在我们这里吗？太阳汗连孕妇撒尿处那么远也没有走过，连放牛犊的草场那么远也没去过。妇人堆里的太阳汗一看要真打仗了，想尿裤子了，竟然还派人向我来说这样的话！"屈出律打心眼里就瞧不起父亲太阳汗，乃蛮军更没人瞧得起太阳汗。

屈出律当着使者的面狠狠辱骂了父亲太阳汗之后，一脚将使者踢出帐篷让倒霉的他滚回去。

使者垂头丧气地把屈出律的话报告了太阳汗。太阳汗听到儿子把他比作妇人的话后，愤愤道："自称有力有勇的屈出律啊，真要与敌厮杀我看第一个退却的就是他！别看他说这些大话，一旦临敌交战，就难以解脱了。"

大将豁里速别赤听了太阳汗说的这些话后，也很愤怒地说："你父汗亦难赤汗同敌人交战时，临阵勇猛杀敌直向前，从未让敌人看到他背着弓箭的男子背脊，从未让敌人看见他战马的后胯。但是，看看你这个懦夫，战斗还没开始，你怎么就胆怯起来？早知你如此胆小，还不如让古儿别速来统率军队呢，尽管她是个妇人。唉，只可惜可克大帅已经战死，蒙古人时来运转了！唉，有你这样无能懦弱的太阳汗，乃蛮人不行了！"豁里速别赤说罢，敲击着自己的箭筒骑马离去了。

太阳汗恼羞成怒，再也挂不住面子了，只好说道："活着辛苦受累，和死去也差不多。既然如此，咱们就去厮杀吧！"说罢，太阳汗一气之下就率乃蛮军从合池儿河①出发顺塔米儿河而下，渡过阿鲁浑河，又沿着杭爱山东的纳忽昆山崖东麓到了察乞儿马兀惕，用了三天时间走进了与蒙古人决战的战场。

蒙古军用增火疑兵之计抢到了宝贵的三天时间进行休整，此时人马俱是精神大振，战意高昂。

散在主力之前的探马侦骑望见乃蛮军的大部队开了过来，马上飞骑向铁

---

① 合池儿河，古河名，《圣武亲征录》作"只儿兀孙河"。

木真报告："乃蛮人来了！"

铁木真听到这个消息，下令道："乃蛮人人数多，要多多杀敌；我们人数少，要注意减少损失！"

这场大战进行了一天一夜，《蒙古秘史》一书对这场战役做了极其传神的描写：

铁木真骑上马迎上前去驱逐乃蛮军前锋，他指挥军队摆开阵势，命令道："进攻如山桃树丛一样既散开又保持联系，大部队摆开如大海一般的阵势，主力像凿子般地攻进去！"

说罢，铁木真亲自跃马向前担任前军主帅，命二弟合撒儿统率中军，又命幼弟铁木格统领后军并掌管后备换骑的战马。

铁木真下令阿儿孩合撒儿率一千探马侦骑为前哨，者勒蔑、速不台、者别、忽必来"蒙古四狗"各率千骑为先锋，术赤台、合答黑各率兀鲁兀惕氏和忙忽惕氏勇士跟随其后，他自己则亲率怯薛军压阵前军，对乃蛮军发起波浪形突击。就这样，蒙古军一波接一波对准乃蛮军一个点发起猛烈攻击以凿透乃蛮军的防御阵形，然后投入合撒儿的中军和铁木格的后军，并通过密不透风的连环攻击砸碎乃蛮军的一切抵抗。

这一日秋高气爽、艳阳高照、碧空如洗，两军的旌旗漫山遍野飘扬。铁木真部署好作战计划，将手中的黄金天地矛向前一指，顿时几十面大战鼓的声音震天动地，蒙古大军开始呐喊着一拨拨冲锋。

乃蛮军见大批蒙古军直冲过来如山呼海啸般势不可当，这才射出第一批箭支。但是，蒙古军已经冲到了跟前，凶神恶煞般挥舞着刀枪杀进了乃蛮军的阵营。于是，乃蛮军不敢正面接战，忙从察乞儿马兀惕退去，直接退到了纳忽昆山崖前沿着山麓布阵，想倚靠地势坚守。

这时，蒙古军的前哨如狼入羊群一样连刺带砍，驱赶着乃蛮军前卫向后奔逃，直赶得他们逃进了纳忽昆山崖前乃蛮部大中军里。

蒙古军狂飙一般追过来的情形被在山坡上观战的太阳汗和宠妃古儿别速看见了，引得古儿别速不停地一声声惊呼："看哪，那蒙古人又杀了我们一个队长，这边我们又死了一个将军！"

当时，札木合与乃蛮人一同出兵，也在杭爱山。太阳汗知道札木合最了解蒙古军的情况，向札木合问道："那些如狼入羊群般驱赶着群羊直赶到羊圈里的人是些什么人？"札木合用一连串寒气逼人的回答彻底瓦解了太阳汗的斗志，吓瘫了这位懦弱的乃蛮部大汗。

札木合首先答道："现在冲过来的是我的铁木真安答用人肉喂养并用铁索拴着的四条猛狗，驱赶我军前卫的就是这四员猛将——他们的名字是者勒蔑、速不台、者别、忽必来。"

札木合说完后还给太阳汗唱起了草原上流传的关于"蒙古四狗"的赞颂：

> 平日系之锁链兮，战时喂之以人肉。
>
> 此四狗之为状兮，凶猛顽强无敌手。
>
> 额为青铜额兮，口为铁凿口。
>
> 舌如锥样矢兮，心是铁铸就。
>
> 马鞭利如剑兮，所向风云吼。
>
> 渴饮白露可度日兮，奔驰狂风任自由。
>
> 争战厮杀是其喜兮，生吞活剥食敌肉。
>
> 此时各脱所系链兮，馋涎已滴顺嘴流。[1]

太阳汗一听害怕了，说："我们还是离这些疯狗远点，免得受他们凌辱。"

于是，太阳汗命令乃蛮军从崖前后退，将阵地移上山坡。乃蛮军临阵后退，顿时大乱。蒙古军见敌军后退，更是士气大振，冲得更猛了。

这时，太阳汗又看到"蒙古四狗"后面有些勇士举着一面玄黑的大军旗和一面豹纹大军旗，欢跃着绕成圆圈冲上前来，阵形极其严整，同时在军旗所向之处，这些勇士在乃蛮军中直杀而入，如分海水。

太阳汗吓得又向札木合问道："那些是什么人？像清早放出的小马驹咂完了母马的奶后围绕在母马周围扬尘欢跃，绕成圆圈似的奔驰而来的是

---

[1] 本段歌谣选自《蒙古秘史》。

些什么人？"

札木合夸奖道："他们是追赶拿长枪的男子，杀了他们而夺其财物的那些人；他们是追赶拿环刀的男子，把他们砍倒而夺其财物的那些人。他们被称作兀鲁兀惕人、忙忽惕人。这两个氏族的人耍着刀枪长大，躺在战阵中睡觉。如今，他们不是欢跃着杀来了吗？"[1]

太阳汗听得直打哆嗦，命令继续后退。待命令刚刚传出，古儿别速又再度发出了惊呼："那又是谁？带领无数铁骑跟在'四狗'背后如狂风卷来，如饿鹰捕食般杀戮我军。"

札木合向古儿别速所指的方向望去，一眼就看到了亲自到阵前督战的铁木真，他手中的黄金天地矛在阳光下闪闪发光，而他的黄金天地矛指向何方则千万骑蒙古勇士就杀向何方。

札木合看到这位安答威风日盛，暗叹自己已不再是对手。于是，札木合对太阳汗和古儿别速说道："此来者，乃我安答铁木真也。他浑身上下以生铜铸成，用铁锥刺他也找不到空隙；他从头到脚用熟铁锻成，用纫针扎他也找不到纹缝。我那铁木真安答，恰似捕食的饿鹰，如此奋勇而向山头扑来了，你们看到了吗？乃蛮军曾经扬言，如果蒙古人胆敢来犯，就如屠杀羔羊般令其蹄皮无存。如今，铁木真已经带着他们来了，你们试看谁屠戮谁！"[2]

太阳汗见铁木真战马所向如入无人之境，更是吓出了一身冷汗，并急命部下传令不可轻易交锋，以避其锋芒。太阳汗不是指挥部队冲锋陷阵，而是指挥部队节节后退避战，以致乃蛮军被统帅一道又一道后撤的命令弄得惊慌失措。实际上，在两军对阵之际，一方忽然后撤谈何容易！于是，蒙古军冲进正仓皇逃跑的乃蛮军阵形中，好一番如砍瓜切菜般杀得乃蛮军尸横遍野，使得乃蛮军的阵地只好又向更高的山头移去。

乃蛮军刚刚站稳阵脚，古儿别速又惊呼起来："这来的又是谁？这个人好大的个子，杀了我们好几个将军！"

---

① 本段歌谣选自《蒙古秘史》。
② 同上。

太阳汗看向战场，又向札木合问道："跟在铁木真背后急奔而来之将又是何人？"

札木合道："这是诃额仑夫人的另一个儿子，铁木真的弟弟合撒儿。"

然后，札木合又对着太阳汗唱起了草原上流传的关于合撒儿的赞颂：

> 身长三寻许，顿餐三岁牛。
>
> 披挂三重甲，力过三莽牛。
>
> 生吞带弓人，不足碍其喉。
>
> 整咽长大汉，尚不足胃口。
>
> 方其盛怒时，开弓射敌酋。
>
> 箭发隔重山，十数人命休。
>
> 大弓长箭九百步，力大自非常人有。
>
> 小弓短箭五百步，精准无双世独秀。
>
> 生具异相人皆惧，浑似魔君凡间游。
>
> 雄壮剽悍如大蟒，拙赤合撒儿名留！①

太阳汗一听，更加心惊肉跳，继续失魂落魄地往山上爬。爬了几步，太阳汗回头往山下一望，远远看见蒙古军后队也在向这个方向冲杀过来，禁不住又向札木合打听那蒙古军后队将领是何人。

札木合又答道："他啊，是我那铜头铁臂的铁木真安答的幼弟，人皆道他性情疏懒、不喜劳作，然则每临战阵争斗不落后、冲杀不落伍。他便是铁木格！"

札木合绘声绘色地向太阳汗介绍蒙古军的情况，其中虽然不免有许多言过其实的吹嘘，但着实把太阳汗和周围的臣属吓破了胆。同时，古儿别速一声接一声的惊呼，更叫得大家魂飞魄散。可以说，乃蛮军这一战，一半就败在札木合和古儿别速的这两张嘴上。

太阳汗眼看着勇猛冲杀的蒙古军和那一片一片倒下去的乃蛮军尸体，早

---

① 本段歌谣选自《蒙古秘史》。

就吓得呆若木鸡、手足无措、丧魂落魄，完全丧失了战前胜利的信心。现在，太阳汗唯一的想法就是后撤，不停地后撤，躲得离蒙古人越远越好，甚至认为那些蒙古人不是人而是一匹匹披着人皮的恶狼。

在太阳汗的一个个撤退的命令下，乃蛮军的中军大营一步步移到了高山之巅，已经无路可退了。不过，札木合没有再跟太阳汗逃到山顶，他知道乃蛮军现在大势已去了，于是带队脱离了乃蛮军向西逃跑。走的时候，札木合还调侃了古儿别速一句："你不用害怕，我铁木真安答最喜欢你这样的美人了。"就这样，札木合在关键时刻抛弃了太阳汗。

与此同时，当年抢过孛儿帖的篾儿乞部落首领脱黑脱阿本来打算带着残部留下来，但札木合对他说："太阳汗当初说尽了大话，说蒙古军如柔弱的羔羊，要烤了吃他们的肉，剥他们的皮做靴子，而如今一开始交战就被打得落花流水、退无可退。乃蛮军估计也就能顶个一两天就会被铁木真所灭，再不走蒙古军的包围圈就要合拢了。我们还是赶紧向西面逃吧，以免和太阳汗一同受死。"札木合说完便带着部下和脱黑脱阿分道扬镳，向西面逃命去了。

脱黑脱阿眼见不妙，也赶紧跟在札木合身后率队脱离了战场，往北边跑去了。

札木合向来朝秦暮楚、反复无常，他不知道出于什么心理在逃出战场后又派出一个使者向铁木真传话，说："我夸耀安答的军威极力恐吓太阳汗，太阳汗已被我吓得没了主张，他又逃到山上躲了起来，将士已经没有了战心。我已抛弃乃蛮部扬长而去，安答之战必胜矣，你好好干吧！"

原来，札木合见铁木真军威赫赫，料定太阳汗必败。这么多年来，札木合在草原上的闯荡让他的性格已经变得极为复杂，他既敬佩铁木真，但又想与这位安答争霸。现在，札木合看到战场上蒙古军所向无敌的情景，知道铁木真雄霸草原已不可阻挡，自己顿觉心灰意懒。所以，札木合最后不但临阵退缩，还把乃蛮军的情景和盘透露给铁木真。这时，札木合已经由一位英雄变成了一个小人。

铁木真听到札木合传递的消息顿时心中大喜，他知道札木合没有骗他，于是重赏了札木合的使者。

　　这时，已经是残阳如血的日暮，天开始慢慢黑下来了。铁木真在此时得了札木合的密报，知道了乃蛮军的虚实，便准备一鼓作气趁机连夜进攻，杀上山去一举将乃蛮部剿灭。众将士也都斗志昂扬、热血沸腾，恨不得立刻上山与敌军决一死战。

　　铁木真刚要准备下令进攻，木华黎说道："大汗，我们不能轻易冒进。几万乃蛮军被困在山头断了水源，已成瓮中之鳖，我们只要死死地堵在山口不许他们逃出去，渴也能把他们渴死了。如果我们今晚进攻，将会逼得他们同仇敌忾一齐跟我们拼命，那样我们的伤亡必大。我们今夜只要先困住他们渴他们一夜，到明天他们就战意全无只能投降了。所以，我军只要堵住山口，突围的都给他们打回去，不许他们逃出去就赢定了。"

　　铁木真连连夸奖木华黎说得好，于是蒙古军就在纳忽昆山崖脚下扎下营寨，摆开阵势堵住山口、掐死要道，坐以待机。

　　那日白天，乃蛮军战死了两万余将士，还有很多人带伤逃到山崖上面，但上去了才知道进了死地，原来山崖上没有一滴水。几万乃蛮军激战一天，渴得昏天黑地、口唇干裂，到处都是伤兵在呻吟。乃蛮军将士知道留在山上是死路一条，于是自发组织起来进行了几次突围，但都被蒙古军的箭雨射了回去。

　　于是，乃蛮军将士在山上乱窜，企图找一条山路逃一条活命，却不知纳忽昆山崖三面都是悬崖峭壁，根本无路可走。同时，夜晚黑灯瞎火的，许多乃蛮军将士掉下悬崖活活摔死了。据史书记载，当夜，乃蛮兵"自纳忽昆山崖上，滚落壑底，堆垒狼藉，跌碎筋骨，积如烂木，相压而死"。

　　乃蛮部大将豁里速别赤知道全军危在旦夕，若困在这山崖上只有死路一条，便一口气跑上山顶对太阳汗说道："你赶紧下山督战，把将士组织起来拼死突围，否则就算蒙古军不进攻，大家也会统统渴死在这里！"

　　可是，不管豁里速别赤怎么说，太阳汗都不作声，只是搂着古儿别速打哆嗦。

　　豁里速别赤终于大怒道："你作为主帅必须下山督战，为何一言不发、毫无主张？现在，整个乃蛮国、整个乃蛮军的命运都在你手里，你到底想干什么？"

豁里速别赤说到这里，听见太阳汗颤抖着说道："我现在已经疲惫到了极点，让我在古儿别速怀里歇会儿。等到明天天亮以后，我们再与蒙古人交战吧。"

豁里速别赤只得摇着头，喃喃地咒骂着返回了自己的部队，并命令固守阵地。

这一夜，山下的蒙古军因为胜利在望、胸有成竹都睡得极香，而山上的乃蛮军却惊慌恐惧、呻吟连连、口干欲燃，难受至极到都没有入睡。天亮时，乃蛮军因为昨晚没有安睡全都疲惫不堪、士气全无，而休息好了的蒙古军却生龙活虎、战意昂扬。

第二天一大早，豁里速别赤就率军往山下突围，而一层层蒙古军只管拼命放箭。就这样，一批批乃蛮军倒在了山口，却无论如何也突不过蒙古军的箭阵。豁里速别赤心一横，聚集了乃蛮军最精锐的三千近卫军将太阳汗围在中间向山下猛突，而古儿别速却在混乱中失散了。当然，这三千近卫军确实是乃蛮军最优秀的精英，真正的无畏之士，他们在猛突之下竟在蒙古军阵营中打开了一个缺口，而豁里速别赤护卫着太阳汗冲出这个缺口。就在这时，者别在乱军之中看到了太阳汗极为华丽的衣甲，心想"这莫非就是太阳汗"，于是当即抽出一支三棱透甲钢椎箭射去并正中太阳汗的背心。要知道，者别所射之箭是何等劲道，当即透甲而入，太阳汗立刻倒栽马下。

在一侧的豁里速别赤连忙跳下马来，将俯卧在地的太阳汗翻过身来，发现他已经双目无神、气若游丝。豁里速别赤对天怒吼："太阳汗，你死之前应该先看着我们为你战死吧！"

然后，豁里速别赤传令："我们的太阳汗就要死了，让我们为他进行最后的血战吧！"

三千乃蛮近卫军听到太阳汗将死的噩耗顿时红了眼睛，他们将太阳汗的身体围在中间，个个状若疯虎地与蒙古军拼死血战。乃蛮近卫军悍不畏死、极其英勇之状，使得蒙古军的气势竟为之所夺，一时竟被打得连连后退。

这时，铁木真赶到阵前，他看到这支乃蛮近卫军如此无畏，顿生爱惜之心。于是，铁木真命令喊话："投降免死。"不过，乃蛮近卫军置若罔闻，只是猛冲猛杀。

铁木真观察良久，叹息一声："这是死士，成全他们吧！"

于是，蒙古军往后稍退，然后一起开弓放箭，瞬间成千上万的箭雨射向这支乃蛮近卫军。很快，这支乃蛮近卫军的人马身上都插满了箭羽，全都站立着死去了，而大将豁里速别赤抱着太阳汗的尸体也中箭而亡。

铁木真看到此情景后说道："没想到，乃蛮部里还有这样英勇的战士。太阳汗有这样的战士为之效命，死了也是值得的。如果乃蛮部将士个个都是这样打仗，我们是很难赢的。可惜，我不能把这些勇士生擒过来，让他们为我效力。"铁木真说完长叹一声，非常惋惜这支乃蛮近卫军的覆灭。

此时，蒙古军的将士在战鼓声和牛角号声中对乃蛮军发起了最后的总攻，个个争先恐后地奋勇冲杀。乃蛮军残部只得纷纷往山上逃去，想冲上山顶绕到山后逃窜，但蒙古军在身后杀声震天地猛追，而且晚上又漆黑看不清，到了白天才发现山顶的后面全部是陡峭的悬崖，因此许多乃蛮军将士走投无路只好纷纷跳下悬崖企图死里逃生，结果十个中就有九个摔死了，即使一些侥幸不死的将士也都断手断脚得惨不忍睹。最后，那些在冲杀中幸免于难的乃蛮军将士终于失去了斗志，全都扔下刀枪跪地乞求投降。至于那些如朵儿边、塔塔儿、札达兰、合答斤、山只昆、泰赤乌、弘吉剌等部落的遗老遗少，他们也全都投降了铁木真。在蒙古草原上，草原上的部落从未如此战一般到得如此之齐。不过，自恃英勇无敌的太阳汗的儿子屈出律因在后军，他见势不妙也顾不得父亲的死活便带少数人逃走了。

到傍晚时，铁木真接到报告，说抓到了太阳汗的宠妃古儿别速。于是，铁木真命令把古儿别速带上来，而众将都纷纷离开了中军大帐，只余下铁木真一人。

士兵将古儿别速带了进去，然后退出。

古儿别速站在大帐里，仿佛给昏暗的大帐带来了一缕亮光，连阅女无数的铁木真也不禁暗叹这金发、雪肤、碧眼、高鼻的美人十分动人。

铁木真冷冷哼了一声："你就是那个太阳汗的宠妃古儿别速？"

古儿别速毫无惧色，也冷冷地哼了一声："你就是那个什么蒙古人的统帅铁木真？"

铁木真看着古儿别速，气不打一处来："你说过蒙古人身上有歹气息吧？如今，你怎么来了？"

古儿别速娇声说："我有说错吗？你身上没有歹气息吗？"

铁木真顿时大怒："我让你好好闻闻蒙古人身上的歹气息。"

说完，铁木真扯过古儿别速，一把就撕开了这天姿国色的异族美女的胸衣，顿时露出一大片雪白的胸口。古儿别速惊叫一声，欲待反抗，却发现在这蒙古大汗的铁掌下自己比一只瘦弱的小鸡还无力。片刻工夫后，古儿别速便身无片缕，随之而来的是铁木真最凶狠的蹂躏……后来，古儿别速成了铁木真的宠妃之一，位列铁木真第二斡儿朵二皇后，在铁木真的皇后中排名极高。

不过，铁木真爱美色，却从不为美色所惑，宠后妃却从不为后妃所迷。铁木真后宫美女之多是历史上有名的，但从未发生过妻妾夺宠、争风吃醋的事，而这同样是历史上有名的。

蒙古军与乃蛮军在纳忽昆山崖展开的决战，只打了一天一夜就分出了胜负，但令铁木真没有想到的是为收拾战后的乱局却花了将近两年时间。

乃蛮部是蒙古高原西部立国百年的老部落，三分草原有其一。纳忽昆山崖之战，乃蛮部大汗太阳汗死了，乃蛮军主力覆没，以致群龙无首，顿时大乱。于是，乃蛮部故地各处叛乱蜂起，再加上纳忽昆山崖逃走的败军四处流窜，如札达兰部的札木合，乃蛮部王子屈出律，篾儿乞首领脱黑脱阿，蒙古叛将阿勒坛、忽察儿，太阳汗的弟弟不亦鲁黑汗等人，烽烟四起，一片狼藉。现在，这些地方都归了蒙古部，铁木真只好分骑四出，派兵平定。

这一天，铁木真的弟弟合撒儿在草原上截住了一群正在奔逃的百姓，忽见其中一白髯飘飘者紧紧地捂着胸口一个鼓鼓囊囊的东西，直觉此人气度不凡，便下令将此人带到跟前。合撒儿问道："你是何人？胸口是何物？"

此人毫不惊慌，直视合撒儿道："我是乃蛮国的国师——畏兀儿人塔塔统阿，我捧在胸口的是乃蛮国的国玺。"

合撒儿感兴趣道："什么乃蛮国国玺，给我看看。"塔塔统阿只好捧着国玺递给合撒儿一观。

合撒儿一看这国玺是纯金所造，印章底面刻着文字，印纽是一只雄鹰，便觉得这东西有意思，又问道："这印是做什么用的？"

塔塔统阿答道："国君选贤任能、任命官职、下达政令军令，均在命令上盖上大玺，以此证明为国君亲口所说。"

合撒儿听得连连点头，赞道："这是好东西。你真是忠孝之人。"

于是，合撒儿便将塔塔统阿带回交给了铁木真。

铁木真听说逮住了乃蛮部的掌玺国师，缴到了乃蛮部的国玺，也来了兴趣。铁木真问塔塔统阿道："乃蛮部的土地和百姓都归我了，你居然还抱着个破印逃跑，你想干什么？"

塔塔统阿正色道："乃蛮国中，举国上下都称我为师傅，我是掌玺国师，保护国玺是我的职责。太阳汗既死，我准备找到少主屈出律将国玺交给他，没有其他的意思。"

铁木真一拍座椅扶手："好！合撒儿没说错，你确实是忠孝之人！"

于是，铁木真和塔塔统阿一番长谈，只见这乃蛮部的国师天文地理、山川水势特别是西域民情风俗无所不通，不禁大喜过望。铁木真又问塔塔统阿道："玺有何用？"

塔塔统阿只好再讲了一遍国玺的用处，最后强调国玺为帝王信验之物，重要无比。

铁木真叹道："这正是我需要的东西啊！"立刻命令塔塔统阿为自己刻一方印，并封塔塔统阿为蒙古部掌玺国师辅佐自己。当时，蒙古还没有文字，塔塔统阿只好先刻了个金狼头代印。[①]

---

① 后来，蒙古有了文字，塔塔统阿便刻了蒙古国皇帝玉玺。至今，梵蒂冈教廷尚存有蒙古国皇帝玉玺盖下的印文。

不过，铁木真这时已经从笔帖式——豁罗剌思部的薛赤兀儿那里深深感受到文字的宝贵和缺乏文字的不便，便令塔塔统阿创立蒙古文字。于是，塔塔统阿便以畏兀儿字母为基础创立了蒙古文，这就是蒙古族至今还在使用的老蒙文。[①]塔塔统阿一生的最大功绩就是创制蒙古文字。蒙古文字的产生，对蒙元帝国产生了极为深远的影响，这也是蒙古历史上开天辟地的大事。

蒙古部有了文字后，铁木真不但亲自带头学习，还下令所有的贵族子弟和大将都必须学习。不久，铁木真又正式下令蒙古部登记户口、编制文法都必须使用这种文字，就此掀起了蒙古民族学习文化的风气。蒙古文字的出现，不仅适应了蒙古政治、经济、军事发展的需要，而且对蒙古部落的团结、稳定和增强凝聚力起着重要的作用，为蒙古文化的发展奠定了良好的基础。蒙古文字的产生，在蒙元帝国历史上是一个空前的创举。因此，塔塔统阿以此功在蒙古帝国被称为"巴格西"，即"师傅"之意，后来他的四个儿子也都在蒙古帝国中担任重臣。

当然，在这乱世之中，可谓几人欢喜几人忧。

塔塔统阿为得遇明主而高兴，但仓皇逃走的札木合却再也没有了争霸草原的雄心，他最大的愿望就是能够填饱肚子。

札木合逃出纳忽昆山崖战场后，本来还有上千个部下跟着，但是他的朝秦暮楚、反复无常在草原上已臭名远扬，连他的部下也受不了，都厌倦了跟着他过这种拨弄是非、摇唇鼓舌、到处投靠的生活，而且也知道跟着他再也没有一点点希望，于是便三五成群地离开札木合投靠了铁木真。不久，札木合身边只剩五个最忠诚的那可儿陪着他，并躲到了唐努山中。唐努山位于蒙古草原和西伯利亚泰加森林之间，山上长满了冷杉、落叶松、雪松和其他树木，林间野物不少。于是，札木合等六人靠打猎为生，饥一餐饱一餐的，但最后这五个那可儿也终于对他绝望了。

当时，这五人打猎到了一只公羊，而札木合在另外一个地方打猎。这五人本已经饿得发昏，就生了一堆火先烤着公羊吃起来，但正吃着时札木合回

---

① 现在，蒙古国已经决定逐步恢复使用老蒙古文。

来了。札木合看到这情景，顿时勃然大怒，大骂道："主子还没吃，奴仆怎么就吃起来了？滚开！"然后毫不客气地抓过一只最肥的羊腿大啃起来。这五人气得浑身哆嗦，互相使了个眼色冲上去就把札木合扑倒在地捆了起来，然后把札木合横在马上送给了铁木真。

铁木真和札木合这两个三十多年相敬相杀的安答，彼此沉默地看着对方。良久，札木合先开口道："山上的乌鸦，竟然捕起了天鹅；下贱的奴隶，竟敢捆绑自己的主子。安答，你自己看着办吧。"

铁木真想都没想，说："胆敢冒犯主人的奴仆，这样的人能与什么人交往？来啊，将这五个贱民斩杀勿留！"

于是，铁木真让札木合在刑场上亲自看着那五个背叛他的那可儿被斩首，为他出了气。

接着，铁木真对札木合说："我们从前亲密无间，就像一辆车的两个辕一般，不能分离。现在，你又回来了，让我们再回到从前一样：我们再同居在一处，和好如当初，互相提醒那些忘记的儿时诺言。尽管你曾离我而去，但我们一直是安答、是兄弟；尽管我们多次在战场上相见，但我知道你总为我揪着心。合兰真沙陀之战中，是你派人告诉了我王汗的作战计划；纳忽昆山崖之战中，是你夸耀我的军威吓住了太阳汗，这些我永远不会忘记！我的兄弟，陪在我身边吧，让我们重新像以前一样做真正的安答。"

铁木真说的这些话，代表了他人格中重情重义等品质：札木合是唯一和铁木真三结安答的总角之交；当年，铁木真只是一个普通的牧民，妻子孛儿帖被抢走，走投无路时是札木合毫不犹豫地伸出援手帮他草原扬名、夺回妻子；铁木真和札木合分手时，还带走了札达兰部上万的人马，细说起来他是有愧于札木合的。这时，铁木真已四十岁出头，他从五岁孩童年时就结义三次的安答就札木合一人，于是重情惜义的铁木真的确是真心想留札木合一命的。

不过，札木合的回答也终于在最后显示出了一代草原英雄的高贵，他选择了光荣赴死，拒绝了耻辱苟活。札木合回答铁木真道："从前，在我们年少的时候，我们在豁儿豁纳黑川河畔结拜订交成为安答，我们一同就餐、一同入寝，我们同喝一杯马奶、同盖一条被子，直到现在我们那时的对话都还在我心中不曾忘却。但不幸的是，长大以后，我们被别人的挑唆分开了，兄弟成了仇敌。但是，每当我想起我们儿时的誓言，我都羞愧得脸红。如今，我的安答要原谅我，同我重新结交，这是你的宽厚，是你的大度，但我没有脸面再和你在一起了。如今的草原已尽为安答所有，我与你做伴又有何益？如果我现在还同你做兄弟，我就会像是你衣领中的跳蚤、像你衣襟上的尖刺让你感觉难受，这对于你实在没有什么好处，而只会让你心神不定。在大草原上，我和你的故事、名声、交情将永远流传下去，只要草原上还有牧人的歌声，我们的事迹就会永远被四处传唱。对此，我已经感到满足了。"札木合说到这里，与铁木真一样都已满面泪痕。

最后，札木合说："我的安答，你是个英雄，你的母亲明理能干，你的兄弟个个才智过人，你结交的七十三名勇士就像七十三匹忠诚的战马。我败于你手，理所当然。我自幼被父母抛弃，孤身一人，妻子不贤，朋友不忠，这是上天注定要让你得胜。我只有一件事求你，尽快结束我的生命，只是我出身贵族、血统高贵，请你杀我时不要让我流血①，然后把我埋在高山上，这样我的灵魂将会永远庇护着你的子孙后代。我与你同族而异源，我死之后请你照顾我的族人，因为他们也是你的族人。我就说这么多了，我的安答，请你尽快杀了我吧。"

铁木真看着札木合决然的眼神泪如雨下，他知道自己是英雄，但也认为札木合是个英雄，而自己的成就也是这位安答激励出来的。最后，铁木真哽咽着对札木合说："我明白了，我马上安排。我会让你不流血而死。"

太阳照在苍茫的大草原上，牧草摇曳着金光，蒙古军十个千人队整齐划一地列成方阵，铁木真和札木合两个蒙古统帅双骑并列，巡视了无敌的蒙古铁骑。然后，几百个号兵吹响了嘹亮的牛角号，札木合下马。随后，两个刀斧手用一张整牛皮将札木合层层裹紧用牛皮绳扎好，并将牛皮筒抬到了草原上。

---

① 蒙古人认为，灵魂存在于人的血液中，不流血而死就可以保存灵魂。

铁木真望着远处草原上的牛皮筒，眼眶再次润湿，然后狠狠举起右手猛地往下一挥："擂鼓！"

蒙古军上百面军鼓同时发出巨响，低沉的战鼓声如阵阵惊雷在草原上隆隆而过，然后蒙古军十个所向无敌的千人骑兵方阵先是缓慢地小步移动，接着快步奔跑，最后迅猛急驰，向着包裹着札木合的牛皮筒冲锋而去！

当一切平静之后，铁木真亲自领队，抬着捆扎着札木合遗体的牛皮筒登上了纳忽昆山崖，将他埋在了杭爱山东边第一座高峰的峰顶。

不久，蒙古的老亲王阿勒坛和铁木真的堂兄忽察儿这两个老叛将被捉住以后，铁木真看在他们曾为蒙古军立下无数大功的分上，同样让他们被牛皮包裹后马踏而死。

对蒙古军来说，从纳忽昆山崖大战中逃出去的全是大鱼——都是威胁到蒙古以后统治的死敌，有的同铁木真甚至是父子两代的世仇，而铁木真是会将这些漏网的大鱼追杀到天边也不会放过一个的。

铁木真首先锁定的是与乃蛮部大战前就早已逃走的克烈部王子桑昆。这时，有行商传来消息说桑昆躲在西夏边境抢劫客商。西夏位于克烈部南面，本来与蒙古部不接壤，但随着蒙古部吞并克烈部后也就成了蒙古部南边的邻居。说起来，西夏与克烈部的关系本来是极好的，西夏君臣做梦也没想到一夜之间克烈部这个友邦就没了，突然间北方草原上就蹦出来一个蒙古部战神。这真是西夏逃不过的劫难。

西夏，蒙古称其为"合申"，也是立国甚久的大邦。铁木真可不管那么多，他通过克烈部旧臣和草原行商对西夏的大致情况已经了解：知道西夏是党项人建立的国家，趁南家思（南宋）先后与辽、金南北对峙而偏安于华夏西北一隅；还知道西夏是受南家思影响极深却又十分自信的国家，其国名"西夏"的意思就是"西边的华夏"。

桑昆在西夏做土匪的消息传来后，铁木真立刻命令六大扯儿必之一的脱栾带三千精骑从也儿的石河上游（在今蒙古科布多地区）出发前往西夏要人。脱栾是第一个攻打西夏的蒙古将领，他是老将蒙力克的长子，有兄弟七人，其四弟是大名鼎鼎的通天巫阔阔出。后来，铁木真在逝世前又命令脱栾亲手杀掉全部投降的西夏王室，这也是铁木真一生中最后一道军令。

这时，桑昆已不在西夏，他在西夏边境隐姓埋名做土匪劫掠过往客商也是为生活所迫没法子了。据史书记载，桑昆是"日剽掠以自资"，结果惹得西夏边防军队开过来剿匪。桑昆没办法，只好一路西逃到了龟兹国（今新疆库车）重操旧业，后又被龟兹国王派兵抓到，在当地的大巴扎（市场）被愤怒的百姓用乱石砸死。当然，脱栾当时自然不知道桑昆的这些情况。

脱栾从也儿的石河出兵，沿霍博河往南再转向东，经过罕泊、鄂洛克泊南下，到达西夏居延海（今内蒙古额济纳旗）东南五十余里处西夏人的一个边防城堡——力吉里寨。这个力吉里寨，有学者认为位于今内蒙古居延海附近，也有学者认为其位于今宁夏中卫。

在这里，蒙古骑兵第一次看到了一样奇怪的东西——一道有两只骆驼那么高的黄土堆紧紧地围着力吉里寨，而这是蒙古骑兵第一次看到城墙。

脱栾带着蒙古骑兵围着城墙打转，不知道怎么办好，想走进去城门又关着，想爬上去城墙又太高且太陡。于是，脱栾只好带兵围住寨子喊道："把桑昆交出来！"

西夏士兵面面相觑："桑昆是谁？"

蒙古骑兵见西夏兵好像真不知道桑昆是谁，又喊道："先不谈桑昆是谁了，你们把马牛羊、骆驼和铁锅交出来，还要把所有的美女交出来！"

西夏士兵说："你们是从哪里来的野人，从哪里来滚哪里去！"

脱栾大怒，遂命令蒙古骑兵开骂。

结果，城墙上的西夏士兵开始放箭。

脱栾无可奈何，只得带兵退到弓箭射程之外，把土寨子围得死死的。

就在脱栾焦头烂额的时候，一队行商经过，他们是西夏东边南宋的汉族人。西夏跟南宋打了很多年仗，这对汉族人来说也是血海深仇，所以这些汉族商人顺手指点了一下脱栾，教脱栾在两根长木棍中间绑上一根根短木棍——蒙古人第一次知道了梯子，然后用其爬上城墙去。

蒙古人一直偏居北方游牧，对农耕民族那些千奇百怪的发明知道不多，但他们对战争的悟性却是扛锄头挖地的农民比不上的。脱栾和部下一看到梯子就欢呼了起来，然后做了一大堆梯子架在力吉里寨的城墙上。西夏士兵伸出脑袋和身子想推倒这些简陋的梯子，但蒙古将士的梯子做得不好箭却射得好，将凡是敢露头的西夏士兵都给射倒了。

蒙古骑兵登上了城墙，开始和西夏士兵肉搏格斗。战况是可以想见的，几十年没有实战的西夏士兵不可能是身经百战的蒙古骑兵的对手，于是力吉里寨很快失陷了。力吉里寨失陷后，蒙古骑兵押着俘虏拆掉了城墙——蒙古兵非常厌恶城墙，因为城墙挡住了他们的马蹄，而力吉里寨的城墙也是蒙古骑兵攻陷的无数道城墙中的第一座。

然后，脱栾又派千骑分兵十队从瓜州、沙州等地以北虚张声势伪装成大规模进攻，以达到引诱西夏士兵离开城堡进行野战并探明其国中虚实的目的。但是，这时西夏国中正忙于内斗，顾不上边寨的死活，援兵并没有到来。于是，脱栾只好分兵向东进攻西夏定州（今内蒙古阿拉善左旗定远营）的乞邻古撒城。乞邻古撒城比力吉里寨大多了，有护城河、瓮城、内城、外城，所以脱栾想了很多办法，花了六十天才攻下这座城。随后，脱栾率部东行，到达西夏龙州（今内蒙古临河）。四月退兵，脱栾又顺手攻破了落思城，并占领周围诸地，掠夺大量的牲畜人口。脱栾率三千蒙古军在西夏边境抢掠了一年多，越抢越顺手，越杀劲头越大，直到接到铁木真令其回草原参加忽里勒台大会的命令后才依依不舍地撤军。脱栾带着大量的战利品，如无数的骆驼、牛羊马匹以及很多西夏女人返回了漠北，而这只是一次抢掠性的战略侦察。不过，脱栾带领的蒙古军把几座城里的男人都杀了，这是因为蒙古军只有三千人，他们不敢把这些投降的西夏士兵留在身后——害怕被断掉后路，又找不到让他们做什么的用途，于是一屠了事。

蒙古军退去后，西夏修复了被损坏的各个边境城堡的哨卡，庆幸蒙古军没有再深入，然后大赦境内并将都城兴庆府改称为中兴府（今宁夏银川）。令人不可思议的是，蒙古铁骑的这次战略侦察并没有引起西夏的警惕，他们内部反而更是斗成了一锅粥。

比起克烈部的桑昆王子，太阳汗的儿子——乃蛮部的屈出律王子要幸运得多。屈出律从纳忽昆山崖战场逃出来后，带着乃蛮后军两万余人逃进了阿尔泰山深处。在屈出律背后，铁木真的副帅——蒙古军元勋博尔术亲自带着一支精锐蒙古军穷追不舍，一定要斩草除根。

屈出律率部日夜兼程翻越阿尔泰山来到山脚下的乌伦古湖（又名布伦托海）畔，累得气都喘不上的乃蛮军将士以为摆脱了蒙古军，可以喝口湖水喘一口气，但没想到刚卸下马鞍坐下，阿尔泰山口就传来了蒙古军山呼海啸的喊杀声和马蹄声——博尔术追上来了！

屈出律只好率领乃蛮军最后一支主力与蒙古军拼命，双方在乌伦古湖畔殊死决战[①]，到处是刀光剑影、利箭横空、战马嘶鸣，双方杀成了一团。最后，屈出律在部下拼死掩护下仅以身免，以单骑西逃到西辽国（又名哈剌契丹），而他丢下的两万余乃蛮军则全部战死。在西辽国，屈出律走运了几年，但铁木真是不会忘记他的。据史书记载，五十年后，有旅行家从当时的乌伦古湖畔旧战场经过，还看到乃蛮军一堆堆森森白骨架在那里。

屈出律王子的叔叔、曾与太阳汗争夺古儿别速的北乃蛮不亦鲁黑汗，从纳忽昆山崖战场逃回老窝后苟活了一年，但整日战战兢兢，心知铁木真一定会再来找他的。果然，来年山雪一化，铁木真亲自率两万铁骑兵分四十路——每路五百精骑——撒下天罗地网，一起向中心突击。两天后，不亦鲁黑汗无处可逃，被擒斩首。铁木真亲自观看行刑，刀斧手大刀落下后不亦鲁黑汗断头，北乃蛮灭亡，而传国一百多年的漠西大邦乃蛮部就此烟消云散。

至于当年主持强抢孛儿帖的篾儿乞人首领脱黑脱阿，铁木真更是绝不可能放过他的，而且一定会亲自找他复仇——夺妻之恨，这是男人必然的复仇。跟着脱黑脱阿一起的篾儿乞将士都知道他注定一死，而脱黑脱阿自己也知道，他只是凭着求生的本能活一天算一天。果然，在阿尔泰山脚下和也儿的石河畔一连串的追歼战中，一支蒙古军的利箭迎面穿进正在指挥作战的篾儿乞人首领脱黑脱阿的咽喉，箭头一直从颈后穿出三寸，了结了这个祸首的性

[①] 这是第二次乌伦古湖之战。多年前，蒙古军统帅博尔术曾在此击败乃蛮部不亦鲁黑汗（太阳汗的弟弟）。

命。见到父亲脱黑脱阿栽到马下，正在作战的脱黑脱阿的儿子忽图王子跳下马来一刀斩下父亲的首级，然后抱在怀里跳上马就跑，而他的三弟赤刺温和他的幼弟篾儿干——一个还不到十岁的小神箭手一起策马保护着哥哥和父亲的头颅狂逃，最后他们总算是逃出生天了。但是，铁木真是不会忘记他们的，也不会忘记任何一个仇人。

这时，在一连串阴郁的复仇和死亡中，一个小姑娘的出现仿佛射穿阴霾露出了阳光，并照亮了铁木真因为杀戮而越来越干涸的心灵。这个小姑娘叫忽兰，她也是铁木真后半生的快乐之一。

忽兰是篾儿乞人，就是铁木真的死对头篾儿乞人。

篾儿乞联盟里面有很多部落，但不管哪个部落，问起他们篾儿乞第一美女是谁，他们都会立刻眼睛一亮说是忽兰，而且都会说"忽兰既是篾儿乞第一美女，也是天下第一美女"。

忽兰所在的部落叫兀洼思篾儿乞，她的父亲是兀洼思篾儿乞的首领答亦儿兀孙，所以忽兰是篾儿乞部落里的一位公主。

其实，答亦儿兀孙、忽兰父女的命运和铁木真已经有过一次交集。当年，铁木真为救回被篾儿乞人强抢的妻子孛儿帖，联合义父脱里汗和安答札木合夜袭篾儿乞部，而惊慌中的答亦儿兀孙什么都扔下了，只抱了一岁的忽兰骑马就跑。后来，凡是看到过小忽兰的人都说答亦儿兀孙做得对，这小姑娘实在是太灵了。

不过，铁木真似乎是忽兰一生的劫：当年一岁时，铁木真逼得她父亲答亦儿兀孙抱着她夜半逃命；如今她十八岁了，铁木真又逼得她父亲不得不向铁木真献出自己的女儿，好保住全族人的性命。

当时，到处兵荒马乱、流血死人，兀洼思篾儿乞的百姓天天来求族长答亦儿兀孙，要他跟首领脱黑脱阿断绝关系，并乞求族长把美丽的女儿忽兰献给铁木真以换得全族的安宁。他们个个都有信心，认为只要铁木真见到忽兰，蒙古人和篾儿乞人之间的一切问题都可以解决。

其实，答亦儿兀孙更有这信心，因为忽兰真的有那么美——从容貌到心灵。同时，答亦儿兀孙知道忽兰这样出色的女儿，只有嫁给草原最强的男人才会有真正的幸福，否则她的容貌和才华会给别的男人和她自己带来可怕的祸殃。所以，忽兰只能嫁给铁木真，而"忽兰"在蒙古语中的意思是野马兰。

答亦儿兀孙试探着问女儿忽兰，他没想到女儿一口就答应了。忽兰从小就是个懂事的孩子，她知道身为部落的公主和父亲最宠的女儿，为了部落的前途和族人应该做什么，而且铁木真早就是草原少女心中共同的神——包括忽兰在内的草原少女，她们都是听着铁木真奋斗的故事长大的，虽然蒙古部是敌对的部落，但她们还是不可救药地崇拜铁木真，并认为他是个真正的男人。

于是，答亦儿兀孙和部落里的勇士们护送着忽兰前往铁木真的大营。

但是，在半路上，答亦儿兀孙一行遇到了铁木真的大将纳牙阿——就是放了泰赤乌部首领塔里忽台的那个纳牙阿，现在他已经是铁木真的得力大将了。当时，纳牙阿正在这一带扫荡遍地都是的盗匪和乃蛮部的残兵。

听说答亦儿兀孙要把女儿忽兰献给铁木真，纳牙阿有点好奇："让我看看这位公主长什么样？"

答亦儿兀孙只好把纳牙阿带到大车边，只见车厢前坐着一个千娇百媚的美女。纳牙阿一见，不禁眼前一亮，赞叹道："确实美丽！"

答亦儿兀孙苦笑一声："这是侍女，公主在车里。"

纳牙阿一听差点惊掉下巴，他没想到这样的绝色佳人竟然只是侍女。

于是，纳牙阿好奇地撩起车厢的窗帘往里一看，顿时扑通一下摔下马来，然后就呆在那里不动了。过了好半天，纳牙阿才眼睛直直地对答亦儿兀孙说："这一路兵荒马乱，你们先在我军中待一段时间，我亲自护送你们去见大汗。"

答亦儿兀孙只好再次苦笑，他不知见过多少像纳牙阿这样见一面就被忽兰镇住的男子，而他也知道麻烦来了。

纳牙阿钻进营帐里三天没出来，这三天他都坐在营帐里发呆，而且理智与情感一直不停地激烈交战：一边是那掀开车帘的惊鸿一瞥和那双宝石般的闪亮双眼已经让他不可遏止地疯狂地爱上了忽兰，而另一边是他对大汗绝对的忠诚。

第三天早上，什么都明白的答亦儿兀孙战战兢兢地掀开了纳牙阿的帐帘："将军，我们可以走了吗？"

这时，脸颊深陷、满眼血丝的纳牙阿眼中最后一道疯狂的余光已经消失了，他拿起身边的弯刀，说："我们走，这就去见大汗。"

纳牙阿在对忽兰的爱情和对铁木真的忠诚间天人交战了三天三夜，他最后选择了忠诚，而他知道这是他唯一正确的选择。

当纳牙阿把忽兰带到铁木真面前时，铁木真和所有初见忽兰的男人一样震惊了："天下竟真的有这种只有传说中才会存在的美女。"铁木真甚至和别的男人一样觉得自己太普通。在忽兰绝世的仙姿容颜面前，铁木真第一次在女人面前失去了自信！

等铁木真从震惊中回过神来，纳牙阿报告道："大汗，这个姑娘是兀洼思篾儿乞氏的公主忽兰，他父亲答亦儿兀孙把她献给大汗，因为路上兵荒马乱，为了安全，便留她在军营里住了三天。"

"啊？你留她住了三天？我砍了你！"铁木真眼里顿时凶光毕露，直接令人要把纳牙阿拖出去斩了。

旁边的木华黎等一众大将都惊呆了，他们都知道铁木真在女人这件事上是从不宽容的——这是他们眼里英明神武的大汗少有的几个缺点之一，但谁都不敢站出来劝说。

就在这要命的关头，娇俏的少女忽兰说话了："大汗，纳牙阿将军是冤枉的。路上到处是劫匪，纳牙阿将军在军营里保护了我们三天，又亲自护送我们前来，他对大汗无比忠诚。大汗若是不信，可以亲自检验我爹娘所生、天地所养的女儿身的清白。"忽兰银铃的声音仿佛仙乐飘过，众人都痴了。

铁木真定定神，阴沉着脸挥挥手。众人识趣，从大帐鱼贯而出。

大帐里，铁木真疯狂地扯下忽兰的衣衫欺了上去，而忽兰的一声惨叫止住了铁木真。终于，铁木真狂热的大脑清醒了，他恢复了理智，喃喃道："你是个好姑娘……"

良久之后，铁木真掀开帐帘，说："你们都进来吧。"

大将们包括纳牙阿在内一起进入大帐，只见忽兰满脸羞红地低头对着帐壁，众人心里什么都明白了。

铁木真低沉地问纳牙阿道："你这个浑蛋，为什么不说清楚呢？"

纳牙阿说道："我生是大汗的人，死是大汗的鬼，不管是美女还是珍宝、牛羊，我都要献给大汗。大汗若是怀疑我，我唯有一死以明心迹。为什么要分辩呢？"

木华黎一众大将赶紧说："纳牙阿对大汗忠诚，这小子心中只有大汗。"

当时，纳牙阿只有二十多岁，在蒙古军中算是青年将领。

铁木真愣了愣，又低声骂了句，然后高声宣布："纳牙阿大忠大诚，以后若有大勾当，当委其大任！"——"大勾当"，就是大事的意思。

木华黎等一众大将都笑了，纳牙阿更是笑得合不拢嘴。

第二年，铁木真建立蒙古汗国大封功臣，纳牙阿被封为中军万户长，是蒙古第一批仅有的四个万户长之一。

少女忽兰的出现，仿佛一场春雨浸润进了一直生活在背叛、杀戮和复仇中的铁木真干涸的心田。这个不到十八岁的姑娘，不仅有着绝世的容颜而且善良聪慧，她深深地打动了已经四十多岁的铁木真的心灵。白日里，铁木真经常和忽兰一起双骑尽情驰骋在大草原上，他看着忽兰那绝世的容颜不禁怦然心动，而每当这时他就感到心中那些最可怕的东西在悄然消散。

对于忽兰的美貌，就连眼高于顶的古儿别速看到她时也惊呆了，叹道："世上竟有如此仙女，真是我见犹怜！"古儿别速对忽兰一见如故，很快两人就感情极好，毕竟没人能够不喜欢忽兰。

铁木真看在忽兰的分上，放弃了对篾儿乞人的屠杀，甚至把很多篾儿乞人招进了蒙古军掌管后勤辎重。不过，铁木真和忽兰万万没有想到的是，这些篾儿乞人后来趁着铁木真视察前线抢了后勤物资又跑了。

消息传来，铁木真看着忽兰叹气："这些家伙竟然又反了。"

忽兰难堪极了，这次背叛逃走的也有很多是她所在的兀洼思篾儿乞族人。篾儿乞人虽然也是蒙古人中的一支，但他们是生活在西伯利亚泰加古林中靠狩猎为生的森林民族，而铁木真所部是驰骋在蒙古高原中的游牧民族，双方融合并不容易。

铁木真只好派兵平叛，自然是三下五除二就解决的事，但老是这样反叛总不是事。于是，木华黎想了个好主意："在这里设一个斡儿朵，让忽兰做孛儿帖之后的二皇后，古儿别速皇后次之，利用忽兰和古儿别速各自在篾儿乞人和乃蛮人中的巨大威望来安抚统治这里的百姓。"众将都知道这是个好主意，抓到要害上了。

果然，这个在铁木真五大斡儿朵中排第二的斡儿朵成立后，乃蛮人和篾儿乞人就再也没有反叛了。

至于纳牙阿，他被铁木真任命为中军护卫长，不但位高权重，而且常常能看见忽兰。纳牙阿和忽兰两人算是患难与共过，对彼此便有一种特殊的情感，所以他和忽兰相见时都是相视一笑。当然，纳牙阿已经成熟了，他明白人世间最想得到的东西往往是不可能得到的，而这就是人生的难题。

在纳忽山崖大战过去近两年后，乃蛮人和篾儿乞人的故地终于平静了，百姓们又过上了安宁的生活。于是，铁木真决定带众将和大军回斡难河源头的家乡建国。忽兰和古儿别速一听就急了，要铁木真带她们一起走，她们不愿意离开铁木真。铁木真不禁大笑："我怎么舍得不带你们姐妹走？斡儿朵留人办事镇守就行了。"

铁木真留下精干人员主持第二斡儿朵，而这个斡儿朵里还留有几十个铁木真的后妃——这是太阳汗的后宫留下来的，也是打胜仗的战利品——当然还有一些篾儿乞美女。此外，铁木真还留下必要的军兵镇守。办完这一切，铁木真就决定回斡难河源头，到斡难河上游的三河源头去建立大蒙古国。

第二十章　长生天

草原上从来没有这么热闹过。

和煦的南风将草原上的牧草吹得起起伏伏，远处的不儿罕山在天边露出苍青色的剪影，北归的大雁在天空中排起整齐的队形一群群飞过，野花将草原点缀得五彩缤纷，空气中弥漫着淡淡的草香和花香，黄莺和百灵鸟在空中边飞边唱着悦耳的歌，一群群牛羊在如毯的草地上缓缓地移动……斡难河、怯绿连河、土兀剌河，这三条漠北大河在草原上拉出三条细细的银带，蜿蜿蜒蜒地伸向远方。

在北到西伯利亚泰加森林、东到大兴安岭、西到阿尔泰山、南到阴山这几百万平方公里的蒙古帝国地域内，上千个大小部落首领、高级将领和他们的亲人家眷，还有无数的贵宾，甚至包括两位从西藏游历而来的活佛，都聚集在蒙古人的圣地三河源头参加大蒙古国的建国典礼和铁木真的登基仪式。经过三十多年的征战，铁木真终于统一了蒙古草原，蒙古部、克烈部、乃蛮部、塔塔儿部、篾儿乞部这草原五大兀鲁思也终于统一。

草原上管这种大会叫忽里勒台，而草原上活得最久的老人也说从来没有听说过如此规模的忽里勒台：无数洁白的蒙古包一直排到天边，供嘉宾享用的牛羊、骆驼就准备了十万头，马奶酒的酒桶密密麻麻地一堆一堆排列；一群群嘉宾和自家人簇拥在一个垒起的九尺高台前，高台上架着一张纯金大椅，大椅之后矗立着"九斿白纛"大军旗，顶端九条白色的马鬃在春风中飘扬，而这面大军旗在无数次出征中都竖立在蒙古铁骑的最前方，它在草原上已经成为无坚不摧的胜利象征。

各路的首领、贵宾和无数的百姓在三河源头狂欢了九天九夜，他们无忧无虑地赛马、摔跤、射箭、喝酒、吃肉，快乐得忘了一切。

第十天红日初升且天上再也看不见一颗星星的时候，人们把铁木真抬上高台，让他坐上黄金大椅，开始了大蒙古国建国的登基大典。

蒙古部最大的萨满领袖，曾在铁木真幼年时给了他们家许多帮助的兀孙老人，身穿白衣、头戴白帽走上高台，绕着铁木真左转九圈、右转九圈，嘴里说着吉祥的话语。

最后，兀孙老人对铁木真说："长生天的意志，帮你建立的国家名叫也客忙豁勒兀鲁思（意为"大蒙古国"）。"

铁木真走到高台前缘，向众位亲人、首领、贵宾和百姓高声说道："蒙长生天恩赐，我们的国家名叫也客忙豁勒兀鲁思，它将得到长生天永远的护佑！"

顿时，草原的欢呼声汇成了欢乐的海洋。蒙古人感到无比的扬眉吐气，他们以前只是一个贫穷落后、长期分裂的部落，如今他们有了伟大的君主、辽阔的领土、无数的牛羊和奴隶，其奋发昂扬的斗志、喜悦欢乐的情绪无法言喻。

然后，铁木真的亲人也相继走上高台，左手边站着母亲诃额仑夫人，她的身后是妻子孛儿帖、忽兰、合答安、也遂、也速干、古儿别速等，右手边站着岳父德薛禅和弟弟合撒儿、别勒古台、铁木格等宗亲外戚。

术赤、察合台、窝阔台、拖雷、阿剌海别吉等上百个子女站在铁木真身后，女人们都穿上了最华贵的节日盛装，男人们个个喜气洋洋。

蒙力克、博尔术、木华黎等功臣和各部首领们站在高台下的最前面。

这时，通天巫阔阔出走上了高台，手里摇着神铃，腰间悬着神鼓，边唱边跳："我走遍了森林、踏遍旷野，我蹚过了河流和深湖，长生天和所有的天神都告诉我，神已经把整个大地都赐给了铁木真和他的子孙后代们，并给他赐名'成吉思汗'。他是整个大地和海洋的大汗，长生天保佑他仁德爱民、造福人间，并命令我作为神的使者经常向成吉思汗传达神的意志。现在，就让铁木真登上成吉思汗的宝座吧。"

这已是铁木真第二次称汗，但是第一次他称"成吉思汗"只是蒙古乞颜部的汗，而现在第二次称"成吉思汗"时，他不但是全蒙古部的大汗，而且是全草原的大汗。

草原上又是一阵欢呼："成吉思汗，成吉思汗，我们的成吉思汗！"欢呼声惊天动地。

铁木真从黄金大椅上站起来走到高台边，连压双手让大家安静下来。当草原上又寂静得只听得见风声和鸟叫声后，铁木真大声说："我受长生天和诸神之命，登基蒙古大汗，称成吉思汗！我将领受天命，爱护万民。我将带领你们走遍大地，征服那些不听从我们号令的地方，夺取他们的牛羊和财物，要让青草覆盖的地方都成为我们蒙古人的牧场！我要往后退却一步，你们就砍断我的双腿；我要多取一份财物，你们就剁掉我的十指！我将奔驰在你们的最前面，带领你们成为世界上最富庶、最强大、最快乐的蒙古人！"

草原上再次欢呼起来！

大典一共举行了三天。

在第一天，铁木真奉天命成立了大蒙古国，称为成吉思汗。同时，在这一天，铁木真建立了内宫，分封了诸子、诸弟等宗王。

首先，铁木真追封父亲也速该为"列祖巴特尔汗"——神元皇帝，然后册封诃额仑夫人为"宏恩大青太后"。

其实，这样追封父亲、册封母亲是南宋汉人的传统，而这是谙熟汉人文化的塔塔统阿的主意，说这样有助于草原上形成孝敬长辈的风俗。大家都觉得有道理，于是就采取了。

接着，铁木真又封原配夫人孛儿帖为第一斡儿朵的大皇后。

这时，草原上一起欢叫起来："孛儿帖、铁木真！铁木真、孛儿帖！"夫妻二人行礼时不禁对视而笑。

又封忽兰为第二斡儿朵的正后。当忽兰走出来时，草原上一片惊叹："长生天啊，太美了！"俏生生的忽兰绯红着脸给铁木真行礼后，赶紧躲了回去。

又封古儿别速为第二斡儿朵的次后。古儿别速给铁木真行礼时眨了眨眼，伸了伸大拇指，小声说："最强的汗！"铁木真哈哈大笑。

又封合答安为第三斡儿朵的正后。合答安行礼时，铁木真朝她眨眨眼，低声道："第一次。"合答安顿时满脸通红，羞涩不已。

最后，封也遂为第四斡儿朵的正后，封其妹也速干为次后。一对塔塔儿姐妹花娇俏地一起出来行礼，草原上又是一片惊叹！

正后、次后之外，每个斡儿朵还设有为数不等的皇后和几十上百名皇妃。总之，铁木真给了自己所有的女人正式的名分，而这所有的女人——皇后也好，皇妃也好——都归大皇后孛儿帖统管。后来，铁木真攻打西夏，西夏只好交出最美的察罕公主给铁木真做夫人；攻打金国，金国皇帝又被迫将女儿歧国公主嫁给铁木真。铁木真为两位公主又单设了一个斡儿朵，被蒙古百姓称为"公主斡儿朵"。这样，铁木真先后设了五大斡儿朵安置他自己的后妃，据说铁木真一共有五百名皇后和皇妃。

分封完了皇后、皇妃，铁木真开始封赏母亲和诸弟诸子及各大功臣。

很久以前，铁木真在家里只有九匹银合马的时候，他就对自己的兄弟们许愿说："只要我夺取天下，我们兄弟就各分地土、同享富贵。"

现在，铁木真践行诺言的时候到了，开始实行"忽必—莎余儿合勒"分封制度。

"忽必—莎余儿合勒"是一个蒙古语词，其中"忽必"是"分子"的意思，"莎余儿合勒"是"恩赐"的意思。按照蒙古族的传统，家中每个儿子都有权分得父亲的一份遗产——这就是"忽必"，而"莎余儿合勒"则是对外姓功臣的赏赐。

铁木真把刚刚建立的大蒙古国看作属于父亲也速该的，凡是也速该的子孙都有权分得一份遗产。铁木真首先给自己的母亲、弟弟和儿子分了人户，他给母亲诃额仑夫人和最小的弟弟铁木格分了一万户——这个小弟弟分得最多，因为蒙古人的惯例是幼子可以继承父母的财产，而其他儿子长大后均须出去自立门户；幼子婚后仍可与父母同住，守着父母的炉灶和财产，这叫"幼子守灶"。

铁木真的其他直系亲属也每人分了几千户。其中，铁木真的二弟合撒儿受封四千户，四弟合赤温受封两千户，而异母弟弟别勒古台天性纯良、忠厚老实人人喜欢，受封了三千五百户。

弟弟们封赏完之后，铁木真又封了诸子，给了长子术赤九千户，次子察合台八千户，三子窝阔台分了五千户，幼子拖雷也同样分了五千户。按"幼子守灶"的传统，以后将由拖雷继承铁木真直辖的军队十一万户和统辖的蒙古高原中部。这样，铁木真的四个弟弟和四个儿子分封后就形成了各支蒙古宗王。

铁木真又建立了自己的直辖领地，他把自己的大营建在斡难河、怯绿连河上游和土兀剌河流域一带，而这些地区水草丰美适合放牧，是蒙古乞颜部的发源地，也是大蒙古国立国的根本。

铁木真把自己大营以东直到大兴安岭的广阔地带分封给了四个弟弟，形成了蒙古历史上有名的"左翼诸王"；又把自己大营以西的疆土分封给了三个儿子，形成了"右翼诸王"，又称"西道诸王"；而四子拖雷依照"幼子守灶"的传统习俗承袭铁木真自己的营地，领有蒙古本部。

分封完八家宗王后，铁木真又分封了老岳父德薛禅和一些外戚。这些宗王和亲贵个个乐得合不拢嘴，德薛禅得意地自夸："养公牛要挑好小牛，种豆子要选住好种。论找女婿，没人比得过我德薛禅！"

值得一提的还有铁木真的老叔叔答里台，铁木真恼他多次背叛，要把他赶到眼睛看不见、耳朵听不见的地方，但博尔术、木华黎苦苦相劝，说："不能灭自家的灶火，断自家的梁柱。"于是，铁木真只好作罢，许他留在三河源头。

这时，天已快黑下来了。忽必来在台下故意大声喊："大汗，我们这些外人还没受封！"

铁木真大笑："明天吧！"

于是，众人一起开怀畅饮，当夜人人大醉。

第二天，铁木真开始分封功臣。

当时的情景非常感人，铁木真每赐封一名功臣就历数他的功绩，说得动情之至，受封将领无不涕泪横流，贵族和百姓们也听得感动无比。

铁木真首先赐封的是老将蒙力克。蒙力克走上高台时，铁木真站起身说道："蒙力克老额赤格，您是我额赤格也速该的托孤大将。在最艰难的时候，您照顾了我们母子，虽然后来为了族人不得不离开我们，但到需要的时候您马上就回到了我们一家的身边，帮我重振家业、整顿兵马，立下了无数的功绩。后来，桑昆设计害我，又是您在最危急的关头把我拉出了红色烈焰、漩涡之源，让我避开了敌人的圈套。现在，我封您为第一千户长，并在我的大帐里单独为您设一把雕花大椅。您随时都可以过来坐坐，跟我聊聊天，而我年年都会给您赏赐，直到您的子孙后代。"蒙力克老人老泪纵横，谢恩退下。

铁木真第二个赐封的是木华黎，他是蒙古人公认的"军师"。

铁木真对木华黎说："你刚毅多勇略，不管做什么事都让我无后顾之忧。从你做了我的伙伴之后，你再也没有离开过我。当我处境艰难的时候，你用天神的吉兆鼓励我，让我重新振作。同时，军中的大事都是你在辛苦代劳，并在战场上出生入死、冲锋陷阵、屡建功勋。现在，我也封给你千户。"木华黎本是奴隶出身，出人头地全凭铁木真慧眼识才。在这无比的荣耀之下，木华黎想起铁木真的知遇之恩，不禁潸然泪下。

接下来，分封的是豁儿赤和术赤台。

豁儿赤是对铁木真有大功的人。当年，铁木真和札木合分道扬镳，豁儿赤以"天神之言"鼓励忐忑不安的铁木真，预言"铁木真将为蒙古之王"，并在草原上到处散布"铁木真乃真命之主"的消息，对铁木真当时担任乞颜部的可汗起到了极其关键的作用。于是，铁木真也封了豁儿赤千户。不过，豁儿赤得封高位却并不太高兴，原来当年铁木真曾许诺以后统一草原之时将赐给他三十个美女。豁儿赤见铁木真明显忘掉了曾经许诺之事，心中虽然焦急，却又不敢提起。对此，铁木真只是笑笑，让豁儿赤先下去，紧接着开始赐封术赤台。

术赤台是蒙古著名的虎将，有万夫不当之勇，甚至铁木真曾经还把自己的爱妃亦巴合别乞赏给了他，而他一生只这样做过一次。

铁木真嘉奖术赤台的时候，首先表彰的就是他的第一大功，即在合兰真沙陀之战中，蒙古军以寡击众，战场上胜负不分、情势危急，是术赤台于万军之中奋勇突击射伤了克烈部王子桑昆扭转了战局。

铁木真追忆道："如果那天你的箭没有射中桑昆的脸，我真的不知道我们将会怎么样。当你的利箭命中桑昆时，感谢长生天的意志，称雄草原的大门就为我们打开了。后来，在我们向哈拉哈河撤退时，与克烈部决战时，你都充任先锋，立下大功。撤退时，你像高山一样庇护着我；征战时，你如坚甲一样保卫着我。谢谢你，术赤台。"

术赤台哭泣道："永为大汗效犬马之劳！"

在嘉奖"蒙古四狗"——者勒蔑、速不台、者别、忽必来这四名大将时，铁木真激动地站起来说："你们为我扼住强敌的咽喉，压住他们的腰身，让他们无法动弹；你们从不畏缩，冲锋时击碎坚硬的岩石、涉过湍急的河水所向无敌，扫清我们前进路上所有的障碍。在战场上，有你们这样的勇士舍生忘死、冲锋在前，我可以放心了！"

就这样，铁木真一一论功行赏，所有受封功臣都被详尽地赞扬其功绩，然后给予其相应的封赏。这一天，铁木真封赏了八十多个千户，大家欢喜得合不拢嘴。

但是，所有的人都注意到了一点，铁木真没有封赏博尔术，而谁都知道博尔术的功劳是最大的。

当天晚上，大家自然要大醉一场。酒宴上，铁木真端着一碗马奶酒说："酒这东西，一点好处都没有，既不能增进智慧和勇敢，也不能产生善行美德。平民百姓酒醉之后，只会干坏事、打架杀人，醉倒在地上，野狗都能欺负你；帝王、武将饮酒过度，有损健康，败坏事业，连统帅部下都做不到。"

铁木真接着说："如果无法制止饮酒，每人每月可以喝醉三次，如果超过三次，就是犯了过错，必须受到惩罚。如果只醉两次，那就比较好；如果只醉一次，那就更为可靠；如果有人根本不喝醉，那就再好不过了。"

可是，铁木真说完后又摇头晃脑地说："天下要到哪里去找这不醉之人呢？"

大家不禁大笑起来。

当天夜里，孛儿帖大皇后责备铁木真："你忘了封赏功劳最大的人！博尔术不是最早开始追随大汗的忠仆吗？他难道不是你年轻时救你命的朋友吗？他难道不是你困窘时最忠诚的伙伴吗？"

铁木真看着孛儿帖笑笑："我是故意的。我将给博尔术最大的封赏，我这样做是为了治那些嫉妒博尔术的人。我太了解博尔术了，就算博尔术以为我真的忘了他的功劳，他也不但不会怨恨我，还会为我说话。"

于是，铁木真立刻命令一名暗探前往博尔术的蒙古包外偷听。果然，暗探听到博尔术妻子抱怨铁木真忘恩负义，而博尔术反而说："我效忠大汗并不是为求得封赏，即使大汗令我饥饿而死，我也要竭尽全力为大汗效命。只要大汗金帐永固，我便得偿所愿了，不需要再有什么封赏！"

铁木真听到暗探带回来的话，沉默良久之后，眼泪悄然滑下。

第二天早上，铁木真登上高台，马上就把博尔术叫了上来。顿时，草原上寂静无声，都在倾听铁木真要对博尔术说什么。

铁木真紧紧地盯着博尔术的眼睛，开始一点一滴地叙述博尔术的功绩。实际上，铁木真对博尔术的赞扬最为动人，他历数博尔术少年时亲自帮助他追回被盗的马群，以及忠心耿耿为他效力的功绩。同时，铁木真回顾了他和博尔术两人初识的过程，当时他单骑追寻盗马贼那一天，年轻的博尔术同他一见如故，并且见义勇为地挺身而出，弃自家马群于野外，舍老父于家中，陪伴他去追回自家的马匹。铁木真含着眼泪说："当时你的父亲纳忽伯颜年老在家，你是他的独子，而我与你素不相识，但是你看到我的艰难立刻放弃一切陪伴我，从盗马贼那里夺回了马匹。"铁木真感谢博尔术对他的一片忠诚之心。

铁木真又说："博尔术！当我困苦潦倒时，手乏弓落之际，你就是我忠实的友伴。"

接着，铁木真又当众赞扬博尔术对他的一片忠诚之心："博尔术英勇顽强，从不知畏惧为何物，争战之时每每与死神对抗。自伴我以来身经百战，置生死存亡于度外者，乃博尔术是也。今之在场之人，无人敢与汝论高低，无人可与汝争功劳。诸位亲王、各位大臣、万民百姓，你们记住我的话：博尔术，当居众人之上！"这是给博尔术的正式定位。

"当年，我同塔塔儿人作战时，当夜大雨通宵不停。为了让我睡上一觉，博尔术用双手撑毯站立，不让雨水淋到我，彻夜未移半步。我今天得以登此大位，都是靠了博尔术和木华黎两人的助力，有赖于他们二人之良言镜鉴。现在，我封博尔术为右翼万户长，统领蒙古中部大营，至西部阿尔泰山所有千户长，并称'镇守将军'；封木华黎为左翼万户长，统领至东部大兴安岭所有千户长，封为'国王'。此两人位在众人之上。"①说完这些，铁木真与博尔术、木华黎三人皆泪流满面。

然后，铁木真叫豁儿赤登上高台，说道："我没有忘记对你的承诺。当年，你对我说，如果我平定天下，一定赏你三十个美女。现在，我封你为万户长，让你管辖西北地区的森林狩猎部落。在森林中的百姓归顺后，你自己去挑三十个美妇美女。我再分赤那思等三个部落的百姓给你，连你自己的人马刚好凑足一万之数。同时，你可以管理也儿的石河上游一带的各个部落。"

豁儿赤顿时欣喜若狂，大喊："大汗英明！"说完跪下去亲了铁木真的马鞋。

众人皆大笑。

接下来，铁木真又封纳牙阿为中军万户长，指挥大中军。这当然是因为纳牙阿的忠诚得到的奖励，纳牙阿自然乐得合不拢嘴。

在封了四个万户长后，铁木真又追封合兰真沙陀之战受伤而死的畏答儿为第二十一位功臣、千户长，其子孙为郡王②；又追封"十三翼之战"时为掩护他撤退被俘并不屈而死的察合安兀阿为第二十五位功臣、千户长，并令其子纳邻·脱斡邻勒承继其位，寻找乃父旧部捏兀歹部人员，又赏给大批奴隶和牲畜，重新竖旗立族。

---

① 镇守将军、国王，是荣誉称号。
② 元朝时，畏答儿的后代皆封郡王。

年近百岁且帮助过幼年铁木真的蒙古第一大萨满兀孙老人，被封为第二十位功臣。兀孙老人坚辞不就，铁木真的四个儿子一齐将他抬到了交椅上。随后，铁木真又分封一千户牧民给兀孙老人，老人只好接受了。

众人齐赞铁木真重情重义，在心底里发誓以后打仗一定会舍命向前。

这时，铁木真最宠爱的义弟、"蒙古四养子"之一的失吉忽秃忽急了。失吉忽秃忽是个少年英雄，十五岁时就曾在大雪天的深夜单骑追猎一群野鹿。当失吉忽秃忽回营时，铁木真正狠打监护他的车夫，认为那样的雪夜他出去一定没命了。结果，失吉忽秃忽回来报告说："一共三十头鹿，杀了二十七头。"铁木真不信，派人去看，果然拖回来被射死的二十七头肥鹿。铁木真大喜过望，从此对这个义弟刮目相看。

失吉忽秃忽见成吉思汗如此厚赏博尔术和木华黎心中不服，就开口对铁木真说："博尔术、木华黎等人，难道他们比我的功劳还大吗？难道我的功劳比他们还小吗？我当初还在摇篮里的时候就到了你的家里，如今我的下巴已生出胡须，可我未曾有过三心二意。我从尿裤子的小孩子时候就在你的家里，如今我的胡须这么长了，也未曾做过什么错事。诃额仑额客让我睡在她的脚后，就像对儿子一样抚养我；你让我睡在你的身旁，就像对亲弟弟一样照看我。现在，你怎样赏赐我呢？"

铁木真哈哈大笑，他非常欣赏这个弟弟的坦率，笑着说道："我封你做我们蒙古最高的札鲁忽赤。"札鲁忽赤是蒙古和元朝时期的官职名，意为断事官，是司法行政长官。蒙古汗国建国之初，司法行政事务简单，只设札鲁忽赤总领其事，以分封领民和刑罚为主要职掌。当时，札鲁忽赤是蒙古汗国最大的司法行政长官。

这样，铁木真任命义弟失吉忽秃忽为最高的札鲁忽赤，又授权他分配人户、审理盗贼、诈伪等事，该杀的杀，该罚的罚，任何人不得违背。

铁木真对失吉忽秃忽说："你是我的第六个弟弟。我像对其他弟弟一样分给你属民，九次犯罪免于处罚。如今，百姓初定，你要给我当好耳目，替我好好监视，只要是你的言语，谁都不许违背。如有盗贼作伪的事，你要负责惩戒，该抓的抓，该杀的杀。百姓们交纳的财物，由你掌管。凡是你断了的事，写在青册上，以后不许诸人更改。"①

与此同时，铁木真还颁布了著名的成吉思汗《大札撒》，相当于蒙古帝国的"大宪法"，其中第一句是"违背大札撒者死"，第二句是"长生天是天上最大的神，成吉思汗是地上唯一的汗"。在《大札撒》颁布之前，草原上只有口头相传的诸如"盗马贼，人人皆可杀之"等习惯法。不过，在塔塔统阿创立蒙古文字后，《大札撒》已经有了文字法，但是当时《大札撒》还只有个极简陋的雏形，一直要到十多年后铁木真西征花剌子模前，《大札撒》才比较完善的公布。②

失吉忽秃忽是蒙古汗国任命的第一位专职官员，后被人们称为"国相"。从铁木真直到忽必烈初期，失吉忽秃忽都负责司法、户口青册等朝廷事务，又称大断事官。元朝时，失吉忽秃忽的名字又译作"胡士虎"，汉人因此称他为"胡丞相"——因为胡丞相为国征税的手段太过厉害，如教书先生和乞丐都要收税，为此汉人还专门作诗讽刺他。

这样，铁木真在蒙古建立了千户制，又称为领户分封制。铁木真将蒙古的百姓和土地划分为九十个千户，然后分别授与共同建国的贵戚、功臣，共八十八人，其中包括十名驸马，这就是蒙古著名的"开国八十八功臣"。铁木真任命八十八功臣为千户长，又称那颜（首领），家族世袭管领；千户下分为若干百户，百户之下为十户。

铁木真以千户作为蒙古基本军事和地方行政单位，将草原旧时代的部落或氏族结构彻底打散砸碎，通过分编千户让所有牧民在指定牧地居住放牧且不许变动，并按千户征派赋役和签调军队，所有民户都在本千户内登记人户和负担兵役、差发。这样，原来草原上大大小小上千个部落，终于重整成了

---

① 青册，就是用黑墨水写在纸上的案例断事决定。蒙古称黑为青，故称"青册"。当时，青册就是法律条规，称为"札撒"。札鲁忽赤是中央官吏，主管司法行政，兼管财政、刑法，拥有很大的权力。后来，铁木真将派往征服地区的军事行政长官称为达鲁花赤，意为掌印者、监督官。

② 《大札撒》已经失传，只留下一些断句残篇。

一个共同的蒙古民族和一个统一的国家。当然，在铁木真时期，这些还只是先规划的一个蓝图。实际上，真正的各宗王各那颜之间的牧场和地盘的划分，要到三十多年后在铁木真三子窝阔台大汗手上才终于完成。

铁木真任命木华黎为左翼万户，管辖东边直到大兴安岭方面的诸千户；博尔术为右翼万户，管辖西边直到阿尔泰山方面的诸千户。不过，万户只是军事统帅，而被后世称为"黄金家族"的铁木真家族才是帝国最高统治集团。同时，各级那颜对大汗和诸王处于绝对从属的地位，但他们是"黄金家族"的统治支柱。

这些千户以上的官员有相当一部分被铁木真赐予"九罪不罚"的特权，如被铁木真誉为"四杰（四骏）"的木华黎、博尔术、赤老温、博尔忽，誉为"四狗（四獒）"的者别、者勒蔑、忽必来、速不台，视为左手、右手、左膀、右臂的博尔术（左手）、者勒蔑（右手）、木华黎（左膀）、者别（右臂），以及诃额仑夫人的"四养子"博尔忽、失吉忽秃忽、阔阔出、曲出。此外，还有"四子""四弟"，就是八位蒙古宗王。

此外，受分封的还有姻族，即外戚，如诃额仑夫人和孛儿帖出身的弘吉剌部、阿剌海别吉公主下嫁的汪古部，以及亦乞列思、斡亦剌等部的贵族和勋臣。这些贵戚领有本部军队和百姓，有自己任命千户长的权力，形成了几个半独立的藩部。勋臣的分封，要比贵戚低些。但是，不论贵戚或勋臣，他们的分封都不能与"黄金家族"齐等，而他们的所有领地都是大汗直辖的区域。

千户的内部结构都是一样的。千户之下，人户编组成百户和十户，设百户长和十户长；千户长、百户长和十户长对人户实行严格的控制。在权力行使上，千户长仅有权在自己的封地范围内，指定牧民在一定的地域内驻营和游牧，或者封禁一定的地域。在隶属关系上，千户长由诸王和万户管辖，其权位比诸王和万户低。

千户制是铁木真独创的经济、行政、军事三位一体、军政合一的基本组织制度。从此，当时的世界再也没有任何一支军队能与蒙古军抗衡，蒙古军兵民合一、军国一体。平时，他们是牧民，负担各种赋役，从事各种生产劳动，产出牲畜、马奶、羊毛、粮食等；战时，他们无论老少贵贱，立刻从牧民变成军人，只要大汗号令一下，必须立刻自备战马、盔甲、兵器、旗帜乃至绳索、军粮、牛羊、骆驼等一切必需之物参战。

这样，整个蒙古草原实际上已变成了一个大军营，所有的成年男子都变成了既能生产又能打仗的牧民战士。如果以战果而论，这是全世界至今效率最高的战争机器。

铁木真分封的九十个千户，既是为蒙古国创造物质财富的基本力量，又是进行征服战争的主要工具。

接着，铁木真又建立了确保军权的怯薛军制度。

在古代，王朝统治者都会精选一支最精锐的核心武装力量，作为确保自己人身安全的最后一道屏障。同时，无论是中原王朝还是草原民族，统治者都把这支军事力量的建设，作为巩固自身统治的重中之重。中原不同王朝，对这支"军中之军"称呼为"禁卫""禁军""御林军""虎贲""神策军"等；而在游牧民族，他们的称呼也大相径庭，如辽国叫"皮室军"，铁木真的亲卫军则叫"怯薛军"。

其实，在蒙古部落中早已存在怯薛军的前身，那就是由那可儿组成的大汗护卫亲兵。

就这样，铁木真用知人善任、宽仁义气打造了一支完全忠诚于自己的亲兵队伍。后来，铁木真东征西讨所倚重的猛将们也多从这些亲兵中间产生，其中包括木华黎、博尔术、博尔忽、赤老温等蒙古名将。实际上，铁木真在此之前早已正式组建了一支小规模的亲兵，他曾亲切地形容这些心腹兄弟道："他们是我能干的、尽心竭力的奴仆，是我的神箭手，是我的快马，是我手上伶俐的鸟儿，是我拴到马鞍上的猎狗。"怯薛军就是在这支亲兵的基础上组建的。

早在蒙古鼠儿年（南宋嘉泰四年、金泰和四年，1204），铁木真在攻打乃蛮部太阳汗时就开始对属下的军队进行整顿，从中挑选精锐组建了最早的一支怯薛军。当时，铁木真亲定入选标准，首先从蒙古贵族、平民子弟中挑选出一百五十名亲兵并把他们分为两班，白天七十名散班，晚上八十名宿卫，白天黑夜轮流负责保卫大汗和大斡儿朵（成吉思汗的汗庭和后宫）的安全；还有四百名神箭手负责外围警戒，称为箭筒士。此外，铁木真又挑选了一千名怯薛军，他们平时担任大汗的保卫任务，战时则作为急先锋充当冲锋在最前面的敢死队。在蒙古部对乃蛮部的决战中，怯薛军发挥了至关重要的作用。铁木真让怯薛军作为箭头直接冲击乃蛮部中军打乱其阵形，然后趁着其阵脚大乱一举打垮了在人数上占尽优势的乃蛮部，并射杀其首领太阳汗。

此前的征战让铁木真深知一支由自己亲自指挥的怯薛军的重要性，于是他决定扩编怯薛军。

这时，铁木真将最信任的"蒙古四杰"博尔术、木华黎、博尔忽、赤老温四将叫上高台，下令道："以前只有七十名散班、八十名宿卫在白天黑夜轮流负责我的安全，现在借助长生天的意志整个帝国由我统治，你们就从万户长、千户长、百户长、十户长的子弟中挑选一万名勇士担任我的怯薛军。"

于是，这时的怯薛军就由最初的七十名散班、八十名宿卫、四百名箭筒士、一千名护卫扩充到了一万人，组成了后来蒙古铁骑的大中军。

接着，铁木真又将一万名怯薛军分为四队轮番当值，每一轮值班三昼夜。同时，由"蒙古四杰"的博尔术、木华黎、博尔忽、赤老温分别担任怯薛军的四大长官，世袭其职，因此他们四人又被称为"四怯薛长"。"四怯薛长"若在外领军或工作繁忙之时，由他们的儿子或者兄弟轮流担任值班长官。

为了激励怯薛军的荣誉感，铁木真又单独给了他们中的一些精锐崇高的封号。其中，七十名散班在日间负责值守的侍卫被封为"大侍卫"，阿儿孩合撒儿手下的百战精兵被封为"老勇士"，箭筒士被封为"大弓箭手"。[①] 在非战时，怯薛军的宿卫负责夜间保卫铁木真的安全，箭筒士和散班则是白天的大汗卫士。

对于怯薛军的入选要求，除了出身和武艺的要求之外，铁木真还规定千户长的儿子可带十名同伴、一个兄弟，百户长的儿子可带五名同伴、一个兄

---

① 数百年后，欧洲的拿破仑照着铁木真的做法成立了自己的"老近卫军"。

弟，十户长的儿子可带三名同伴、一个兄弟。这样一来，怯薛军的凝聚力无疑更加提升了。所以，怯薛军名为一万人，但是加上同伴至少有五万精骑，实际上就是当时全世界最庞大、战斗力最强的一支战略骑兵机动军团。

与此同时，铁木真给了怯薛军极大的特权：一个普通的怯薛军士兵的地位要高于一个外面的千户长，如果千户长与怯薛军士兵争斗，则要罪罚千户长；怯薛军的家人随从的地位也要高于外官百户长。

怯薛军的职能非常庞杂：一要保护大汗和汗庭的安全；二要在战时充当大中军，在大汗御驾亲征的关键时刻能打硬仗、打恶仗；三要负责汗庭的文书和起居饮食、各类杂役等诸多事务。

铁木真强调："这一万名怯薛军是我的福神，是大蒙古国的福神。除非我御驾亲征，任何人无权派遣怯薛军出征作战。不经我的允许，即使怯薛军的长官也无权擅罚所管之侍卫，罚必先奏闻，然后执法；擅罚侍卫者要反坐。"

最后，铁木真把手一挥，说："对于我身旁这一万亲军，我的子孙对待他们也要像我对待他们一样给予优待！"

很多亲贵大臣听到铁木真如此优待怯薛军，都不禁咋舌惊叹，议论纷纷。[①]

铁木真直接掌握着这样一支最强悍的亲信军队，足以制约任何一个在外的诸王和那颜，同时各级那颜的子弟都被征入怯薛军，相当于质子，而这有助其更牢固地联系和控制分布各地的那颜，使他们效忠于自己。在经历了长时间的部落氏族贵族间相互征战之后，铁木真建立一支强大的武装力量以维护最高的汗权，对巩固新生的统一国家，防止旧贵族复活和重新发生内战，都是十分必要的。同时，铁木真将各级军事将官的子弟放在身边，既有制约在外的军事将官之意，也表示对各级长官的信任和优待，从而笼络人心使其绝对忠诚。另外，铁木真希望通过此举培养一批出身贵族的将领，让自己的子孙与这些贵族将领的后代建立起世代相承的师徒和主奴关系，确保大蒙古国千秋万代。

这样，铁木真在建立了《大札撒》制度，主管军政、民政、司法的达鲁

---

① 后来，历史学家认为，怯薛军的作用关键在于制轻重之势。

花赤制度，军政合一的千户管理制度之后，又建立了集中军权的怯薛制度，而庞大的蒙古帝国就被这四个制度稳稳地支撑起来了。

这时，天已近黑，铁木真挥起右手，说："有赖长生天之力庇佑，我们大草原必将永远昌盛！"

顿时，"成吉思汗！成吉思汗！成吉思汗"的欢呼声由近而远，飞快地传向远方……

夜色中，远远近近的蒙古包外都点燃了篝火。这一刻，草原无夜，无数熊熊燃烧的火堆旁都响起了"长生天！长生天！长生天"的虔诚祈祷……

不儿罕山山顶上，铁木真带着博尔术、木华黎等几个心腹爱将，在松树下低呼着长生天祈祷了一整夜。现在，太阳一点点升起来了，东方的天边先是泛起了红色，然后越来越亮，当太阳伴着牧人的长调欢歌跳出地平线时，那万道霞光铺在一望无垠的大草原上，仿佛给宽广的原野撒上了一层金辉。

山顶上，铁木真的"九斿白纛"大军旗正迎风飘扬——这是者别举上来插在不儿罕山山顶，以祈祷长生天保佑蒙古军长胜不败。

众人看着这美景，只觉目眩神迷、心魂俱醉。良久，铁木真问道："木华黎，你说说我为什么把诸弟封到大兴安岭，把诸子封到阿尔泰山那边？"

木华黎看了一眼博尔术，两人相视一笑。

木华黎说："大汗，西边的阿尔泰山山系和东边的大兴安岭山系，刚好把我们现在的大蒙古国疆域围住，形成了两道拱卫蒙古高原的绝佳防御屏障；而且这两大山系正好扼住了我们向东、向西、向南的交通要道。大汗把这两大山系分封给宗室亲王，是进可攻、退可守的战略部署，而大汗绝不会困于我们蒙古高原这一隅之地。一旦需要，诸弟可以组成东方军团，诸子可以组成西方军团，大汗自己则可以带着拖雷王子组成中央军团，向东、南、西三个方向发动战略进攻。东方诸弟，从大兴安岭一线出击，可以攻击金人起家的整个辽东和高丽，直抵海滨；西方诸子，从阿尔泰山出击，可以占领整个西域和北疆（指今伊朗和俄罗斯诸地）；而大汗亲率的中路主力军团，可以大举南下进攻，消灭我们的死敌金国和南家思（南宋），占领整个华夏。"

铁木真点点头，只讲了一句话："说得好！你将是东方统帅，和诸弟一起攻击金国。博尔术将和诸子一起攻击西面，这就是东西四大万户的作用。"

就这样，一个广阔无限的宏伟蓝图展现在了众人面前。众将知道，蒙古人的好日子将要到了，他们一起用崇拜和敬佩的目光看着带领他们从一场胜利走向另一场胜利的大汗铁木真。

这一年，铁木真四十四岁。

一阵晨风吹过，一只众人从未见过的七彩神鸟忽然乘风飞来，停在"九斿白纛"的神矛之顶"呱呱呱"大叫了三声，然后展翅飞向蓝天，而它越飞越高、越飞越高，直到消失在长生天的怀抱中……